国家哲学社会科学
重点规划项目：

社会主义核心价值观引领民生新闻的
发展走向

民生新闻核心价值论

欧阳宏生 等/著

四川大学出版社

项目策划：徐　燕
责任编辑：张伊伊
责任校对：宋　颖
封面设计：墨创文化
责任印制：王　炜

图书在版编目（CIP）数据

民生新闻核心价值论 / 欧阳宏生等著． — 成都：四川大学出版社，2018.12
ISBN 978-7-5690-2676-4

Ⅰ．①民… Ⅱ．①欧… Ⅲ．①新闻工作－研究－中国 Ⅳ．① G219.2

中国版本图书馆CIP数据核字（2019）第000084号

书名　民生新闻核心价值论

著　　者	欧阳宏生　等著
出　　版	四川大学出版社
地　　址	成都市一环路南一段24号（610065）
发　　行	四川大学出版社
书　　号	ISBN 978-7-5690-2676-4
印前制作	四川胜翔数码印务设计有限公司
印　　刷	四川盛图彩色印刷有限公司
成品尺寸	170mm×240mm
印　　张	22
字　　数	404千字
版　　次	2019年7月第1版
印　　次	2019年7月第1次印刷
定　　价	66.00元

版权所有 ◆ 侵权必究

扫码加入读者圈

◆ 读者邮购本书，请与本社发行科联系。
　电话：(028)85408408/(028)85401670/
　(028)86408023　邮政编码：610065
◆ 本社图书如有印装质量问题，请寄回出版社调换。
◆ 网址：http://press.scu.edu.cn

四川大学出版社
微信公众号

序 言

党的十八大报告从国家、社会、个人三个层面高度凝练地概括了社会主义核心价值观，即倡导国家的富强、民主、文明、和谐，倡导社会的自由、平等、公正、法治，倡导个人的爱国、敬业、诚信、友善。然而，当前在价值观多元化、社会心理复杂化、传媒商业化的背景下，与广大民众息息相关的部分民生新闻，价值取向偏离主流，刻意淡化社会主义核心价值观等意识形态建构，走向了泛娱乐化、低俗化、琐碎化、同质化的发展境地。在媒介融合的现代社会，具有强大舆论组织能力和号召力的民生新闻一旦价值失范，就将产生严重的破坏性影响，导致主流舆论引导不力，影响社会和谐稳定和国家的长治久安。民生新闻的价值实现与健康发展急需社会主义核心价值观的指导。如何通过民生新闻践行社会主义核心价值观？如何用社会主义核心价值观引领民生新闻发展？如何将社会主义核心价值观内化成广大民众的行动？这些都是当前迫切需要深入研究和解决的重大问题，也是本书的写作目的所在。

在国内学界，目前关于民生新闻和社会主义核心价值观的单独研究不少。其中，对于社会主义核心价值观的研究，着重于理论概括的维度，既包含社会主义核心价值观的溯源与内涵、构成与特征、表现与作用、目标任务、建设原则与实现途径、发展前景，又包含社会主义核心价值观建设与社会主义核心价值体系建设在政治、经济、文化、社会、生态层面的内在联系机制等。对于民生新闻的研究，既有理论阐释，也有实践总结，主要集中在民生新闻的内涵与特征、背景与前景，与民主政治建设、和谐社会建构的关系，以及民生新闻采访、写作、编辑与传播实务，民生新闻品牌化经营与市场化运作，存在问题及解决办法等。但直接针对社会主义核心价值观引领民生新闻发展走向的研究，不仅数量少，而且较为零散，这方面的系统著述较为少见。国内关于民生新闻核心价值建构的论文和著作很多集中在电视传播方面，针对民生新闻核心价值观建构的专著极少，只零星散见于期刊论文中。

总的说来，目前对民生新闻走向偏差有三大归因：第一，传者专业素养和职业理念失误。主要是指一些新闻工作者片面理解民生新闻的内涵，低估受众的观赏品位，错把"民生新闻"当"市井新闻"等。第二，经济环境和传媒考核体制的影响。部分民生新闻偏离主流价值观，与传媒受市场经济冲击、追求传媒商业利益最大化有关。第三，政治文化环境及意识形态的影响。西方思潮、多元价值观，以及新媒介环境，使得政府舆论引导面临严峻挑战。此外，民生新闻同质化、琐碎化还与一些地方沿袭"报喜不报忧"的传统思路、传媒避重就轻有关。在监督渠道多元化的泛媒体时代，不得不披露的负向题材是否一定会产生负向效果？负向题材如何处理才能产生正向效果？当前正向题材报道是否在受众认知、决策上留下传媒烙印？这些都是现实亟待研究和解决的重要问题。

对民生新闻突破困境的未来走向，学界普遍认为有六条路径：一是政经新闻民生化。打破对民生的狭隘理解，加大主流新闻比重。二是公共新闻化。构建上情下达、下情上传的公共话语平台，促进社会和谐互动。三是公益品牌化。优化节目质量，以品牌影响力获得传媒竞争优势。四是内容更人文化。取材更贴近民生，注重情感抚慰。五是新闻业务深度拓展。在提高传者理论水平的同时，注重新闻解读、分析、延伸等深加工。六是与传媒生态同步协调发展。当下部分学者从媒介生态学角度建议媒体认清媒介角色定位，将国家利益和公众利益相结合。这在电视新闻核心价值建构方面有一定理论价值，但没有涉及核心价值观通过民生新闻载体，内化为民众行动的深度研究。

在国外，价值观的传媒建构被称为"传播技巧"，不少西方传播学、社会学关于传媒促进社会整合、大众传媒对社会的强大效果、大众传媒的宣传技巧等研究实际上已涉及我们所研究的问题，对于民生新闻的核心价值观建构有相当的借鉴意义。较突出的有戴维·莫利的《认同的空间——全球媒介：电子世界与文化边界》，诺尔·诺依曼"沉默的螺旋"理论及《重归大众传播的强力观》，鲍尔－若洛奇、若基奇和格雷伯的《伟大的美国价值观测验》，Alfred McLung Lee 等主编的《宣传的艺术》，李普曼的《舆论学》，张巨岩的《权力的声音》，艾略尔的《宣传》，贝奈斯的《透视民意》等研究。这些著述从不同的角度观照传播和舆论，能为我国民生新闻核心价值观建构提供重要参考。但对传媒具体怎样通过民生新闻载体将核心价值观内化为民众行动方面，目前还没有具体而系统的专门论述。本书正是从哲学、叙

序言

事学、政治学、营销学、新闻传播学、社会学、伦理学等视野对社会主义核心价值观引领民生新闻发展走向进行系统深入研究的著作。

本书认为,"社会主义核心价值观引领民生新闻发展走向研究"包含着四个层面的重大意义:第一,国家层面。倡导国家富强、民主、文明、和谐的社会主义价值观,扭转与民众休戚相关的民生新闻偏离核心价值观的不利格局,在矛盾凸显、群众心理异常复杂的社会转型期,关系到我党能否掌握公共舆论的主导权,关系到我党价值观建设在公民社会群众基础的稳固,关系到我党的执政安全,关系到社会和谐稳定和国家的长治久安。第二,社会层面。倡导社会自由、平等、公正、法治的社会主义价值观,通过民生新闻反映、保障和改善民生进程,推动社会公平正义,发展民主和法治,实现公民自由平等权利;引导、沟通与整合公众价值观念,避免西方意识形态侵蚀,维护中国意识形态安全。第三,传媒层面。核心价值观引领民生新闻发展,关系到我国新闻传播能否坚持正确的舆论导向,关系到我国新闻舆论的影响力、权威性和公信力。第四,受众层面。在社会主义核心价值观的引领下,民生新闻能够超越低俗、琐碎而成为适合大众真正需求的信息沟通平台与交流平台,能够找到国家利益和受众需求的交汇点。

本书首先以社会主义核心价值观与民生新闻的关系作为分析基点,论证民生新闻是连接民众与社会主义核心价值观的重要载体,指出民生新闻中的社会主义核心价值观表征与建构,进而从宏观层面指出:社会核心价值观将引领民生新闻的价值走向、发展路径与品质提升。在此基础上,分析民生新闻发展走向的多元困惑,并论证社会主义核心价值观引领民生新闻实现服务民生解疑释惑、表达和沟通多元诉求、对价值失范的监测预警等传媒守望、传媒整合、传媒监测等传播功效。本书全面分析了社会主义核心价值观对民生新闻科学定位、生态定位、价值重构、报道创新、制度保障、职业规范、功效研究等诸方面的具体引导,论证了民生新闻如何传递社会主义核心价值观,以及社会主义核心价值观如何引领民生新闻的发展走向,对社会主义核心价值观的民生新闻传播和民生新闻的改革发展具有重要的参照价值与指导意义。

目 录

第一章 社会主义核心价值观与民生新闻……………………………（1）
  第一节 民生新闻：连接民众与社会核心价值观的重要载体………（2）
  第二节 民生新闻中的社会主义核心价值观表征与建构…………（12）
  第三节 社会主义核心价值观引领民生新闻发展……………………（23）

第二章 民生新闻发展走向的多元困惑……………………………（38）
  第一节 本体之本："乱象"背后的本质追问……………………………（38）
  第二节 权力之悖：社会博弈的利益审问………………………………（47）
  第三节 人文之惑：以人为本的终极拷问………………………………（58）

第三章 社会主义核心价值观引领民生新闻传播功效……………（68）
  第一节 传媒守望：民生新闻服务民生解疑释惑……………………（69）
  第二节 传媒整合：民生新闻表达和沟通多元诉求…………………（76）
  第三节 传媒监测：民生新闻对价值失范监测预警…………………（79）

第四章 社会主义核心价值观引领民生新闻实现科学定位………（86）
  第一节 以人为本的公共新闻：民生新闻的中级阶段………………（87）
  第二节 主流引导的参与式新闻：民生新闻的高级阶段……………（101）
  第三节 与时俱进与民生新闻转型创新及价值坚守…………………（112）

第五章 社会主义核心价值观引领民生新闻实现生态定位………（126）
  第一节 民生新闻繁荣期待成熟的生态环境…………………………（126）
  第二节 主流媒体的民生新闻：时政新闻民生化的主战场…………（144）
  第三节 网络媒体的民生新闻："参与式传播"的重点场域 …………（159）

第六章 社会主义核心价值观引领民生新闻价值重构……………（168）
  第一节 民生新闻与引领文明风尚、构建和谐社会…………………（168）
  第二节 民生新闻与推进民生服务、建设和谐社会…………………（177）

第三节　民生新闻与倡导明礼诚信、鼓励团结友善……………(186)

第七章　社会主义核心价值观引领民生新闻报道创新……………(199)
　　第一节　从联播到地方：标准化向本土化的演进……………(199)
　　第二节　从信息到仪式：建构市民共享的文化认同……………(207)
　　第三节　从事件到人文：民生新闻中的人性回归……………(216)
　　第四节　从个案到公共：民生新闻的公共追求……………(227)

第八章　社会主义核心价值观奠定民生新闻的发展基础……………(234)
　　第一节　人才培养注重内化价值观……………(234)
　　第二节　内容生产注重建构价值观……………(243)
　　第三节　节目生产设定价值观指标……………(251)
　　第四节　产业经营设定价值观底线……………(259)

第九章　社会主义核心价值观引领民生新闻采编的职业规范……………(267)
　　第一节　传者身份认同和新闻专业主义建构……………(267)
　　第二节　采编自律与职业道德修养条例规制……………(275)
　　第三节　公民新闻与群众自媒体传播规范……………(285)

第十章　社会主义核心价值观引领民生新闻发展的效果研究……………(297)
　　第一节　受众对时政新闻民生化的接受状况……………(297)
　　第二节　受众对公共新闻沟通平台构建的评价……………(307)
　　第三节　受众对参与式传播的态度……………(318)
　　第四节　受众期待视野的正向报道及传播效果……………(329)

结　语……………(338)

后　记……………(341)

第一章　社会主义核心价值观与民生新闻

"价值观"是哲学、社会学、社会心理学等学科领域中时常被关注、探讨的重要概念。价值观是指人们对生存的意义的看法、观点和态度,以及对于事物及行为的意义、效用的评价,是人们各种选择或行为目标的标准。价值观中蕴含了个人对于自我、他人、社会、国家与自然关系的理解,成为人们区分"好坏、善恶、美丑、得失、利弊、义利"[1]的观念系统,决定着人们的思想取向与行为选择,引导着人们的价值认知与价值活动。价值观的内容,主要表现在两个层面:第一,价值取向与价值追求。两者融汇成价值目标,揭示了人的理想、信仰、生活目标及追求方向,体现了价值观的理想层面。第二,价值尺度与价值准则,即人如何认识价值、怎样评判价值,支配着人们的态度、理解、行为及人们对自我的了解、定向与设计,体现了价值观的现实层面。任何一个社会的价值观,都呈现为核心价值观主导多元价值观的格局。其中,多元价值观反映了现实生活中多个维度、多个层面、多个面向的个人价值,彰显了社会的思想繁荣与国家的制度宽容,多元价值观通过"重叠共识"统一于核心价值观;核心价值观则由国家价值、社会价值构成,是社会主流意识形态和社会共同体、文化共同体的表征,具有引导、协调、整合、引领多元价值观的功能。

2006年10月,中共十六届六中全会提出构建"社会主义价值体系"的战略任务。2007年10月,党的十七大强调应"积极探索用社会主义核心价值体系引领社会思潮的有效途径,以增强其吸引力与凝聚力",并提出了贯彻落实社会主义核心价值体系的具体路径。党的十八大则从国家、社会和公民三个层面全面概括了社会主义核心价值观的价值目标与价值理想、价值取向与价值追求、价值准则与价值规范,明确定义了社会主义核心价值观的基本内容,即倡导国家的"富强、民主、文明、和谐",倡导社会的"自由、

---

[1] 韩震:《社会主义核心价值体系研究》,北京:人民出版社,2007年版,第9页。

平等、公正、法治"，倡导公民的"爱国、敬业、诚信、友善"。2015年9月28日，习近平主席出席第七十届联合国大会一般性辩论时发表讲话，强调"公平、正义、民主、自由"是全人类的共同价值，将社会主义核心价值观的价值理念作为中国与世界联系与交流并实现人类共同利益的价值基础，从而将社会主义核心价值观提升到全人类共同价值的高度。社会主义核心价值观既体现了国家主流意识形态，又植根于社会的现实土壤，适应了民众的精神需求，成为引领社会发展、凝聚亿万人民的强大精神纽带与巨大精神力量。同时，人民成为社会主义核心价值观的践行主体，社会主义核心价值观需要内化于民众。

第一节　民生新闻：连接民众与社会核心价值观的重要载体

　　社会主义核心价值观是社会主义核心价值体系的高度抽象与凝练概括，需要回归民众日常生活实践并引领、协调民众的思想与行为。而社会主义核心价值观的大众化、具体化、生活化传播，则能够将社会主义核心价值观与民众日常生活相结合并实现社会主义核心价值观向民众价值追求与自觉行为的能动转化。在社会主义核心价值观的大众化途径中，民生新闻依赖与百姓的天然血脉关系，民生内容、民本叙事与民众话语，以及传扬社会主义核心价值观的传统与现代内核，呈现民间多元价值观与凸显主流核心价值观等优势，成为连接民众与社会主义核心价值观的重要载体，对传播社会主义核心价值观与建设社会主义核心价值体系具有重大而深远的意义。

一、民生新闻与百姓的天然血脉关联

　　现实中，民生新闻是一种最为贴近民众生活、最能反映民众思想的新闻传播范式：新闻内容上，聚焦于群众的生命、国民的生计、社会的生存与民众的生活；新闻立场上，倾向于新闻专业主义与民粹主义结合，"代表公众，反映底层人民的疾苦"[①]并"参与社会行动，帮助底层人民解决实际问题"[②]；传播对象上，以平民大众、草根阶层而非社会精英为接收对象；传播内容上，聚焦于国民的生存空间与生存环境；价值取向上，流露出新闻人

---

① 谢静：《民粹主义：中国新闻场域的一种话语策略》，《国际新闻界》，2008年第3期，第34页。
② 谢静：《民粹主义：中国新闻场域的一种话语策略》，《国际新闻界》，2008年第3期，第34页。

对平民百姓深切的人文关怀。在新闻传播实践中，民生新闻与苍生百姓存在着天然的社会、文化意义上的血脉关系。

（一）民生新闻微观描摹民众生活场域

法国著名的社会学家布迪厄提出了"场域"的概念。他认为"场域"是"在某一个社会空间中，由特定的行动者关系网络中所表现的各种社会力量和因素的综合体"[①]。整个社会由政治场、经济场、法律场、宗教场、文学场、艺术场、科学场、生活场等诸多场域构成。根据布迪厄的"场域"理论与众多中外学者对于"生活场"概念的界定，普通民众的日常生活世界（诸如行为举止、衣食住行、休闲与工作、学习与生活）构成了生活场域的基本内容，民生新闻聚焦于平民百姓的日常生活场域，并力图充分展现民众日常的生活情态，深刻挖掘、积极阐扬民众生活场域的意义与价值。

在民生新闻出现之前，国内新闻虽然也密切关注民生问题，并尝试对民众生活场域进行描摹与再现，但这种描摹与再现的主要目的还在于体现中央或地方政府在政治、经济、文化等领域的方针政策、重大决策与重要部署对民众群体的整体影响，或通过民众个体的切身感受与生活工作经历变化反映国家政治、经济、文化体制改革引发人民社会生活的巨大变迁，对于"民生"的阐释与再现体现出宏观化、浅表化、平面化的典型特征；民生新闻则更加关注民众个体的生命、生存、生计与生活，展现民众衣食住行、生命延续、日常消费、婚丧嫁娶、礼尚往来等民众日常与交往活动，以及日常生活背后百姓的情感、欲求、渴望与文化习俗、价值取向、人生观念等更深层的精神世界，细微、生动地描摹与刻画了民众的生活场，将宏观概念化、浅表化与平面化的"宏观民生"化解为具象化、深度化与立体化的"微观民生"。更为重要的是，民生新闻发掘、提升了民众生活场域的意义与价值。日常生活由民众日复一日、月复一月、年复一年琐碎的衣食住行等日常景象构成，似乎远离意义与价值。但民生新闻将民众生活场域的日常生活作为意义之源与价值之泉，从寻常的人物与事件中发掘、提炼民众日常生活的意义与价值，寻求、彰显民众对于崇高价值、高尚人格的理想、希冀与追求，使民众生活场域的意义与价值得以显现、传播与提升。

（二）民生新闻激发熟人社会记忆情感

费孝通先生在研究中国乡土社会时提出"熟人社会"[②]的概念，主要指

---

① 高宣扬：《布迪厄的社会理论》，上海：同济大学出版社，2004年版，第139页。
② 费孝通：《乡土中国》，上海：上海人民出版社，2007年版，第6页、第9页。

传统农耕时代的乡村社会。在地理空间狭小而封闭的乡间村落，人们形成了沾亲带故或非亲即故的紧密联系，人际网络蕴含了深厚的血缘（亲情）与地缘（乡情）色彩，人际交往局限于聚居于村落中的亲戚、近邻与朋友，形成了关系简单、交往频繁、关系质朴的熟人社会。在熟人社会中，乡民处于礼尚往来的浓厚人情氛围，在简单的人际互动中维护亲情友情、礼俗规约与道德人伦，建立情感、依赖与互信，在频繁的交往互动中形成共享的价值观念、共通的意义空间与文化空间，强化、维持并再生产着自己人的认同机制。当前，中国社会正由"熟人社会"向"陌生人社会"转型与过渡。大规模的城市化进程加剧了乡村向城市、农民向市民的变迁，简单的亲戚、近邻与朋友的人情循环被打破，人际交往的血缘与地缘因素大大削弱，形成了城市空间的蔓延与社会关系的重构；同时，乡村原有"熟人社会"的关系结构与意义系统也被摧毁。计划生育制度减缓了人口过度增长的压力，但同时也将传统熟人社会血缘纽带中最亲密、最核心的关系圈破坏，进一步加剧了传统熟人社会的解体和陌生人社会的形成；社交媒体通过"交流平台、交流空间、交流内容、交流状态与交流体验等要素的再造"[①] 构建了虚拟熟人社区，在拓展人际交往时空边界的同时缩小了真实的社会交往空间与交往范围，从更深的层面进一步对熟人社会进行解构。

面对社会"陌生化"的蜕变，在旧貌已换、新景未竟的复杂巨变中，民生新闻构建起"类熟人社会"的新闻镜像，发挥了维系情感和信任、维护社会和谐与稳定的积极作用。一方面，民生新闻成为现代熟人社会的新闻浮世绘：它再现了民众生于斯长于斯的居民社区、弄堂、街道、公共场地等社会生活与日常交往场景，还原了街坊邻居的柴米油盐、家长里短、街谈巷议与亲朋好友的闲散交谈、嘘寒问暖的市井生活，其中的新闻人物不再是为了舆论宣传所刻意塑造的、具备特定意义标识并做出非凡事迹的神话人物，而是生活于现实世界中并具有常人情感思维与日常生活方式的熟人——我们自己、我们的亲戚朋友与街坊邻居；另一方面，民生新闻彰显了熟人社会的人情、人伦与人性，将陌生化社会还原成为我们所熟悉的日常生活社会：它真实展现了熟人社会中温暖的亲子之情与亲属之情、乡土之情与乡人之情、友谊之情与同胞之情，以及陌生人之间对于生命的关切与体认、出入相友与守望相助，颂扬人们对动物与自然的博爱之情，张扬平民百姓所具有的慈爱、善良、宽容、同情等人性之美。此外，民生新闻将熟人社会以及民众对于熟

---

① 栾轶玫：《新媒体新论》，北京：人民出版社，2012年版，第11页。

人社会的记忆通过口述历史、照片与音频、视频的方式凝聚、整合于新闻记忆之中，通过不断强化的媒介记忆召唤、加强民众对于熟人社会的集体记忆与集体情感，传承并丰富民众对于熟人社会的文化记忆与文化情感。

二、民生新闻：连接民众与社会主义核心价值观的重要载体

马克斯·韦伯曾用"正当性"的概念来说明政治权威性的建构。韦伯认为："政治的权威性不是制度必然赋予的，更不是通过武力强迫实现的，而必须依赖共同的信仰。"① 民生新闻通过建构民本叙事、彰显民众话语与聚焦民生内容等方式，让社会主义核心价值观回归民众的日常生活实践，在个人、社会与国家之间寻找到可以被精英与民众共同接受的中间点，实现了社会主义核心价值观在民众中的"正当化"，成为连接民众与社会主义核心价值观的重要载体。

（一）呈现社会主义核心价值观的民生内容

习近平主席指出："核心价值观，其实就是一种德，既是个人的德，也是一种大德，就是国家的德、社会的德。"② 习近平主席对于社会主义核心价值观所蕴含的"德之内涵"的相关论述，将国家之德、社会之德与个人之德通过社会主义核心价值观联系、统一起来。作为中华民族的基本道德规范，社会主义核心价值观是与民众日常生活紧密相关的世俗性价值，是"全国各族人民共同认同的价值观'最大公约数'"③。国家"富强、民主、文明、和谐"的价值目标、社会"自由、平等、公正、法治"的价值取向与个人"爱国、敬业、诚信、友善"的价值准则并非来源于乌托邦式的空想，而是深深植根于民众日常生活的现实世界，可细化为更为细微、具体的个体层面的核心价值观："富强、民主、文明、和谐"可分解为个人富裕、个人权利、个人修养与人际和谐；"自由、平等"作为基本人权，而"公正、法治"作为保障基本人权得以实现的理想社会环境；"爱国、敬业、诚信、友善"则是民众个体对国家、对事业、对承诺、对同胞邻里的基本态度与情感。民生新闻呈现民众对于社会主义核心价值观的个人期待与梦想，反映民众对于

---

① ［德］马克斯·韦伯：《韦伯作品集2：经济与历史支配的类型》，康乐等译，桂林：广西师范大学出版社，2004年版，第297页。
② 习近平：《青年要自觉践行社会主义核心价值观——在北京大学师生座谈会上的讲话》，《人民日报》，2014年5月5日。
③ 习近平：《青年要自觉践行社会主义核心价值观——在北京大学师生座谈会上的讲话》，《人民日报》，2014年5月5日。

美好社会和理想生活的憧憬与追求：通过个人奋斗而不是非法手段得以勤劳致富，公民的基本人权、政治经济权利与个人尊严得到国家与社会的尊重与保护，每个公民参与国家公共事务的治理，其民主权利得到伸张，得到他人的关爱与尊重，与自然、他人、社会、国家关系和睦、融洽；在教育、医疗、工作、福利等领域实现公平，法律面前人人平等；热爱祖国河山、历史文化与生活环境，热爱本职工作；诚实待人、信守承诺；善待亲友、他人、社会、国家与世界。民生新闻则将社会主义核心价值观所呈现的"国家梦"分解、细化为民众个体所憧憬与追求的"个人梦"，体现了社会主义核心价值观的民生取向。

社会主义核心价值观在民间的牢固树立、在民众中的自觉养成并非依靠向民众单向灌输、不断宣传就能达成，急需以改善人民群众最关心、最直接、最现实的"民生问题"作为出发点和落脚点。民生新闻展现了收入、分配、就业、教育、住房、养老、社会保障、医疗卫生、生态环境等事关百姓生计来源、生活质量与生命安全的民生状况，传达民众"学有所教、劳有所得、病有所医、老有所养、住有所居"的民生诉求，体现着对民生问题的高度关注与极度重视；民生新闻不仅客观反映社会底层弱势群体的艰难生计，而且深刻挖掘这种现象背后的社会原因与制度原因，为政府政策变革与制度创新提供现实参考，彰显着对民生保障与民生改善的热烈关切；民生新闻通过微小事件洞察社会环境与民众心态，通过富有号召力、影响力与建设性的民生评论化解社会负面情绪与民众负面心态，引导民众建构奋发进取、理性平和、开放包容的理性心态。对民生的关注与重视体现了民生新闻"重民爱民"的报道取向，保障民生、改善民生的报道追求则体现了民生新闻"为民而生"的报道目标。民生新闻通过"民生"内容与"民生"问题，将民众与社会主义核心价值观紧密相连，将社会主义核心价值观转化为民众共同认可与积极践行的价值观。

（二）建构社会主义核心价值观的民本叙事

民本思想，包含"以邦为本"的治民思想和"以民为本"的重民思想。其中，治民思想中的民本，即将民众作为国家生存、稳固和发展的根基，国家施行"安民、保民、养民、教民"和"富民、利民、惠民"等措施，体现了国家的执政理念与政治智慧，其目的在于"本固邦宁""斯得天下"，其实质在于维护国家对人民的治理，可视为"治理取向的民本观"；而重民思想中的民本，则将人民利益视作国家和社会的价值主体，国家、社稷皆为民而设，"爱民、安民、亲民、济民、恤民"等实际行为更多出于伦理道德的自觉和内心责任的驱使，民本成为一种文化信念与精神理念，"民惟邦本，政得其民"，可视为"道德取向的民本观"。如何向民众陈述、传递社会主义核心价值观？传统新闻与民生新闻表现出不同的叙事取向与叙事路径，也显现出对民本思想不同层面的侧重。

传统新闻对于社会主义核心价值观的叙事体现为国家叙事、典型叙事与宏观叙事，隐含了"以邦为本"的国家意识：对于社会主义核心价值观的解读和阐释，传统新闻秉承了国家宏大叙事的模式，遵循国家为本的价值立场，向民众传输正确的历史是非观、道德善恶观、社会正邪观、伦理荣辱观与审美美丑观，其目的在于强化主流意识形态、形成共同信念并整合多元社会思潮，留下了鲜明的国家叙事烙印。传统新闻常采取典型报道式的叙事模式，将国家层面、社会层面与公民层面的社会主义核心价值观融入人物的先进事迹之中，使先进典型、道德模范成为社会核心价值观的凝结者、体现者与引领者，彰显先进典型、道德模范的高尚思想与道德情怀，以期示范、引导、修正与教育民众形成崇高的精神境界和高尚的道德情怀。基于国家叙事的视角和典型叙事的模式，限于规范化的叙事观念、模式化的叙事类型与成规化的叙事规则，传统新闻对于社会主义核心价值观的阐释与读解更为宏观，限制了叙事视角的向度、叙事细节的展示和叙事深度的探询。

相对于传统新闻，民生新闻对于社会主义核心价值观的叙事则呈现为民间叙事、平凡叙事与微观叙事，彰显了"以民为本"的重民意识：民生新闻还原了被国家宏大意识所湮没、遮蔽的民间叙事与日常叙事，呈现价值哲学、道德哲学中"应然"的社会主义核心价值观如何融入民众个体并转化为民众日常生活的"实然"价值观，反映社会主义核心价值在民间社会的实现情况和民众对于社会主义核心价值的多维度理解，还原了社会主义核心价值观内涵在现实生活中的丰富性与多样性；民生新闻善于从我们生活周围的平凡人物、微小事件和生活故事中发现并挖掘社会主义核心价值观的点点滴滴并进行多样化表达，避免了典型报道模式对于社会主义核心价值观的"刻模"与"固化"；基于对社会主义核心价值观民间叙事的视角和平凡叙事的模式，民生新闻微观呈现了社会主义核心价值在民众个体体验、意识、记忆、情感中的印记，将社会主义核心价值观的深刻内涵回归现实的社会生活语境，并融入民众日常生活体验，从"一沙一世界，一花一天国"中无数微小的"沙"与"花"中表现社会主义核心价值观的深邃主题，增强了核心价值观在现实社会中的生命力和对民众的凝聚力与感召力。

(三) 彰显社会主义核心价值观的民众话语

在表层的生产机制层面，话语即"表达"，就是"怎样描述"①。传统新闻对于社会主义核心价值观的叙事沿袭了官方的宣传话语：在话语主体上，以国家、政府作为社会主义核心价值观的权威定义者，以哲学家、社会科学家作为社会主义核心价值观的规范诠释者；在话语方式上，采用宣讲式、布道式的表达方式和标准化、权威性的官方统一话语。作为政治话语系统中的典型话语，单调、僵化的宣传话语与民众丰富、鲜活的日常生活话语存在较大的疏离与隔膜；对社会主义核心价值观泛道德化的生硬宣传与民众日常的情感体验脱节，无法用情感力量引发民众产生价值共鸣，形成自觉认同并建构精神信仰。民生新闻对于社会主义核心价值观的叙事则基于更接地气、更为具体的民众话语：在话语主体上，民众成为社会主义核心价值观生活化、大众化、通俗化的多元阐释者与积极建构者、影响者；在话语方式上，凸显了世俗化、地域化、多元化的民间话语魅力，强调民众对于社会主义核心价值观的现实阐释、利益表达与权利诉求。民生新闻巧妙地将社会主义核心价值观的国家话语、抽象话语转化为民众话语与具象话语，既讴歌了民众在追求和践行社会主义核心价值观过程中的坚守与执着，也真实传达了民众如何理解社会主义核心价值观与自身生存与发展的关系，民众如何看待社会主义核心价值与个人生活价值的碰撞与冲突，以及民众在践行社会主义核心价值和形成社会主义核心价值观过程中的困惑与问题、愿望与需要，实现了国家政治话语、社会精英话语向民间草根话语的下移。民生新闻的民众话语更有利于社会主义核心价值观的大众化表达，更有利于核心价值观由政治语义场转向民间语义场，更能激发民众的理性认知和情感认同，实现国家价值观对个体价值观的引领以及个体价值观对国家价值观的吸纳与认同。民生新闻的民众话语是社会主义核心价值观内化为民众思想和行为的基础和前提。

从更为深层的社会语境层面来讲，米歇尔·福柯认为话语即权力，是"权力的产物和权力本身的组成部分"。就社会主义核心价值观相关的议题而言，民生新闻改变了专家话语、精英话语对民众话语的遮蔽和精英话语权对民众话语权的垄断，前所未有地赋予民众平等的话语表达权力和更为广阔、开放、自由的话语表达空间。对于我们要建设什么样的国家、发展什么样的社会、塑造什么样的个人，社会主义核心价值观为民众的思想和行为提供了价值标准和价值尺度。民生新闻则赋予民众读解、评价社会主义核心价值观

---

① 阎嘉：《文学理论精粹读本》，北京：中国人民大学出版社，2001年版，第10页。

的主动权力,让民众能够畅所欲言地表达对于社会主义核心价值观的个体理解和真实评价,诸如社会主义核心价值观所呈现的理想图景与现实生活图景存在的差距,如何弥合差距并在民众生活中实现社会主义核心价值观,民众如何践行价值观等,体现了对民众话语权的充分尊重。民生新闻,是新闻工作"舆论引导观念"与国家"人民中心观念"的相互融合,把"体现党的主张与反映人民心声统一起来",也是两种观念的具体实践。通过民生新闻,民众被组织动员起来为社会主义核心价值观的民间建构提供意见与建议,政府则能够通过民生新闻挖掘民众对社会主义核心价值观的价值认知、价值选择与价值判断。民生新闻为民众与政府建立起良好的互动空间,形成政府与民间的双向对话机制,促进了社会主义核心价值观向民众共同价值观的转化。

三、民生新闻:丰富、深化社会主义核心价值观的民间内涵

习近平主席指出:"牢固的核心价值观,都有其固有的根本。抛弃传统、丢掉根本,就等于割断了自己的精神命脉。"[①] 同样,社会主义核心价值观既包含了中华优秀传统文化不可抛弃与割裂的"根"与"魂",也吸收了中外现代文明发展的"血"与"肉"。民生新闻既汲取了传统文化的道德价值观精髓,又包含了现代政治价值观的民间化内涵;既呈现了民间社会的多元价值观,又凸显了核心价值观的引领与整合作用。不仅向民众传递着社会主义核心价值观的精神特质,更丰富、深化着社会主义核心价值观在民间的深刻内涵。

(一)传统道德价值观的传承与现代政治价值观的大众化

社会主义核心价值观汲取了传统文化中的优秀道德价值观。中国优秀传统文化博大精深而源远流长,形成了以儒家思想为主体、道家思想与佛家思想为辅助的核心价值观。其中,儒家价值观对国人的影响最为广泛深刻,主要表现为"讲仁爱、重民本、守诚信、崇正义、尚和合、求大同"。虽然传统文化会随着社会变革和时代变迁在整体或局部上不断变革、演进,但优秀传统文化的核心价值观作为其内核会通过文化濡化机制而得以沉淀和积累,经过"知识的汇聚"和"行动的记存"而保留下来,形成国人独特的价值基因而世代相传,具有超越时空的强大力量。民生新闻正是通过寻找传统道德

---

① 习近平:《习近平论中国传统文化——十八大以来重要论述选》,《党建》,2014年第3期,第9页。

理念与民众当前生活、经历、内心精神世界的"勾连"与"搭挂"之处，弘扬契合时代精神、符合人民需求的中华优秀传统文化的核心价值观，以实现道德教育与价值引领的双重目的。例如，仁爱的价值理念，既是传统文化核心价值观最重要的道德价值，也是生成文明、和谐、爱国、敬业、诚信、友善等现代社会主义核心价值观所倡导的内容，成为"应然的道德、政治原则和处理人与国家、社会、人际之间关系的价值尺度"①。民生新闻展现民众情感上对他人的关怀、同情、怜悯与行动上对他人的帮助、扶持和奉献，以及对弱势群体的关爱与救助，彰显民众爱亲、爱他的无私利他精神；民生新闻报道市民解救动物、收养流浪猫狗的行为与事迹，以培养民众爱护动物的道德情感与道德责任，激发其保护动物的道德习惯与道德行为；民生新闻倡导市民对于居住小区、公共场所等生活环境的保护与河流山川的热爱，对人类、动物和我们生活其中的城市与自然充满仁爱之心，倡导"节约资源、减少污染、绿色生活"的消费伦理观，从生活与消费中自觉树立对自然资源的保护意识和节约意识。民生新闻更将社会冷漠的事件与现象引入公众舆论，激发公众共同反省和拷问自我的道德与良知，依靠社会力量共同培育仁爱之心、共同构筑道德堤坝，汇聚人们向上向善的伟大力量。

社会主义核心价值观也反映了现代社会政治价值观的核心内容。"中国公众的政治价值观受中国传统的政治价值观和马克思主义政治价值观的影响最深。其中，中国传统的政治价值观的核心在于崇拜个人权威，以德治、人治为主，漠视个人权利"②，马克思主义政治价值观中的"自由观带有强烈的集体主义色彩，民主观与国家及其统治紧密联系"③。它们对于维护国家社会稳定、促进国家繁荣发展曾经起着举足轻重的作用，但与当前中国政治民主化、社会法治化、权利个体化的政治体制改革与社会发展目标相背离。中国现代政治价值观中的"民主、自由、平等、公正、法治"等价值理念正是对传统政治价值观和马克思主义政治价值观的革故鼎新，能够改变传统政治价值观对于民众的消极影响。民生新闻倡导民众对于民主、自由、平等、公正与法治的自觉追求，并对现代政治价值观进行大众化阐释与传播：它展现社区居民对政府公共事务、社区公共事务的积极参与，对公共权力的控制、监督与对治理权的分享、建构，以陶冶和培养民众的民主价值观，推动

---

① 张瑞涛：《生命诚可贵，仁爱价更高——"儒家仁爱思想的现代价值"学术研讨会综述》，《孔子研究》，2009年第2期，第125页。
② 宣兆凯：《中国社会价值观现状及演变趋势》，北京：人民出版社，2011年版，第98页。
③ 李海涛：《论马克思主义政治价值观》，《南京社会科学》，2005年第9期，第52~53页。

民众由倡导权力的"消极公民"向承担责任的"积极公民"转变，推进公众与政府的良性互动，促进社会的共享共建；民生新闻敢于触碰"社会痛点"，真实揭露法律、教育、医疗、就业、住房中存在的不公平现象，反映民众对于公平正义的呼声与渴望，培育民众的社会公平意识、自由平等意识与理性维权意识，成为社会公正的倡导者、守护者与践行者；它通过生动的新闻现场呈现、深刻的案例解析，弘扬法治精神并传播法治文化，让民众真实感受公平正义的力量，激发民众内心对法治的信仰、尊崇和对法律的认同与追随，引导民众成为法治的自觉遵守者与坚定捍卫者。民生新闻对于"法治"理念的传播，有利于提高全民族的法治素养，有利于促进法治国家、法治政府、法治社会的大力建设，并将传统政治价值观的柔性"德治"与现代政治价值观的刚性"法治"结合起来，彰显"依法治国"与"以德治国"的相辅相成与和谐统一。

（二）民众多元价值观的呈现与核心价值观的引领、纠偏

价值观多元化已经成为当今社会的客观存在。不同文化背景、生活环境下生活着不同利益诉求的个体，存在不同的价值观；同时，在同一民众个体的精神世界中，也包含传统价值、现代价值与后现代价值，本土价值与外来价值，区域价值与全球价值，个体价值与社会价值、国家价值的冲突、矛盾、渗透与融合。民生新闻反映了民众对于房价物价、食品安全、就业福利、医患关系、三农问题等社会热点问题的关注与评价，呈现出人们多元的思想观念、价值取向、思考认知与行为方式，传递民众对于美好生活的向往与期待，彰显了新闻媒体对民众自由权、平等权的充分尊重，有利于民众培养公民意识、培育多元价值并繁荣多元社会文化。对于极易引发争议的社会热点话题，民生新闻主动设置议程进行关注，以宽容之心对待"异质思维"，为民众声音与民间话语提供了一个自由表达的空间，折射不同价值观在当代社会背景下的激烈交锋。例如，对于"身份歧视如何废除""潜规则是否要遵守"等话题，民生新闻广泛调动民众力量进行理性探讨，加强了民众之间的交流与沟通，通过"和而不同、兼收并蓄"的价值观交流、交锋，为民众形成价值共识、建构共享价值观与确立主导价值观奠定了坚实基础。

中国社会正处于全面转型与矛盾凸显的关键时期，多层、异向、异质的多元价值观如果缺乏沟通与认同的基础，极易造成民众的价值断裂、价值迷失与价值紊乱，引发社会冲突与动荡，对人民的安定团结和国家的和谐发展构成巨大威胁。民生新闻通过微小的新闻事件、平凡的新闻人物积极弘扬蕴含其中的自主意识、竞争意识、效率意识、平等意识、开放意识、创新意

识、民主法治意识等积极进步的价值思想观念，自觉批评自由主义、极端个人主义、小团体主义、享乐主义、消费主义等消极有害的价值思想观念。2016年2月19日，习近平主席在新闻舆论工作座谈会上提出48字的"党的新闻舆论工作职责使命"，强调要"高举旗帜、引领导向""澄清谬误、明辨是非"，这为新闻媒体的报道提供了明确的总体思路和具体方法。在利益多元、思想多样、观念多变的时代，更需要通过民生新闻所传递的社会主义核心价值观对多元价值观进行引领，为民众的社会认知和社会行为提供价值标准与指引方向。民生新闻对民众价值观中出现的偏差与混乱进行分析，主动矫正与社会主义核心价值观不相符的自私、消极的负面价值观念，借以展现部分民众所具有的社会主义核心价值观的无私之美与博大之爱。例如，对于老人摔倒没人扶、人际关系冷漠、社会诚信缺失等道德困境，民生新闻着重报道了"最美女教师"张丽莉（为营救学生致双腿截肢）、"最美司机"吴斌（重伤不治前力保乘客安全）、"最美妈妈"（徒手接坠楼女童而骨折）的动人事迹，社会各界对于民众善举义举的鼎力支持和积极帮助，以及媒体对于道德困境的反思与忧虑，激发民众将内心对于正义、善良、关怀的追求转化为现实的道德行为，实现社会主义核心价值观对于民众多元价值观的引领与纠偏作用。

通过核心价值观对民众价值观的引领与纠偏，民生新闻能够引导民众形成正确的历史观、民族观、国家观、文化观，形成健康向上、崇德向善的社会风气，更让民众在生活中主动传播中华文化与中华美德，实现新闻舆论工作"成风化人、凝心聚力"的崇高目标。

第二节　民生新闻中的社会主义核心价值观表征与建构

就议题呈现、叙事策略、话语方式、意义阐释而言，一方面，民生新闻展现、反映了社会主义核心价值观中部分价值观内涵，成为社会主义核心价值观的重要表征；另一方面，民生新闻对于社会主义核心价值观的内涵理解还有待深化，报道视野还有待拓展，还应结合民生新闻和民众生活本身进一步挖掘社会主义核心价值观的丰富意蕴，并将这些丰富意蕴融汇于民生新闻的日常报道和评论之中，以提升社会主义核心价值观在民众中的吸引力与凝聚力、认同力。对于社会主义核心价值观的表现与阐释，民生新闻应将其放置于原初的民众文化环境，从民众文化经验出发，微观呈现社会主义核心价值观如何融入民众文化、社会主义核心价值观如何与民众价值观产生深层的交流与融合,展示社会主义核心价值观在民间的本来面貌,从而揭示社会主义核心价值观在生活世界中潜在的意义结构和在大众文化意义之网中深层的意义内核,以实现对社会主义核心价值观的文化深描,促进社会主义核心价值观在民众层面的深层建构。

一、民生新闻中的社会主义核心价值观表征

表征,"是人们对事物的描绘或摹状或对各种概念的意义的生产"①。民生新闻对社会主义核心价值观的描摹与意义生产,即民生新闻对社会主义核心价值观的"表征的实践",可从社会主义核心价值观在民生新闻中的议题呈现、叙事策略、话语方式、意义阐释等方面加以分析。

(一)社会主义核心价值观在民生新闻中的议题呈现

在议题的内容呈现上,社会主义核心价值观国家层面的富强、文明、和谐理念,社会层面的法治理念和个人层面的爱国、敬业、诚信、友善等理念,成为传统媒体、新媒体中民生新闻报道的核心议题,其报道频率与报道时长、报道版面或报道空间明显占据绝大部分,而对于民主、自由、平等、公正理念的报道量较少。究其原因,富强、文明、和谐、法治、爱国、敬业、诚信、友善等价值观理念的报道空间相对较大,有着坚实的社会基础与文化根基,契合国家、社会的主流意识形态,更易取得社会的普遍共识与民众的积极认同,并有助于促进国家的政治稳定、社会的团结和谐与民众的价值强化;而民主、自由、平等、公正等价值理念,报道尺度难以把握,把握不好可能形成错误的舆论导向。"新闻舆论工作事关旗帜和道路,事关贯彻落实党的理论和路线方针政策,事关顺利推进党和国家各项事业,事关全党全国各族人民凝聚力和向心力,事关党和国家前途命运。"② 在民生新闻的报道中,舆论引导的政治方向与党性原则仍然处在至关重要的位置,仍然是民生新闻报道需要遵循的首要原则。若民生新闻舆论引导不力,其强大的社会影响与社会动员能力极易引发社会冲突、造成社会动荡,危及国家舆论安全与社会和谐稳定。部分媒体的民生新闻甚至长时间缺乏相关报道,以规避

---

① [英]斯图亚特·霍尔:《表征——文化表象与意指实践》,徐亮、陆兴华译,北京:商务印书馆,2003年版,第16页。
② 人民日报社评论部:《习近平总书记主持召开党的新闻舆论工作座谈会》,《论学习贯彻习近平总书记新闻舆论工作座谈会重要讲话精神》,北京:人民出版社,第4页。

其争议性、冲突性可能带来的报道风险、政治风险与生存风险。

在议题的呈现方式上，对于核心价值观中国家层面的富强、民主与社会层面的平等、自由等理念，媒体的解读与阐释极为谨慎，严格遵循中央的话语语态，遵循固定的报道思路、报道框架与报道路径，未能发掘其内涵与民众微观现实生活的深层联系，缺乏从民生视角、民生故事中呈现社会主义核心价值观在民众生活中的意义与价值，以及社会主义核心价值观对民众思想与行为的引领与改变。

这一发现值得我们注意：就社会主义核心价值观的民众化传递、阐释与传播而言，民生新闻对特定议题、议题特定层面报道的偏重或缺乏，折射出民生新闻在社会主义核心价值观议题呈现上存在重大缺失。民主、自由、平等、公正等议题及社会现象，虽然具有冲突性与争议性，但它们有着广泛的社会需求，也是民众的价值追求，它们与社会主义核心价值观的其他理念有着千丝万缕的复杂与联动关系，深刻影响着社会主义核心价值观整体的民众价值传播与民众基础构建。因此，对于民生新闻而言，不应回避民主、自由、平等、公正等议题的报道，而更应专注于思考如何对相关议题进行报道，如何通过报道影响民众形成对相关理念的正确认识与看法。对于核心价值观中高度凝练并抽象概括的理念，民生新闻应依托与民众生活、生计、生存、生命的血脉联系，将其议题细化并回归民众生活语境，附着并蕴含于一次次细小新闻事件、一个个鲜活的新闻人物、一回回真实的生活细节、一段段理性的言论引导，让民众在多次故事感受、情感体验与思想交锋中积淀对社会主义核心价值观微观层面的认识与理解、引领观念的提升与思想的蜕变升华。

（二）社会主义核心价值观在民生新闻中的叙事策略

在叙事主体上，民生新闻在社会主义核心价值观叙事中引入了民众主体，明显不同于时政新闻对于国家主体与政府主体的彰显。在时政新闻中，民众虽然参与了新闻叙事，但其功能仅仅是为了印证、强化或提升国家主体、政府主体的叙事效果。正是因为时政新闻以国家、政府作为叙事主体，才形成了时政新闻国家叙事、典型叙事与宏观叙事的叙事特征。在民生新闻中，民众则在同叙事者、内叙事者、自然而然叙事者与干预叙事者的身份交织中建构着阐释、传播社会主义核心价值观的主体意识，张扬着理解、表达社会主义核心价值观的主体权利。作为同叙事者，民众个体参与到民生新闻中，讲述自己、自己周围平凡百姓践行价值观的感人事迹与重要细节；作为内叙事者，不同民众的叙事视角、叙事向度、叙事层面，累积着民众对于践行社会主义核心价值观过程中的内心活动与真切情感；作为自然而然的叙事者，民众个体在自我感知与自我理解的层面上自发进行陈述，使社会主义核心价值观的叙事痕迹得以隐藏；作为干预叙事者，民众在故事叙述中明确表明自己对新闻人物践行或违背社会主义核心价值观的行为、事件的主观态度与价值判断。正是通过同叙事者、内叙事者、自然而然叙事者与干预叙事者等叙事身份的交替，作为叙事主体的民众通过有意或无意地积极参与，深度介入了社会主义核心价值观的传递、解读与阐释过程，丰富了社会主义核心价值观的叙事向度与叙事深度，更彰显着社会主义核心价值观叙事中的民众心灵书写与民众主体建构。

在叙事方法上，民生新闻在社会主义核心价值观叙事中尤其注重细节展现。文化学者陈晓明在其《批评的旷野》中倡导"皇皇巨著要回到日常性叙事，在大历史小故事、大气象小细节中表现出时代的细致与质感"，而作家吴东峰也曾说"细节是历史最丰富的表情"。他们的言说虽然仅仅针对文学作品而言，然而他们的见解对同属于文化范畴的社会主义核心价值观的民间传递与民众传播具有重要的借鉴价值和启示意义：社会主义核心价值观的民间传递与民众传播过程同样需要回归"民众性叙事"，体现社会主义核心价值观在民间的"细致与质感"，表现社会主义核心价值观融入民众生活的微观细节。在民生新闻中，正是通过细节叙事，将宏大的社会主义核心价值观内涵分解、细化为无数与民众生活紧密相关的微小元素，通过无数打动人心的细节累积、情感融汇与思想积淀，激发民众对于人物及思想蕴含的情感认同、精神认同与价值认同，凝聚社会主义核心价值观大众化的精神纽带，奠定社会主义核心价值观民间生命延续的精神基础。如第21届中国新闻奖一等奖作品《信义兄弟，接力送薪》（系列报道）中"弟弟代车祸遇难哥哥发民工工钱""二十年不拖欠农民工工钱""多次拿出积蓄垫付工资"等感人至深的细节，彰显了信义兄弟的做法并非平凡的诚信之举；第23届中国新闻奖一等奖作品《最美司机吴斌》中"76秒8个动作临危保护乘客"与"全城挥泪送别平民英雄吴斌"的细节，展示了司机吴斌舍己为人的奉献精神与恪尽职守的职业道德。细节叙事既展现了社会主义核心价值观最丰富的时代内涵，也赋予了社会主义核心价值观交融于民间生活场景与民众生活画面的细致与质感，让其更贴近民众的生活经验与情感体验，能够促进、深化社会主义核心价值观在民众心中的有效传播与深度传播。

（三）社会主义核心价值观在民生新闻中的话语方式

从话语方式上，可将新闻话语分为颂扬式话语与批评性话语。民生新闻对社会主义核心价值观的呈现主要采用颂扬式话语，歌颂普通平民所具有的精神特质与崇高品格，并与社会主义核心价值观的特定内涵相联系进行话语阐释。例如：《致敬！暴雨考验下的中国良心——献给7.21暴雨中那些伟大的平凡人》讴歌民工群体在大灾大难中的无私奉献、守望相助；《孩子，武汉有你们的家——一个汉藏家庭与藏族学生的32年不了情》赞扬了超越民族、超越地域的人间大爱；《贵州代课教师患血癌，广东大学生进山接鞭》赞美了两个"80后"山村代课教师对乡村执教事业的坚守及114个孩子对学习的坚持。与其他新闻传播范式不同，民生新闻将平民百姓作为发出颂扬式话语的最为重要的话语主体，通过"百姓讲、百姓说、百姓评"的方式，表达百姓对于践行社会主义核心价值观的普通民众的由衷赞叹和高度景仰，更易引发民众的热烈反响和情感共鸣，更有利于社会主义核心价值观对于民众的精神引领与价值内化。

虽然民生新闻需要颂扬式话语的引导，但民生新闻中过多的颂扬式话语也会削弱社会主义核心价值观在民众心目中的影响力量，目前我国在践行、培育社会主义核心价值观过程中还存在诸多缺失与不足，不能忽视、隔离与遮蔽批评性话语。因此，民生新闻既要表现传媒、民众对于社会主义核心价值观的高度认同，也应反思社会主义核心价值观建构过程中的民生问题，改变、纠正民众个人价值观中的病态、痼疾，彰显民生新闻客观冷静的批判精神、理性建设的职业精神和关怀民众的价值立场。例如：《八卦话题"打败"抗日老兵》将中国远征军的电视剧发布会中92岁的中国远征军老战士被冷落而扮演远征军的演员被娱乐记者们簇拥的现场情景进行对比，揭示了"中国远征军"在中国抗战中的历史、在缅甸抗击外族侵略的历史被媒体遗忘和抽空，"中国远征军"所体现的伟大爱国主义、国际主义情怀和民族牺牲精神被漠视的现实，彰显了民生新闻记者对文化报道偏离社会主义核心价值观的反思与追问，以及尊重历史、尊重事实的职业精神；《有人破冰救援有人趁夜哄抢车辆受困雪映两种境界》通过对灾难中民众"救灾"之美的颂扬式话语与灾难中"哄抢"车祸物资之丑的批评性话语结合，对比灾难中践行社会主义核心价值观的人性之美与背离社会主义核心价值观的人性之丑，引导民众理性评判。批评性话语有助于引导民众关注社会主义核心价值观在形成、培育与践行过程中遇到阻力的负面因素与深层原因，有利于民众规避负面价值观的消极影响。因此，民生新闻对于社会主义核心价值观的反映，既要展现时代的发展与社会的进步，通过颂扬式话语彰显国家、社会与民众在培育、践行社会主义核心价值观过程中的坚守与奉献，也要敢于触碰与直面负面事件,通过批评性话语让社会与民众共同理解、反思社会主义核心价值观培育与践行进程中的重大问题与解决办法,促进政府、社会与民众正确认识社会主义核心价值观,在共同理解、寻求共识的基础上共同践行并建构社会主义核心价值。

(四)社会主义核心价值观在民生新闻中的意义阐释

对于社会主义核心价值观的阐释,当前新闻主要存在主旨阐释与意象阐释两种方式。主旨阐释,明确界定了社会主义核心价值观的阐释框架,即"刻意强调和呈现的原则和意义结构"[1],发挥着引领和规范受众价值体系、维护国家意识形态的重要作用;但从另一视角反观,主旨阐释则充分彰显了政治精英对平民百姓浓厚的启蒙与教化意识,蕴含了明显的政治宣传与道德说教意味。意象阐释则通过碎片式"意象的拼贴"与"以意象创造更多意象、唤醒更多意象"[2]而生成类像的方式,丰富、发展并升华着社会主义核心价值观的内涵与精神特质。

当前,民生新闻对于社会主义核心价值观的阐释,充分体现了意象阐释的特征,即将政治学、哲学、伦理学从生活世界中抽取的社会主义核心价值观内涵、要素放回并融入民众可触、可感的真实社会生活语境中,将其分解、转化为更微小、民众更易感知与理解的价值意象。更为重要的是,民生新闻细密地刻画了社会主义核心价值观与广袤社会生活及与人物命运和人性相碰撞、交织、融汇之后经纬交织、纵横交错的丰饶生活意象与生命意象,通过生活意象、生命意象的唤醒和创造,在丰富的情感逻辑和浓郁的生活气息下建构着社会主义核心价值观的基本阐释框架与微观生命意象。

民生新闻对于社会主义核心价值观的意象阐释,具有重要的意义和价值:它将民众生活感受、情感意识与生命体验融入社会主义核心价值观阐释的新闻生产过程中,通过意象的拼贴传递着社会主义核心价值观深邃而丰富的思想内核和情感化、人性化的美学特质;它对社会主义核心价值观的微观解读,拓展了社会主义核心价值观地域化、民间化的阐释空间,开辟了基于民众理解的社会主义核心价值观的多元阐释向度。而民生新闻对于社会主义核心价值观意象阐释的不足之处,则在于各媒体民生新闻的新闻意象之间大多缺乏有意识的有序组织与有机整合,"碎片化"的新闻意象难以承载、实

---

[1] 黄旦:《传者图像:新闻专业主义的建构与消解》,上海:复旦大学出版社,2005年版,第232页。

[2] [美]约翰·费斯克:《解读大众文化》,南京:南京大学出版社,2001年版,第194页。

现社会主义核心价值观的深层意义呈现与意义传播。

当前，民生新闻对于社会主义核心价值观的表征，体现了民生新闻如何向民众反映并传递社会主义核心价值观的具体内涵，对于社会主义核心价值观的大众化、民间化传播具有深远的意义与价值。然而，民生新闻既需要对社会主义核心价值观进行反映，更需要超越表层阐释而进入深层建构。对"深描"概念的引入，为民生新闻对社会主义核心价值观的深层意义建构提供了一条创新思路。

二、民生新闻中的社会主义核心价值观建构

"深描"与"浅描"相对，原属于文化人类学的一组概念，具体指人类学家在民族志研究中所使用的质性调查方法。"浅描"指"自然主义式的记录或以局部的描画取代整体"①；"深描"指"以文化持有者的内部眼界与文化经验"②为基础对异文化系统中的文化现象、文化行为进行微观考察和深层描述，需要"深入到行为的表层之下去寻找积累的推论和暗示的层次，以及意义的等级结构"③。借助民族志研究中的"浅描"与"深描"概念分析民生新闻对社会主义核心价值观的阐释，大部分民生新闻还处于记录包含社会主义核心价值观的事件、表现蕴含社会主义核心价值观的人物，并在对新闻人物与新闻事件进行提炼的基础上总结、褒扬其社会主义核心价值观内涵与思想的"浅描"阶段。而通过民生新闻对社会记忆和文化记忆的发掘与建构、城市文化和城市精神的继承与阐扬、公民行动和公民精神的展现与阐释等民众深层文化进行"微观考察与深层描述"，则为民众文化与社会主义核心价值观的结合，以及社会主义核心价值观的文化深描与意义建构提供了极具当下性和未来指向性的可行路径。

（一）社会记忆、文化记忆的发掘与建构

记忆，对于心理学与脑部科学而言，是神经系统存储过往经验的能力；对于社会学与文化学而言，记忆更多通过文化经验、社会交往而得以建构。社会学、文化学中记忆概念的引入，将我们对于社会主义核心价值观的认识

---

① 姜红：《仪式、共同体与生活方式的建构——另一种观念框架中的民生新闻》，《新闻与传播研究》，2009年第3期，第74页。

② [美]克利福德·吉尔茨：《地方性知识——阐释人类学论文集》，王海龙译，北京：中央编译出版社，2000年版，第40页。

③ [英]奈杰尔·拉波特、乔安娜·奥弗林：《社会文化人类学的关键概念》，鲍雯妍、张亚辉译，北京：华夏出版社，2005年版，第305页。

与理解从共时维度引至历时维度。社会主义核心价值观国家层面的富强、民主、文明、和谐,社会层面的自由、平等、公正、法治和个人层面的爱国、敬业、诚信友善,并非空洞的口号与冰冷的概念,而是由负载着丰盈历史印痕与生命印记的社会记忆与文化记忆组成,具有历史的传承性与时间的延续性。因此,民生新闻应在此记忆框架、意义框架的界定与结构下,努力挖掘、表现、传播个体与集体关于社会主义核心价值观内核的社会记忆与文化记忆,从而不断充实、丰盈民众对社会主义核心价值观的丰硕记忆。

新闻人应超越新闻传播的学科视野与知识领域,吸纳社会学、历史学、文化学与人类学等学科知识与方法,竭力探寻、挖掘与社会主义核心价值观相关并极富地域特色、文化特色的社会记忆与文化记忆,作为民生新闻"深描"社会主义核心价值观记忆的丰富源泉;寻找"唤起、建构、叙述、定位和规范"[1]社会记忆与文化记忆的集体记忆,挖掘蕴含社会主义核心价值观并记载民众人生历程、唤起民众联想记忆的物品、事件、人物、时间、地点、场景等集体记忆符号,作为民生新闻"深描"社会主义核心价值观记忆的符号标记。在此基础上,民生新闻应通过隐喻符号、象征符号的"反复重现",以提示、激活与强化民众对于社会主义核心价值观的集体社会记忆与文化记忆;或基于当下的社会环境、文化环境,改变、更新与重塑民众原有的社会记忆与文化记忆。

"国之大事,在祀与戎"[2],这里的"祀",就是仪式。仪式,既是"作为表演行为和过程的活动程式,也是作为象征符号和社会价值的话语系统"[3],能够在"规则化的程序中使特定的价值观得到描述和强化"[4]。民生新闻应着重在与民众最为密切相关的节日仪式与纪念仪式中展演、表达并强化社会主义核心价值观的精神内涵,将之深深嵌入民众的社会记忆与文化记忆。对于节日仪式,民生新闻应着重于深入挖掘、阐释中华民族共同节日或具有地域特色、民俗特色的传统节日、传统习俗中符合社会主义核心价值观的思想观念、伦理价值,展示、复现仪式语言、仪式过程与礼仪文化,解读、阐释其象征符码背后所隐含的契合社会主义核心价值观核心理念的文化意义。对于纪念仪式,民生新闻应透彻阐释国家、地域与地方性纪念仪式中

---

[1] 陶东风:《记忆是一种文化建构——哈布瓦赫〈论集体记忆〉》,《中国图书评论》,2010年第9期,第70页。
[2] 杨伯峻:《春秋左传注·成公十三年》,北京:中华书局,1981年版,第861页。
[3] 彭兆荣:《人类学仪式理论的知识谱系》,《民族研究》,2002年第2期,第89页。
[4] [美]詹姆斯·凯瑞:《作为文化的传播》,丁未译,北京:华夏出版社,2005年版,第28页。

的社会主义核心价值观内涵，充分展现庄严、肃穆而神圣的纪念仪式氛围与细致剖析纪念仪式的重要流程，召唤民众与仪式所纪念的事件与人物进行跨越时空的"交流"与"对话"，激发民众在标准化的仪式规范操演和追溯、反思的心理过程中内化社会主义核心价值观。通过民生新闻对节日仪式与纪念仪式的多次仪式过程展演、仪式符号解读与仪式象征阐释，民众关于社会主义核心价值观的社会记忆与文化记忆将被一次次激活，进而从文化维度、社会维度渗入民众内心，在情感认同、价值认同的基础上强化民众对于社会主义核心价值观的个体记忆。

（二）城市文化、城市精神的承继与阐扬

正如"城市即文化的容器""城市即文化，文化即城市"等话语所言，每个城市都有着独特的文化内涵，即城市文化。城市精神，即城市文化的深层内涵、内在灵魂与思想精髓，是城市市民精神素养和文明道德的综合反映，是城市文化在精神领域与精神层面的集中体现。城市文化与城市精神蕴含着最为贴近民众文化、最富有生活气息的社会主义核心价值观内核。因此，民生新闻应立足于城市平民的民间视域与微观视角，基于民众所熟识并有着切身感受与深切体验的"自己"的文化，深描社会主义核心价值观的城市文化与城市精神，展现独特的城市品格，在构建社会主义核心价值观的进程中贮存、传播城市文化并发展、创新城市精神，为建设"美丽城市""美丽中国"贡献力量。

民生新闻要善于发现所在地域、所在城市的民间文学与大众文学、民间艺术与大众艺术、民间思想与民众思想等文化产品以及精神内核中包含社会主义核心价值观思想的部分。在此基础上，通过多媒体的传播方式与多样化的新闻体裁、生活化的报道视角与个性化的表达方式、生动的叙事场景与朴实的叙事语言，对城市文化作品、城市文化人物以及内隐的城市精神进行微观描述与细节展现，进而从中提炼、阐释城市意识文化中蕴含的社会主义核心价值观内核、生命与性格。从一部部民间文学与大众文学作品解析、一场场民间艺术与大众艺术展示、一缕缕民间思想与民众思想中呈现社会主义核心价值观与城市意识文化交融后的精神特质与文化气息，让民众在细节的沉浸、情感的共鸣与精神的启迪过程中得到城市意识文化的滋养、城市精神品格的提升，进而建构与发展社会主义核心价值观的文化内涵。

民生新闻应深入探寻居住于相同城市的不同阶层、不同族群的家庭伦理、社会道德、平等自由等价值观念，以及他们对于以上价值观念的认识与理解等深层的城市社会文化精神特质。在展现表层城市社会文化的基础上，用社会主义核心价值观理念解读、阐释与评析深层城市社会文化，为城市社会文化树立正确的价值导向、明确的价值目标与崇高的价值理想，引导民众建构、强化科学进步的社会文化观念，改变、革新落后愚昧的社会文化观念，营造和谐、美善、平等、包容的民众城市社会文化。对于多民族聚居、社会文化差异突出的城市，民生新闻更应充分注意少数民族在生活方式、社会习俗、文化心理、价值观念等方面与汉族的差异，在"尊重差异，寻求共识"的原则下寻找并报道少数民族价值观与社会主义核心价值观相通与相融之处，呈现各族人民融入城市形成新的社区、邻里关系之后的密切交往、和谐相处、相互扶持和患难与共，让少数民族市民在和谐、友善的睦邻关系与自由、平等的城市氛围中受到城市文化的熏陶与浸润，凝聚对城市文化与城市精神的价值共识，自觉认同并依赖城市文化。

城市的古老文化遗迹，并非如某些"城市大跃进"的规划者眼中冰冷而碍眼的残垣断壁，而是经历时间洗练遗留下来并承载着厚重城市历史和丰富城市文化的符号载体，它们是城市文化记忆与城市文化精神的珍贵遗存。民生新闻应努力寻觅、表现所在城市历史文化遗迹与特定历史阶段、历史事件、历史人物的联系，从中发掘、解读与社会主义核心价值观相同、相似与相通的隐匿价值观念，让民众在城市一片片土地、一个个区域、一条条街道、一座座建筑所遗存的历史印痕与时光记忆中感受古老的城市文化、城市性格与城市精神，在不断累积城市感受、积淀城市记忆的同时，强化并巩固民众对于城市文化、城市精神的集体认同和历史记忆，从而建构社会主义核心价值观的城市文化与城市精神。

（三）公民行动、公民精神的展现与阐释

公民精神，即现代社会中一个公民应该具备的道德品质与素质。公民精神中的"友善精神、主体精神、民主精神、平等精神"等核心特质与理想追求，与社会主义核心价值观中友善、自由、民主、平等等价值目标和价值理想存在着高度的相关性与一致性。公民精神建构了社会主义核心价值观的民众根基，有助于社会主义核心价值观融入民众的精神血脉，更有利于民众对社会主义核心价值观的高度认同与自觉践行。因此，民生新闻应从外部的、显在的公民行动展现与内部的、潜隐的公民精神阐释两个层面，展现民众的志愿行动、维权行动、社会参与中的社会主义核心价值观内涵，向民众阐释如何正确理解自由、民主、平等与自我的关系，以及如何通过理性、合法的公民行动实现公民权利的捍卫、自由民主诉求的传达，以引领、规范民众公民行动的理性开展与健康发展，促进民众公民意识的觉醒与公民精神的成长。

　　对于民众志愿行动的报道，民生新闻应对志愿者、志愿组织与志愿活动进行深描：对于志愿者，应将报道重点从志愿者理性而坚定的奉献行为深入到志愿者感性而朴素的内心世界，发掘志愿者的感人故事、真挚情感、矛盾冲突与蜕变历程，回归志愿者丰富而善良的精神世界；对于志愿组织，应突破对官方志愿组织与志愿活动的常规化报道，关注民间性、草根性的非政府志愿组织，深入展现各志愿组织的形成过程与成长经历、生存困难与执着坚守；对于志愿活动，应从对事件的简单描述转入对人的细致刻画，报道不同背景的志愿者如何消弭社会分歧并共同献身志愿事业，志愿者之间、志愿者与受助者之间如何形成并积淀深厚的情谊，志愿者在志愿活动中的所见、所闻的生动场景与所思、所想的真实情感；志愿活动如何让志愿者成长成熟、如何凝聚共识与增进认同。在外在的人物情感、生动故事与真实细节的铺垫与描述基础上，民生新闻还应深入志愿精神的阐释层面，让民众在感受新闻故事、经历情感共鸣、净化心灵世界的基础上发掘内心善念、激发助人本能，沉淀并培育"奉献、友爱、互助、进步"的志愿精神和"自愿、无偿、利他"的志愿文化，让社会主义核心价值观的精神内核依托民生新闻对志愿活动的展现和志愿精神的阐释而得以在民众中得到广泛、深入的传播，并吸引民众自觉参与志愿活动、积极弘扬志愿精神。

　　对于民众维权行动的报道，民生新闻应密切关注并深入报道具有代表性、典型性的职场维权、生活维权、消费维权、家庭维权等维权事件与维权活动，通过对维权案例的分析与解读向民众阐释对普通百姓与下层民众而言有效、合法的维权路径，以及维权程序与维权方法，揭示维权对于民众生活、社会发展与国家繁荣的重要意义与重大价值。同时，民生新闻应对民众维权进行理性引导，向民众阐释身为民众的"我们"如何在不影响国家稳定与不违反法律规定的前提下有效维护我们的公民权益。通过新闻案例的逐步积累，促进民众权利意识的觉醒，激发并培育民众维权的生活习惯与法律素养。而对于影响更加重大、更易引发争议与冲突的环境污染、劳工维权、非法拆迁等议题，应将报道重点从对事件的争议性、轰动性的极端强调和对"集体上访、网络发帖、跳楼跳桥、自焚、散步、下跪、示威、游行"[①] 等极端维权形式的渲染，转向充分传递民众合理、合法而正当的权利诉求，强化弱势群体的话语力量，通过新闻监督守护社会公平正义。同时，民生新闻

---

① 张镇镇：《公民精神与中国社会的现代变革》，上海大学博士学位论文，2010年。

应成为疏通维权民众的诉求渠道，提供政府与民众理性沟通、激情辩论、互动协商与和谐调解的公共平台，促成民众"维权"与国家"维稳"共同目标的实现。民生新闻不仅需要纪录民众点滴的维权行为，更应挖掘支撑民众理性维权背后的精神力量，彰显民众对于自由、民主等核心价值观的理想追求，也体现传媒在维护民众权利平等、机会均等与追求分配合理、公正等方面对于核心价值观的践行与发展。

公民精神的内在建构，依赖于民众积极而主动的"公民"社会参与行为，以及民众参与公共治理的倡导与实现。伴随国家政治民主化进程的推进与民众公民权利意识的觉醒，民众有着参与各类公共事务的强烈意愿和与政府共同治理国家的美好梦想，但大部分普通平民缺乏参与民主政治与公共治理的基本素养。因此，在公共事务的民众参与上，存在参与度不高、参与质量低下的情况。在"国家治理体系和治理能力有待加强"的现实条件下，民生新闻应通过大量民众参与国家治理、参与基层事务治理的实际事例，向民众阐释参与公共事务治理的可能领域、参与公共事务治理的路径与方法及如何有效参与公共事务治理，并传达民众在社会参与与公共治理中的困难、障碍与问题，培育民众有序、有效参与"民主选举、民主决策、民主管理、民主监督"的基本素养，培育民众参与公共事务、促进公共利益的公共精神，构建公民精神。

第三节　社会主义核心价值观引领民生新闻发展

社会主义核心价值观不仅通过民生新闻得以在民众中广泛传播，更指引着民生新闻的发展方向与发展路径。以社会主义核心价值观为中心去引领民生新闻的发展，就是要深入挖掘社会主义核心价值观的核心主张、核心理念所蕴含的深层价值，探究社会主义核心价值观与民生新闻之间的互动关系，并将社会主义核心价值观的固有理念与内在精神融入民生新闻的采制、生产与传播实践之中，以引领民生新闻的价值走向、引导民生新闻的发展路径并提升民生新闻的发展品质。

一、社会主义核心价值观引领民生新闻的价值走向

"以民为本"，是社会主义核心价值观的核心内涵。人民，是践行社会主义核心价值观的主体；同时，人民也是实现社会主义核心价值观的主体。社

会主义核心价值观体现了党"一切依靠人民"的价值理念,国家层面、社会层面社会主义核心价值观的实现,都是以个体层面的社会主义核心价值观培育为根基;社会主义核心价值观将"以人民为中心"作为价值目标,社会主义核心价值观所描绘的社会进步、国家强盛、民族复兴的美好图景,都是以人民的幸福与福祉,人民的全面发展为最终旨归。

"以民为本"同样是民生新闻的价值内核与价值追求。只是,民生新闻中的"民",已经由更为概念化、政治化的"人民"转变为更为具体化、生活化的"民众"。如前所述,从表层来看,民生新闻的信息来源、报道视域、传播对象与传播空间都集中于普通的民众阶层与原生态的民众生活,民众成为民生新闻存在的根基与发展的源泉;在深层价值上,民生新闻蕴含着对民众存在价值的尊重与珍视,对民众(尤其是底层民众)深切的同情与关怀,以及对于民众作为价值主体的倡导与推崇。因此,民生新闻的"以民为本"和社会主义核心价值观的"以民为本"有着高度的契合性,而社会主义核心价值观在具体的价值观理念与"以民为本"的价值观内核上引领着民生新闻的价值走向。

(一)新闻自由与新闻民主的民本追求

马克思主义的自由观,是马克思主义的重要思想之一。恩格斯在《社会主义从空想到科学的发展》中指出,"社会主义是人类从必然王国进入自由王国的飞跃"[①],"人终于成为自己的社会结合的主人,从而也就成为自然界的主人,成为自身的主人——自由的人"[②],指出只有在社会主义的发展阶段,人才能成为社会的主人、自然界的主人与真正自由的人。马克思在《资本论》中指出,"共产主义社会是以每个人全面而自由的发展为基本原则的社会形式",更加注重个体物质与精神的价值追求,蕴含了自由与平等的价值观念。马克思、恩格斯在《共产党宣言》中还指出,"每个人的自由发展是一切人的自由的条件"[③],更是将"人的自由全面发展"作为价值理想与价值目标。

社会主义核心价值观中的"自由"理念,承袭了马克思主义关于"人的

---

① 中共中央马克思恩格斯列宁斯大林著作编译局:《马克思恩格斯选集》第3卷,北京:人民出版社,1995年版,第758页。

② 中共中央马克思恩格斯列宁斯大林著作编译局:《马克思恩格斯选集》第3卷,北京:人民出版社,1995年版,第760页。

③ 中共中央马克思恩格斯列宁斯大林著作编译局:《马克思恩格斯选集》第3卷,北京:人民出版社,1995年版,第294页。

自由全面发展"的思想内核，具体指人的意志自由、存在和发展的自由。而"人的自由全面发展"依托于13亿现实生活中民众"个体的自由全面发展"，即民众个人的自然素质、社会素质与精神素质的共同提高与政治权利、社会权利的充分实现。每个民众个体的自由全面发展，能够促进中华民族整体甚至人类社会的自由全面发展，实现个体自由、民众自由向人民自由、人类自由的质变与飞跃。

社会主义核心价值观"自由"理念的价值内涵与"以民为本"的价值内核，对于民众个人自由利益的尊重与倡导，引领着民生新闻在新闻自由理念与新闻自由实践层面的双重变革：第一，引导民生新闻在新闻自由上的民本追求。民生新闻更多地反映民众精神生活领域对于新闻自由的精神需求，诸如通过民生新闻报道广度的拓展与报道深度的挖掘满足民众运用民生新闻媒介资源的需求、争取民众新闻话语权的需求、表达多元意见建议的需求和行使社会监督权力的需求。这样就能使民生新闻超越反映民众生命、生存、生计与生活等物质生活领域，而真正深入民众内心并彰显民生新闻对新闻自由民众价值主体的珍视。第二，引领民生新闻彰显民众主体的新闻自由权利。当前，中国的新闻自由理论为基于马克思主义阶级理论的新闻自由观，新闻更多作为传媒组织的新闻权利。在政治民主化进程逐渐深入、公民权利意识逐渐觉醒与传媒现代化、全球化影响日渐明显的政治语境、社会语境影响下，以及媒介生态的重构中，民众个体已经部分介入、参与传统媒体或新媒体的民生新闻采集与生产过程，部分民众还通过博客、微博、微信、社交网络自媒体平台发布、转发、评论、补充民生新闻的多元信息，实际上已经自主承担了部分民生新闻的生产与传播。因此，新闻自由的实现主体由专业化的新闻媒体和非专业化的普通民众个体共同构成，新闻自由理应成为新闻媒体与普通民众共同的价值理想与价值追求。社会主义核心价值观对自由的民众主体的充分尊重，将促进社会更加尊重民众的新闻自由，使民众通过民生新闻形成有效的利益表达、沟通与协调机制，实现新闻自由的"实然"权利，促进新闻自由民众主体的本位回归。

社会主义核心价值观的"民主"理念，即人民民主，其实质与核心是人民当家做主，它延续了"以人为本""人民当家做主是社会主义民主政治的本质和核心"等思想，与"以人民为中心"的发展理念相吻合，其价值理念体现了对于人民民主权利和人民民主意志的高度尊重，是自由、平等、法治、公正等核心价值理念得以实现的基础与前提。"民主"实现程度的高低，取决于具有公共意识、理性精神的"公众"的数量多少与质量高低。社会主义民主的实现，促进民众的民主参与和民主协商，让民众在民主的实践中实现由民众向公众、公民的蜕变与提升。

社会主义核心价值观"民主"理念的价值内涵与"以民为本"的价值内核，引领着民生新闻完善、发展新闻民主理念并指引新闻民主实践：第一，彰显新闻民主的民众指向。在社会主义核心价值观引领下的民生新闻，其新闻民主不再是少数新闻媒体精英的特有权力，而扩展成为媒体精英之外的普通大众的基本权利，曾被新闻媒体所忽视的普通民众的感性诉求和理性声音被民生新闻放大，并通过多种传播载体与传播类型得以最大程度的传播，民众的新闻知情权、新闻参与权、新闻选择权与新闻监督权得到最大限度的保障。第二，促进新闻民主的公众参与。社会主义核心价值观的民主理念促使民生新闻超越守护民主、维护民主的传统职责而成为民主的"公正参与者"[1]，构建民众参与新闻的舆论环境，提供民众民主参与的新闻平台，促成民众民主参与理性的形成与民主参与经验的成熟，实现民生新闻向公共新闻与参与式新闻的深度变革，促进国家民主政治的完善与发展。

（二）新闻公正与新闻正义的民本坚守

社会主义核心价值观的"公正"理念，即社会公平和正义，其价值目标在于建立人人平等的公平正义的社会，即"一切人，或至少是一个国家的一切公民，或一个社会的一切成员，都应当有平等的政治地位和社会地位"[2]。维护社会的公平正义，历来是新闻界高度认同的崇高价值与永恒的价值追求。由于与普通民众天然的血脉联系，民生新闻成为通过维护新闻公正与新闻正义而实现社会公平与社会正义的最恰当的新闻传播载体。社会主义核心价值观中所蕴含的"社会公平"价值，指引着民生新闻在新闻传播实践中坚守新闻公正与新闻正义的民本价值。

社会主义核心价值观的"公正理念"，引领民生新闻在新闻资源与新闻信息内容的分配上坚守新闻公平的价值理念：第一，新闻资源公正分配的民众取向。这里的公正分配，包括新闻传播物质层面的资源分配与新闻传播精神层面的资源分配。在物质层面，公正分配不再是对新闻资源的平等分配，而是将新闻资源分配向民众倾斜，为民众中的弱势群体、边缘人群拓展言说

---

[1] 李洋、陈刚：《民主实验和新闻改革——美国公共新闻事业思想辨析》，《西北大学学报》（哲学社会科学版），2010年第3期，第154页。

[2] 中共中央马克思恩格斯列宁斯大林著作编译局：《马克思恩格斯选集》第3卷，北京：人民出版社，1995年版，第448页。

意见的新闻渠道，争取更多接近和使用新闻资源的机会，以实现新闻资源在不同社区、阶层与地域之间的整体平衡；在精神层面，为在政治、经济、文化和社会中都缺乏社会资源与社会资本的边缘弱势群体争取新闻传播的权益与权利，使他们被传统新闻所忽视、遮蔽的权益、权利通过民生新闻所提供的新闻资源得以理性表达。第二，新闻信息公正分配的民众取向。信息公正分配，即在民生新闻内容的取径上，注重为民众提供高层次、高品质、高价值的内容，以弥补其在政治、经济、文化等层面的"信息知沟"，弥合民众与精英阶层在信息内容获取上的巨大差异。同时，在民生新闻中呼吁、倡导民众的信息自由权利，唤醒并培育民众的信息自由权利意识，培育并锻炼民众生产与传播新闻信息的能力与素质。

社会主义核心价值观的"公正理念"，也引领民生新闻在传播过程和与民众关系上坚守新闻正义的价值：第一，新闻传播框架的正义。民生新闻涉及民众的议题将更多采用"正义框架"而非"猎奇框架""戏剧框架"与"煽情框架"，民生新闻事实的选择和报道都以此框架为限定、标准。这将在一定程度上改变部分民生新闻过度追逐刺激、猎奇的现状，让民生新闻成为社会正义的宣扬者、传播者与推动者，养成民众对正义的正确感知、判断与决策，培育民众正确的正义道德感与正义责任感。第二，新闻采制过程的正义。民生新闻在采访过程中，更加注重规避强制采访、过度采访与暴力采访，以避免民众生活、情感与心理受到伤害；在新闻制播过程中，注重报道视角、新闻视频、新闻声音中如何彰显人道与正义，考虑新闻结构（新闻标题、新闻正文、叙事结构）、新闻语言与新闻修辞中如何体现正义的重要价值，在新闻故事与新闻细节中彰显民生新闻的正义取向。第三，建构与民众之间的人际正义关系。民生新闻基于民众本身的"存在"而非对别人的"有利性"，在采制、传播新闻的过程中尊重民众的尊严与价值、关怀民众的苦难与痛苦，在不断与民众的互动、交流中建构与民众之间的人际理解，推动与民众之间人际正义关系的发展。

（三）新闻道德与新闻精神的民气塑造

伴随网络传播为基础的"后新闻传播时代"的兴盛，民生新闻呈现出向公共新闻、参与式新闻转型与升级的趋势，新闻道德主体由职业化新闻传播者拓展到非职业化的民间新闻生产者与传播者，由职业新闻人与非职业民众共同建构。社会主义核心价值观倡导"敬业""诚信""友善"的价值观念，鼓励民众作为传播中华美德的主体并形成"追求美好崇高的道德境界"[①] 和"人心向善的道德观"[②]，以实现"中华传统美德的创造性转化、创新性发展"[③]。

社会主义核心价值观在道德层面对于人民主体与人民价值的高度重视，引领着民生新闻在新闻道德理念上的民众化变革：第一，促进新闻道德的社会化。这里的"社会化"有两层含义：一方面，真实、客观、公正等传统的、基本的新闻道德要求不再专属于职业民生新闻，而成为职业民生新闻与民间民生新闻共同遵守的新闻道德共识，民众在新闻道德关系中被赋予了更强的主动性与自由性；另一方面，民生新闻生产的社会化实践所产生的新闻道德问题，促使民生新闻人反思新闻道德观念、改革新闻道德实践以更加契合社会的道德观念、道德习惯与道德规范，实现民生新闻在职业新闻道德上的创造性转化与创新性发展。第二，推动职业新闻道德的民众化追求。职业新闻人对于新闻道德的理想境界在于实现新闻专业主义的价值与追求，而民生新闻则将新闻专业主义的理想追求与日常的民众生活实践相结合，让民众利益、民众价值作为民生新闻实现新闻专业主义、新闻职业精神的道德基点与道德准则，让民生新闻的新闻道德既植根于民众利益的现实土壤，又映射出新闻人高尚的专业理想。第三，培育民众新闻道德的自主意识。社会主义核心价值观对于民众道德的高度重视，激发民众在民生新闻的生产与传播过程中构建新闻道德的自主认知，形成新闻道德的自我省察，承担新闻道德的社会责任，并形成新闻道德的自我约束，在社会上形成遵守、尊重并倡导新闻道德的良好风气。

社会主义核心价值观引领民生新闻倡导民众"追求美好崇高的道德境界"，引领民生新闻彰显其民众立场与精神气质：第一，坚守新闻精神的民众立场。社会主义核心价值观引领民生新闻在新闻叙事中真实反映现实生活中民众的苦难与痛苦，在重视政府立场、媒体立场的基础上坚守民众立场，彰显民生新闻关注民众生活、关切民众命运、尊重民众人格的新闻精神。第二，培育公民价值的新闻信仰。新闻专业主义与民粹主义在民生新闻中的融

---

① 潘旭涛：《习近平谈核心价值观"——民族的根与魂》，《人民日报》（海外版），2014年7月3日，第05版。

② 习近平：《中国国际友好大会暨中国人民对外友好协会成立60周年纪念活动讲话》，新华网，2014年5月15日。

③ 潘旭涛：《习近平谈核心价值观"——民族的根与魂》，《人民日报》（海外版），2014年7月3日，第05版。

合，不再是新闻引诱民众消费新闻而实现商业价值的新闻策略，而是逐渐渗透到民生新闻实践与民众精神血液之中，并塑造职业新闻人与非职业新闻人对于公民价值的精神信仰。

二、社会主义核心价值观引领民生新闻的发展路径

从2001年深圳《晶报》提出"以民生新闻为特色"的口号开始，国内报纸就开始了对民生新闻的积极探索。而2002年《南京零距离》以及类似栏目的开播，是电视民生新闻实践的体现，并掀起国内的"民生新闻热潮"。经历了10多年的新闻实践与新闻探索，民生新闻由最初的崛起、鼎盛阶段发展到如今的回落、徘徊阶段。社会思潮、媒体环境的多元变革与新闻受众的理性成熟，形成了民生新闻调整、改革与转型的强劲外部压力，而部分民生新闻泛滥化、低俗化、琐碎化、煽情化、娱乐化、同质化的弊病，促使民生新闻寻求变革路径。基于对民生新闻缺陷与流弊的反思与批判，新闻学界提出了民生新闻向公共新闻转型的思路，而社会主义核心价值观对于"公共"价值与"民主"价值的自觉追求，引领着民生新闻向公共新闻与公共参与式新闻的转型与变革。

（一）推动民生新闻向公共新闻的深层转型

基于对民生新闻缺陷与流弊的反思与批判，新闻学界提出了民生新闻向公共新闻转型的思路。公共新闻的主旨在于"报道和指导公共事务，监督和构建公共领域，交流和引导公共意见，培育和营造公民社会"[①]，突出了新闻传媒的"公共性"职能，能够实现现阶段民生新闻所不能实现的公共服务理想。而报刊、广播电视媒体的民生新闻实践对公共事务的关注、对公共话题的分析，传达出民生新闻"公共性"的价值取向与价值追求。民生新闻对于"公共性"追求所引发的市民积极参与公共事务、政府完善公共服务与改革公共政策，以及社会价值与市场价值的双赢，显示出注重"民生、民情"的民生新闻向尊重"民意、民愿"的公共新闻转型的现实可能性。因此，民生新闻向公共新闻的转型已经成为新闻学界与业界的普遍共识。

社会主义核心价值观蕴含了丰厚的"公共性"价值特质：第一，公共领域为基础。社会主义核心价值观将民众从个体所关注的私人生活、私人领域纳入集体的公共生活与公共领域。第二，公共价值的内核。社会主义核心价值观是对民众个体价值观的提炼和公共价值内核的凝聚，是公共的价值共识

---

① 张恩超：《从民生新闻到公共新闻》，《南方周末》，2004年11月4日，第25版。

与公共的价值信念，对个体价值观起着统合、提升和引领的作用；同时，社会主义核心价值观涵盖了国家、社会、个人层面的价值内核，为当下民众的思想意识与群体行为提供了公共的价值规范与价值追求。第三，公共精神的追寻。社会主义核心价值观鼓励民众个体超越个人主义与私人身份，自觉参与公共事务、努力寻求公共利益、自觉维护公共秩序与尽力承担公共责任，包含了"公共善"与"公共理性"的公共精神价值追求。

如何改革民生新闻以实现可持续发展，民生新闻将转型成为何种新闻样态，成为新闻学界、业界面临的重要问题。而社会主义核心价值观"公共领域基础、探寻公共价值、塑造公共精神"的"公共性"价值特质，预示着民生新闻的发展方向与发展路径，引领并推动着民生新闻向公共新闻的深层转型。

1. 由拓展公共视域转向构建公共领域

相对于民生新闻，公共新闻具有更为进步的公共价值。但当前国内以民生新闻为基础的公共新闻实践还处于初级阶段，即"报道和指导公共事务，交流和引导公共意见"的拓展公共视域的阶段。公共新闻将视角由琐碎的、具体的个体个案拓展到具有公共性质与公共意义的公共事务，从民众的家长里短提升到公众的医疗、住房、教育、就业、环境以及社会保障、社会权利等公共话题，引入并传递民众意见，力图实现从日常生活领域到公众生活领域的提升。而对于"构建公共领域、营造公民社会"目标的实现，当前国内公共新闻的发展水平与之还相差很远。

社会主义核心价值观对于公共领域的重视，将引领民生新闻由拓展公共视域转向构建公共领域，从而实现民生新闻向公共新闻的深层变革：公共新闻引领民众超越对私人之域利益的偏执而转向对公共之域利益的追求，形成公共领域的公众基础。同时，公共新闻将拓展公共领域所涉及的类型，通过与民众息息相关的生活政治、生活经济、生活文化的交流与探讨，形成关乎民众政治生活、经济生活、文化生活与社会生活并为民众"交流思想、沟通情感、形成共识"提供环境的媒体公共领域。通过不同地域、不同类型新闻媒体的公共新闻对多元议题的理性商讨，使其议题在民间团体、民众社区获得现实时空的延展，促进媒体公共领域向现实公共领域的转化。而媒体公共领域提取现实公共领域所存在的公共问题进行公开反映、客观监督与理性引导，从而促成现实公共领域的多向拓展，在宏观整合的公共空间中强化民众在国家、市场博弈过程中的影响力量。

2. 由培育公共关怀转向建构公共精神

当前国内公共新闻还应着重激发民众的公共关怀。公共新闻让民众认识并体验到建立于个体现实生活并超越个体现实生活的公共生活与公共世界的重要意义与存在价值，使民众从旁观、围观到积极介入、参与，从而对公共事务、公共话题发出民众声音，引导民众形成关心、关爱他人、社会，基于公共伦理与公共道德的公共关怀。而社会主义核心价值观对于"公共善"与"公共理性"的公共精神的追求，使公共新闻具有更深层的价值目标与价值追求，即建构理性的公共精神。因此，社会主义核心价值观指导下的公共新闻更注重民众"公共规范意识、公共利益意识、公共环境意识、公共参与意识"的孕育与培养，让民众在公共事务的参与经历中，积淀自觉"维护公共秩序、热心公共利益、承担公共责任"的公共精神，从而实现民众向公众的转变，实现由培育民众感性的公共关怀到构建民众理性的公共精神的飞跃。

（二）推动公共新闻向公共参与式新闻的转变

虽然公共新闻在媒体公共属性与公共功能方面的尝试与努力让媒体的"公共性"得到最大限度的发挥，可带动社区居民、社区建设者与NGO组织、公共知识分子的公共对话与公共参与，对于政治的社会化与民主化起到了一定的推动作用，但公共新闻作为媒介倡导与推行的进步主义运动，与民众还存在一定距离，存在着发展的困境与问题：第一，公共新闻是媒体掌控下的"媒介的民主"。公共新闻所涉及的报道内容的"公共性"（公共事务）与报道方式的"公共性"（公众参与）都是由媒体主导、媒体掌握下的"媒介的民主"，基于精英视角，离真正"民主的媒介"目标相差甚远。第二，公共新闻体现了基于社区的社群主义（社会整体利益的背离）。社群主义强调促进社群的公共利益，而社区的社群主义使公共新闻的报道来源、报道主体、报道内容、报道视角、报道核心都集中于社区事务与邻里关系，关注、维护各个社区的利益与价值，追求社区的社群福利，建构的是社区共同体与民众对各个社区的认同，具有鲜明的地缘与人缘特性。而整个社会由多个社群场域所构成，社群之间可能存在不同价值、不同利益，社群之间的博弈可能导致"零和"甚至负面作用。因此，社群利益不等于公共利益。公共新闻对于居民社群过于集中的关注，关注视域过于狭窄，可能会遮蔽更为重大的公共问题，而走向民主的反面。因此，仅凭媒体的公共新闻实践还不能完全实现社会整体的公共性、民主性诉求。

公共参与式新闻，是指"新闻活动的主体及服务对象都是公民或公民群体，既包括公民自主完成的新闻传播活动，也包括公民与传统新闻组织共同进行新闻生产"①，它依托日新月异的新媒体技术变革所引发的传播载体与传播渠道变革，聚焦于社会公共事件而非日常生活的记录与表达。公共参与式新闻具有公共新闻的"公共性"与"公民参与"的特性。其中的"公民"是"集权利与义务于一体，具有主体意识和公共意识"②的现代国家公民，超越社区居民与城市市民；"公民参与"是以公民身份、公民自主而非媒体主导的公共参与，在新闻参与中，既敢于追求公民权利，也勇于承担公民责任；既追求充分的公民表达，也注意维护和谐的公共秩序。

社会主义核心价值观所倡导的"民主"，即人民当家做主。社会主义核心价值观倡导从各个领域、各个层次扩大公民有序的政治参与，以实现人民民主的美好目标。因此，当公共新闻通过公共领域与公共事务的商讨，培育了足够数量并真正具有公共情怀、公共责任与公共精神的公民群体，社会主义核心价值观将进一步促进、推动公共新闻向公共参与式新闻的转型与发展。

1. 由民众少量参与到公民充分参与

相对于由媒体主导、控制的民众能够部分参与的公共新闻，公共参与式新闻是公民实现充分参与的公共新闻，由"为人民的新闻"转变为"人民的新闻"，由公众享用、公众分享的新闻转变为公民使用、公民主体的新闻，充分实现了新闻传播的公民性。社会主义核心价值观所体现的民主、平等、自由等基本价值在公共参与式新闻中都能够通过公民自身的新闻产制与传播得到充分实现，新闻自由、新闻平等、新闻民主不再由媒体完全代表，不再仅仅是法律意义上"应然"的公民权利而成为公民现实生活中所享有的"实然"权利。在参与领域上，公共参与式新闻使公民的新闻参与领域涉及国家的政治生活、社会的经济生活和民众的文化生活，而不仅仅局限于居民的社区生活，参与的范围广泛；在参与载体上，除了所有传统媒体的公共新闻参与，还涉及不断革新的新媒体；在参与空间上，公民充分参与的公共参与式新闻，其"公共性"不再局限于特定地域、特定民族而基于国家整体利益与整体价值，超越特定的亲缘认同、地域认同而形成对于整个民族、整个国家的整体认同。并且，作为公民充分参与的公共新闻，公共参与式新闻有利于建构真正民主的公共生活，推动公民社会的完善和国家的民主政治改革。

---

① 姜华：《公民新闻及其民主监督作用初探》，《国际新闻界》，2013年第4期，第39页。
② 姜华：《公民新闻及其民主监督作用初探》，《国际新闻界》，2013年第4期，第40页。

2. 从鼓励积极参与到倡导理性、有序参与

公共新闻鼓励民众对社区公共事务的积极参与,以改变普通百姓对公共事务的冷漠与疏离态度;展示民主参与的方式,以培养民众积极参与的日常习惯和民主作风;开拓民主表达的渠道,培育公民参与公共事务的责任与意识。社会主义核心价值观自由、民主理念引领下的公共参与式新闻则倡导公民在新闻的生产、传播过程中将参与公共事务的态度与意识转化为自发而理性、有序的参与行为,通过公民集体的新闻监督与行动力量促成公共事件、公共问题的公正、合理解决,积极促进公共信息的开放透明、自由流动,充分实现公民的自由、民主权利;社会主义核心价值观的和谐、法治等价值理念则引导公民在参与制作、传播新闻的流程中遵循新闻传播的基本要求与新闻伦理、新闻道德与社会伦理、社会道德,既保证、追求信息的准确客观和对报道对象的人文关怀与权利保障,又避免个人情绪与社会情绪的非理性、破坏性元素的宣泄、发酵、感染而引发社会动荡、爆发社会动乱,以维护公共秩序与国家社会的和谐稳定,保障社会机体的健康发展。

三、社会主义核心价值观引领民生新闻的品质提升

新闻文化、专业精神和社会责任构成了民生新闻品质的三大组成部分。其中,新闻文化具有"广泛推行社会价值规范与建构社会价值意识"[①]的社会功能,民生新闻文化内涵的提升有助于社会建立、推行与遵循共同的价值观念、行为规范,从而促进中华民族文化的凝聚、塑造和提升;专业精神是新闻人历来珍视的价值观念,不管媒体形态如何演变,不管新闻的传播形态、传播内容与传播方式如何变化,专业精神仍然应是民生新闻人毕生追求的职业理想与职业操守;民生新闻作为社会环境的监测者与守望者,理应承担更多的社会责任。因此,新闻文化使民生新闻具有了民众文化的内涵,专业精神使民生新闻彰显着新闻理想与新闻追求,社会责任让民生新闻超越新闻本身对社会产生积极的影响,它们共同构成了民生新闻的发展品质。而社会主义核心价值观则使民生新闻提升文化内涵、创新专业精神、担当社会责任,从文化、新闻与社会三个维度引领着民生新闻发展品质的不断提升。

(一)社会主义核心价值观引领民生新闻提升文化内涵

虽然当前民生新闻从传播理念、关注视角、题材内容到新闻结构、报道形式等方面进行了新闻的"平民化"变革,力求实现与民众的全接触、零距

---

① 王传寿:《党报与主流文化》,《江淮论坛》,2004年第4期,第55页。

离，以贴近民众的实际生活与心理需求，但正是由于对市井平民之事的过度关注与对普通市民基本需求的过度满足，致使民生新闻无法深入民众心灵。而对于特定地域市民基本生活需求的市井文化的过度渲染，以及对市井文化中的低俗部分和阴暗层面的露骨描绘，使民生新闻反映的市井生活显得琐碎且肤浅。由于部分民生新闻在反映市井文化的基础之上掺杂了大量以娱乐、解构为显著特征的大众文化，成为市井文化和大众文化的混合体。对于大众文化的过度追捧，使许多民生新闻充斥着戏谑而消遣的报道方式、原始甚至粗俗的民众语言、煽情而震撼的音乐音效、夸张而随意的剪辑制作等，极大地消解了民生新闻原有的文化价值。

社会主义核心价值观则丰富了民生新闻的文化内涵，提升了民生新闻的文化品格，引导着民生新闻的关注对象由市井转向更为重要的市民与城市，引领着民生新闻文化内涵的提升：在社会主义核心价值观建构过程中，社会记忆、文化记忆的发掘与建构，使民生新闻关注领域由琐碎而浅表的市井生活展现和夸张的民众情感渲染转向市井生活和民众情感背后深层的社会记忆与文化记忆。社会记忆与文化记忆框架下的民生新闻，揭示了市井生活的复杂性、建构性与民众情感的历史性、文化性，能够唤起民众的群体情感与集体记忆，使当下的民众生活与民众情感具有内在的历史意义与价值，从而使民生新闻由浅表的市井生活的描绘转向具有丰富指向性和厚重历史性的市民文化的发掘。民生新闻从微观层面关注城市意识文化、城市社会文化与城市形态文化，传播着城市所建构的知识与信仰、风俗与道德、心理与观念、文学与艺术，丰富、传播城市文化，彰显着与社会主义核心价值观相契合的城市精神，提升了民生新闻的文化境界。对于城市文化的承继与城市精神的阐扬，使民生新闻超越世俗市井生活的展现和市民情感、思想和行为的浅表叙述，而提升到城市文化与城市精神的深层阐释，使市民的情感、思想与行为具有丰富的城市文化底蕴与城市精神积淀。在社会主义核心价值观的引领下，民生新闻将实现由市井到市民文化、城市文化的转向，自觉追求提升文化品格与文化内涵，实现民生新闻超越琐碎、低俗而展现其文化价值的自我蜕变。

（二）社会主义核心价值观引领民生新闻发展专业主义

在理念上，中国新闻学界总结的中国新闻界当前作为指引的新闻观念或新闻理念，是宏观而笼统的中国特色社会主义新闻观，或称为马克思主义新闻观或辩证唯物主义新闻观；在实践上，中国新闻业界奉行的则是以宣传新闻主义为底色与主体，混合、杂糅了西方式的新闻专业主义追求与商业新闻主义成分的新闻专业主义混合体。宏观的新闻专业主义理念缺乏具体指导特定新闻传播范式的针对性,而宣传新闻主义、西方式的新闻专业主义与商业新闻主义的混杂,使新闻实践中新闻人"信奉的新闻价值理念、坚持的新闻传播原则、新闻业的属性和核心功能,以及坚持、奉行的新闻制度、政策、路线和方针,新闻与国家、政府与社会的关系"[①]等模糊不清,新闻定位游移不定,而新闻理念指导下的新闻实践缺乏具有前瞻战略性与未来指向性的核心理念的引导,不能充分发挥新闻对于社会与国家自由发展、和谐发展、全面发展的促进与推动作用。当前已经处于"后民生新闻时代",职业民生新闻与民众民生新闻共同构成了民生新闻的图景,民众民生新闻也日益成为推动社会进步与国家发展的一支重要新闻力量。因此,民生新闻的新闻专业主义也不再局限于职业化的新闻媒体而拓展到普通民众。时代的发展与社会的变革,迫切需要民生新闻在理念上超越当前的新闻专业主义理念,在实践上丰富、发展新闻专业主义的内涵与外延。

社会主义核心价值观为职业民生新闻与民众民生新闻提供了共同的价值取向、价值理想与价值信仰,将引领民生新闻创新、发展专业精神,提升其专业品质,促进新闻专业主义注重民本化价值取向,促进新闻专业主义的民众化发展:一方面,在建构社会主义核心价值观的民本叙事,彰显社会主义核心价值观的民众话语,呈现社会主义核心价值观的民生内容的新闻操作层面、技术层面与新闻实践过程中,新闻媒体不再固守、执着于精英主义立场,而是与民众同呼吸、共命运,珍视与尊重民众价值,深切关怀民众境遇,为民众幸福谋出路,将社会主义核心价值观国家层面的富强、民主、文明、和谐及社会层面的自由、平等、公正、法治等价值理念具体落实到对弱势群体的帮助与扶持、对民众个体幸福与福利的庇护,使民生新闻的新闻专业主义具有深刻的民本化价值取向。另一方面,社会主义核心价值观的价值理念将进一步推动新闻专业主义的民众化发展。普通民众在制作、发布与传播民生新闻的过程中,同样要遵循专业化的新闻专业主义基本原则与要求、理想与追求,同样要培养新闻自由与新闻民主的观念与精神,共同为维护新闻公正与新闻正义而贡献力量。

民生新闻专业主义的民本化取向与民众化发展,使民生新闻不再纠缠于民生事件个案的离奇、琐碎与新闻人物的传奇、夸张,而是从新闻理念上以

[①] 杨保军:《当代中国主导新闻观念的可能选择发展新闻专业主义》,《国际新闻界》,2013年第3期,第84页。

社会主义核心价值观作为理想追求,在新闻实践上丰富、发展新闻专业主义。

(三)社会主义核心价值观引领民生新闻担当社会责任

从新闻学的视角来看,新闻人的责任是求真,即真实、准确、全面、客观地为民众传递与民众息息相关的民生类新闻信息(包括事实与意见),以满足民众对新闻信息的需求;而从社会学视角来看,新闻人还应承担社会责任,即不能仅仅停留于求真,还应尽力求善,以民众的公共利益、社会的和谐进步与国家的繁荣发展作为更高目标。近代以来,国内新闻界将传播思想、启蒙国人、延续文化、针砭时弊作为新闻媒体理应承担的社会责任,新闻人应心怀"兼济天下"的士人理想和人格,新闻不仅应该求真,更要求善,以推动社会的和谐进步与国家的繁荣发展。新闻学界提出的民生新闻由"小民生"向"大民生"转变的思路,虽然在新闻学界还有较大争议,但它实际上反映了当前新闻学界、新闻业界对于民生新闻应担当更多社会责任的理想与希冀。而更为契合国家发展语境与时代精神的社会主义核心价值观,则引领着民生新闻承担更多社会责任。

1. 践行社会主义核心价值观以守望公共利益、维护社会和谐

从国家、社会、个人三个层面提出的社会主义核心价值观,将个人前途与国家命运、社会进步紧密相连,为民生新闻明确了更为具体细化的、更具有现实操作性、更易获得民众普遍认同的社会责任标准。一方面,社会主义核心价值观引领下的民生新闻应成为公共利益、公共价值的守门人,成为社会正义与良知的守护者,勇于为弱势群体代言、敢于批判社会弊病,维护社会的公共利益;另一方面,社会主义核心价值观引领下的民生新闻应成为国家发展的推动者、社会和谐的建设者,努力化解社会矛盾、弥合社会裂痕,维护社会的和谐稳定,民生新闻记者应成为"党的政策主张的传播者、时代风云的记录者、社会进步的推动者与公平正义的守望者"。

2. 传播社会主义核心价值观以凝聚社会共识、构建精神动力

社会主义核心价值观引领民生新闻在传播价值理念时坚持"引领社会思潮,尊重差异,包容多元,最大限度形成社会思想共识"[①]的基本原则,在民众认同的基础上将分散、异质、多元的民众精神力量通过社会主义核心价值观汇聚成为共建中华的强大精神动力。民生新闻既能够促进各种思想的活

---

① 梅荣政、王炳权:《坚持以社会主义核心价值体系引领社会思潮》,《思想理论教育导刊》,2007年第6期,第8页。

跃和繁荣，也能够让社会主义核心价值观成为这些思想的"最大公约数"，从而让最大多数的国民所认同，既能够实现国家总体思想的统一，也能够包容社会的多元思想。

3. 内化社会主义核心价值观以培育公民品格、构建公民信仰

在民生新闻践行与社会主义核心价值观传播的过程中，民众会深受其濡染，将社会主义核心价值观作为自己思想与行为的价值指南，改善、革新自身品格缺陷，丰富、提升自身修养，形成独立、理性、友善的公民品格，促进社会道德和精神文明飞跃性的发展与突破。同时，社会主义核心价值观引领民众树立权利意识、公共意识与公共品格、公民品格，培育现代公民，促进民众向公众与公民的变革。

第二章　民生新闻发展走向的多元困惑

民生新闻经历了以媒体市场化、技术社交化和新闻娱乐化为主体的变革，如今仅靠坚守"以民为本"的核心理念，明显难以招架来自新媒体的挑战和新受众的诘难，关于"民生"还是"民粹"，"娱乐"还是"愚乐"的社会质疑从未绝耳。新闻的发展困境源自民生的生存困惑，从新闻本体论出发，这一困惑可以沿着"本体－权力－人文"路径，从内涵至外延逐步摸索其核心症结所在。作为一种新闻模式，民生新闻在本质上离不开新闻属性、新闻价值和新闻功能的叙述，属性倒置和价值颠覆是民生新闻出现困惑的根本原因；作为一种羞于展示的"利益体"，新闻的权力表达无法回避，权力来源、权力主体、权力客体三者之间的定义模糊和关系错杂是民生新闻困惑的利益环节；作为一种落脚于"民生"的新闻模式，人文反思缺失是其困惑顿生的终极节点。本章沿袭这条路径，对民生新闻中的多元困惑展开三方面的追问。

第一节　本体之本："乱象"背后的本质追问

新闻本体对应新闻现象，回答了"什么是新闻"这个既显得简单但又不知从何启口的问题。今天的新闻打着诸如平民主义、草根主义等种种旗号，试图建构自身的话语特色，俘虏某一领域的受众群体，作为一种现象，其对话平民、参与平民与服务平民的态度体现了我国新闻事业的进步。但从本质而言，这种非严肃且非专业的做法，碰触了新闻专业主义的底线，挑战了新闻属性中的"信息"本体和新闻价值中的"事态"本体，即在新闻属性中，信息已经不是第一位的，娱乐、舆论等获得性属性僭越其位；在新闻价值中，以事实为基础的"事态"不是第一位的，而以情感为基础的"情态"和以意见为基础的"意态"僭越其位。这正是今天民生新闻种种乱象背后的症结。

一、属性倒置：民生新闻"获得性属性"的膨胀

新闻属性是新闻的根本性问题，即新闻文本是什么？它从文本出发，探讨新闻自身的归属问题，规避了传播主体的权力性和传播客体的社会性，突出了民生新闻文本建构的自然规律。民生新闻困境的出发点正在于新闻属性的本末倒置，新闻文本是信息产品、交易商品、娱乐工具还是其他，在目前民生新闻属性混乱的情况下，无法对之进行清晰的界定。

（一）新闻属性构成：本体属性与获得性属性

属性是对事物本质性的体现，任何事物都会存在这样那样的属性，通过属性来概括自身某一方面的特征。多样化的属性便于我们认识事物的丰富性。新闻同样存在多样化的属性，通过对这些属性的研究，我们不难发现，新闻不仅仅是单一的"信息传递"，随着社会的发展和媒介的演进，每一条新闻所蕴含的属性意义都在不断地延伸。

1. 新闻的属性

陆定一对"新闻"的经典定义——新闻是对新近发生的事实的报道，指出了"新闻是报道"这样一种定位。所谓报道，即以第一性的事实为依据，呈现第二性的文本。报道可以是动词，也可以是名词。作为一种动作，"报道"暗含着记录和传递两个过程，这里针对的是新闻传播发生之前的新闻属性，其核心要求是事件的真实性。名词的"报道"是前述动作的结果，客观与真实正是体现在这一结果当中，这里是指传播之后的新闻属性，即文本的客观真实。然而，在今天的一些民生新闻报道中，"报道"这一动作超越了记录和传递两个简易环节，被众多相似动作所替代，诸如叙述、描述、刻画、阐释、抒写等。这些相似动作直接引发了其他新闻属性的获得，"新闻信息"的真实客观只能成为众多新闻属性之一，或被称为新闻的"本体属性"。

2. 本体属性

新闻本体属性是指"新闻本体固有的客观属性。正是这样的属性，在客观上或者说在实在论意义上，界分了新闻事实与一般事实、新闻信息与一般信息的范围"[①]。那么，是什么属性划定了新闻信息与街谈信息、网谈信息、

---

① 杨保军：《当代中国主导新闻观念的可能选择：发展新闻专业主义》，《国际新闻界》，2013年第3期，第82~90页。

隐私信息之间的界限？也就是说，什么样的信息值得传播者去记录和传递？首先是真实性，传播之前的客观事实必须是实际存在的，这使新闻信息与虚构故事区分开来；其次是新鲜性，在真实的基础上，客观事实必须有一定的新闻由头，这使新闻信息与普通的日常信息区分开来；最后是公众性，即发生的新闻事实并非只是涉及个别人、个别家庭的内部关系，而是与公众已经发生、即将发生或有可能发生的事相关联，这使新闻信息与隐私信息区分开来。

作为客观属性，上述三种基本属性不会随着报道手法、传播工具、叙事方式的改变而改变，也就是说，如果它们发生改变，新闻信息与非新闻信息之间的界限将变得模糊，新闻能否成为"新闻"本身将遭遇质疑，新闻的传播效果也将陷入困境。

3. 获得性属性

上文已经论及，获得性属性是在"报道"这一动作突破"记录与传递"的简易环节前提下实现的属性，尽管如此，它是建立在本体属性基础之上的，"作为新闻本体的事实信息一旦经过传播者的认识、反映、再现进入传播状态，就转换成为传播态的新闻，它便进入了各种各样的传播收受关系。在不同的收受关系中，新闻将在本体属性的基础上获得或凸现一些新的属性。我们将这样的属性称之为获得性属性"[①]。杨保军教授将新闻的获得性属性分为政治属性、商品属性、舆论属性、文化属性，系统且全面地概括了获得性属性的构成。除此之外，近年来舆论监督越来越显现出其独特的社会价值，因此新闻的权力属性也无法回避。这些属性并非新闻特有，而是附着于新闻本体属性，在传播者和收受者的互动关系中逐步建构的，并且在建构过程中多种属性并存。在2014年3月云南火车站暴力恐怖事件中，新闻报道逐步还原真相，对新疆人的客观描写，对恐怖分子的强烈谴责，对伤亡者家属的动情抚慰，对普通民众的恐慌控制，其中就介入了政治属性；为了避免人们对新疆人进行非理性的形象建构，介入了舆论属性。这些属性，是在新闻传播者的情节叙事、细节刻画、原因阐释和情感抒写等环节中形成的，而非简易的记录与传递所能为。下面来逐一看看民生新闻中的获得性属性如何显现。

（二）民生新闻获得性属性的现实表象

如前文所言，获得性属性是对新闻中的"记录与传递"的突破，是对本

[①] 杨保军：《新闻本体论》，北京：中国人民大学出版社，2008年版，第49~50页。

体属性的延伸和发展。虽然获得性属性根源于本体属性,也就是根源于收受主体对传播主体的信息需要,但在具体的新闻中获得性属性往往无限制膨胀,从而模糊了新闻与其他精神产品之间的界限,比如将新闻看成广告、宣传。此处从三个角度来分析民生新闻的获得性属性问题。

1. 商品属性的膨胀

21世纪以来,新闻的商品属性已成为学界共识,大多数学者皆认同这样一个观点:"新闻之所以是商品,因为它以搜集和加工信息的劳动,创造了为人们服务的价值,所以,媒介及其产品应列为服务或服务类商品。"[1]也就是说,新闻的商品属性来源于新闻工作者的劳动,以产品的形式与广告商交易。与《新闻联播》等严肃类新闻不同,民生新闻的商品属性更为突出,特别是在以收视率为唯一考核标准的当下,民生新闻的市场意识更为浓厚。商品意识给民生新闻带来的直接价值取向即是全方位地取悦受众(消费者),从而赢得收视率和广告额,甚至很多时候这种"取悦"演化为赤裸裸的"收买"。具体来看,有以下几种表现形式:(1)为线索提供者支付高额"报料费"。这种现象在报纸和电视类民生新闻中均较为普遍,并形成一种营利模式,在一些大中城市中培育了相当数量的职业"报料人",他们不仅提供线索,而且提供更为专业化和职业化的新闻半成品,比如图片、视频、文字等,新闻单位也依据半成品附着的劳动量支付费用,比如深圳电视台最具影响力的民生新闻栏目《第一现场》就曾出台"报料费"规定:未提供视频的有效线索价格100元,提供视频的有效线索价格300元。这种交易形式将新闻商品属性在受众中实践,虽然催生了受众的参与意识,但也在一定程度上弱化了新闻的权威性。(2)有奖竞猜。一些民生新闻单位根据议程设置需要,向受众做出承诺,拨打热线电话,对新闻话题中的情节发展或意见倾向做出预测,回答正确者将获取高额奖品。深圳电视台民生新闻午夜栏目《一时间》曾以一栋别墅为奖品来奖励正确回答主持人提问的观众。这种奖励模式在短期内调动了观众的积极性,激发了他们关注话题的热情,但从长远来看,受众关注的热度难以延续,纯粹以赢取奖品为目的的新闻参与,无法培养健康的新闻接受心理。(3)为忠实受众送节日礼物。近几年来,国内众多民生新闻单位流行一种"收买人心"的做法,即每逢佳节,派记者或主持人到社区,询问民众对该新闻节目或版块的熟知情况,从而判断出"忠实观众",为他们送购物卡、家电等礼品。

---

[1] 刘建明:《当代新闻学原理》(修订版),北京:清华大学出版社,2005年版,第518页。

2. 舆论属性的高调

作为一种舆论引导工具，新闻的舆论属性无时不在，但就民生新闻而言，这种舆论属性近年出现了非理性的倾向，即在事件表达中意见先行、符号置入、行为误导，从而将舆论引至不公正、不客观的社会商议平台。（1）意见先行。为了获取高收视率，民生新闻单位几乎不放过任何机会"收买"人心，因此，在涉及困难群体的报道时，往往先入为主地将其定位为受害方，并用新闻机构的资源为其争取利益。这是当前民生新闻从业者的通病，其弊病是在舆论效果上鼓励了人们的仇富心态。比如广州市电视台某民生新闻栏目中经常可以看到这样的报道：《外地菜农来广州种菜20年，苦苦经营菜地一夜被毁》《外地猪农荔枝林养猪执法人员驱赶之下猪散人哭》。从这类报道的标题中就可以看出舆论导向，即外地农民为大都市做出贡献，提供肉菜，但却遭遇不公平待遇，野蛮行径直接毁灭了他们维系生存的产业。然而，背后隐藏的深层次社会关系却被这种"意见先行"的标题遮蔽了：外地菜农占用的是国有储备用地，外地猪农涉嫌非法养殖和屠宰未经检验检疫的私宰猪。（2）符号置入。为了适应新媒体环境下的舆论氛围，顺应大众化的理解习惯，民生新闻依据惯有的舆论经验，有意将一些社会角色脸谱化，从而将其置入特定的符号。例如，城管一定是打人的、小贩一定是扰民的、有关部门一定是推诿的、幼儿园一定是虐童的、民办学校一定是乱收费的。符号置入将报道中的社会角色置于既定的和固有的行为模式之中，干扰了受众对社会角色进行客观的、公正的、辩证的理解。（3）行为误导。在某些特定的事件报道中，民生新闻为了追求刺激感和冲击力，鼓励当事人采取不正当或非理性的行为，从而误导社会舆论走向。最典型的例子就是近年来兴起的"跳楼讨薪"事件。"跳楼讨薪"的本意是指被欠薪者（多为农民工）为了拿到薪酬以跳楼相挟，而这种要挟行为如果没有媒体配合引起社会舆论关注是无法达到"要挟"效果的，民生新闻记者的出现，正迎合了"跳楼者"的心理需求，从而也鼓励了这种讨薪行为模式。正因为如此，"跳楼讨薪"现象最近几年在我国大城市越来越常见，民生新闻报道在其中的推波助澜不可否认。

3. 权力属性的扩张

民生新闻对负面新闻的热衷，导致它在舆论监督的权力行使上越走越偏，不少民生新闻打着"匡扶正义""铁肩担道义"的旗号，对社会不公进行曝光、对公权滥用进行监督、对行政失职进行鞭策，民生新闻正是以这样一种话语权的控制而凌驾于各种权力形式之上，导致权力属性成为其独特魅力。然而，当社会上的一些不良现象只有媒体曝光之后才能得以改进时，媒体的权力属性就已经达到极致，权力能量也将走向极端，出现失控。具体而言，民生新闻权力属性的扩张表现为权力滥用和权力转让两个方面。（1）权力滥用。现实社会中，民生新闻的舆论监督无所不包、无孔不入，涉及经济、行政、司法、教育、日常生活等领域，但民生新闻的传播者绝非无所不能，专业知识的有限性导致了他们在涉足许多专业领域时出现失误，轻则闹出笑话，重则造成伤害。最常见的是一些处于舆论风口的诉讼话题，民生新闻在司法程序启动之前便开始行使权力，给司法判断造成干扰。（2）权力转让。普通民众媒介接近权的实现可被看成是民生新闻最大的进步，民众可以低成本或无成本地利用媒介实现自我诉求，但这同时也给民生新闻机构控制者转让这一话语权提供了机会，也就是说，这种接近权（话语权）可以给张三，也可以给李四，最终给谁取决于私人关系或利益关系。近年来，权力转让最为常见的后果便是公关新闻的盛行。许多企业开始为媒体"建构社会故事"，从而设置议程，这些社会故事顺应了民生新闻"讲故事"的习惯，同时也使"讲故事"的人和企业篡取了民生新闻作为一种社会公器的公权力，"讲故事"的人和企业迎合了媒体需求与受众需求，但同时也推销了自我价值和自我品牌，获得了向社会进行"布道"的权力。

二、价值颠覆：民生新闻"情意价值"的活跃

传统新闻理论中的新闻价值要素包括时效性、重要性、显著性、接近性和趣味性。但随着新闻形态的发展，五要素已很难阐释当下的民生新闻实践，我们很难从鸡毛蒜皮的市井闲谈中找到重要性和显著性，而一些具有冲突性、刺激性的消息似乎更符合民生新闻的传播规律，更具备新闻价值。新闻中关于事实本身的"事态价值"似乎显得不再重要，而以满足受众情感为价值取向的"情态价值"和"意态价值"变得尤为重要。

（一）新闻价值的当代阐释

我们所说的新闻价值，是对具体价值关系的超越，比如我们不会将新闻的经济价值、政治价值、艺术价值、社会价值、文化价值纳入新闻价值的研究中，归根到底，这些具体的价值关系只是新闻属性的另一种修辞。抽象之后的新闻价值，是对主体化的新闻属性的客体化，也就是从"提供者"到"接受者"的一个转向，从另一个面来观照其价值指向。

1. 新闻价值：对谁有价值？

价值是体现主体与客体关系的一个范畴，它反映的是客体满足主体需要

的关系。马克思早就说过:"'价值'这个普遍的概念是从人们对待满足他们需要的外界物的关系中产生的。"① 从哲学意义上讲,价值体现的是现实中人的需要与事物属性之间的一种关系。我们说某种事物或现象具有价值,就是因为该事物或现象能满足人们的某种需要,成为人们的兴趣或目的所追求的对象。

"对谁有价值"是新闻价值考察的关键维度。在受众及社会关系上,有学者认为,"从严格含义上看,新闻价值是指新闻与受众、社会之间的需求关系,表现为对受众和社会需要的满足。既然新闻价值是一种关系范畴,那么,研究新闻价值就得从剖析新闻与受众及社会关系入手,从新闻事实满足受众和社会需要的程度去考察"②。从新闻活动论而言,新闻价值不仅仅包括对作为收受主体的受众的价值,还应包括对作为传播主体的传播者(新闻的操作者和实践者)的价值,包括对控制主体的价值。比如,新闻事件本身是否具有提升栏目品牌(传播主体)的价值,是否具有整合社会关系、协调社会机能(控制主体)的价值。目前来看,民生新闻的价值理解仅仅倾向于对受众的单一价值,忽略了对传播主体和控制主体的价值,由此便出现了一味迎合受众的低俗新闻。

2. 新闻价值的层次

从以上观点可以得知,新闻价值是某种社会关系之中的价值,结构性十分明显。新闻价值的大小也可以依据与之对应的社会主体的数量和身份进行分层。比如,杨保军教授将新闻价值的对应主体分为社会主体、群体主体和个人主体,"新闻价值主体存在的层次性,使同一新闻价值客体对主体的价值表现出不同的层次性:对个人主体的价值,对群体主体的价值,对社会主体的价值。新闻价值的整体实现程度依赖于对各个层次主体的具体价值实现程度,最终则落实在每个个体主体的价值上"③。一般而言,新闻价值对应的社会主体层次越高,其价值越大,社会主体、群体主体和个人主体三个层次逐级下降。与整个社会有关的新闻事件的价值最大,比如政策变动、环境污染等;与某一群体有关的新闻事件的价值其次,比如最低工资标准调整涉及劳务工阶层的利益,停车收费标准调整涉及有车族的利益等;与个人主体

---

① 马克思:《评阿·瓦格纳的"政治经济学教科书"》,《马克思恩格斯全集》第 19 卷,北京:人民出版社,1963 年版,第 406 页。
② 刘建明:《创立现代新闻价值理论》,《新闻爱好者》,2012 年第 12 期,第 10~14 页。
③ 杨保军:《试论新闻价值构成的多项性和层次性》,《国际新闻界》,2002 年第 4 期,第 46~51 页。

有关的新闻事件的价值最小,但这类新闻并非毫无价值,因为个体事件往往具有类推性,推己及人,推物及他,这是民生新闻以小见大、以点窥面的价值取向之一,但是,这一价值取向同样也容易陷入鸡毛蒜皮、琐碎叙事的漩涡。

3. 当代社会的新闻价值需求

新闻价值三层次是一种理性分析,新闻与受众的互动关系却并非一种完全的理性行为,受众的情感、情绪、嗜好,以及流行的社会心态等感性情怀也决定了受众对新闻价值的理解。特别是在新媒体环境中,网络信息的及时传递和深度阐释在一定程度上已经超越了传统媒体。因此,不能完全依照新闻价值三层次僵化地划分新闻价值取向的优劣,而应以一种更为现实的标准来观照当今的新闻追求,以及批判其新闻意义。民生新闻的尴尬境地正源于这种感性标准,由于传统媒体的种种劣势,它无法在涉及社会主体的政策阐释中占据优势,也无法在涉及群体主体的及时传递中占领先机,不得不退居个人主体阐述,而对个人的故事叙事津津乐道,在故事叙事中,追求现场冲突性、情节刺激性。

(二) 民生新闻中信息文本价值取向的困惑

价值取向研究必须依附于新闻文本本身,脱离新闻文本的价值研究不仅是无意义的,而且容易造成价值取向的紊乱。因此,对新闻文本进行分层是十分必要的。特别是对民生新闻而言,观众的收看欲望是复杂的:监视周边环境、以收看他人灾难来实现心理平衡、通过暴力新闻刺激感官和愉悦心情等,不一而足。以下是从新闻文本分层的角度来研究新闻价值取向。

1. 新闻文本的价值取向:事态、情态、意态

民生新闻文本重点在于讲述事件,而非严肃地报道领导动态、政治态度等,因此可以说,民生新闻文本以事态信息为主要因素,但不可否认,情态信息与意态信息也渗透其中。"情态信息就是情感态度表达、表现过程中透露出来的信息,或者说是表达、表现主题情感态度的信息,它本质上属于价值评价信息,反映了一定主体对待一定对象的热爱或者憎恨、赞赏或者贬斥、同情或者冷漠,等等。"[1] 与情态信息一样,意态信息同样属于主观信息,所谓意态信息,"是指新闻传播者在新闻文本中表达的个人对于报道对象的主观意见和看法,或者说是指传播主体在新闻文本中表达的对新闻事实

---

[1] 杨保军:《新闻本体论》,北京:中国人民大学出版社,2008年版,第105页。

的意见和看法"①。新闻的客观性要求情态信息和意态信息必须隐藏于事态信息之中，也就是说，在事态信息中隐晦地暗示情态和意态，这种暗示的力量有时候超越了事态描述本身。

对新闻价值而言，三类信息处于不同地位。新闻对受众的影响包含了感知、态度和行为三个阶段，这三个阶段对应了事态、情态和意态三类信息。事态传递的浅表性信息，即让受众感知到某一事件的发生，情态信息说服受众对新闻事件或人物持有某一类态度，意态信息则通过意见和看法指导受众的行为，例如，在城管与小贩之争的报道中，报道中暗示了对城管暴力执法的谴责，受众观看新闻之后，有可能在日常生活中以购买小贩的商品来反对城管。

2. 民生新闻中的情态信息与意态信息

民生新闻通过语言、音乐等修辞手法传递情态信息，近年最为典型的案例便是"悲情传播"，以悲天悯人的心态和居高临下的姿态叙说民生苦难。对这一情态信息的把握有两种境界，其一是抒情，其二是煽情。前者是从自我内心出发的一场人性之旅，在其中体验孤独、敬畏苦难，而且通过诗性语言呈现自我对人性的理解；后者则是从受难者这一客体出发，揭示伤口、催人流泪、放大悲情。在一些地方电视台的民生新闻栏目中，经常可见刻意捕捉的流泪镜头和煽情的悲伤音乐，这些悲情符号渲染着各种大大小小的灾难，比如在车祸中失去亲人的家属、儿童溺水身亡事件中的家长、因盗窃被擒的悔恨的年轻人。无论这些灾难是个人的还是社会的，新闻中的泪水和哭喊声在感染着受众的同时，也引发了不理性、不客观的质疑，轻薄地"赚取"受众眼泪的背后，反映出社会的浮躁心态与情绪泛滥，没有客观判断车祸原因以避免类似事件在该路段再次发生，没有深入反思儿童看护责任，没有深刻分析盗窃案背后的社会动因，而是一味渲染情态信息，这反映了当代民生新闻的浅表化走向。

民生新闻的意态信息也从未缺席。如前所述，民生新闻在舆论属性中具有意见先行、符号置入等特征，这种意见先行和符号置入便是在意态信息中实现的。传播者根据自己所见所闻，对新闻事件的褒贬和发展形成了自己的判断，并将这种判断隐藏于镜头、文字之中，比如在电视民生新闻中，对不同镜头的使用、逻辑关系的处理、同期声的运用，都可以表达态度。民生新闻中的纠纷类题材十分常见，而记者本人并无进行是非裁决的公共权力和专

---

① 杨保军：《新闻本体论》，北京：中国人民大学出版社，2008年版，第105页。

业知识，因此，一般情况是平衡报道。但问题就在这里，平衡报道中和了意见，稀释了争议，消解了正义，对当事人而言，这种报道毫无意义，不具备新闻价值。此时，意态信息有了用武之地。比如在一起儿童家长与幼儿园的纠纷中，家长一口咬定幼儿园老师曾用铅笔戳小孩，而幼儿园矢口否认，没有监控，没有证据，记者无从判断，但记者关注家长随后的举动——跳楼、堵门、拉横幅、校园喧哗、开价要挟，这些行为暗示了这名家长有"敲诈"嫌疑。

3. 弘扬主旋律与追求情意信息的价值之悖

主旋律是文艺、新闻等作品的价值取向，是社会主义核心价值观的时代表征，目的在于激发人们追求理想的意志和积极奋进的力量。彰显主旋律的新闻作品在价值观念上，更多地承载着当今社会的主流价值观念，融入了积极向上的引导力量。然而，民生新闻的情态和意态追求一定程度上否定了主旋律新闻的选题价值。不可否认，主旋律选题坚持"以正面报道为主"方针，这与推崇冲突、煽情的情态信息存在矛盾。在一些意态信息表达中，社会意见倾向于支持社会上的困难群体，背离客观性原则，新媒体附和这一社会意见，冲击主流观点，形成了一种全新的媒体性格。"当代媒介具有三个偏好：嗜血、抗劝和援弱"[①]，民生新闻也置身于这一意见潮流之中，并产生了自我倾向。因此，这一媒介性格与主旋律的价值推广格格不入，在普通的新闻报道中，主旋律的意态信息难以融入当代媒介环境和受众心理。

第二节 权力之悖：社会博弈的利益审问

当今新闻的权力属性主要表现为舆论监督的外张力，在西方被誉为与行政、司法、立法并驱的第四权力。但实际上，新闻权力远非功能化的外在形式，它是一套通过专业主义实行的"社会规范力量"，同时也是一套通过意识形态执行的社会修辞模式。因此对新闻权力的理解，应从功能主义的监督转变至结构主义的话语中来，民生新闻正是在这一理解维度中对抗新媒体时代众声喧哗的话语场。与此同时，新闻权力的主体和客体也先后遭遇身份困境，比如在新媒体环境中，民生新闻的权力主体发生了多元化转向，权力客体则遭遇了脸谱化和戏剧化的转变。

---

① 彭华新：《论当代媒介环境中的"城管之殇"》，《现代传播》，2014年第1期，第26页。

一、新闻权力变迁：从监督到话语

舆论监督一直在我国媒体功能中占有重要地位，1987年中国共产党提出新闻具有"舆论监督"功能，"这一突破建构了当代中国媒介权力监督党（政治）权力的最初合法性"①，但它并没有打破"喉舌论"理念下媒体对政治权力的依附。媒体行使监督权多为政府"规定动作"，或为贯彻政策制造舆论，或为采取行动争取支持，随着民生新闻的繁荣，调查性报道等"自选动作"日趋流行，但在广度和深度上均有一定控制范围。

（一）新闻的权力阐释

以传统的眼光看，新闻只有权利，没有权力，因为新闻在本质上是代替民众行使知情权、监督权，这种"权"只是民众享受的权利。然而，随着媒体机构的权威化与媒介形态的多元化，媒体本身僭越于民众之上，获得了一种"权力"。

1. 媒介权力：知识的力量

米歇尔·福柯对权力的解释比较吻合新闻的权力秉性。在福柯看来，权力是微观的、弥散的、非中心的。权力不仅是一种以实力或外力进行的简单禁止或否定，而且是一种生产过程，这个过程还与知识密切相关，这种权力不仅是武力或武力威慑，知识也隐喻着权力。新闻权力隐藏在其知识身份（文化研究范式）、接近把控（社会学范式）、内容生产（传播学范式）等各个细节之中，它的微观、散状、关系、知识，正是福柯意义上的权力写照。在不同的理论范式观照下，新闻权力隐喻被立体地呈现出来。

2. 新闻权力的起点：公共利益

现代新闻也将"公共利益"树为座右铭，将自身定义为"公共利益"守望者。如同古代农民起义军必须打着"替天行道"的名号，方能自我证明起义行为的合法性和正义性，新闻"公共利益"追求的意义亦在于此。以"民"为本的民生新闻，"公共利益"更是一个绕不开的主题。原因在于，媒体在代替公众表达利益诉求的同时，自身也悄然承袭了权力的合法性和正义性。

然而，公共利益是个含混的概念，如哈耶克对公共利益的评价："它不指向任何特定的具体目标，而是仅仅提供最佳渠道，使无论哪个成员都可能

---

① 程金福：《当代中国媒介权力与政治权力的结构变迁——一种政治社会学的分析》，《新闻大学》，2010年第3期，第22～29页。

将自己的知识用于自己的目的。"① 因此，这就给了新闻表达"公共利益"的空间，这种空间在适当时机又转化为隐性权力。公共利益概念的含混引发了媒介与受众的权力之争，"权力与抵抗共存，哪里有权力，哪里就有抵抗"②。一般而言，报道对象的公共性越高，报道者的权威度、认同感和影响力就越高，权力成为一种隐性附加值。

3. 新闻权力的终点：社会控制

从新闻学的维度而言，"社会控制"实质是"控制社会"，即通过舆论引导、舆论监督等手段对社会进行规范和整合。当然，这种"控制"不是强制性的，正如福柯所诠释的权力，所谓权力行使的"控制"也是微观的、弥散的。

但无论如何，"控制"是新闻权力行使的终极目标。"新闻本质上是一种事实信息，但传播中的新闻，不再是单纯的事实信息，每一则新闻中都包含着某种传播意图，而众多新闻一条条组合起来，编织在媒介中，就更是目的性、意图性非常强烈的行为。"③ 对民生新闻而言，"控制"的目的是多元的，浅层目的在于形成社会话题、引起社会关注，深层目的在于抑制舆论混乱，调控观点流向，弘扬主旋律。

(二) 监督权与公众知情权

媒体行使监督权的目的是帮助公众实现知情权，在这一语义中，媒体与公众具有利益一致性，媒体是公众的"代言人"，公众成为"被代言"的主体，因而才有了媒体的"替天行道"和"铁肩担道义"的使命感。在践行使命感的同时，监督的权力也随之产生。

1. 舆论监督的权力赋予：知情权

如前所述，公共利益是新闻权力的起点，作为新闻权力表象的舆论监督，自然是公共利益维护的践行者。对新闻传播而言，知情权是公共利益的第一要义，没有让自身环境、公共事务和公共权力运作的信息透明性，公共利益就无法获得基本保障。受众的"知情"欲望来源于对环境（自然环境、社会环境、经济环境、政策环境、政治环境）的担忧，这就解释了民生新闻负面报道大行其道的权力动因，负面报道所呈现的内容正是受众"知情"欲

---

① [德] 哈耶克：《经济、科学与政治——哈耶克思想精粹》，冯克利译，南京：江苏人民出版社，2000年版，第393页。
② 莫伟民：《莫伟民讲福柯》，北京：北京大学出版社，2005年版，第237页。
③ 莫伟民：《莫伟民讲福柯》，北京：北京大学出版社，2005年版，第237页。

望之所在。知情权还衍生出表达权,受众希望通过媒体表达自身遭遇和担忧,企图在满足他人知情权的同时,使社会对自己遭遇和担忧的事件进行舆论监督。

2. 舆论监督的泛滥与自我监督的失律

打着民众"知情权"的旗号,民生新闻的舆论监督无往不利,它的权力已经到达社会各个角落。民众对新闻权力的感情是复杂的,既将记者戏称为"见官大三级"的"钦差大臣",同时也有"防火防盗防记者"的厌恶情绪。前者彰显了记者权力的特殊性,后者映衬了民众对这种权力的无奈。监督的泛滥与失律是这一复杂情绪的根源。监督泛滥是指新闻权力全面扩张,乃至私人领域也兼受其侵,民生新闻聚焦市井中的婆媳之争、家庭财产纠纷、婚恋丑闻,往往容易构成监督泛滥的嫌疑;监督失律是指记者在实行舆论监督过程中以权谋私的行为。有偿新闻、封口费便是当下民生新闻舆论监督中流行的"潜规则",对这些"潜规则"我国尚缺乏制度性的监管体系,导致舆论监督在实践中陷入困境。

(三)权力变迁:话语权力的隐喻

"话语"概念由米歇尔·福柯(Michel Foucault)提出,在他看来,话语与权力紧密相连,没有话语就没有权力,权力正是在话语的结构性和弥散性中形成的,具有网状和去中心化等特点。

1. 报道与不报道的权力

新闻报道这一"软权力"与行政、法律等"硬权力"相比,最大的特点在于其行使的自由度。也就是说,"硬权力"在应对案例时有行使权力的义务,且权力的执行有硬性的行为规范。新闻权力则不然,对于受众投诉或反映的社会问题,没有义务一一执行,而是遴选其中新闻价值较大的部分作为报道对象。在报道之时,舆论风向的把握也有宽泛的幅度,通过蒙太奇手法和议程设置,可以建构传播者所希冀的社会舆论。例如,民生新闻一般不愿关注有损本地官方形象的题材,比如涉及本地重要领导的贪腐案件、本地政府的行政危机等,但对异地的此类话题却饶有兴趣。以全国视野来看,这种异地监督模式往往导致舆论监督的"灯下黑"现象,其根源来自于新闻权力行使的自由。

2. 民生新闻话语权力的困境

复杂的社会当然需要多元的话语表达,话语权力也出现结构性分层:官方媒体的仪式话语、民生新闻的市井话语、网络媒介的后现代话语。民生新闻在这场话语场博弈中占有一席之地,但重要性并不能得到彰显,甚至逐渐趋于次要地位,一时难以突破此类话语分层的权力结构;民生新闻权力是在市井话语中完成的,以市井的叙事和市井的内容来代替普通市民行使监督权,官方新闻权力以汤普森提出的"象征性权力"为出发点,它的权力功能主要体现在意识形态的暗示,以及政治制度、社会秩序的整合。网络媒介的舆论监督伴随着后现代话语的非正式和非理性,这种话语方式并非前二者的延伸,它以颠覆性的权力欲望来实现建构性的权力效果。

二、权力主体:民生新闻活动主体的多元化

权力主体是新闻权力的行使方,民生新闻将这一主体扩大至民众各个阶层,各种类型的权力主体开始穿梭于媒体与社会之间,为自己代言或为自身所在的群体代言。以历史视角观之,这无疑是一种媒介进步,实现了新闻权力的社会分享,但与此同时,权力主体割据也作茧自缚地给自身设置了陷阱。

(一)新闻活动主体与权力主体的"互嵌"

新闻活动主体与新闻权力主体往往是一个事物的不同身份,通过"活动"来实现"权力",通过"权力"来证明"活动"。

1. 新闻活动主体

新闻活动主体可定义为四种类型:"作为新闻传播者的传播主体,作为新闻接受者的收受主体,作为控制新闻传播活动的控制主体,还有作为新闻信息拥有者和提供者的新闻源主体。"[①] 这四个主体贯穿了新闻生产的整个过程。民生新闻的活动主体具有自身特征:传播主体的走街串巷、体验生活、卧底暗访;收受主体一边与家人享受生活,一边在新闻中围观生活;源主体的积极配合、义愤填膺。

2. 新闻权力主体

新闻权力主体是新闻活动主体在权力话语中的体现,新闻生产的任何一个环节都在生产权力。新闻选题、采编是在为社会设置议程,决定社会舆论方向;新闻收看是在储备信息,酝酿观点,积累舆论,为了权力实现做准备;新闻报料等源主体行为将新闻权力社会化,实现了权力的下放。

(二)当代新闻活动主体的权力分享

现代新闻活动是一种权力的分享过程,政府机构、社会组织、企业团

---

① 杨保军:《新闻活动论》,北京:中国人民大学出版社,2006年版,第101页。

队、民众个体都可与参与这一权力的使用,这正是"社会公器"概念的实践。各种活动主体的新闻权力使用目的也不一,维护公共利益、保护个人利益,甚至从自我经济角度进行营利。以下以"报料人"与"企业公关"为例进行阐述。

1. 报料人与民生新闻的权力"共享"

报料人是当今媒介实践中重要的新闻活动主体,为"公民记者"的类型之一,体现了参与式的新闻理念,突出了公众在收集、分析和传播新闻过程中发挥的主动作用。众所周知,热线报料是民生新闻的主要来源。以深圳电视台民生新闻栏目《第一现场》为例,2013年平均每天收到报料电话7000余个,报料新闻占据每天新闻版面60%以上。随着"报料人"的职业化转向,专业主义精神得到发扬,大部分人学习了设备使用方法,培养了信息获取能力,掌握了新闻价值的取舍标准,从而"报料"的含义超出"提供线索"这一简易模式,承担着一定的新闻生产任务,比如拍摄图片、视频,编写文字等。在一些突发性较强的民生事件中,报料人参与新闻生产的机会更大。这些行为使报料人这类非专业人员与传播主体(记者、编辑)等专业人员分享了新闻权力,在文字叙说、图片选择、视频编排中,渗透观点和意识形态,从而使得报料人从源主体身份转化为传播主体身份,与专业传播主体共享新闻权力。报料人的职业化转向分化了新闻权力行使,使原为受众的普通人,开始常态性地分担传播任务、分解新闻权力和分享媒介利润。职业报料人正在成为建构全新的社会新闻图景的重要力量,在一定程度上,他们的灵活性和便捷性,弥补了制度性新闻刻板化、程式化和框式化的缺陷。但是,作为源主体和传播主体的职业报料人也存在具体问题,比如在预测性报道中的失语,在情态信息中的失范,在商业属性中的失律等。这正是当代新闻实践面临的问题。

2. 现代公关与民生新闻的权力"让渡"

作为社会组织的企业,它在新闻话语中本属于"被动",要么被动接受信息,要么"被报道"。但现代公关出现之后,适应新闻规律的企业也获得了主动权。近年来,民生新闻成为现代公关的重要舞台,特别是企业公关部门所制造的"媒介事件",成为民生新闻的重要新闻来源。"媒介事件都是经过提前策划、宣布和广告宣传的"①,但媒介事件并非一般意义上的"假新

---

① [美] 丹尼尔·戴扬、伊莱休·卡茨:《媒介事件:历史的现场直播》,麻争旗译,北京:北京广播学院出版社,2000年版,第7页。

闻"。历史学家布尔斯丁将其界定为公关场的"伪新闻","专业公共关系人员经过精心策划,有意识地安排某些具有新闻价值的事件在某个选定的时间内发生,由此制造出适于传播媒介报道的新闻事件"①。公关人员的媒介事件策划和新闻来源供给,导致新闻机构将议程设置的权力拱手相让。

从积极方向看,新闻机构的"让权"很有意义,新闻放下了傲慢的精英文化身份,改变了社会群体的"被动"。由于公关企业既不属政治团体,也不属传统意义上的"财团",而是纯粹意义上的民间分子,它们在"传受互动"中享受了媒介福利。但是,从消极方向看,"伪事件"虽然并非"假新闻",但毕竟并非"客观真实",而是一种"媒介真实"或"符号真实",也就是费斯克所说的超现实和幻想。当过多的幻想出现时,受众将被带至一片迷雾地界,远离公共利益的权力起点。

(三)民生新闻中的权力分享"后遗症"

新闻的权力分享意味着"社会公器"的实践与普通民众媒介接近权的实现,但是,缺乏新闻伦理与新闻法规约束的权力分享,很大程度上增加了社会风险。总体而言,这些"后遗症"表现在以下几个方面。

1. 新闻的"权力寻租"

新闻媒体作为一种社会公器,满足社会的接近权无可厚非。接近权的"等级化"有碍民主表达,而社会人群从新闻的接收群体走向生产群体,是对公共权力的制约和媒介权力的共享,可视为一种社会进步。

然而,与普通"报料人"的媒介接近不同,公关群体从技术到理念的专业主义,足以"控制"新闻媒介的生产过程,"公器"最终沦为"私器"。公共关系之"公"并非指普通意义上的社会公众,而是特指一个机构对"外"的组织能力,并伴随着强烈的功利主义倾向,这与社会公器之"公",有着本质区别。然而,新闻媒体有意或无意地模糊两类"公"之界线,致使公关新闻占据了大量版面。据公共关系大师昆汀·贝尔说,"商业版上80%的报道以及一般新闻版上50%的报道都是由公关人员炮制的,或在其影响下发表的"②。近几年来,我国新闻媒体亦是如此,其中有三种原因:第一,公关人员制造的"故事"具备新闻价值,符合当代受众的收看心理;第二,公

---

① 陈力丹、周俊:《试论"传媒假事件"》,《北京大学学报》(哲学社会科学版),2006年第6期,第122~128页。

② [英]约翰·克莱尔:《媒体操纵》,林江、袁秋伟译,石家庄:河北教育出版社,2005年版,第164页。

关人员代替媒体完成了"策划"过程，并主动承担了一部分生产任务，使新闻生产进入"低成本"时代；第三，一些记者在与公关人员"并肩作战"时结下人情，并各取所需，公关人员利用媒体实现企业的形象塑造，记者在获得新闻来源时，往往还能参与"分赃"，比如接受企业馈赠、宴请等。

这一现象即为新闻媒体的"权力寻租"。新闻的话语权、解释权、监督权在看似"多赢"的局面下临时"租"给公关人员，分享权力和利益。而这一"租赁"成本相对于巨额广告费而言，实属九牛一毛。况且，这种故事叙事的传播效果远远高于广告宣传。

2. 社会规则的破坏

民生新闻的传播模式培育了受众的"报料人"心态和能力，使得"人人成为新闻权力主体"在理论上成为可能。生活中，经常可以看到吵架的人中一个人威胁另一个人：信不信我打报料电话叫记者来。这样一句看似一时冲动的话，背后隐藏着一种社会规则，即媒体曝光可以解决一切矛盾。在理性社会中，社会规则由许多制度化、程序化的法规组成，这些法规可以具体地嵌入任何社会矛盾中，衡量是非曲直，提供解决路径。而在当今中国社会中，"媒体曝光"这一功能似乎凌驾于任何社会规则之上，一些社会问题在曝光之前积重难返，曝光之后则迅速整改，一次次用事实证明了"媒体曝光"是低成本、高效率的解决之道，从而鼓励了部分民众主动放弃司法、行政等专业规则。我们必须承认，"媒体曝光"具有相当大的社会进步意义，督促了政府职能部分履行公共责任。但同时不可否认的是，"媒体曝光"存在着一定的随意性、临时性，不具备正常社会规则的制度性、专业性和程序性。比如，当舆论热度消散之后，媒体可能会转移话题，不再关注某类事件，媒体记者也不具备判断某一社会问题是非曲直的专业知识。

3. 舆论意见的"绑架"

作为一种权力主体，民生新闻的传播主体为了与收受主体分享新闻权力，极力在各个环节表现出"亲民"姿态，这在一定程度上改变了过去那种传者高高在上的态度。但在权力分享的实现手段上，一些民生新闻存在这样一个问题，即通过离间"民"与"官"、"平民"与"富人"之间的关系来凸显对普通民众的特殊关怀，从而在一定程度上"绑架"舆论意见，助长了一些人的"仇官""仇富"心态。舆论意见中关注的不是新闻事件本身，而是新闻事件的当事人身份，因当事人身份决定新闻事件的舆论走向。比如在2012年深圳滨海大道"5·26"豪车飙车案中，当地民生新闻的关注重点不是车祸本身，而是豪车驾驶者是不是"富二代"，并有意地引导受众相信这就是一起"富二代"飙车案,进而谴责为富不仁的富豪们不尊重生命。

三、权力客体:毫无遮掩的芸芸众生素描

权力客体与新闻活动客体相对应,是指新闻权力所针对的对象,在一般情况下,即是新闻所报道的人和事。新闻的客观性原则要求传播主体对新闻客体保持公正与中立,不褒不贬,不抑不扬,避免从主观情感立场出发的判断和评价。但是,客观性原则只能作为一种新闻工作态度和行业理想,在实际中,传播主体必须维护其权力身份,从而将这种权力作用于客体。对于地方媒体的民生新闻而言,权力客体多为普通民众的日常生活、民间逸事、民间疾苦等,普通民众作为新闻权力客体,在大众传播中展示欢乐与苦难。

(一)视线下移:"众生"的媒介日志

民生新闻的生存价值在于"民",低姿态地与民同忧、与民同乐,可谓忧天下之忧、乐天下之乐。这一价值放大之后,民生新闻才得以获得广大的受众市场认同。但是,一旦这种精神发展过度,就很容易造成"民—官"的二元对立,甚至出现两极矛盾,从而煽动社会情绪。当民生新闻成为"众生"的媒介日志之时,它就似乎摒弃了"官方"的宣传日志。

1. 走下神坛的新闻:从权威人物到普通民众

民生新闻作为20世纪末、21世纪初我国新闻的一次重大革命,其关键点不是体现在叙事、风格等形式上,而是体现在内容上,即聚焦的人和事从宏大的国家机器和上层建筑运转,下移至邻里近舍、茶余饭后的谈资。当然,民生新闻也会关注国家或地方政策,但其出发点主要是从民众利益出发解读政策,此时的权力客体仍然是普通民众。

在民生新闻出现以前,"上电视"是一种神圣的权力,只有国家和地方领导人、参加重要会议的学者专家、表彰会上的光荣人物才有"上电视"的主动权。而在民生新闻出现之后,"上电视"不再神圣,扛着摄像机的记者也不再神秘,他们走街串巷、随处可见,正在寻找愿意"上电视"的人,作为目击者、围观者、知情者、当事人的邻居,种种身份均有"上电视"的机会。新闻权力下移导致权力主体与客体达成了平等对话的默契。

2. 被公开的媒介日志:赤裸裸的"游街示众"

权力客体从权威人物过渡至普通民众,可以说体现了新闻权力对普通民众的尊重。但从另一个角度看,新闻报道中的普通民众并非一个利益一致的整体,他们之间有欺诈、恐吓、要挟等行为。正因为行为者是普通民众身份,而传播主体同时又获得了行使新闻权力的正义性和道德性,因此在曝光

时风险小、成本低，顾忌较少。一定程度上，可以说是对民众的某些不道德行为的"游街示众"。比如在2008年深圳电视台公共频道《新闻广场》的一期报道中，宝安区沙井街道某社区居民报料称，楼对面一对年轻夫妇经常下班回来后全身赤裸走动，直至睡觉熄灯，此间既不拉窗帘，也不关窗户，邻居对窗相隔不到十米，小孩子经常隔窗眺望称奇。报料人称这一行为严重影响了他们的正常生活，特别是对未成年人心理健康影响极大，希望媒体曝光。该栏目通过蹲点暗拍之后，第二天在新闻栏目中如实展现了这一幕，地点翔实、面部无马赛克遮挡，使得这对夫妇成为该城市一时的笑料。而作为外来务工者，这对年轻夫妇无法与作为新闻权力主体的新闻栏目抗衡，既没有时间成本进入投诉渠道，更没有财力诉诸司法程序，权力客体此时沦为弱势群体。

3. "正面"与"负面"的逻辑悖论与客体辩证

我国新闻作为党和人民的"喉舌"，一直以来推崇"以正面报道为主"的方针，但在民生新闻的实践中，却时常背离这一方针，造成负面新闻占据了大量版面，并且权力主体针对的多为底层民众。实际上，"正面"与"负面"的界限十分模糊，所谓"正面"，无非是能起到社会积极引导功能和模仿功能的事件，比如好人好事、政府政绩；所谓"负面"，是指社会丑恶现象、政府失职行为，以及其他为社会和政府制造形象危机的事件。民生新闻追求故事性和冲突性，而冲突双方往往在媒体上相互指责和攻讦，呈出不利于对方的证据或事例，因而在冲突过程中，负面信息就暴露了。比如一些民生新闻报道工厂的工业污水偷排到河流，其中的冲突双方是工厂与河流周边的居民，这一报道属于明显的负面报道，暴露了当地环保部门的失职，也抹黑了城市形象，让外来人看到了城市的脏乱差现象，这是政府所不欲的。但同时，这样的负面报道也维护了当地民众利益，保护了普通民众知情权，告诉了他们保护环境、保护水源的重要性。该新闻的权力客体分为两部分，其一是工厂和政府，其二是普通民众。对前者而言，这是负面新闻，对后者而言，这是正面新闻。由此可见，新闻客体的正面或负面本身是从功能主义角度进行建构的，是相对于客体之间的辩证关系，不同的客体有不同的定位。

(二) 视野窄化："小事件"与"大民生"之悖论

民生新闻在发展过程中遭遇了"鸡毛蒜皮"之垢，于是"大民生"概念应运而生。"大民生"是对日常生活中的"小事件"的超越。然而，依靠"小事件"起家的民生新闻如何"弃小抓大"？"弃小"之后是否会脱离民生新闻以"民"为生的本质？这些问题值得思考。

1. 日常生活中的"鸡毛蒜皮"

随着视线下移,民生新闻的视野趋向窄化,聚焦于一些"小事件",从而带来内容市井化、题材琐碎化等问题。传播主体将视野定格于家长里短、鸡毛蒜皮的市井小事,比如有记者报道:某居民家里飞来了一只"怪鸟",绿色的羽毛、弯弯的嘴巴,记者带着这只鸟去请教野生动物保护协会,原来,这是一只鹦鹉。诸如此类风格的报道,将新闻的权力客体极度缩小,以至于弱化了新闻权力的意义,而专注于猎奇、趣味、新鲜等。作为权力客体的"鸡毛蒜皮"无法承载权力带来的仪式感、厚重感和权威感,使得传播主体主动放弃了新闻权力的社会建构功能。

2. 真的"民生无小事"?

"民生无小事"是当今大多数民生新闻栏目标榜的口号,其意在于通过这一口号说明与民众有关的事均是"大事",因此栏目的报道内容均是"大事"。这种自我标榜作为讨好民众的一种手段无可厚非,但如要进行细致的逻辑分析,却是站不住脚的。"民生无小事"强调了"事"与"民众"的关系,突出了"民众"的重要性,但忽略了"事"本身的重要性。作为新闻权力客体的"民众"是个含混概念,一个人是"民众",一群人是"民众",整个社会也可以称为"民众",因此,新闻价值中重要性要素的分层界限被模糊化,"鸡毛蒜皮"也是民生,政策出台也是民生,从而使得"民生无小事"这句话本身显得毫无意义。

3. 所谓"大民生"的虚幻与虚伪

"大民生"是近年来民生新闻流行的另外一个口号。民生新闻栏目在改版之时一般会对此进行解读:"大民生"主张以宏观的高度关注与百姓生活密切相关的事情,并从表面现象出发追问事件的背景、原因、进展等深度话题。它不仅包括为普通民众的柴米油盐、衣食住行等日常生活提供生活信息和服务讯息的"小民生",更包括对国计民生、重大政策等公众关注的焦点,以及代表社会主流价值取向进行的深度解读。以此来看,相较于"小民生",作为新闻权力客体的"大民生"在广度、高度和深度方面均有所提升。然而,脱离了市井生活、柴米油盐,沉醉于"政策解读"的所谓"大民生",是否还是"民生",这本身就值得怀疑。从实践来看,"大民生"的权力客体无所不包,涵盖了物价、交通、股市、教育等各个领域。"大民生"从个案出发,发现问题,解读政策,找到原因,看似无所不包、无所不通,但实际上,这正显现了民生新闻自我特征的消失。民生新闻成为时政新闻、财经新闻、法治新闻的综合体,从而使其作为新闻权力主体的身份感不复存在。

第三节 人文之惑：以人为本的终极拷问

民生新闻的落脚点在于"民"，为民提供生活信息、舆论支持、社会服务，这是此类新闻区别于时政新闻、官方新闻、社会新闻、专业新闻等不同概念的标志，其终极意义不在于传递信息、传播新闻本身，而在于"以人为本"的精神宣读与社会体验，传递信息只是民生新闻"以人为本"实践过程中的手段和工具。当"人"成为新闻的服务目标之后，新闻传播的专业主义与人文伦理进入两条平行的轨道，无法交叉，更无法重合：在手段上极力想表现"真实"，但事实上无法达到"真实"；在理想中希冀同情弱者，但在现实中又不得不依赖权威；承诺解决问题，但在效果上停留于展示悲情。

一、"真实观"争辩：新闻真实的标准争论与理念冲突

"真实观"是民生新闻人文关怀的起点，只有做到信息真实，所有的新闻功能才有意义，才能实现正确的舆论支持和社会服务。但是，与时政新闻栏目不同，民生新闻一般以频道为平台，其中大部分的用工方式为"临时聘任制"，一些工作人员的新闻专业主义精神较弱，"新闻真实"也遭受各种考验。

（一）新闻真实的双重标准："客体真实"与"文本真实"

新闻真实分为客体真实与文本真实，二者缺一不可。客体是真实之源，没有客体，新闻真实就没有物质基础；文本是对客体的呈现，没有文本，也就无所谓新闻。

1. 客体真实的建构困境

新闻之所以是新闻，而非小说、散文，主要在于它的叙述对象是客观存在的，而非杜撰的和臆想的。这不但要求新闻涉及的时间、地点、人物等各个要素是真实的，还要求事件传播的过程是真实的，空间序列和时间序列是真实的。新闻真实的事实客观性不仅仅是客观发生的，还可以是主观建构的，比如民生新闻栏目"走基层"，派记者或主持人到社区居民家中赠送大米或食用油，并对此进行报道，这类新闻虽然是传播者从主观出发自行建构的，但却实实在在发生了，也可以看作客体真实。但建构的客体真实能否体现"真实观"的人文追求，以上述的记者"进社区"活动为例，这类"建构的真实"是为了追求"真实"还是为了"作秀"？当民生新闻中"建构的真

实"越来越流行,对它的责问也越来越普遍。

2. 文本真实的修辞困境

文本真实是修辞伦理学范畴的一个问题,即新闻文本在修辞格上必须严格吻合社会事实的表达。与认知修辞学相比,"修辞伦理学则更关心修辞是否合于客观实际,所使用的信息是否真实,是否具有知识性、真实性,即修辞行为的伦理价值"①。在传统新闻理论中,新闻文本必须严格遵守修辞伦理,控制抒情、抑制情绪、隐藏态度,传播者不能用文字直接表达主观性的事物,比如猜忌、臆想、推断等。然而,民生新闻突破了修辞伦理的控制,在文本表达中自由度更高。抒情叙事、悲情传播、评论解说、音乐烘托等主观性较强的文本符号逐渐侵蚀了新闻真实性,主观性的、文学性的修辞语言大行其道。比如一则《的士司机遭遇车祸》的新闻这样写道:记者赶到现场的时候,的士司机老王正蹲在地上等待保险公司工作人员到来,眉头紧锁,脸上写了个大大的"愁"字,他似乎在想,今天一天的收入又泡汤了。类似这样的修辞语言在民生新闻中越来越常见,不仅细致刻画当事人可见的外型,还深度描写不可见的内心。这又使今天的新闻回到了"合理想象"的修辞困境,但从现实看来,民生新闻似乎将这一特质当成了成功的资本。

(二)新闻"真实观"的人文理念冲突

新闻真实存在着几对关系:具体与整体、现象与本质、闻录与逻辑,这是杨保军教授在其《新闻真实论》中对新闻真实的思辨。具体真实组成整体真实,但整体真实并不是具体真实的简单集合,而是具体真实的深化与升华。现象真实也是真实,但现象真实有时候并不能体现本质。闻录真实是客观性的一种,是逻辑真实的外衣。理解这几对关系有助于我们正确认识新闻"真实观"。

1. 从"具体之真"到"整体之真"

1905年,列宁在《决不要撒谎!我们的力量在于说真话!》中提倡,"从事实的整体上,从它们的联系中去掌握事实"②,强调了整体真实的重要性。"具体真实"与"整体真实"是新闻"真实观"的两种境界。"具体真实"要求相对较低,"只要一条条具体新闻报道是真实的,新闻真实就实现了"③,这是新闻"真实观"的最基本要求;"整体真实"是"要求新闻传播

---

① 陈汝东:《新兴修辞传播学理论》,北京:北京大学出版社,2011年版,第108页。
② 列宁:《列宁全集》新版第28卷,北京:人民出版社,1990年版,第364页。
③ 杨保军:《新闻真实论》,北京:中国人民大学出版社,2006年版,第35页。

要反映目标报道领域甚或事实世界的整体真实面貌,特别是要反映事实世界主导的、主流的真实面貌"①。"具体真实"不要求传播主体承担反映事件的整体面貌的责任。因此,在民生新闻事件中,最典型的特征是在话语遴选中的"断章取义"和选题遴选中的"只见树木不见森林",用过于具体的、鸡毛蒜皮式的案例代替整体叙事。而民生新闻对"整体真实"的实现也是举步维艰,"整体真实"需要时间和空间的全面贯穿,而民生新闻所强调的"第一时间"却限制了传播者对时空的延伸,导致传播者停留于具体而浅显的报道层面,比如民生新闻中常见的对"车祸"的报道结构是:时间、地点、人员伤亡情况、当事人惊魂未定地回忆、目击者兴致勃勃地讲述、交警监控画面。看似完整无缺的报道结构实际上却停留在一起具体的车祸案例上,但如果要进入"整体真实"层面,并非在"第一时间"讲述这起具体车祸,还需要从时间向度调查事发路段的事故频率和设施缺陷,从空间向度介绍司机的驾驶习惯和操控隐患。然而,民生新闻的"冲突性"嗜好和"第一时间"追求并不允许传播者进入这一"整体真实"层面。

2. 从"现象之真"到"本质之真"

新闻"真实观"还有现象与本质之分,前者指报道者报道自己所看到或听到的现象,后者指从现象背后呈现各种关系。"现象真实"给民生新闻最大的影响,一个是"一瞥式"新闻的盛行,另一个是"假象新闻"的猖獗。"一瞥式"新闻是指记者对新闻现象进行简单目测或采访之后即进入写作,这时候所反映的往往是"现象真实",为了规避风险,新闻标题往往会打上"疑问号"或加上"疑似"等模棱两可的字眼。"假象新闻"则是指记者看到的或听到的现象是假的,但确实是客观存在的,这时候,我们并不能将"假象新闻"定义为"假新闻",比如模拟现场、情景再现等。"假象是客观存在的现象,即假象本身是一种事实性的存在,并不是想象物、虚构物。因此,对假象的报道也是一种事实性的报道。因而,对假象的报道并不必然就是假新闻。"② 民生新闻中假象真实并不少见,这在很大程度上降低了新闻的权威性。

3. 从"闻录之真"到"逻辑之真"

"闻录真实"是对应于客观事实的一种"话语真实",它以采访话语的方式来呈现真实,特别是在电视新闻的同期声中,它的真实感更强。这种真实

---

① 杨保军:《新闻真实论》,北京:中国人民大学出版社,2006年版,第36页。
② 杨保军:《新闻真实论》,北京:中国人民大学出版社,2006年版,第80页。

感其实是话语形式的真实，话语的存在本身即是客观真实，也就是说，新闻闻录的内容是否真实无从考证，但闻录的形式是客观真实的，叙说者同时作为新闻源存在。但是，所谓"耳听为虚"，他人所述内容未必就是客观真实，比如采访新闻事件的当事人，其言论传递的是虚假信息，但为了平衡意见，这种虚假信息必须作为一种现象呈现在新闻中。此外，民生新闻受到时长限制，不可能将闻录的所有话语都呈现出来，因此断章取义在所难免。断章取义是从众多话语中抽离出报道所需的信息来，具有随意性和偶然性，直接后果是造成客观真实的逻辑离散。

二、同情弱者还是依赖权威？

从新闻来源、采访对象到目标受众，民生新闻离不开对困难群体的同情、包容和声援，并以这种态度和行为来标榜自己的人文追求，将这种追求贯穿于叙事风格之中，用平易近人、饱含温情、轻松幽默的语气与平民对话。然而，这种策略在制造"亲民"形象、实现人文精神的同时，也使民生新闻在总体价值上远离了权威话语源，相比于时政新闻、财经新闻这一类专业性较强的新闻模式，民生新闻缺乏象征权威的知识、人物以及其他权力来源。

（一）"同情弱者"的正义指向

一些民生新闻在话题选择、语言风格上有谄媚民众的倾向，很多时候，弱者即是民众的代言者，这类民生新闻往往以同情弱者来彰显正义。然而，在不同的媒介视野中，人们对正义的理解有偏差，在具体操作中，对正义的实现也有各自不同的路径。"一则新闻报道，需经过记者对一个事件的定义、价值判断，并根据一定的伦理原则来安排报道，澄清最终效忠对象，这四个方面是交互循环影响的。"[①] 在理解某个事件时，不同的人可能存在不一样的偏见，特别是当民生新闻的舆论监督遇到弱者时，是该感性地同情弱者，还是该理性地尊重制度？比如深圳电视台民生新闻栏目多次对深圳湾海域非法捕鱼现象进行曝光，最大的难题是，捕鱼者为贫困地区来的渔民，以此聊生，制止他们捕鱼则是断了他们的生路，对这一群体，是否该抱以同情之心？

"同情弱者"这种正义指向，既涵纳了中国封建文化中"劫富济贫"的侠士思想，也兼具了西方知识分子的公共精神。弗雷泽认为，西方知识分子

---

① 邵培仁等：《媒介理论前瞻》，杭州：浙江大学出版社，2012年版，第55页。

有两种正义追求："一是传统的关于分配与再分配的正义诉求；更重要更紧迫的，则是关于社会边缘群体身份认同问题的承认的正义诉求。"① 但是，"同情弱者"属于一种感性的人文正义，缺乏理性主义的制度正义与程序正义，是现代精神所拒斥的一种虚伪的关怀，民生新闻作为现代媒介形式，如果只是沉溺于社会浅显层面，就无法对社会制度进行深刻反思与建构。

（二）"权威"带来的权力附体

对"权威"的追求是民生新闻的理想，当它们纷纷宣扬力争打造主流新闻之时，潜意识中已经给"权威"下了定义，即可信度高、覆盖面大、影响力强。虽然很容易定义主流，但却难以将某一种新闻归纳为"非主流"。过于崇拜所谓主流，而不惜一切地献媚权力、追求权威，很多时候得不偿失。以下几点突出了"权威"的矛盾特点。

1. 权威人物："狐假虎威"式的传播

民生新闻在实践中也意识到了"权威"的缺失，因此，借助权威身份提升新闻的权威感和影响力，是一种常用手段。所谓权威人物，是指具有较高社会地位、具备较强专业知识的政治人物、公共知识分子、知名人士、专业技术人员等，比如政府官员、警察、律师、学者专家、人大代表、政协委员等。权威人物的出现，使新闻事件的评定有了更专业的解读和更具有说服力的解释。在民生新闻中，对社会纠纷的报道往往会有律师进行评判，对社会丑恶现象的揭露会有人大代表进行评判和谴责，对公共事务的监督会有政府官员进行澄清。如同商家请明星代言产品，权威人物在新闻中的出现，同样也"代言"了新闻栏目品牌，提升了品格，给人一种"狐假虎威"之感。权威人物的新闻效果也有局限性，当代媒介环境中，"狐假虎威"的"虎威"不再存在，也就是说，权威人物的权威感已经下降了。因此，一味地依靠权威人物来获得权威感，在当代已经失效。

2. 权威数据："冷冰冰"但是"亮锃锃"

民生新闻的抒情叙事与悲情传播散发着人性魅力，比起"板着脸孔"、一个腔调的时政新闻和财经新闻而言，它更能激起人们观看的热情和参与的冲动。但抒情叙事与悲情传播却模糊了新闻客观性与信息精确性的界线，作为一个文本的新闻，受众无法确切理解其中的意义，一百个人对这个文本有一百种解读，因此信息的权威性受到挑战。在这种情况下，数据传播似乎更

---

① ［美］南茜·弗雷泽：《正义的中断：对"后社会主义"状况的批判性反思》，于青海译，上海：上海人民出版社，2008年版，第1~6页。

具有权威说服力,"用数据说话"成为权威新闻的代名词。然而,民生新闻热情洋溢的故事传播模式与"冷冰冰"的数据属于两种相悖的话语方式,强行加入数据将导致生硬之感,特别是在电视民生新闻中,数据稍纵即逝,其传播意义不大,"亮锃锃"的数据缺乏应有的传播力。比如西安电视台某民生新闻栏目这样报道该市房价波动:"根据中国房地产指数系统百城价格指数对100个城市的全样本调查数据,2月份西安住宅平均价格以7107元/m^2,位列'中国百城房价排行榜'第39名。到了3月份,西安房价涨幅位列'中国百城房价排行榜'第31名。"这样的信息对民众生活有很大的指导价值,数据权威,信息翔实,但却与电视民生新闻的故事传播模式格格不入,最终的传播效果可以说是"有价值、无意义"。

3. 权威新闻源:要可靠,更要服众

如前文所述,民生新闻的新闻源很大一部分依靠民间报料人,他们的随机和高效弥补了制度性新闻生产机器的调度迟缓和制度僵化,但是民间报料也有信誉度低、可靠性差、专业程度不高等问题,这些问题无疑降低了民生新闻的权威感。因此,最近几年的民生新闻在新闻源上发生了一个改变,即与时政新闻一样,在很大比例上依靠官方报料人。所谓官方报料人,也就是通常所说的"通讯员",在各个政府职能部门设置对口跑线记者,收集与民生相关的选题,再从民生的角度切入采访和写作。官方新闻源的可靠、权威、全面的特性提升了民生新闻的权威感。但是,官方新闻源易陷入官话、套话、空话之中,以政治话语来替代大众话语,与民生新闻的故事传播模式更难吻合。因此,来自通讯员的信息能否服众,还要看民生新闻是否能从权威新闻源的政治话语中跳出来,重新回到大众话语体系中,与时政新闻的同类报道划清边界,保持民生新闻的本色。

(三)矛盾还是互补:弱者与权威的博弈

以"民"为价值核心的民生新闻获得了广泛的民众认同,这是其生存之道。"弱者"有时候正是民众的代言人,在媒介镜像中,"弱者"如同神遣送下来的民众化身一般,时刻叩问新闻工作者的良心,考验其正义感。然而,在现实生活中,"弱者"并不能与"正义"对等,这就制造了另一种媒介矛盾。

1. "合情不合理"的新闻尴尬

从上文"同情弱者的正义指向"的阐述中可知,民生新闻的抒情叙事与悲情传播易导致感性超越理性,从而制造"合情不合理"的事端。从深层次看,这种矛盾是弱者与权威二元博弈导致的结果。一般而言,"正义与否"

的裁定者是权威方，比如交警、城管等，但在民生新闻中，权威方也是这一场博弈的一方，这就导致了权威方既是运动员又是裁判员的尴尬。例如，2010年南宁市电视台某民生新闻栏目曾报道过这样一则新闻：公交车上一孕妇乘客突然临盆，情况十分紧急，如果没有急救措施，孕妇和胎儿均面临生命危险，在这关键时刻，公交车司机立即提速，一路闯红灯抵达了最近的医院，最终母子平安。在新闻中可以看到，司机收到了来自孕妇家属的感谢和热心市民的赞扬，但同时也收到了来自交警的巨额罚款单和吊销执照通知书。记者在表达了对司机的同情的同时，也表示将动用媒体资源和舆论力量为这名司机"讨说法"。交警作为裁定者，同时也接受了媒体与大众的"审判"，他将司机判定于违规之后，自己立即被媒介和社会舆论判定为冷血、无情。在"合情"与"合理"之间，民生新闻似乎更倾向于"合情"一方，偏不知，对弱者的"合情"有可能隐藏着对他人更大的"不合情"，比如司机闯红灯有可能制造车祸，殃及无辜，制造次级悲剧等。

2. 冷漠与冷静：权威存在的合理性

"权威"的理性判断为自己塑造了冷漠的形象，比如交警处罚闯红灯救人的司机、城管驱赶乱摆摊的小商小贩、图书管理员请离闯入图书馆的乞丐等。从人性的角度出发，人们更愿意将审判的天平倾向于弱者，他们需要社会更多的关怀和包容，与这种关怀之心相反的一切行为均被冠以"冷漠"的头衔遭到唾弃。然而，从一些案例中分析，"冷漠"的另一面是"冷静"，它暂时遮蔽了媒体点燃的狂热，从事件本身出发冷静思考矛盾症结、环境因素、历史背景以及社会制度。对于一些民生新闻而言，所缺乏的正是这种"冷静"。例如在城管与小贩的斗争中，媒体没有对城管制度进行深入思考，而陷入了一些个案的狂热之中，此时的民生新闻失去了观察家的品质，而养成了围观者起哄造势的习性。无疑，在制度设计上，人们需要城管，比如市民遇到乱摆摊导致的脏乱差、噪音污染和交通堵塞，他们可以向城管投诉，这种权威的存在具有一定的合理性，对此民生新闻没有进行冷静思考。但当城管与小贩的矛盾发生时，媒体又将自己想象为正义的护卫者，而城管则是"十恶不赦的撒旦"。

3. 热忱与热闹：公众挟持的心理基础

城管与小贩的斗争是民生新闻的常见题材，传播者在冷静思考上的缺失，其背后是喜欢看"热闹"的心理在不断作祟。在民生新闻的视野里，小贩路边乱摆摊、乱扔垃圾、卖过期食品等不是新闻，城管在马路巡逻也不是新闻，但小贩与城管打架却成了大新闻。也就是说，民生新闻追求显性新闻，因为显性新闻具备"热闹"的潜质，能够满足受众"看热闹"的心理。比如，马路的安全隐患往往触动不了民生新闻记者的"味蕾"，诸如红绿灯故障、指示牌错误或路面无井盖等，民生新闻记者一般认为这类选题缺乏故事情节，缺乏显性要素和热闹场面，因而没有可看性。但当交通事故真的发生了，情节自然出现，民生新闻栏目开始大肆渲染故事性，司机如何撞向路人，行人如何掉入井洞，将热闹场面刻画得淋漓尽致，并通过事故寻找原因，转而将矛头指向交通或城管部门，利用舆论的力量促其整改，从而取得"皆大欢喜"的结果：媒体吸引了眼球，受害者获得了关注，公众方便了出行，职能部门改进了工作。但其前提是需要有显性的受害者和热闹的事故场面。"看热闹"是普遍的受众心理，民生新闻对"热闹"场面的追崇是对受众心理的迎合，因而血腥画面、暴力场景、生活闹剧才有了市场，甚至有记者在大雨中架好摄像机等待行人和车辆陆续掉入水坑，这种"热闹"背后隐藏的是传播者的"冷漠"，"热闹"的显性信息容易掩盖新闻的人文本质和抹杀新闻的人性热忱。

三、终极追求：展示悲剧还是解决问题？

民生新闻的以民为本，到底是要展示悲剧，还是帮他们解决问题？这是一个关于新闻功能的问题。如果仅仅是展示悲剧，对当事人来说毫无意义，反而揭开了伤疤，增加了痛苦，但新闻到底有没有"解决问题"这一功能，"解决问题"是不是背离了新闻的客观性原则与中立主义要求？

（一）展示悲剧带来的"二次伤害"

民生新闻"哀民生之多艰"的情怀与生俱来，可以说是民生新闻的生存秉性。作为新闻题材的悲剧，包括社会底层的人物、事故、纠纷等。在民生新闻视野中，悲剧是一种必须敬畏的苦难。对于受众而言，悲剧有两种疗效：第一，别人的悲剧可以减缓自己的压力，围观苦难可以释放自身的压抑情绪；第二，悲剧具有喜剧无法比拟的艺术美感，亚里士多德最早针对戏剧艺术提出了悲剧之美，他认为悲剧的美感来自于美好事物的毁灭，从而引起怜悯和恐惧来使情感得到陶冶。对于新闻客体而言，悲剧能获得更多的社会关注和关怀，进而获得在阳光下争取公平、化解悲剧的机会。对于传播者而言，悲剧能标榜人文关怀的新闻品格。

然而，悲剧引发的悲情扩散也给社会带来负面影响，在悲剧之后造成对社会的"二次伤害"，具体来看可以分为两方面：第一，对新闻当事人造成"二次伤害"，加深了悲剧色彩，强化了悲剧符号，从而使新闻当事人定格于

"悲剧人物"这样一种形象,引发其悲伤情绪。例如,2012年深圳市宝安区西乡街道发生了一起离奇强奸案,当地治安员闯入小店强奸了女主人,而当时男主人杨伍由于长期受到治安员的威胁,即使在场也不敢吭声。当地的民生新闻记者得知这一情节之后,紧紧逼问,"当时有何感想"等问题如同砖头般纷纷砸向杨伍,甚至有栏目将其戏谑为当代"武大郎"。无疑,这类报道给杨伍制造了巨大的羞辱感和心理压力。第二,对受众造成了"二次伤害",民生新闻滚动播出的悲剧逐渐剥离了受众的安全感、信任感,新闻制造的拟态环境即是一种悲剧连连、悲伤不断的社会空间,容易使受众将这种拟态环境与现实环境嫁接,从而对社会失去信心。

(二)"解决问题"能否成为检验报道成功与否的唯一标准?

很明显,仅仅暴露悲剧,对于新闻来说是不够的,也是不道德的。如果没有接踵而至的"解决问题",曝光悲剧显得毫无意义。比如,对"烧伤儿童"的报道如果没有引来社会捐款,这则报道就是失败的;对"昔日救人英雄今日落难求职"的报道没有招来企业提供工作岗位,这样的报道同样是没有影响力的。民生新闻"解决问题"的理论依据在于其社会公器本性决定了它的"工具性",即任何人都有权利使用,只要具备新闻价值,无论其目的如何,均可进入媒体视野,发挥效用。

民生新闻具备中国封建文化中"劫富济贫"的侠士思想,在其新闻追求中蛰伏着"为民分忧""帮人解难"的心理冲动。在传统的新闻理论中,这种新闻表现手法是受到质疑的。传统新闻理论认为,新闻传播者是旁观者、记录者、讲述者,而非行为者,应该作为第三方客观地记录事实,公正地呈现事实,而非从这一身份中跳出来参与事件,影响事件的发展。民生新闻的出现颠覆了这种观念,传播者与被传播者的界限被模糊化,介入事件、促进事件往良性方向发展逐渐成为新闻报道的一种动力。

在悲剧面前"不忍旁观"是民生新闻的一种普遍媒介心理,那么,如何执行,如何"解决问题"呢?从实践来看,有以下几种手段:(1)渲染悲情、博取同情。一些民生新闻毫不掩饰地暴露当事人的悲惨境遇,辅以音乐、特写进行渲染,获得共鸣,激起社会怜悯之心,前文说到的"烧伤儿童"引来大额捐款就是运用这一手段的成功案例。(2)积极评论、鞭挞冷漠。虽然新闻讲究客观性原则,但一些民生新闻毫不掩饰地在新闻中安插评论环节,一般均具有编前(导语)和编后(评语),通过这种手段鞭策政府部门社会力量介入,帮助弱者进入正常生活轨道。(3)记者跑腿、现行说法。近年来,一些民生新闻中流行"记者跑腿",即派出一名固定记者到社区了解实际情况,解决实际问题,成为社会底层与管理上层的疏通中介,比如,外来劳务工刘女士家的儿子由于没有户口一直上不了学,经过记者奔走、协调,终于解决了这一问题。

(三) 非制度化的"解决问题"是否有意义?

民生新闻从"报道新闻"转向"解决问题",意味着媒体功能发生了巨大变化,然而这一变化衍生出两个问题:其一是媒体记者作为非公职、非专业人员,是否有权利介入事件;其二是这种非制度化、非常态的解决手段是否有意义。

媒体记者缺乏"解决问题"的权威身份,而是以社会力量的形式介入事件调查,进而试图通过施加舆论压力的手段"解决问题"。非公职身份的记者有可能在"解决问题"之时扰乱正常的程序,从而给公职人员的解决过程带来干扰。比如,对一则家庭盗窃案的报道,媒体试图通过曝光给警方施加压力,促进盗窃案尽快进入侦查通道,但这样的报道有可能引起嫌疑人的警觉,尽快逃离警方侦查区域,从而增加了侦查难度。非专业记者也可能在一些问题上的分析不够精确,从而误导新闻当事人走入非法或非理性的解决通道。因此,非公职、非专业媒体人员在新闻报道中"解决问题"时,有可能出现"越帮越忙"的现象。

由于媒体资源有限,民生记者不可能同一时间关注到所有的社会悲剧,在话题遴选时也有轻重缓急之分,因此能够进入媒体视野的悲剧事件实际上只是很小一部分,而大部分被忽略了。由此可见,民生新闻在报道时的"解决问题"具有很大的随意性,它并未从社会层面出发,将需要被解决的"问题"系统化地解决,也未设计一套"解决问题"的制度化的方法,更未反思"预防问题"的常态化的社会管理方法。"媒体曝光—社会关注—舆论施压—政府解决"这样一种随意性、临时性的"解决问题"模式很难说是现代意义上的社会管理手段。

第三章　社会主义核心价值观引领民生新闻传播功效

民生，一直是党执政过程中非常关心的问题。我国的民生新闻以民生视角、民本取向著称，作为中国社会主义转型和民主化进程发展的媒体产物，从它诞生的那一刻起就肩负了舆论监督、政治教化、议程设置等政治功能和关注百姓问题的社会功能。然而，民生新闻发展至今，受市场化冲击和利益驱动，部分媒体民生新闻传播思想远离主流价值观，内容低俗化、泛娱乐化、琐碎化现象严重。2012年11月，党的十八大报告中首次概括了社会主义核心价值观："倡导富强、民主、文明、和谐，倡导自由、平等、公正、法治，倡导爱国、敬业、诚信、友善，积极培育社会主义核心价值观。"社会主义核心价值观中的以民为本思想与民生新闻的创作理念不谋而合。对于民生新闻来讲，应以社会主义核心价值观引领民生新闻发展走向。就国家层面而言，民生新闻内容应倡导与民众息息相关的经济信息阐释、政策解读、文化引领、社会舆论引导等方面，要有利于国家经济富强、政治民主、精神文明、社会和谐；在社会层面，民生新闻应加强对那些与民众休戚相关的法制信息和社会信息的报道，有利于促进社会公正，有利于推进社会法制建设进程，有利于保障个人人身自由不受非法侵害，保障法律面前人人平等；在社会个体层面，民生新闻应倡导爱国守法、敬业奉献、诚实守信、和谐友善，营造积极的舆论氛围，真正实现党的十八大所强调的"用社会主义核心价值体系引领社会思潮、凝聚社会共识"。民生新闻作为与民众直接利益休戚相关的重要舆论领域，具有巨大的号召力和引导力。面对我国当前新的社会矛盾，民生新闻应在社会主义核心价值观的指引下，深刻吃透"民生"内涵，坚持弘扬主旋律，增强主流舆论的影响力、亲和力、感染力，真正发挥服务民生、满足人民多元诉求的功能，实现监测险滩暗礁、及时预警的功能，真正发挥其传媒守望、整合与监测的功能。

第三章　社会主义核心价值观引领民生新闻传播功效

第一节　传媒守望：民生新闻服务民生解疑释惑

民生新闻的本质内涵是民生新闻的出发点和落脚点，也是民生新闻传播守望的表现。民生新闻的本质主要体现在如下几点：（1）平民视角，人文关怀。民生新闻传播者的主体要站在老百姓的视角来看待问题，对民众生活中的点滴表现出关怀与体贴。（2）民生内容，新闻为本。民生新闻的内容要围绕老百姓生计、生存和生活故事展开。（3）民本取向，服务为民。民生新闻注重新闻和服务的传播，满足老百姓了解周边环境的需求。（4）百姓话语，舆论平台。即民生新闻要将话语权交给百姓，做国家的政策方针、老百姓话题的中间桥梁，做到上情下达、下情上传。[①]归根到底，民生新闻的本质应回归到以民为本、为民服务。

从实践操作层讲，民生新闻的传媒守望表现在民生新闻从百姓的视角解读政治信息、经济信息、文化信息、社会信息，通过民生新闻采编和报道，服务百姓生活。它有利于保障民众政治、经济、文化政策等方面的知晓权，有利于民众政治参与，为民众解疑释惑，甚至解决切身利益相关的难题，化解社会矛盾冲突，促进组织或个体之间的沟通和了解，营造良好的社会氛围，促进社会和谐稳定。

民生新闻"从人民群众中来，到群众中去"的取材和报道取向，与社会主义核心价值观中"以人为本"的思想是本质契合的，新闻工作者只有立足于基层群众，才能知晓人民群众所想、所需、所求。因此，民生新闻应将"以人为本"这一核心价值观的基本标准作为出发点和立足点，在多元化背景下，民生新闻的镜头必须真正深入民众生活的点点滴滴，走向实际、深入基层，从身边的普通民众写起，探访田间地头、走入寻常百姓家中，与他们同呼吸共命运，满足民众的感情需求，关怀他们的生存状况，真正让民生新闻报道实践立足于基层民众，才能更好地为民众服务。

一、民生服务关联核心价值观

习近平曾指出："人民对美好生活的向往，就是我们的奋斗目标。"[②]社

[①] 董玉芳：《民生新闻研究》，山西大学硕士学位论文，2007年，第13~16页。
[②] 习近平：《人民对美好生活的向往，就是我们的奋斗目标》，《瞭望新闻周刊》，2012年第47期，第11页。

会主义核心价值观中，不管是要实现富强、民主、文明、和谐的价值目标，倡导自由、平等、公正、法治的价值取向，还是爱国、敬业、诚信、友善的价值准则，其内容都涉及民生新闻服务的方方面面，引导着民生新闻对百姓教育、社会保障、医疗水平、居住条件等领域的关注；密切关心我国社会快速转型过程中出现的就业难、看病难、房价过高、分配不公、民主法制不健全等人民群众关心的最直接、最现实的问题；注重道德建设模范人物，传递着积极的正能量的同时，也看到一些社会成员理想迷失、信念动摇、诚信缺失、道德失范、敬业精神缺乏，心中充满着骄气和怨气等。中宣部领导讲话指出："社会主义核心价值观建设也是民生工程，最终目的就是为了百姓'好活法'、百姓'好日子'。"[①] 就服务而言，民生新闻也是通过服务民众，巩固好政府职能部门与民众之间上传下达的桥梁，搭建"让百姓过上好日子"的外部环境。

如何将社会主义核心价值观的理念贯穿和内化于民生新闻中呢？就民生新闻的服务功能而言，加强核心价值理念与民生信息与民众利益间的关联是关键。

在民生新闻的采编制作过程中，需要具体地从四个角度考虑：一是从受众视角出发，基于受众心理洞察和媒介接触特点洞察；二是考虑广度，媒体到达率和接触频次，传播深度和受众参与程度；三是设计与受众之间的沟通导线；四是有效地组合多种信息接触点，这是基于消费者视角的沟通导线设计，注重诱导参与，核心关键是吸引。

在民生新闻服务内容导向的出发点上，具体而言：经济类民生信息服务，有利于国家和地方经济富强，人民生活水平提高；政治类民生信息服务，有利于发扬民主精神，聚集民意，促进信息公开，加强政府与民众信息沟通；文化类民生信息服务，有利于弘扬当代精神与社会主义文明风尚，促进社会发展；社会类民生信息服务，有利于促进社会信息沟通，尤其是冲突意见之间的信息沟通，有利于促进社会和谐。民生新闻应以民众喜闻乐见的方式宣传、贯彻党和国家的方针政策，丰富民众的生活，加强对民众的人文关怀，提高他们的生活质量，更好地为民众服务。

社会主义核心价值观中所蕴含的社会公平与社会正义、以民为本的价值

---

① 吕其庆：《核心价值观建设也是民生工程》，《思想政治工作研究》，2015年第1期，第9页。

第三章 社会主义核心价值观引领民生新闻传播功效

观对民生新闻的指引，体现在民生新闻的"新闻资源与新闻信息内容的分配上"①"坚守新闻公平的价值理念"②。在民生新闻报道内容题材中，应关注民生舆论空间，提供与民众息息相关的信息内容。如衣食住行、医疗教育、物价消费等方面的民生生活新闻，压缩一些低俗、媚俗、博取眼球的娱乐新闻。在坚守新闻公平的价值理念中，民生新闻可以将视角放在农民工、农村留守儿童、空巢老人等弱势群体的报道上，如对最低生活保障、公租房建设、农村合作医疗养老保险的报道。

此外，核心价值观中的公平理念，也引领着民生新闻在"传播过程与民众的关系"③中坚守"新闻正义的价值"④。这就包括民生新闻在日常的报道中，留意诸如为贫困山区儿童捐款、捐书捐衣物的大型公益活动的事件，白内障、青光眼公益手术或者禽流感医学知识普及的服务性报道，中高考来临之际为考生和家长提供全方位招考信息、交通信息、饮食信息方面的服务，以及针对大学生求职的招聘信息报道，为居民、市民的来信、来电解答服务等免费的法律咨询服务报道。如重庆卫视《天天630》中的民生新闻报道以立足本土为视点，报道属于本市民众自己的民生新闻，包括了各种百姓热议的话题以及对政策进行解读的新闻，对于民众身边事、疑难事也进行了解读，满足了民众对于信息的需求，也让民众切身体会到民生新闻的体贴服务。

在当前新媒体背景下，多元思想多元价值观影响着百姓，而社会主义核心价值观倡导关注民意，那么，作为党的喉舌、民生新闻的服务者的民生新闻主体，应自觉践行核心价值观，通过新闻事实说话，将党的核心价值观内化为百姓行为。民生新闻中强调的"平民视角、民生内容、民本取向、服务意识"理念，决定了民生新闻的出发点是以民为本、为民服务。同时，社会主义核心价值观"以人为本"、构建社会主义"和谐社会"的理念，引导民生新闻反映民意、民声、民情，聚焦民生热点、难点，体现了亲民、爱民、服务于民的宗旨。这也要求民生新闻记者在采编中应以社会主义核心价值体

---

① 袁靖华：《论传媒正义的概念及其维度——基于拉斯维尔5W传播模式》，《国际新闻界》，2012年第4期，第36页。
② 李朗、欧阳宏生：《社会主义核心价值观升华民生新闻》，《青年记者》，2015年第3期，第26~27页。
③ 袁靖华：《论传媒正义的概念及其维度——基于拉斯维尔5W传播模式》，《国际新闻界》，2012年第4期，第36页。
④ 李朗、欧阳宏生：《社会主义核心价值观升华民生新闻》，《青年记者》，2015年第3期，第26~27页。

系作为行为标准，深入城乡基层，和普通民众同呼吸共命运，深入了解百姓需求，从百姓视角解读国家大政方针和政府决策，从普通民众视角分析宏观经济走势对民众的影响，真正为老百姓服务。

二、解疑释惑耗散社会熵增

民主、和谐是社会主义核心价值观中所强调的重要内容。民主从社会层面和个体层面来讲，它强调社会生活的民主化、确保百姓参政议政、关注社会生活的议题；从国家层面来讲，和谐则勾画出一个"民主法治、公平正义、诚信友爱、充满活力、安定有序、人与自然和谐相处的社会"[①]。民生新闻作为民生信息服务的传播渠道之一，则应担当"传播和谐理念、建设和谐文化、宣传和谐典型、培育和谐风尚"[②]的重大责任。以此，作为百姓获取社会民生信息、了解社会百态的主要媒体渠道的民生新闻需要在社会主义核心价值观的引领下，从宏观的社会事件，如时事政治、经济政策、社会活动中寻找民众的需求，从民众的生活琐事中，发现整个社会的大意义和大价值。当然，社会中的不和谐声音也是我国社会发展中不可忽略的因素，如城乡差距拉大、道德滑坡等现象，这虽是社会发展过程中的正常现象，但需要民生新闻从分散、凌乱的繁杂事件中做出判断，做好民生信息服务传播的把关人角色。及时为民众解答疑问，指引方向，从民众根本利益出发，发现问题、提出问题、解决问题，为民众维权谋利。民生新闻应该充分发挥其主动嵌入百姓生活、提供信息、引导舆论的功能，如重庆电视台的《天天630》等民生新闻栏目，对城乡社区民众生活进行深入观照，对一些不正之风进行监督，着力解决百姓期待解决的问题和困难，真正做到了"弘扬社会正气，情系百姓苦乐"。

（一）民生疑问：政策解读生活解惑

对于政策法规制定的职能部门来讲，政策法规以国家宏观角度为出发点；对于社会个体百姓来讲，如何从宏观的政策法规中找出与个体"我"相关联的内容才是个体的关注点。这时，作为民生政策报道者的民生新闻，在报道中坚守新闻专业主义，坚守为民众服务理念，维护民众利益。当然，民

[①]《法学专家解析社会主义核心价值观"和谐"内涵》，新华网，2014年7月21日。
[②] 刘云山：《传播和谐理念 建设和谐文化 宣传和谐典型 培育和谐风尚》，"第十六届中国新闻奖、第七届长江韬奋奖颁奖报告会"，2006年11月8日，新浪网，http://news.sina.com.cn/c/2006-11-09/034310448778s.shtml。

生新闻成为公共信息、公共意见的交流中介及对话平台,成为公众表达"四权"(知情权、参与权、表达权、监督权)的公共领域,充分行使民主"看门人"职责。民生新闻尤其对民众关心的问题进行有针对性的解答,及时帮助解疑释惑,对一些民众情绪强烈的问题,进行及时解答,有利于化解矛盾,促进社会和谐稳定。例如《人民日报》在网上设置"人民时评"和"本报评论部文章",社会版的"民生调查""民生观"栏目,关注社会现实问题,得到了公众的强烈呼应。新华网开辟"中国网事"栏目,派记者实地踏访网络热点发生地,督促相关政府部门认真处置公众利益诉求,开展专题报道如《混职场,缺乏什么技能最没面子?》《武汉遭遇十面霾伏 何时寻回蓝天白云》《"房姐"龚爱爱受审》《聚焦青岛港新时期产业工人群体》《楼顶别墅谁能管?》《恋在七夕——致我们的青春 我们的爱》等都在为民众很好地服务。这充分体现了民情、民意以及民生新闻关注的焦点,同时也为今后一段时间的民生领域及社会发展指明了方向。

新政策出台,民众对政策含义了解不清,民生新闻进行阐释,就易于化解民众疑惑。如对"单独二胎"政策的解读:夫妻双方一人为独生子女,第一胎非多胞胎,即可生二胎。随着第一代独生子女进入生育高峰期,2013年计划生育成为热点话题。2013年11月,《中共中央关于全面深化改革若干重大问题的决定》中提到"单独二孩"政策,百姓对于是否符合"单独二孩"生育条件不太了解,电视民生新闻、报纸民生新闻和网络民生新闻进行及时报道,请相关专家针对百姓疑问进行解读,满足消除不确定性的需求,化解百姓疑虑。

(二)谣言疑惑:及时澄清还原真相

近年来,随着网络和手机等新媒体技术发展,人人获得麦克风,每个人都有表达的自由,但各类真真假假的信息多元表达,鱼龙混杂,众说纷纭,让信息接收者无所适从。加上"信息过载,大量没有关联的无用信息,淹没本来对受众有情感收益和功能收益的信息,增加受众获取有效信息的难度"[1]。基于此,民生新闻有责任引导网民进行理性的信息消化和解读。在良莠不齐的民生信息中,引导民众保持理性,用辩证思维分析信息,多元思考,看清事实真相,肩负起辟谣并还原事实真相的责任。

相对于信息发布而言,媒体更多的是对信息进行解释。网络平台如微

---

[1] 喻国明:《民生新闻未来十年的发展机遇与角色转型》,《现代传播》,2009年第4期,第58~59页。

博、微信、新闻 App 上面发布的民生信息，通常是表面的事实，缺乏对新闻真相的深度追问，缺乏受众反馈和对受众的深度关联。在信息过载背景下，民众看到的信息大都是浅尝辄止或者望文生义的新闻，而且有些新闻往往呈现的是某些片段性的事实，各个事实之间缺乏有机的联系，处于相互割裂的状态。因此，民生新闻有责任、有义务补充那些民众缺乏的、与民众认知不对称的关键性论据，向民众解释认知社会的框架、客观逻辑和判断是非的标准。

民生新闻媒体用自己的专业素养和求真务实的态度，针对民众的质疑和疑惑，去采访调查核实新闻事件，并求证事实真相，公正客观地呈现新闻事实，第一时间发出权威、专业的声音，满足公众的知情权，引导公众对新闻信息做出正确的思考和客观的判断。民生新闻在普通百姓对新闻事实迷茫时，应理性客观地告诉民众真相是什么，告诉他们应该如何去做，帮助民众在遇到相似情况的时候进行正确的分析和判断，并采取恰当的行动，以提高民众处理问题的能力。同时对于新闻事件的后续进展情况进行持续报道和关注，做到有始有终，使民众对于新闻事件有一个完整的、全面的认知。

（三）保持理性：筛选求证提升素养

提升民众的媒介素养一直是新闻传播学学界和业界关注的话题。随着社交网络新媒体技术的发展和普及，社会突发事件中的各类信息表现出复杂性和非理性特征。民生新闻需要做的是根据民众的需要，筛选出适合民众的逻辑清晰、主题明确、规范严谨的民生信息，充分发挥民生新闻社会动员与社会同情的功能，培养民众心智、帮助民众利用信息增进理性，看清事实，进而提升民众的媒介素养。

民生新闻除了在内容的深度上下功夫，还需要在内容上有所筛选，提升民众素养。目前，部分民生新闻为了引起受众的注意，将一些没有新闻价值的家长里短、鸡毛蒜皮的生活小事，甚至一些奇闻轶事注入民生新闻的报道中，没有精心筛选民众关心的民生话题。党的十八大报告中已经明确指出：民生问题主要包括人民生产、生活、发展、教育、就业、收入、社保、健康水平、社会管理、住房等问题。因此民生新闻在新的思想、新的时代背景、新的价值观的指导下，应在内容上为民众提供最时新的民生资讯。民生新闻应自觉坚持"三贴近"原则，急民之所急，忧民之所忧，做到权为民所系，利为民所谋，报道民众关注的问题，回应民众对信息的无限需求。如中央电视台的民生新闻栏目《焦点访谈》就以生活化的语言，努力呈现事实的原貌，在和谐的氛围中巧妙化解社会矛盾，积极承担民生新闻的社会责任，引领社会舆论有序化、和谐化。

三、积极舆论氛围利于凝聚社会共识

社会主义核心价值观短短24字，反映了中国特色社会主义的本质要求，继承了中华文化的优秀传统，吸收了人类文明的共同成果，是凝聚全党全社会价值共识的重要论断。在当下互联网信息多元的背景下，凝聚社会共识则需要设定共同目标，明确具体步骤，设定流程和基本规则，并使广大受众接受，使受众在多元意见沟通、碰撞、交流与解释中逐步达成共识。民生新闻以正能量影响舆论，以共同梦想凝聚社会共识。习近平主席提出"建设小康社会，实现中华民族复兴"的中国梦，就是以国富民强的伟大梦想，凝聚56个民族的共识，将各民族主要关注焦点聚集到"实现国家繁荣昌盛、人民幸福安康"，实现中华民族复兴的重要使命上来，让民众求同存异，为共同的目标而努力奋斗。民生新闻在凝聚社会共识中需要做的努力是，以事实说话，倡导爱岗敬业精神，倡导勤俭节约精神，反对骄奢淫逸、生活腐化。民生新闻以典型事件倡导爱国舆论，对违法违纪行为进行监督，以弘扬社会正气，倡导爱国氛围，倡导诚实守信的精神、积极友善的人际关系，积极培育和践行社会主义核心价值观，有利于社会和谐稳定。

需要指出的是，民生新闻在凝聚社会共识方面，不是胡编乱造做"客里空"，而是要在坚守新闻专业主义这个前提下，有效地维护民众和社会正义利益。特别是在网络新媒体时代环境下，民生新闻对新闻专业主义的坚守更为必要。因此，民生新闻应该在社会核心价值的引领下坚守和发展新闻专业主义，为民众理清事实，认清事实真相，为民众利益服务，为社会公共利益服务，为民族复兴服务。中国人民大学新闻与社会发展研究中心研究员杨保军指出："对于新闻专业主义的发展，关键在于其是否实事求是反映人民大众的需求，是否有利于推动社会进步和协调发展，是否有利于满足受众的功能收益和情感收益。"[①] 从原则上说就是是否有利于每个人的全面发展，是否有利于凝聚社会共识和促进社会的可持续发展。

尤其是在一些争议性事件中，民生新闻报道要注意舆论导向把握：注意引导"民众对热点事件具体怎么看"，在新现象背景下，"公众具体该怎么办"。具体应追问热点的六个"关联"：第一，关联"原因"，就是以解释性

---

① 杨保军：《当代中国主导新闻观念的可能选择：发展新闻专业主义》，《国际新闻界》，2013年第3期，第82~90页。

报道，关注事件发生的原因是"为什么"；第二，关联"态度"，就是以新闻综述关注"应该怎么看"；第三，关联"对策"，就是以新闻评论关注"应该怎么办"；第四，关联当下时代问题，追问历史的当代价值；第五，在热点事件中关联历史，通过历史背景追问规律，透视事件发展规律；第六，关联受众需求，以百姓视角关联反馈，满足受众需求。比如2008年北京奥运会上"飞人"刘翔因伤退赛，令国人唏嘘不已，引发媒体"轰炸报道"；而2012年奥运会刘翔再度因伤退赛，该消息引发人们对国家体育总局及相关人士为何让其再度负伤上阵、非人性化安排的反思，以及对商业因素侵蚀奥运竞技体育等问题的思考。新浪网"体育评书"《刘翔比赛摔倒是怎样的一出戏》对此进行解答，满足了受众需求，点击率非常高。

在网络、手机、微博、微信等新媒体新传播方式盛行的今天，一些尖锐和敏感的事件，易于呈"圈子化"、裂变性的极化传播，尤其是一些涉及社会矛盾、带有社会情绪的言论，易于在相互附和、转发中，将焦点舆论发酵，影响公众舆论。这时，主流媒体和民生新闻生产部门应该及早介入，第一时间向公众澄清事实真相，报道政府处理意见和结果，疏导民众情绪，防止谣言传播，避免不利因素影响事态的进一步发展，以积极舆论营造社会积极氛围，凝聚社会共识，促进社会良性发展。

第二节　传媒整合：民生新闻表达和沟通多元诉求

改革创新是社会主义核心价值观的重要内容，只有创新，社会才会发展和进步。民生新闻可以利用媒介融合的契机，创新发展。媒介融合给传统媒介市场格局带来了一定的冲击与挑战。这对报纸、电视民生新闻来讲，既是机遇，又是挑战。不管是报纸还是电视上的民生新闻，都要整合媒介渠道，多形式、多角度地传播信息。具体而言，要整合各类传播渠道，进行跨媒体传播，使受众的媒介接触更为频繁和深刻。这样，一方面可增加民众对民生新闻的关注，另一方面也增强了民生新闻报道的亲和力、吸引力和感染力。

一、多元诉求表达推进民主进程

新媒体环境下，媒介权力不断向民众让渡。为构建和谐社会，推进民主化进程，必须对社会各阶层、各利益群体开放利益诉求的表达渠道，疏散各阶层各群体集聚的愤懑和仇视情绪，统筹兼顾，促进社会矛盾的妥善处理。

在新媒体背景下，社交媒介微博、微信、飞信、QQ、MSN，以及各类博客、播客迅猛发展，有利于各阶层广泛发表自己的意见，促进社会情绪的释放，耗散社会熵增，促进社会和谐稳定。

这就要求民生新闻要注重收集、采集多渠道的民生话题。多元群体关注的话题一般有如下几种：一是社会公正，如前些年媒体对孙志刚事件的报道和推动。二是民生诉求的表达，如对食品安全问题、物价上涨问题、教育公平问题、扶老携幼社会公德问题的关注。食品安全问题如毒胶囊事件、毒奶粉事件、毒大米事件等；教育公平问题如择校生问题、民工子女入学问题、异地高考问题等；社会公德问题如老人碰瓷事件等热点问题，都不同程度地引发了网民的广泛讨论。尤其是反腐倡廉相关报道和网友参与，以及一些市政工程建设和搬迁问题的广泛讨论，有利于激发网民广泛参政议政，拓宽民意表达渠道，有利于推进民主政治建设。目前，主流媒体如中央电视台、中央人民广播电台、人民日报社、新华社等单位纷纷开辟网络传播平台，通过微博、微信等渠道发声，多渠道传播正能量，广泛渗透进百姓生活，更好推进社会主义核心价值观的传播和践行。

（一）多渠道传播信息

2010年1月13日，国务院总理温家宝主持召开国务院常务会议，决定加快推进电信网、广播电视网和互联网三网融合，实现三网互联互通、资源共享，为用户提供话语、数据和广播电视新闻等多种服务。以此为契机，各级电视台和报社纷纷建立了自己的官方网站和网络电视台，在社交媒体上注册"两微一端"，抢占网络资源，吸引用户的注意。值得注意的是，民生新闻中，如果在多渠道传播民生信息时，只是将传统载体中的信息简单复制到新媒体平台上是不科学的。民生新闻的内容和形式必须要体现网络特性，如短视频民生新闻的制作、网络语言的民生新闻语态等，这样才能吸引民众对民生新闻的关注。

（二）网上网下联动，提升民众意见的影响力

传媒通过跨媒体整合沟通，通过网上网下多元媒体的组合传播，多渠道吸引和方便民众接触传媒和参与设置分销渠道，促进网上网下意见联动沟通，利用微博、微信获取民生新闻线索。传统媒体民生新闻中的新闻素材主要是靠记者在日常生活中发现或是热线报料民众提供线索。在媒介融合的背景下，民生新闻的线索可以通过微博、微信获得。一是关注微博、微信中有关民生的热门话题，二是关注网民中受众对媒体信息的留言与互动。微博、

微信时代，人人都可以成为记者，在社交媒体上写下自己的所见所闻和所感。这就要求民生新闻记者要善于发现和捕捉网络中有价值的新闻线索。

此外，网络媒体互动性强，可以为传统民生新闻媒体和受众搭建交流平台。新媒体环境下，传统民生新闻可以借助微博的热门话题让更多的人参与民生议程、热点事件的讨论。同时，在民生新闻的采编制作过程中，将网民的言论放在内容中进行制作。此外，民生新闻还可以聘请受众作为本报、本台的民生新闻评论员，直接参与民生内容讨论，发表观点。当然，传统民生新闻机构还可以通过线下的QQ群、微信群交流，扩大民生新闻的影响力。

因此，民生新闻的报道可以是媒体组织和联合公民记者进行互动合作式的报道，在线上与公民记者互动沟通，线下调查取证共同解决民生问题，也可以通过"众包模式"将网络参政议政、民主监督等外包给民众，倡导、组织、帮助民众进行新闻生产，然后以群体的集群效应引发更多民众参与到对事件的观察、信息的提供，以及对事件的分析评论或者新闻的错误修正中去。通过这种全民的参与方式，减少新闻信息在传播中可能遇到的种种阻碍和偏差，同时也让民生新闻报道更加的公正、深刻，从而实现其聚集所有媒介信息和整合资源的功能。

二、多元意见沟通利于和谐稳定

要践行社会"文明和谐"的核心价值观，政府和传媒就必须加强和民众的沟通，广泛听取多元意见，在相互交流中解疑释惑，耗散社会不良情绪，促进社会和谐稳定。耗散结构理论实质，是一个远离平衡的非线性系统，需要不断和外界交换物质和能量，使系统内多个参量涨落，促使系统发生突变，使系统从混沌无序状态变成有序状态。耗散结构理论的核心是加强与外界的多维度沟通，实现多元表达，在相互沟通、解释澄清、谈判和妥协中，达到新的社会平衡，促进社会的和谐稳定与国家的繁荣发展。因此应充分运用微博、微信、易信、QQ、论坛等多形式民众发声渠道，逐步实现多元意见沟通。

在搜集和反映民众意见方面，上海报业集团旗下《东方早报》的新媒体计划"澎湃新闻"做得较为成功。定位于"打造时政与思想的最大平台"的澎湃新闻于2014年6月上线，是纸媒转型的典范，它着力生产精致、优质的原创新闻。它最为显著的特征是新闻评论中有很多来自普通民众的、多元的声音，受众的关注度、参与度都非常高。此外，《人民日报》微博与民众的互动也是很好的佐证。以2014年热点事件"周永康事件"的报道为例，人民网的报道风格活泼，网民互动更为频繁。《人民日报》的微博一开通就关注社会热点，关注民生，该微博的定位是"做一个诚实的微博，不骄矜、不浮夸，以敬畏之心守护事实真相"，要"做一个负责的微博，不盲目、不媚俗，以虔诚之心呵护发展进步"，获得网友十几万转评。《人民日报》的微博主要致力于三个方面：一是"参与"民间舆论场的构建，就是用通俗易懂、亲切和蔼的语言回应网友关注的热点话题，并就一些争议性热点话题在第一时间发出官方微博声音，有利于民众了解官方态度，更好参与相关讨论，对民间舆论场主流舆论的形成产生积极作用。二是"沟通"，就是放下架子，与网民平等对话，对一些网民不甚清楚的事件，进行澄清和声明，对网民疾苦及时进行关心和安抚。三是"记录时代"，就是客观真实地记录社会的发展进步，尤其在一些争议性观点的形成上，记录了多元意见沟通的立体过程。总之，传统媒体和新媒体通过融合传播，从不同角度，充分发挥各自优势，有利于促进社会的良性发展及和谐进步。

人民网的留言版块开设了网上的官民关系"直通车"，确保公众"沉没的声音"被政府听到，人民网的"民生报道""强国社区"中的百姓监督版块，以及第一时间发出政府声音的"政在回应""政在公开""政在解决""问政进行时""网民问政""网民参政""网民议政"版块推动了民众利益诉求的实现，有利于政府深入基层倾听公众想法，站在公众的视角思考问题，促进基层矛盾的化解。

第三节 传媒监测：民生新闻对价值失范监测预警

早在1948年，拉斯韦尔就在《社会传播的结构与功能》一书中提出环境监测功能，后来的学者也把监测功能视为媒体的首要功能。民生新闻传媒监测可以提早发现社会价值失范的问题，并对社会危机进行预警。

2014年2月24日，习近平在中央政治局第十三次集体学习的讲话中指出："把培育和弘扬社会主义核心价值观作为凝魂聚气、强基固本的基础工程，继承和发扬中华优秀传统文化和传统美德，广泛开展社会主义核心价值观宣传教育，积极引导人们讲道德、尊道德、守道德，追求高尚的道德理想，不断夯实中国特色社会主义的思想道德基础。"① 这就要求主流媒体工作者不能只满足于做社会现象的忠实记录者和描绘者，更应该担当社会主义核心价值观的积极引领者和推动者。广播电视要理直气壮、旗帜鲜明，将正面宣传和舆论监督相结合，践行和弘扬社会主义核心价值观，既要抓建设，又要抓治理；既要积极加强正面宣传，又要切实加强舆论监督。

在当前的民生领域舆论场中，部分"社会公知"和"网络大V"的价值混淆，对民众舆论场形成道德干扰。这对于主流民生新闻来讲，在实践操作过程中要做到防止杂音噪音，剔除"社会公知"和"网络大V"的价值混淆和道德干扰，对违反社会公德、违背社会主义核心价值观的现象大胆揭露，勇于贬斥，树立正确的社会导向。民生新闻在社会核心价值观的引领下，发挥舆论领袖的作用，通过议程设置、主流意识的宣传以及高素质队伍的建立积极引导舆论走向，对价值失范的现象进行监督，同时也坚持用科学、发展、联系的观点审视可能出现的矛盾，贯彻"和谐"理念，从而有利于事物矛盾的解决，以及对事物可能恶化的发展趋势进行预警。

一、监督价值失范利于社会纠偏

党的十八大会议中，关于权力运行和监督体系有着明确的阐述，即"推进权力运行公开化、规范化……加强党内监督、民主监督、法律监督、舆论监督，让人民监督权力，让权力在阳光下运行"。会议强调人民对公权力运行的监督，也指引了主流媒体应该在舆论监督内容方面着墨。民生新闻媒体作为政府与民众的桥梁和纽带在政府职能的上情下达和民意的下情上传的过程中，起到了很好的环境监测功能。

传媒监测功能，主要是监督价值失范，通过抑恶扬善，匡正祛邪，确保社会价值理念的正确方向。其内容主要包括对党和政府某些工作人员的渎职或者滥用职权等行为进行有效的监督和制约，对一切危害社会稳定的现象展开监测和抨击。特别是中国共产党第十八届中央委员会第三次全体会议的召开，以习近平为核心的党中央领导一再强调"从严治党，惩治这一手决不能放松。要坚持'老虎''苍蝇'一起打，既坚决查处领导干部违纪违法案件，又切实解决发生在群众身边的不正之风和腐败问题"。"老虎""苍蝇"一起打，就是既要严惩高级干部的贪腐行为，又要严厉打击发生在百姓身边的腐

---

① 习近平：《习近平论中国传统文化——十八大以来重要论述选》，《党建》，2014年第3期，第9页。

败行为，让人民群众进一步看到中央反腐的决心、打击的重点和力度。

媒介权力具有"扩散影响"和"行使权力"的能力。主流新闻媒介承担起为社会公众，特别是人数众多的底层阶层立言、"为民请命"的社会责任，这就给了媒体控制话语的权力，并在传递话语过程中产生巨大的话语传播力量。民生新闻依凭媒介强大的话语能力，能够形成强大的社会声势与舆论影响，对社会产生环境监测、舆论监督的作用。例如媒体对2009年5月的"杭州胡斌飙车案"，2010年11月、12月接连发生的"我爸是李刚""药家鑫杀人案"的报道，就是媒体对"富二代""官二代"的违法犯罪行为以及炫富等不正确思想进行监督的体现。民生新闻对于案件的解决以及制度的更新和观念的修正都起到了正面的舆论监督作用，起着对财富特权过度扩张的制约作用。

民生新闻将受众赋予的媒介权力以及产生的威力充分发挥了出来，充分行使舆论监督权，对教育、就业、居民收入、社会保障、社会管理、健康水平、住房、受众生产及生活发展等关乎民生的领域以及不作为的机关、单位、个人，给予"曝光"，凭借其媒介权力解决民众问题、监督政府行为，使媒体、民众、政府三者在相互监督与制约的关系中变得更加协调统一，用媒介的舆论监督权去督促社会民生方面的改善，营造公平、公正、法治的社会环境，促进社会和谐与民主化进程。

目前，就民生新闻监督失范的实践来看，民生新闻在舆论监督中应该拓展监督领域，强化后续跟踪报道。此外，在新媒体环境中，还要鼓励民众监督的参与，提升监督效果和媒介影响力。

（一）拓展监督领域，强化后续跟踪

民生新闻的监督功能要通过公众的批评、建议、检举、揭发、申诉、控告，以及社会团体的请愿、对话、示威、舆论宣传等形式来发挥。而网络反腐成为一种网络舆论监督的重要手段，监督主体也从新闻从业者回归到普通民众。民众进行监督的内容多是有关安全事故、公平正义、伦理道德、司法公正等方面，其中很多与百姓生活密切相关，目前这些监督领域正在逐步拓展。

概括起来，民众关注的监督主要有以下七个方面："一是对公权的监督，包括对政府官员及特权部门和垄断企业的监督；二是对司法公正的监督，包括对公检法等司法部门活动的监督；三是对民生问题的监督，与百姓衣食住行密切相关领域都是监督对象；四是对公平正义问题的监督，主要是社会分配不公和贫富差距拉大问题的监督；五是对伦理道德问题的监督，主要是对一些为吸引眼球，挑战伦理底线的行为进行监督；六是对安全事故的监督，包括监督危害国家安全和食品安全等方面的行为；七是对影响国家形象和民族形象的行为的监督；八是对热点事件及明星人物的监督。"[1] 学者孙鹏飞曾经调查过《第一时间》这一民生新闻栏目 2011 年 6 月到 11 月期间的舆论监督情况，发现"该民生新闻栏目的舆论监督内容大致是对政府决策以及相关权力机关工作人员的行为进行监督，以及对工商业界涉及食品安全、环境质量和商家欺诈消费者等方面的违法不良行为的监督，同时大量的新闻报道中都标有追踪报道的字样，注重后续进展和监督效果"[2]。

（二）吸引民众参与，提升媒体监督的影响力

随着新媒体技术的发展，信息资源的广阔使得民众开始关注政府公共管理职能和官员的个人行为，因此形成了一种自下而上的监督机制，将政府置于媒体和民众的监督之下，为"阳光政府"的构建奠定了基础。民众通过网络和手机，以及微博、微信、QQ、论坛等，在"任何时间、任何地点"都可以随意记录、拍摄相关资讯，随时发送到网络和手机媒体上，通过新媒体和传统媒体互动，逐步影响政府政策议程，构造一个庞大而无所不在的监督网络。

二、预警不良风气利于社会自我修正

"全面提高公民道德素质。这是社会主义道德建设的基本任务。""推进公民道德建设工程，弘扬真善美、贬斥假恶丑。""推动学雷锋活动、学习宣传道德模范常态化。"党的十八大报告中一系列关于道德建设的重要论述，充分体现了党中央对于社会主义道德建设的重视与决心，既有顶层设计，又有具体落实。不过，我们也应该清醒地看到，在社会主义道德建设和精神文明建设的过程中，仍存在一些不和谐的音符，仍有一些问题亟待解决。中共中央精神文明建设指导委员会印发的《关于深化群众性精神文明创建活动的指导意见》就指出了当前精神文明建设领域存在的一些不容忽视的问题。例如，一些人包括少数党员干部信仰缺失、价值观扭曲，深受拜金主义、享乐主义、极端个人主义的侵蚀；一些领域和一些地方道德失范、诚信缺失，人际关系缺乏信任感，违背社会公德、职业道德、家庭美德、个人品德的现象

---

[1] 姜方炳：《网络暴力：概念、根源及其应对》，《浙江学刊》，2011 年第 6 期，第 181～187 页。
[2] 孙鹏飞：《从〈第一时间〉看电视民生新闻的舆论监督职能》，《大众文艺》，2013 年第 6 期，第 158～159 页。

时有发生；封建迷信、铺张浪费甚至黄赌毒等不良习俗、不良现象、不良风气还在一定范围禁而不绝；等等。而且，当今中国正处在社会转型、城镇化不断推进的过程之中，中国社会正逐渐由熟人社会向陌生人社会转变，由此带来的人际关系和交流方式的改变，对道德生态的构建也会产生一定的制约。面对当下中国道德生态中存在的诸种困境，民生新闻对其应进行监测预警。

（一）警示特权阶层，引发连锁反应，推进社会公正

监督和警示作用，在国计民生领域主要体现在公众和媒体的联合反腐，不断发酵以期影响社会、政治、民生环境的改善。媒介监督组织化、民众参与集群化、监督主体专业化、参与群体广泛化等都增强了民生新闻的监督效力。民众参与不良行为的监督与曝光，既能揭露危害社会的行为，又能加强民众对社会事务的参与感和仪式观。詹姆斯·凯瑞传播的"仪式观"，实质是指通过有意义的文字符号、图片信息、音频符号、视频符号的传播，营造一个将受众吸引到一起的"仪式化场域"，并倡导"受众参与、传受互动、共同创造"，使这些符号被理解、使用和创造，使社会现实得以生产、维系、修正和转变。民生新闻的"仪式化传播"，也能吸引受众广泛参与、广泛互动，共同理解和创造性使用这些监督性符号，共享监督的仪式化传播，体验社会公平并维系良好的社会秩序。吸引民众监督，民众还可以基于共同的兴趣、爱好向媒体反映或者集结社会各界民众，对遇到的不同类型的问题展开头脑风暴，进而协同解决所遇到的问题。如民众对"表哥""房叔""郭美美与红十字会"等事件的曝光和揭露，我们都可以从中看到，民生新闻与民众合作紧盯公权力的敏锐目光对公权力和政府职能的发挥起到了很好的民主监督作用，同时民生新闻也在社会主义核心价值观的指导下，更好地为民众服务。例如"杨达才事件"可以很好地佐证上述观点。2012年8月26日凌晨，陕西延安境内发生重大车祸致36人死，2人重伤。8月26日16：35分，网友"@JadeCong"发微博称"事故现场官员满面笑容，情绪稳定"，引得网友大量转发和围观，并"人肉搜索"出事件主角为陕西省安监局长杨达才。26日深夜"@渤海论坛官博编辑"发微博给出5张不同款式的表的截图。27日下午微博用户"@花总丢了金箍棒"晒出对5块表的鉴定结果，指出杨达才的手表有七八块之多，并且都价值不菲，引起了公众对于官员财产合法性的质疑。

近年来，媒体联动反腐出现新机制，一般而言，是网民微博微信或论坛发帖，通过网络大V、论坛版主或有更多关注者的载体推动，引发更多网友

关注，形成网络热点，而传统报纸和传统电视往往紧跟这些热点话题，通过邮件电话等方式采访当事人、矛盾对立方，以及相关目击证人，采访专家或政府相关部门，以引发政府部门关注，使议题设置从"百姓议题"向"媒体议题""政府议题"转变。通过网民、意见领袖、媒体、政府的广泛联动，促进事件影响的发酵和问题的解决。典型例子是 2010 年于建嵘"微博打拐"事件，基本遵循"网民向网络大 V 意见领袖反映—意见领袖推动—媒体跟进—政府关注"的规律，又如"孙志刚事件""宝马撞人事件""杭州 70 码事件""李天一事件"等，几乎都逃不过从"百姓议题"向"媒体议题"，再到"政府议题"转变的规律。这样的内外联动机制对于微博反腐、网络反腐，也起到了很好的警示、监督作用。

（二）警惕媒体寻租，将"麦克风"归还于民

常见的媒体价值失范表现为"媒体寻租"，也称"新型新闻寻租"，是以新闻采访报道权为资本，或假借曝光之名实施威胁和敲诈，或为采访对象胡编乱造换取经济回报，或通过拉广告赞助、收礼金礼品、享受采访对象出钱的旅游活动等方式，去参与商品交换和市场竞争，换取经济利益的权钱交换和权力与利益交换的集体行为。

媒体寻租主要有四种形式：一是以新闻形式发表的软广告，收取新闻刊播费用，误导受众。2012 年 4 月 4 日出版的《纽约时报》（纽约版）的 A1 版刊登的《中国媒体有偿报道乱象》指出中国的媒体寻租：比如在中文版的《时尚先生》上刊登一篇公司高层的个人特写需要 20000 美元，在《工人日报》上登载一篇宣传性文章报价是每个中文字约 1 美元。二是为广告配送一定的新闻，比如刊登半版以上广告的，除了价格可以优惠外，还可以按广告的大小采写一篇 2000～5000 字的有关传媒或传媒领导人的文章，如不要长篇，也可分多次进行宣传，并且许诺为传媒建立"信息档案"，传媒如下次再需"宣传"可更加优惠等。① 三是媒体与商家利用商业策划、制造新闻事件的方式构筑利益共同体。比如媒体与传媒通过评奖活动或者策划排行榜，换取巨额的广告收入和参赛费等。四是商家付费让媒体不刊登对其不利的新闻，即"有偿不闻"，也即所谓"封口费"，在这种情况下，受众的知情权受到严重伤害。总之，媒介寻租的危害是损害媒介的公信力，损害受众的知情权，使假新闻屡禁不止。

部分职业道德低下的民生新闻记者往往利用采访报道权力，向采访对象

---

① 张凤雏：《谨防变相"有偿新闻"》，《中国记者》，1996 年第 5 期，第 56 页。

第三章　社会主义核心价值观引领民生新闻传播功效

索要礼金,或者通过调查问题后敲诈勒索的方式,严重影响国内新闻报道队伍的形象。对此,规避媒体寻租,应从以下四方面努力:一是编营分离;二是实施职业道德教育;三是加强法律规范约束;四是建立有效的监督机制,加强对民生新闻采编队伍的监督,应将监督的权力和"麦克风"归还于民,发动广大民众参与监督媒体从业人员,肃清舆论监督队伍,让传媒人真正践行核心价值观,真正推动社会和谐稳定、健康有序发展。

社会主义核心价值观是政府和人民的共同理想,是建设和谐社会的价值取向。社会主义核心价值观引领民生新闻发展,旨在破解当前民生新闻远离主流意识形态,而偏向低俗化、琐碎化、泛娱乐化的问题,要求民生新闻紧扣主流意识形态,以马克思主义为指导,反映社会共同理想,"弘扬以爱国主义为核心的民族精神和以改革创新为核心的时代精神,体现社会主义荣辱观,体现正能量传播,将社会主义核心价值观内化为民众的行为"[①]。在社会主义核心价值观的指引下,民生新闻能扬长避短,发挥其传播实效。以社会主义核心价值体系助推民生新闻传播效果的实现,本质上要求民生新闻积极倡导社会主义核心价值观的价值取向和行为理念,传播社会主义核心价值观相关观点和方法,监测守望一切不利于社会发展进步的险滩暗礁,通过用贴近民生的新闻事实说话,将社会主义核心价值观内化成百姓的行动,从而达成社会共识,推动社会进步。

---

① 程前、余地:《社会主义核心价值体系与民生新闻舆论引导力提升》,《现代视听》,2011年第10期,第30~33页。

第四章　社会主义核心价值观引领民生新闻实现科学定位

社会主义核心价值观是社会主义核心价值体系的内核，体现社会主义核心价值体系的根本性质和基本特征，反映社会主义核心价值体系的丰富内涵和实践要求，是社会主义核心价值体系的高度凝练和集中表达。党的十八大报告在谈到加强社会主义核心价值体系建设时明确指出："倡导富强、民主、文明、和谐，倡导自由、平等、公正、法治，倡导爱国、敬业、诚信、友善，积极培育和践行社会主义核心价值观。"社会主义核心价值观是对马克思主义的丰富和发展，为我们带来了有效抵抗西方资本主义价值观念的强大理论武器，成为我们认识世界、改造世界的依据与指南。当前我国在全球化大潮的冲击下，经济体制正发生深刻变革，社会结构亦处于调整变动阶段。文化选择与价值观念趋于多样，在此背景下，民众的价值观与道德观都受到深刻影响。此外，民众日常生产生活方式也随之发生变化，利益格局将重新调整。在思想多样、价值多元的时代背景中，必须大力加强社会主义核心价值体系的建设，提倡社会主义核心价值观，凝聚大众的价值追求，形成思想认同与社会合力，保证社会主义和谐社会建设稳步前进。

2002年1月1日江苏电视台城市频道《南京零距离》的开播，是一次以民生新闻为主体的新闻栏目新形式的探索实践。近几年民生新闻逐渐在各级媒体中发展成熟，全国各大广播电视台、报刊机构都开办了立足本土、反映民生的新闻栏目、新闻报刊。民生新闻以大众为报道主体，体现出以民为本的报道原则与理念，其民本价值理念正切合了社会主义核心价值观的深刻内涵。社会主义核心价值观的引领，为民生新闻找准定位，积极发挥舆论引导作用提供了更为明确和坚实的思想基础。

第四章 社会主义核心价值观引领民生新闻实现科学定位

第一节 以人为本的公共新闻：民生新闻的中级阶段

民生新闻作为以民众为报道主体、以民生为报道内容的新闻传播形式与我国社会的发展紧密相连，其以民众的视角、以新闻的方式记录下我国社会发展不同阶段中的民生民情。"以人为本"是社会主义核心价值观建设的核心要求，这与民生新闻的价值理念紧密相连。在社会主义核心价值观的引领下，民生新闻必须以人为本，这不仅关系到百姓诉求的表达与交流，也关系到社会发展的安定团结。以人为本是民生新闻最重要的价值导向，它要求民生新闻传播必须站在广大民众的立场上，以大众的视角、平民化的表达反映当下社会大众的生存状态，以此表达民众心声，解决大众在日常生活遇到的问题，改善大众的生存环境，提高大众生活质量，最大限度地发挥新闻媒体的社会功能。社会主义核心价值观引领下的民生新闻不仅是新闻传播的一种类型，更重要的是其在社会学视野下呈现出极强的社会功能，为进一步推动核心价值观的建设与传播起到了积极作用。

一、"以人为本"与民生新闻

新闻传媒作为当今大众认知世界、获取新闻消息、培养价值理念、调整社会行为的重要渠道，对当下人们的文化传播、思想建设、价值创造产生着不可估量的影响。在当今社会，媒介文化以其传播的广泛性及功能的多样性开拓了人文研究的新视野，展示了人性新的层面。如果说"人性"有任何固定指称的话，那就是虽然展现的形式和面貌存在差异，但其最终追求的目标却具有高度一致性，即创造"文化"。

民生新闻伴随着大众文化的勃兴已然成为当下我国新闻传播的重要组成部分，从电视媒体来说，各省市级频道都开办了自己的民生新闻节目。民生新闻以大众生活为素材，贴近生活、贴近现实、贴近人本身。从本质上说，关于民生新闻人文精神的探讨，具有媒介文化哲学范畴的意味，即思考民生新闻如何通过媒介视听符号将人塑造为更加完善的"文化个体"。当然在这里探讨民生新闻人文精神，并非聚焦抽象的人与抽象的文化，而是尝试分析在具体现实背景中的民生新闻生产机制以及产生的文化价值。因而，新闻人文研究应将文化全球化时代背景与我国思想文化传统综合考察，才能真正体现民生新闻作为最贴近民众的新闻生产活动的内涵。如将民生新闻视为"中介",受众则是在日常的接受活动中不断建构着自身对社会的认知,调适着自身行为以符合社会规范。从受众的角度看,个体与整个社会文化的本质在新闻视听符号生产过程中得以彰显并整合为一。

(一)"以人为本"探源

卡西尔在《人论》中指出,"把人定义为符号的动物来取代把人定义为理性的动物"①"人不仅存在于纯粹自然的世界里,更存在于文化世界里"②。他认为人就是符号,人就是文化。正是因为人建立起了一套"符号功能",才实现了人之为人的主体性。其前提是"符号现象"可以构筑一个文化的世界,"符号"是人与文化的中介,文化只是人类符号活动的"产品",是人掌控的所有物,人本身作为自身符号活动的主体自然而然就成为文化的主人。伴随着文化全球化的进一步深入,在新一轮的文化转型中,娱乐文化产品不断刺激受众的感官欲望,民生新闻也呈现出新的创作趋势。高科技、戏剧化、娱乐化、刺激性等已然成为民生新闻赚取收视率的重要砝码,对娱乐的过度追求掩盖了人类个体的能动力量,人类在视听符号活动中的主体地位受到严峻挑战。

古希腊哲学家普罗泰戈拉曾提出著名论断:"人是万物的尺度,是存在的事物的尺度,也是不存在的事物不存在的尺度。"③ 充满人本精神的论断开启了西方哲学对人本的研究。以孟德斯鸠、卢梭为代表的西方文艺复兴者所坚持的人道主义开启了人的自我觉醒和自我发现,此时期高扬的人性成为后来者人文探索的精神源泉。西方对人文精神的追求着重于对人性与人权的推崇,在积极推进资本主义民主革命、科技革命的同时,对宗教神学、封建专制主义君权给予沉痛打击。无论是费尔巴哈的人本主义辩证法还是马克思的人本主义哲学都从中受益,提出"人就是人的世界"④ "人的根本就是人本身"⑤ "人的最高品质就是人"⑥ 等理念,为西方现代哲学的人道主义开辟了更加宽广的视野。

在中国传统哲学中,"人文"概念对应于"天文"。《文心雕龙·原道》

---

① [德]恩特斯·卡西尔:《人论》,甘阳译,上海:上海译文出版社,1985年版,第37页。
② [德]恩特斯·卡西尔:《人论》,甘阳译,上海:上海译文出版社,1985年版,第87页。
③ 北大哲学系:《古希腊罗马哲学》,北京:三联书店,1957年版,第163页。
④ 中共中央马克思恩格斯列宁斯大林著作编译局:《马克思恩格斯选集》第1卷,人民出版社,2012年版,第7页。
⑤ [德]恩特斯·卡西尔:《人论》,甘阳译,上海:上海译文出版社,1985年版,第9页。
⑥ [德]恩特斯·卡西尔:《人论》,甘阳译,上海:上海译文出版社,1985年版,第13页。

中载:"人文之元,肇自太极,幽赞神明,意象惟先。庖牺画其始,仲尼翼其终,而乾坤两位,独制文言。言之文也,天地之心哉。""天文"即自然宇宙的秩序与规范。"人文"最早见于《易经》中,本意即指与"天文"相对应的人类社会的秩序与规范,"刚柔交错,天文也。文明以止,人文也。观乎天文以察时变,观乎人文以化成天下"。由此可见,从我国传统人学哲学之维进行思考,"人"之所以为人并非因为其拥有理性抑或具有交流的能力等,而是因为其体现了与"天文"不同的"人文"。《礼记·曲礼上》载:"鹦鹉能言,不离飞鸟。猩猩能言,不离禽兽。今人而无礼,虽能言,不亦禽兽之心乎。"由此可见,我国传统"人文"思想的核心体现在"守礼"。"天之道曰阴与阳""人之道曰仁与义",在我国儒家传统哲学中,"人文"可引申理解为"人道",儒学的人文精神一曰人文,二曰人性,三曰人本,四曰人道。我国传统儒学对于"人文"的理解蕴含着传统哲学中对人与宇宙、人与自然、人与人之间关系的深刻理解。另外,我国传统人文精神的价值诉求并非指向单一的个体,而是将"人"纳入整个"社会共同体"中进行考察。

我国传统的人文精神解读从本质上将西方个人主义从人文精神中剔除出去,为研究文化全球化背景下的民生新闻人文内涵提供了坚实的理论基础。人文精神绝不等同于个人主义,儒家提倡"君子慎独","慎独"的前提是信仰的存在。人性如若摆脱了信仰的束缚,它的丑陋的一面,如自私、褊狭、贪婪等就会毫无顾忌地表现出来。西方国家通过大众传媒,极力宣扬以美国文化为核心的自由主义、英雄主义,无论是极具消费意味的广告产品,还是隐藏了诸多消费符号的传媒娱乐产品,它们在生产着消费商品的同时宣扬个人欲望的满足,以此获得经济利润的最大化。人文精神需要个性自由与人性解放,但是一味地提倡个体对消费欲望的满足却可能导致个性自由发展为个人主义的膨胀,在此环境中,个体不再顾及自身与自然、社会以及他人之间的和谐共存,人性解放将会发展到其反面。我们的人文精神绝不等同于个人主义,儒家之"以人为本"是人类发展到文明阶段的必然产物,此观念体现的是对人本身的尊重。

社会主义制度中的"以人为本"与马克思主义中对于人的全面发展理论直接相关,互为因果。马克思创立唯物史观,其众多著作言论都谈及人类社会发展中的人本观念。在《黑格尔法哲学批判》一书中,马克思称:"人绝非寄居于世界的存在物，人就是人的世界，就是国家，就是社会。"① 现实生活中所谈及的生产力、生产关系、经济、政治、文化等及其之间的各种关系都是人本质力量的外化，人是社会存在的主体。"人们在自己生活的社会生产中发生一定的、必然的、不以他们的意志为转移的关系，即与他们的物质生产力的一定发展阶段相适应的生产关系。这些生产关系的总和构成社会的经济结构，即有法律的和政治的上层建筑竖立其上并有一定的社会意识形态与之相适应的现实基础。物质生活的生产方式制约着整个社会生活、政治生活和精神生活的过程。不是人们的意识决定人们的存在，相反，是人们的社会存在决定人们的意识。社会的物质生产力发展到一定阶段，便同它们一直在其中运动的现存生产关系或财产关系发生矛盾。于是这些关系便由生产力的发展形式变成生产力的桎梏，那时社会革命的时代就到来了。随着经济基础的变更，全部庞大的上层建筑也或慢或快地发生变革。"② 写于1859年《政治经济学批判》序言中的这段话被马克思视为"多年诚实研究的总结果"。

马克思不仅对人本进行了透彻的阐释，还对能彰显人本精神的社会进行了描述。在《共产党宣言》中马克思曾说："代替那存在着阶级和阶级对立的资产阶级旧社会的，将是这样一个联合体，在那里，每个人的自由发展是一切人的自由发展的条件。"③ 在《资本论》中，马克思更明确指出社会主义社会是"以每个人的全面而自由的发展为基本原则的社会形式"④。当下我国的人文探讨也多以上述理论为出发点，从现实出发，以马克思主义人本观为核心，找到西方理论与当下我国文化发展的契合点。

（二）"以人为本"与民生新闻的科学定位

"以人为本"理念根植于我国传统文化之中，在不同时期彰显出不同的理论价值与意义。"以人为本"作为当下我国社会主义建设的核心理念，是马克思主义经典理论的延伸，与具有时代意义的理念有机融合，成为社会主义核心价值观的核心，不仅有助于我们摒弃长期以来对马克思主义机械式、

---

① 中共中央马克思恩格斯列宁斯大林著作编译局：《马克思恩格斯选集》第1卷，北京：人民出版社，1995年版，第1页。
② 中共中央马克思恩格斯列宁斯大林著作编译局：《马克思恩格斯选集》第1卷，北京：人民出版社，1995年版，第32～33页。
③ 中共中央马克思恩格斯列宁斯大林著作编译局：《马克思恩格斯选集》第1卷，北京：人民出版社，1995年版，第273页。
④ 中共中央马克思恩格斯列宁斯大林著作编译局：《马克思恩格斯全集》第23卷，北京：人民出版社，1979年版，第649页。

教条式、框架式的理解，还指导我们进一步深化对"人""人本"的探析，不断丰富"以人为本"的内涵，赋予其时代意义。

从我国现实情况出发，民生新闻可被界定为"在党的新闻政策指导下，更多、更贴切地关注民生民情的当地新闻，是以民众的日常生活为主要内容，以民众的人生诉求为基本出发点，以民众的生存状况为关注焦点，以民众的视角表现人文关怀的理念，从民众的生存空间开拓新闻资源的新概念新闻"[①]。在坚持"以人为本，增加新闻报道的亲和力、吸引力与感染力"方面，在贯彻"贴近实际、贴近生活、贴近群众"方面，民生新闻较其他新闻具有无可比拟的优势。民生新闻的本质就是要体现人本理念和人文关怀，民生新闻是以人文理念为核心构建其新闻传播价值观念的。"以人为本"是民生新闻价值理念的核心，也是民生新闻进行新闻生产传播的标准与依据。要真正实现民生新闻的创新发展，就要深刻地理解"以人为本"的内涵及其对新闻传播的指导性作用。体现在具体的新闻中，不仅仅局限于新闻传播内容贴近民众，更要求新闻生产者能真正实现传播视角的转变，从大众的视角去认知世界、思考问题，真实反映当下社会的民生问题，了解民意，体察民情，最终要努力切实改善大众的生活环境，解答大众疑惑，解决其在日常生活中存在的困难。民生新闻把"以人为本"作为其发展创新的响亮标语无可厚非，在现实的民生新闻传播领域，无论其传播内容还是传播方式都体现出"以人为本"的理念，如何科学理解其内涵，则需要从以下几个不同方面进行时代性解读。

首先要思考民生新闻提倡的"以人为本"是以什么人"为本"。人类历经时代变迁，对"人是什么"的探究从未停止，面对这一始终困扰人类的"斯芬克斯之谜"，先贤们给出了不同的界定与阐释，但即使理论成果丰富，我们仍然很难将某一个界定直接套用在对当下"以人为本"的理解中。民生新闻"以人为本"中的"人"绝非代指抽象的"人本身"，也不能将其简单化地理解为相对于动物而言的生物个体。对民生新闻中"人"内涵的理解必须深入社会生活的本质当中，"人的本质不是单个人所固有的抽象物，在其现实性上，它是一切社会关系的总和"[②]。在民生新闻中，"人"既是群体性概念，也具有个体性指向。从群体的角度出发，民生新闻中的"以人为本"

---

① 赵文晶、韩颖：《多维视野下民生新闻价值取向研究》，《国际新闻界》，2011年11月，第69~73页。
② 中共中央马克思恩格斯列宁斯大林著作编译局：《马克思恩格斯选集》第1卷，人民出版社，1995年版，第60页。

要求其必须具有集体观念，坚持集体主义，以广大民众的民生作为传播内容主体，满足最广大群众的需求，但是这绝非狭隘的集体专制主义。"集体主义就是在总体性中的人的主体性。集体主义完成了人的主体性的无条件的自我维护。这种无条件的自我维护是不可取消的。"①民生新闻中所反映的群体必定是以社会个体的生存发展为前提，因此在民生新闻中，关注集体的同时也不放弃个体，新闻内容往往还是以突出个体为主，以社会个体的发展、存在境况反映社会群体的生存状态与价值利益。需要强调的是，此处的以人为本绝非提倡个人主义，而是以个体的视野关注社会，所有个体都是社会中的"个体"，是社会共同体中的"个体"，即社会成员中的"一人"。民生新闻提倡"以人为本"，也可以称为"以民为本"。从传统的视角来看，"以民为本"中的"民"作为一个政治概念，通常作为"官"的对立面，二者具有理论上的统治与被统治关系。民生新闻中以人为本的主体是广大人民群众，按照毛泽东对人民的理解，"在抗日战争时期，一切抗日的阶级、阶层和社会集团都属于人民的范围，日本帝国主义、汉奸、亲日派都属于人民的敌人。在解放战争时期，美帝国主义和它的走狗即官僚资产阶级、地主阶级以及代表这些阶级的国民党反动派，都是人民的敌人；一切反对这些敌人的阶级、阶层和社会集团，都属于人民的范围。在现阶段，在建设社会主义的时期，一切赞成、拥护和参加社会主义建设事业的阶级、阶层和社会集团，都属于人民的范围；一切反抗社会主义革命和敌视、破坏社会主义的社会势力和社会集团，都是人民的敌人"②。从当下来看，正是因为我们突破了对"民"理解的局限，认识到包括政府、媒体、大众在内的所有群体并非统治与被统治的关系，而是利益主体代表、利益主体发言人、利益主体之间的关系。政府与媒体的利益代表着广大人民群众的利益，因此在我国"人"与"民"是相通的，民生新闻"以人为本"即"以民为本"。

其次，民生新闻中以人为本是以"人的什么"为本？按照马克思主义的观点，社会历史的发展证明，人已经从对物的依赖转变为对人全面发展的推进。民生新闻中的以人为本以推进人的全面发展为最终目的，满足大众需求、维护大众利益、提高大众生活水平是其进行新闻传播的出发点。民生新闻不仅要保证"人"作为其新闻传播的主体地位，而且要对大众进行积极的

---

① ［德］海德格尔：《路标》，孙周兴译，北京：商务印书馆，2000年版，第403页。
② 中共中央文献编辑委员会：《毛泽东著作选读》（下册），北京：人民出版社，1986年版，第757～758页。

第四章 社会主义核心价值观引领民生新闻实现科学定位

舆论引导，保证社会主义核心价值观的有效传播。民生新闻不仅要关注大众的生存境况，还要以推动大众的发展完善作为目标。从我国当下发展现实来看，除了部分偏远贫困地区，大部分区域民众的温饱问题已经得到解决，换句话说，生存已并非民众最为关心的民生话题，实现小康生活才是大众的期待方向。民生新闻要及时对当下的经济体制进行解读分析，调动大众的主动性和创造性，推动经济建设。在此过程中，新闻传媒也要注重协调经济发展与优化人类生存环境之间的关系，推广生态文明，只有这样才能实现真正意义上的人的全面发展。

在解决大众实际遇到的困难的同时，民生新闻要不断对大众的价值观、道德观进行引领，这才是对"以人为本"内涵更加深刻的阐释。民生新闻不仅要尽可能满足大众需求，还要将具有积极性、合理性的观念传递给大众，背弃"价值判断"的"以人为本"必然走入歧途。人不仅需要物质的发展，更需要道德的完善，在肯定人生存合理的基础上，引导大众远离以自我为中心、以物欲为中心的价值观念，让大众认识到个体的完善并非以"自我"为中心，而是以社会的发展为本位；人生的意义并非在于"索取"，而是"奉献"。如辽宁广播电视台备受关注的民生新闻节目《新北方》在关注当地民生民情的同时，力求从所有报道的内容中提炼积极向上的价值理念，打出"人心向善，社会尽美"的口号，成为社会和谐发展的有力推动者，以此实现了大众生活层面和精神层面的双重提升。

最后，从"以人为本"的实践主体来看，民生新闻如何才能做到"以人为本"是上述问题的落脚点。1842—1843年，马克思就提出了"人民报刊"的伟大命题："报刊只是而且只应该是人民日常思想和感情的公开表达者……它生活在人民当中，它真诚地同情人民的一切希望与忧患、热爱与憎恨、欢乐与痛苦。"[①] 民生新闻的"以人为本"理念则是在新的时代环境中对马克思主义新闻观"人民报刊"理念的创新性发展。民生新闻反映广大人民群众的利益，即使是针对某个个体的新闻传播，也要将视角放置于社会整体之上，从每个新闻中的主体反映人民大众的需求，凝聚促进社会和谐的价值判断。关注民众个体之上的社会和谐是民生新闻更深层次社会功能的体现，以人为本，报道民生、反映民情、启发民智，这不仅是社会主义核心价值观在民生新闻中的体现，更是在新时期中民生新闻可以获得突破创新发展

---

① 中共中央马克思恩格斯列宁斯大林著作编译局：《马克思恩格斯选集》第1卷，北京：人民出版社，1995年版，第396页。

的必要前提。

二、民生新闻实践"以人为本"的科学路径

在新媒体时代，民生新闻传播不仅面临技术困境，在娱乐化、大众化理念的影响下逐渐陷入价值选择的误区，"以人为本"被片面地理解为对受众的满足与迎合，因此在报道内容、方式、价值判断、审美品位上都出现了诸多问题，打着"以人为本"旗号的伪民生、泛民生新闻弥漫在传媒领域。民生新闻进入发展攻坚阶段，只有纠正价值理念中对"民本"的错误理解，才可能实现其进一步的突破创新。要解决以上问题，需要在对民生新闻以人为本进行深刻认识的基础上，加深对民生新闻内涵的理解，从社会整体的高度赋予民生新闻新的意义与价值，探索其在新闻传播实践中践行"以人为本"理念的科学路径。

（一）终极目标：人本与和谐

当今社会，我国已经摆脱落后封闭的发展困境，伴随经济全球化的进一步蔓延，我国已经逐步迈入现代化的信息时代，如今面临的问题是如何厘清"现代化"给社会带来的一系列问题，如何成功实现社会转型。我国特殊的社会情况使得现代化发展呈现不均衡的特征，部分地区已经进入现代化发展的加速阶段，而另一些地区还在为了保证民众温饱而努力，求和谐还是求发展成为我们必然要面对的问题。改革开放在带来经济发展、社会进步的同时也使我国发展愈加呈现不平衡的特征。为了顾全大局，在"效率优先，兼顾公平"的理念指引下，部分地区得到充分发展，人民物质生活水平大幅度提升。然而随着改革进一步深化，社会上不和谐的因素逐渐增多，贫富差距日益突出，消费文化渐趋主流，如今在倡导以人为本的同时，也使得我们必须注意到原本对"人性"的追求正逐渐被异化为对金钱和物质的崇拜。如果没有正确的价值观进行引导，人与人、人与社会都将落入手段化、物质化、工具化的深渊。民生新闻面对的"人"是广泛的民众，其关涉社会大众的所有生活领域、所有社会阶层。民生新闻虽以民众个体的社会性事件报道为主，但从中折射出的社会问题才是根本，诸如人情冷暖、道德沦丧、信仰缺乏、生态破坏、权钱交易等，处于现代危机中的大众需要的是正确的价值导向和行动指南。民生新闻以人为本不仅是将大众作为报道主体，更重要的是能深刻反映大众所处的社会，以推动社会发展为目标，对社会中存在的诸多问题进行反思，注重人与人、人与社会、人与自然之间和谐关系的营造，注重对各阶层大众的关注，促进社会整体和谐进步。

第四章　社会主义核心价值观引领民生新闻实现科学定位

坚持"以人为本"是社会主义核心价值观的集中体现,是促进社会和谐发展的前提,该理念与当下所提及的民生新闻以人为本理念是一脉相承的。民生新闻关注民生、改善民生不仅是社会主义核心价值观的体现,在民生问题的背后直接关涉社会的和谐稳定。如老百姓在生活中遇到诸如就业、买房、就医等困难,经过媒体报道后能有效引起政府对相关问题的关注,推动相应解决办法的出台。通过民生新闻对民情的关注,政府不仅可以更加直观地了解百姓的生活情况,还可以及时做出应对,妥善解决社会问题,改善大众生活,促进社会和谐稳定。民生新闻以人为本理念可以从两个层面理解,一个是关注人本,这是核心也是本质要义,另外则是此基础上所形成的社会关系——人的和谐与社会的和谐,这是以人为本内涵的延伸,是民生新闻价值理念的升华。

(二)价值导向:社会主义核心价值观

"民生新闻就是一种以民生为报道内容、以民众为接收对象、以民本为价值取向、以平民立场为切入视角的百姓喜闻乐见的新闻样式。"[①] 正是因为民生新闻与大众具有与生俱来的亲近性,因而在政治宣传、市场竞争中均占有优势。然而经过多年的发展,民生新闻呈现疲态,形式老套,功能僵化,其深层次原因正是由于其对"以人为本"理念片面化、狭隘化的理解,使得其难以挖掘自身价值,最终失去对大众凝聚力、关注度的感召。民生新闻绝非单纯诉说家长里短、鸡毛蒜皮的市井新闻,也不是单纯为了追求收视娱乐性的社会新闻,而是以大众的视角反映民生,注重对大众进行舆论引导、情感抚慰以及理性启发。社会主义核心价值观引领的以人为本、以传统的集体价值观作为基础,与资本主义所倡导的个人主义、自由主义具有本质区别。只有深刻认识到这一点,才能真正理解民生新闻中以人为本的内涵。

民生新闻对大众权利的保障与维护主要体现在反映大众生存境况,实现大众生存环境的改善,促进大众发展。就当下中国社会而言,大众的基本权利是生存权与发展权,所有引申出的诸如自由权、话语权等都是为了实现大众的生存权和发展权而进行的拓展,只有明确新闻传播的核心价值及传播意义,才能使其获得功能上的拓展。换句话说,生存权和发展权无法保障,就谈不上所谓的话语权等,民生新闻要关注的重点就是人的"生存"与"发展"。另外值得一提的是,西方的"以人为本"理念是在其特定的社会背景

---

① 欧阳宏生、陈佑荣:《论民生新闻核心价值观的构建》,《电视研究》,2009年第10期,第56~58页。

下提出的，我们不能僵化地将西方抽象化的理念套用在当下我国的具体问题上，与此同时还要尽可能摒除资本主义思想对我们价值观的影响与侵蚀。如对"自由"的理解，我们的新闻传播也倡导"自由"，但我们同时也倡导道德自觉、法律约束；我们也宣扬"平等"，但并非空谈人格平等，而是强调实质性的平等，如机会均等、结果公平的保障。只有在社会主义核心价值观的引导下才能对"以人为本"的内涵做出正确判断，从而实现民生新闻的健康发展。

从另一个角度看，为了满足民生新闻平民化定位，当下一些省市级地方媒体的民生新闻报道局限于"本土传播"，在报道中一味迎合大众，过分追求传播的亲民性、娱乐性，忽视了民生新闻的审美文化价值。如果一味地追求短期注意力，忽略价值追求，民生新闻将会进入与"以人为本"理念相悖的境地。此外，部分民生新闻主持人在播报新闻的同时，将自己深度介入事件当中，打着"为民请命"的幌子，以法官式的审判态度对新闻事件进行绝对化的评论，这并非以人为本的体现，而是主持人个人主义的表现。这样的新闻是对"以人为本"的误读，偏离了社会的核心价值，影响了新闻传媒的社会公信力，使其舆论引领及社会整合能力大大降低。

民生新闻以人为本要求其新闻传播在社会主义核心价值观的引领下自觉践行新闻价值理念，反映民意、表达民情。为了推动新闻传播切实将以人为本理念贯彻到实践过程中，中共中央宣传部在全国新闻战线组织开展了"走基层、转作风、改文风"活动。包括中央电视台在内的全国各级媒体在"走转改"活动的倡导下开始重视提升主流价值的舆论引导能力，真正走到百姓身边，增进了新闻传媒同百姓的感情，增强了服务群众的成效，也从另一个侧面回答了"为了谁、依靠谁、我是谁"的问题，将"以人为本"落实到行动上。自"走转改"活动开展以来，很多媒体都进行了卓有成效的改革。以央视为例，《新闻联播》中专设了"走基层"专题，央视网也创办了"走基层 听民声"专栏。开栏语中写道："基层，是新闻报道永不枯竭的源头活水。根据中共中央宣传部等五部委在新闻战线开展'走基层、转作风、改文风'活动的安排，中央电视台陆续派出88路268名编辑记者深入厂矿社区、田间地头'蹲点'采访。他们'走下去''沉下来'，用心灵倾听百姓心声、用双脚展开田野调查、用镜头捕捉时代变迁……为观众奉献接着基层'地气'的、带着记者情感体温的新闻报道。"在此类新闻生产中，记者与采访对象亲密接触，通过亲身体验、跟踪记录等方式深入到大众的现实生活中。民生新闻绝不是大众的出气筒，也不是民间法庭，"走转改"带动民生新闻的价值回归,为民生新闻突破发展提供了新的视野。民生新闻不能一味迁就大众、迎合大众,而是要在"以人为本"理念的引领下,深入群众中,倾听民声,反映民情,以真实的情感和质朴的文风与民交流,以此作为优势的民生新闻才能真正满足受众期待,获得受众认可。

(三)传播主体:"把关人"

民生新闻以人为本要求传播者尽可能满足大众的需求,按照大众的喜好设置节目内容,选择传播方式,从其传播目的与功能看无可厚非。但是大众的主观意愿并不能成为节目传播的唯一依据,传播者应有"独立地观察、判断、选择和报道事实的动机与能力"[①],也不可将"以人为本"作为挡箭牌,一味地以低俗、肤浅的节目迁就大众、迎合大众。随着新媒体的普及利用以及大众文化的勃兴,大众获得自由表达言论的权利,大众对传媒的需求更加多元化、个性化,且时常伴随非理性需求。为了迁就大众的审美喜好,获得短暂的经济效益,部分民生新闻走入娱乐化误区,不仅在题材的选择上求奇求怪,在具体的表现形式上也追求画面、声音的刺激性、娱乐性。以人为本要求民生新闻满足受众,但并非毫无节制迁就,而是要适度满足。民生新闻在发展创新阶段,必须秉承新闻专业主义理念,坚守自己的价值立场与原则,绝不能为了一时的注意力和短期经济效益而放弃自己的立场。我们须认识到这样的"以人为本"是极端错误、肤浅的。事实证明,任何媒体如果只是单纯地重视眼前受益,一味迎合受众,不重视传播质量,是很难获得长期发展的。社会发展转型推动受众审美情趣、欣赏品位不断提升,在一定时期内,新闻中那些极具视听觉冲击力的内容可能会使受众感到新奇,从而引起受众的关注,但在受众群体审美品位不断提升的过程中必将被淘汰。大众是民生新闻的播报主体,也是民生新闻要争取的受众群体,民生新闻要明确"把关人"的身份定位,在倡导新闻理性的同时适度满足大众需求,尽可能反映舆情民意,以此激发受众的收视热情。

民生新闻在报道题材的选择上既要考虑到当下大众所关心的热点问题,也要充分表现出新闻传媒的社会责任感与使命感。民生新闻题材可选择面非常广泛,涉及社会各个领域,一切与民生相关的内容均可成为民生新闻关注的对象。但是当下不可回避的问题是民生新闻中社会负面新闻占据很大比例。负面新闻不是不可播,关键是媒体处于何种目的、以何种立场在传播负面信息。如在市县级媒体的民生新闻报道中常见的居民邻里纠纷、食品质

---

① 童兵:《新闻的客观性与传者的主体性》,《新闻与写作》,1989年第1期,第14页。

量、房屋质量、管道漏水、违规经营、占道停车、噪音污染、废水排放、违规驾驶等信息，此类新闻从某种角度上确实反映了当下大众在现实生活中存在的以及遇到的诸多问题，这些问题不仅影响了大众的生活质量，也充分反映出处于社会底层的民众在社会生活所遭遇的困境以及他们渴望改变生存环境的期望。民生新闻不是泄愤工具，而是在以人为本的前提下，真实反映民生民情，倡导改善大众生存环境，保障大众基本权利。

另外，新闻传播者要以"把关人"的身份对大众的信息接受、行为判断、价值理念、道德修养等进行全方位"塑造"。与百姓生活贴近的民生新闻借助平民化的新闻传播方式，在传递民意、汇集民声中具有强大功能。民生新闻可以通过塑造典型人物，传递社会正能量，如"最美妈妈"吴菊萍徒手接住坠楼女孩，"最美教师"张丽莉在车辆失控时勇救学生，导致自身残疾等，这些接地气、与普通民众息息相关的新闻传播坚持了"以人为本"的价值理念，坚持了正确的价值导向，弘扬了中华民族传统美德，营造了积极向上的社会氛围。在特殊事件引发舆论关注的同时，民生新闻凭借媒体传播优势，将舆论话题持续发酵。如在"最美妈妈""最美教师"的事迹被媒体报道后，为了进一步扩大舆论影响，央视先后开展了诸如"寻找最美孝心少年""寻找最美乡村医生"等系列活动，其他省市级媒体也开展了与此类似的"寻找最美快递员""寻找最美家庭""寻找最美村官"等活动，引起了社会各界的广泛关注与好评。

民生新闻要做好"把关人"，切忌"一人独大"，从其传播本质上说，民生新闻必须实现新闻传播从传者本位向受者本位的转变。在"以人为本"理念的指导下，民生新闻传播者注重与大众的信息交流互动，不仅在节目中设置了热线电话、短信平台等与大众进行双向互动的环节，还开设了新媒体平台、移动媒体平台，鼓励大众积极参与对社会问题的讨论交流。新闻传受双方信息交流的畅通保证了民生新闻能较好地履行其社会功能，确保了其作为民生发言人身份的合理性及稳固性。

（四）实现策略：以民为本，立足主流

民生新闻以平民化视角对大众民生进行观照，尽可能满足大众需求，因此得到各地受众的关注与喜爱。随着关注度的提升，民生新闻在收获社会效益的同时也获得了相当可观的经济效益，媒体的社会角色与定位也随着社会转型不断发生变化。在复杂多变的新媒体传播时代，民生新闻如何实现可持续发展？如何在社会主义核心价值观的引领下实现功能提升？如何在文化多样、价值多元的社会中坚守以人为本的理念，传播主流价值？只有深刻认识

第四章 社会主义核心价值观引领民生新闻实现科学定位

到以上问题的紧迫性及深刻性,才能真正彰显民生新闻"以人为本"的理念,提升"以人为本"的内涵。

社会主义核心价值观引领,媒体组织、政府参与的民生新闻传播是核心价值观获得社会认同、实现社会价值的基础。从政府层面来说,党政分离、政企分离、政社分离等政策的出台表明在社会转型阶段政府对其全能角色的重新认知与调整,但是我国长久以来所形成的强势政府的传统,使得国家始终在社会格局中处于优势地位。我国媒体的国有属性决定其最终话语权的归属,传统的单向传播造成了大众失语、官民沟通失调的境况。媒体如何转变角色,实现对民生新闻传播的科学定位是其实现可持续发展的重要因素。对于民生新闻的以人为本,不能将其狭隘地理解为在新闻中播报百姓生活的琐事,简单地呈现当地民众的生活样貌,而是要在此基础上突破创新,帮助大众认识社会、认识自身、调整行为。民生新闻要充分发挥新闻传媒的议程设置功能,使民生新闻在核心价值观的引领下实现主流化传播。

新闻传播的议程设置功能是一种传媒为大众设置议事日程的功能,传播者可以凭借对传播内容、方式的控制来对大众参与社会议题进行引导,以此影响大众对世界的认知与判断。在题材的选择上,新闻媒体应关注与民众民生相关的主流议题,进行深度报道、深度解析,挖掘事件背后的社会价值。在实践过程中,要以"大民生"视角审视"小民生"事件,从"小民生"入手,不仅以大众为报道主体,还要引导大众关注那些对社会影响大、具有普遍意义的民生问题。用人性化、平民化的话语帮助大众了解国家的相关政策,如当下民众最为关心的教育问题、住房问题、医疗改革问题、食品安全问题等,实现时政新闻的民生化传播,即将"硬新闻"进行"软处理",丰富民生新闻的内涵。民生新闻同样要注重新闻评论,媒体可以借用评论员评论、主持人评论、嘉宾评论等方式增强新闻评论在民生新闻中的作用。如民生新闻在讨论大众最关心的住房问题时,通过对普通市民、政府官员、房地产商、专家学者等的调查访问,通过比对近几年某一地区房价的具体变化呈现当下民众面临的住房问题。在此基础上进一步剖析政府的安居工程,通过列举政府寻求民生稳定、保障民众住房的一系列举措,传达我国政府以人民为本、保障人民福利、促进社会和谐发展的决心,这是民生新闻议题设置的重点。当下很多省市级电视媒体都对民生新闻的播报方式进行了改进,山东电视台《生活帮》、陕西电视台《都市热线》、四川电视台《新闻现场》、云南电视台《都市条形码》等都在民生新闻中加入深度报道,对负面事件的报道不局限于信息传递,还注重分析其深层次的社会因素,引领社会舆论。这样的报道可以使社会中存在的一些负面现象得到有效揭露,引起相关部门重视,推进改革办法的出台,有效促进民生问题的解决,在提升节目社会影响力的同时也可以提升媒体的公信力。

在发掘新闻价值方面,民生新闻因其传播特性容易将视角局限于社会性新闻,过于琐碎零散的事件容易造成新闻价值的流失,且使新闻媒体难以发挥舆论引导的功能。有人将民生新闻以人为本片面地理解为新闻要尽可能地大众化,尽可能浅显,使尽可能多的大众有效接收到新闻信息。其实从大众的角度看,随着时代的发展,新闻的深化及多样化价值也不容小视,事实证明受众的分化已经使得不同大众对不同信息均有需求,既需要"短平快"的资讯推送,也渴望对重大新闻的深度报道。民生新闻要在广度与深度上对其议题进行发掘,避免完全平铺直叙式的报道方式,不仅要呈现事件,还要阐释事件背后的实质。首先面对特殊的社会性事件,民生新闻不能一味追求报道的大众性、娱乐性效果,而是要尽可能找到突破口呈现事件的实质。如在报道车祸事件时,不仅要报道事件的经过、车辆及人员受损情况,还要探究事件发生的原因,如是否存在酒后驾车、违规驾驶等现象,如果有相关问题存在,则要深度分析酒后驾车的危害性,传播安全驾驶知识,增强市民的安全驾驶意识。从偶然性事件中探寻其必然性规律,发挥新闻传媒舆论引导功能。民生新闻的以人为本不是一味地以肤浅、低俗的新闻迁就大众、吸引大众,而是要坚持主流价值引导,坚持正面报道、深度报道为主,把社会效益放在首位,这样才能体现民生新闻以人为本的真正价值内涵。

"人文精神的核心是人,基础是文。人文精神是人对自身本质、价值、终极关怀和在世界之中的地位的根本看法和不懈追求。"[①] 新闻生产是人类的创造性活动,是人类在社会生活实践中对自然、社会、自我认识的一种方式、一种判断,体现的是人类对人与自然、人与社会关系的宽泛性思考。在弘扬社会主义核心价值观,建设具有社会主义特色的和谐文化这一时代背景下,媒体有责任、有义务大力推崇人文理念,以推动和谐文化的建设和发展,促进社会的进步以及国家的繁荣。

---

① 龙佳解、罗泽荣:《人文精神重建与以人为本》,《中国社会科学院研究生院学报》,2009年第2期,第46~51页。

第二节　主流引导的参与式新闻：民生新闻的高级阶段

全球化背景下，文化多元化不仅带来大众利益诉求的多元化，还引发了人们因为宗教、知识背景、道德理念等不同而产生的价值观上的差异。即使是理想中的"和谐社会"也不可能将所有大众的利益诉求以及社会当中的理性学说进行合并同类，不同的利益群体之间的价值理念可能互不兼容甚至相互对立。伴随新兴媒体的发展普及，对建构和谐社会的理解亟须将受众置于最新的媒介环境中加以考察。从当下我国传媒环境来看，要建构和谐社会就必须正视当下受众群体所发生的巨大变化。首先，新媒体背景中受众的人际交往具有个性化、匿名化、非主流化等特征，通过传统教育方式所建构的道德价值体系逐渐式微，社会的和谐与稳定从依赖于传统的道德规范转变为依靠社会制度的刚性约束。如何才能使制度规范有效地传递给受众，并在受众群体中建构普遍认同，新闻传媒肩负重要的使命与责任。

民生新闻作为最能反映大众生活的新闻传播方式，能有效地使社会制度获得大众的普遍认同。另外，互联网技术的发展使每个个体都成为社会公共体，无论何种身份地位的个体都可以凭借新媒体手段进入一对多的社会化传播网络中，即使个体仍然受到传统价值理念的影响，但由于"私人化之症"，个体在此活动中总是倾向于追求自身利益的最大化，寻求所谓的"话语自由""交往自由"，社会和谐亦有赖于大众化传播进程中个体的自身利益与社会秩序之间关系的调解。民生新闻大多选取深贴民意的主题，反映大众需求，以民众生活为核心延伸至政治、经济、文化、道德思想等各领域。民生新闻虽然主题多以个体、家庭为起点，但其着眼点在于社会的稳定团结以及国家的和谐昌盛，构建了凝聚社会主义核心价值的文化机理及人文路径。民生新闻可将抽象化的理念熔铸到具体的事件，以及在新闻中发声的个体之中，通过设置议程将民众协商驻足于大众传媒的话语空间中，以此最终达到聚集民意、促成社会合意、实现社会主义核心价值观整合性呈现的目的。

一、民生新闻助推公共参与：以人为本的转化过程

20 世纪 90 年代以来，伴随着大众文化的勃兴，大众无论在新闻信息接受、娱乐审美还是公共事件决议中都不再满足于传统的被动地位，他们希望真正地参与其中，成为信息的发布者、娱乐的制造者、公共事件的决议者。

民生新闻作为最贴近大众生活的新闻传播方式,在此背景下定然要满足大众的需求,改变长久以来大众传媒的单向传播模式,重塑媒体形象。另外,新兴媒体的发展普及也极大地助推了大众公共参与的脚步,大众不仅能够通过电脑、手机等新媒体及时快捷地接收民生信息,还可以借助互联网平台发表自己的观点,进入广阔的社会化交往中,从而实现真正意义上的公共参与。在此过程中,民生新闻传播不仅要做好新闻信息的传递,还要思考如何帮助大众实现身份的转变,引导大众参与到公共事务的讨论中来。

(一)民生新闻公共参与的前提

从理论上讲,媒介的三大功能中最重要的便是能及时准确地对环境进行监控,并客观真实地呈现出来。民生新闻必须能及时发现并传播与民众生活相关的民生信息,因此客观公正地讲述民生是民生新闻的第一要务。从大众进行公共参与的过程来看,核心要素主要包括参与主体、参与渠道、参与方式以及事件本身。媒体在引导受众进入参与过程之前,首先要确保的是对相关的事件资料进行收集整理,并将其真实快速地呈现出来,保持受众接受信息的渠道畅通。但这仅是民生新闻的初级目标,也是基础目标。传统大众传媒的信息传播基本呈现单向线性特征,信息经由媒介传递给受众后便实现了信息传播的完结。早期的民生新闻虽然其传播内容具有亲民特征,对新闻事件基本能做到客观真实的呈现,部分省市电视台的民生新闻节目还配置了使用地方方言与大众进行交流的主持人,但是仍然没有摆脱"高高在上"的传播方式,对新闻事件多是进行单方面的解读评论,面对社会的热点事件、生活问题时,也多是进行单方面的话语表达。

如今伴随新媒体的普及,民生新闻有责任有义务去培养大众的参与意识,引导大众的参与观念,探究深藏于民众之中的民生问题,为解决社会问题、缓解社会矛盾提供助力,成为引导受众价值观念、启发受众思考的指南针。这就要求民生新闻要具备全局意识,放弃狭隘的地区观念,维护社会的安定团结,营造和谐友善的社会交往环境。值得一提的是,民生新闻传播者要处理好与民众相关的矛盾事件,因为社会矛盾事件是民生新闻的主要内容之一,如果不能及时报道或者化解其中的矛盾,极易引发大众的不满情绪,产生负面影响。因此民生新闻的传播者不仅要真实、及时地传播新闻消息,还要成为大众的交流者、引导者。民生新闻大众公共参与的实现定然伴随着民生新闻传播功能的不断强化,从传播信息逐渐引导受众实现公共参与,共同讨论公共事务,最终引导受众获得情感认同,实现存在价值。

要实现民生新闻功能的转变,传播媒介首先要树立自身信息传播的公信力。当下我国社会处于发展转型阶段,社会矛盾和问题交织叠加,且经济的快速发展以及高科技的普及利用使得普通民众亟须通过快捷的方式及时获得相关信息。民生新闻作为最贴近民众的新闻传播方式,应充分发挥晓民意、通民情的优势,及时为大众提供信息,并对相关内容进行讲解说明,让大众在接收到信息的同时也消除疑惑。在传播内容的选择上,民生新闻应以大众的需求作为重要依据,尽可能地满足大众生活、生产需要。体现民权、维护民权是民生新闻的任务与职责,在特殊的事件中,除了对新闻事件进行及时客观的报道外,民生新闻还要利用自己的传播平台,促进社会各方的交流,缓和社会矛盾,维护大众利益。

(二)民生新闻公共参与的实现

当民生新闻发展到一定阶段后,受众对其的需求便不再停留在通过对新闻信息的接受来获得消息、了解社会,而是需要进一步了解与自己息息相关的生活、工作、娱乐等消息。与时政新闻不同,民生新闻将与受众最为相关的信息及时地进行传递,有助于帮助受众更好地调整自身行动、享受生活。文化多元化引发了受众需求的多元化,民生新闻的内容与形式也日益丰富,受众不仅可以通过短信、留言等方式与传统媒体进行互动交流,还可以直接通过互联网发表个性化言论,在此过程中具有"反抗性"的不同声音开始出现在新闻传播中。对传统媒体而言,无论时政新闻还是民生新闻,都不能放弃其新闻传媒的舆论引导功能。在引导受众参与社会讨论的过程中,新闻传媒要明确新闻导向,通过发布具有引领性的意见性信息对大众参与进行培养与引导,指导大众进行健康正向的思考与行动。在民生新闻播报过程中,媒体作为话题设置者,在真实叙述事件的基础上,可以提出疑问,逐渐激发受众进行思考,引导受众参与公共事件的讨论。与时政新闻点评的权威性、严肃性、严谨性、科学性不同,民生新闻信息传播可以通过更加活泼生动的方式来引导大众思考社会问题,新闻的播报者也不一定要正襟危坐、字正腔圆,而是用更加贴近大众的方式叙述事件,与大众进行交流。

拉斯韦尔提到媒介三大功能之一便是联系社会。媒介是沟通人与其生存环境的渠道,可以将人与人、人与环境紧密地联系在一起,使生存在该环境中的群体可以集中力量应对各种危机与挑战。通过媒介的沟通功能,处于环境中的个体可以与他人一同发现问题、分析问题、解决问题。在明确了舆论引导功能的基础上,民生新闻自然要承担起沟通人与人、人与环境交流的任务。民生新闻对某一公共事件的聚焦可以直接促使大众、各社会部门、媒体一起进入该事件的共同探讨中,从而推动公共参与的实现。当前,各城市台都相继开办了电视问政类的民生类直播节目,聚焦各类群众反应强烈、亟待解决的民生问题,让相关部门负责人现场进行解答,破解民生现实难题。例如,自贡市广播电视台的《盐都问政》栏目,采用事先征集问政问题、"暗访短片+现场提问"、电视广播网络全媒体直播等方式,让政府官员面对面接受主持人、群众和问政代表的质询与问责,颇具"麻辣"特色。并且,该栏目的目的不仅止于曝光,还通过后期的追踪报道监督问题整改情况、群众问题是否得到真正解决。

如今随着传媒公共性的崛起,民生新闻参与式传播理念进一步加强,新媒体为大众参与提供了方便快捷的通道,使公共参与步入常态化发展阶段。普通的市民被赋予进入公共话题讨论的权利,个体公民可以在不同的时空中共同探讨同一个公共事务。大众的公共参与促进了公民社区的建设与完善,具有相同经历、喜好、见解的大众可以通过公共参与寻找到"知己",从而进入社区化的交往中。社区化交流极易形成某种一致见解,以维护社区成员的利益。积极引导大众进入公共参与,培养大众健康的参与理念,坚持舆论引导功能,民生新闻可以通过大众的公共参与实现公共利益的彰显与维护。

(三)民生新闻公共参与的目标——价值认同

民生新闻在节目中大多营造轻松平等的对话氛围,以大众化的视角,客观及时地反映民生民情,力图在和谐的语境中化解社会矛盾,以此为契机发掘新闻传播的社会功能,阐释新闻背后的深刻意蕴,以实质性的方式引导大众实现价值认同,实现社会主义核心价值观的有效传播。该理念在倡导民生新闻公共参与的基础上,着重挖掘新闻传播的社会功能,引导大众更加有序地参与到新闻传播与事件的讨论中,实现社会舆论的和谐化发展。

民生新闻要通过引导民众对公共事件的思考与讨论,发挥其社会监督、社会安抚等功能。民生新闻中不乏对社会丑恶行为的揭露与批判,即使是普通人的不文明行为经过媒体曝光都有可能成为大众讨论的热点话题。并且因为民生新闻属性的限制,其内容很大程度上都是揭露社会的阴暗面和人性的假恶丑,如当下很多存在于网络媒体上的民生新闻都是小道消息、猎奇隐私等。在此类话题的交流中,主流新闻媒体要注重引发大众思考,对不良行为起到警示作用,宣扬健康的价值理念,树立良好的社会风气。新闻的生产与接受有时并不能很好地平衡,新闻生产者的编码行为或许并不能被受众完全理解。"受众不再被视为由媒介定义或是召唤的被动臣服于别有用心的特定权力与意识形态的意图;相反,受众是主动的意义生产者,按照自己的日常

第四章 社会主义核心价值观引领民生新闻实现科学定位

生活与文化来阐释、容纳媒介文本的意义。"① 换句话说，在受众进行新闻解读的过程当中，新闻的意义会伴随受众的解码而出现差异。即使民生新闻的传播属性决定了其传播的内容贴近大众，浅显易懂，但传播者与接受者客观差异的存在是不可避免的，因此"误读"在民生新闻的传播中也会出现。民生新闻公共参与最终目标的实现有赖于受众在新闻传播的过程中产生的信任感、归属感与满足感。

引导受众参与是实现价值认同的前提，只有具有较高品质的民生新闻才有可能吸引受众主动参与，具有较高公信力的新闻媒体可以带给受众较强的信任感与依赖感。换句话说，如果新闻传媒在受众中建立起较高的公信力，其通过新闻传递的价值观就将自觉成为受众思考与行动的指南。民生新闻用与大众紧密相关的话题吸引大众参与到互动中，媒体的职责决定其不能完全放任大众进入公共事务的讨论中，而是要始终伴随大众并引导大众建立起符合社会需求的价值观念，所有参与互动交流的个体都可以分享此价值观念。民生新闻不仅要反映社会问题，更要调节社会，自觉担当社会各成员之间沟通的桥梁。"大众媒介通过两种重要途径来渗透日常生活。第一，与各种媒介的接触规定了大多数人的主要闲暇行为。第二，对多数人来说，这种接触成了他们了解并解释社会与政治进程的主要信息源，也是建构自我表现方式和一般生活方式的映像与启示的主要来源。因此，大众媒介表现为可得意义的重要储存库，人们通过它不断尝试去弄清楚自己的社会情境，并找到服从或反抗的方式。"② 新闻媒介将社会各成员的意见信息"中和"起来，再现于其自身搭建的信息传播平台上，为促进社会认同奠定了基础。

新闻媒体对公共事件进行报道，为大众设置了公共参与的话题，并搭建了互动交流的平台，也为社会团体、各部门打通了进入该平台进行聆听的渠道。在此过程中，掌控话语权的仍然是新闻媒体自身。从社会学视角看，新闻传媒参与公共事件的讨论，通常是通过对政策、规定等的监督与报道来指导公共事务，并以此引导大众产生某种偏向一致的公共意见，产生极大的社会反响，对社会事件的发展、政策规定的制定落实都具有重要影响。传媒公共领域参与社会主义民主建设主要通过两种方式：一是通过对公共事务的讨论，形成公众舆论，作为一种民意上升到立法机关，为立法机关所采纳和接

---

① ［荷］凡·祖伦：《女性主义媒介研究》，曹晋译，桂林：广西师范大学出版社，2007年版，第149～150页。

② ［美］格雷汉姆·默多克：《大众传播与意义的建构》，罗杰·迪金森、拉马斯瓦米·哈里德拉纳斯、奥尔加·林耐：《受众研究读本》，北京：华夏出版社，2006年版，第221页。

受。二是对公共权力进行批评与监督,对权力进行制约和平衡。① 构建社会主义核心价值观,新闻媒体(尤其是传统主流新闻媒体)可以充分发掘自身在新闻传播中的优势,实现民生新闻传播的创新发展,引导受众一起进入到社会事务的公共参与过程中,在充分贴近群众、满足群众的同时积极将群众的合理意见转化为公共意见,再将公共意见传递给政府职能部门,促进公共政策的建立与传递,拓展民生新闻功能,实现民生新闻公共参与的价值认同。

二、民生新闻公共性彰显的理性分析

汉娜·阿伦特、尤尔根·哈贝马斯、约翰·罗尔斯都对公共性进行了研究,并提出了"公共世界""公共领域""公共理性"等理论。公共性理论源于西方,对于当下我国新闻公共性的分析虽有一定的先进性和指导价值,但其毕竟源于西方资本主义社会实践,因此要在当下的中国社会语境中探讨公共性问题就必须结合中国社会现实情况,进行"中国化"的理论改造和应用实践。民生新闻的报道对象和传播对象是社会大众,大众化、娱乐化、平民化的特点决定了其与其他新闻类型相比更加贴近大众,亦受到大众的关注与喜爱。这就要求民生新闻不仅要客观及时地报道现实生活中大众的民生民情,还要尽可能满足大众要求,汇集民意,起到上情下达、下情上传的桥梁作用。民生新闻的传播特性决定其是以广大民众作为传播内容主体,而大众利益多元化、价值差异化已经逐渐形成并渐趋明显,新闻在传播过程中难免会揭露社会的黑暗面、人性的弱点等,社会转型期出现的诸多社会矛盾、时代症结等都会在民生新闻中呈现,形成情感认同、构建社会共识是当下中国重大的现实问题。民生新闻贴合大众的传播内容更易吸引大众的注意,具有舆论引领功能的民生新闻在呈现社会整合的公共性上具有独特优势。经过多年的发展,我国民生新闻中的公共性逐渐成熟。从当下的发展来看,民生新闻的公共性在社会主义核心价值观的引领下呈现渐进式发展特征。

(一)民生新闻构建公共话语空间

社会和谐源于人的和谐,社会发展源于人自身的完善与提升。当下我国处于社会转型期,各种社会矛盾凸显,要实现人的不断进步发展,亟须建设一个可供社会大众进行信息传播和交流互动的平台,民生新闻最重要的社会功能之一就是为社会大众搭建广阔的公共话语空间,并且将政府、媒体、大

---

① 尹焕霞:《新闻精神与传媒公共领域的建构》,《当代传播》,2008年第6期,第21~23页。

众都"邀请"进该空间中,这样不仅有效提升了三者之间信息交流的便捷性及流畅性,还进一步完善了政府、媒体、大众三者之间的监督制约机制,使推动社会发展的各因素都能更好地平衡统一,形成社会合力,共同实现社会的发展与人的进步。

民生新闻从产生之初就深受社会经济、文化的影响,其传播特性及对受众的定位决定其与其他时政类新闻相比具有更强的娱乐性及消费性,因此不仅其传播方式更加大众化、通俗化,传播内容也偏向于以社会新闻为主。民生新闻要实现功能上的扩展与提升,必须改变其一直以来对节目主体、受众主体的定位。2004年江苏卫视《1860新闻眼》栏目对江苏省"公推公选"进行了现场直播,随后《南方周末》针对该事件发表了点评文章《从民生新闻到公共新闻》,认为《1860新闻眼》不仅报道事实,其新闻传播者还以中间人的身份进入公共事务中,引导大众进行讨论,组织大众参与各项议程,并且推动大众共同商讨问题的解决方案,使公共问题最终得以解决。《南方周末》将其称为"公共新闻","用公众的眼睛关注国计,用人文的精神关注民生,创造公共新闻话语,搭建社会和谐的公共平台"[①]。公共新闻将传统的民生新闻受众从大众转变为公众,此改变突出了受众的社会性、参与性、能动性。在该类新闻中,民意表达、民权维护等成为主要议题。民生新闻加快公民社会建设,构建大众广泛参与的公共领域,培养大众进行公共事务的讨论交流,引导公众舆论,这是民生新闻社会功能的拓展与提升。

构建公共话语空间、培养大众公共参与是我国民生新闻发展到一定阶段后的功能提升,目前该功能仍处于发展的初级阶段。目前我国民生新闻的公共性建设并不完善,所谓的公共性即指民生新闻传布公共信息、培养公共参与、组织公共商议、引导公共舆论、发挥公共决议等属性,当下很多民生新闻为了追求传播效果和收视效果,仍然沿用传统民生新闻碎片化、平民化的播报方式,以大众视角阐释生活中各种鸡毛蒜皮的事件,其中不乏各种展现人性丑陋的社会性事件,即使是在新闻中涉及一些亟待解决的问题,也多是以平民视角的"抱不平"为主,只求问题的及时解决,忽略问题背后潜藏着的深刻的社会问题。随着民主建设的发展完善,我国在社会转型阶段的矛盾问题逐渐凸显,贫富差距、官民隔阂、行业道德缺失等问题引起社会各界的关注,在此背景下,大众的公共意识也逐渐增强。另外随着文化全球化的进一步蔓延,西方个人主义、自由主义夹杂在其文化产品中传入我国,对我国

---

① 理凝:《从民生新闻到公共新闻》,《新闻战线》,2010年第10期,第63页。

大众的价值理念产生极大影响,长久以来所形成的传统集体观念正受到严重冲击。

在多元文化背景下,以公共利益为核心的社会共识是社会稳定发展的前提,公众要及时知晓当下社会发展的最新境况,并随时调整自己的行动,以适应社会发展需求。公共新闻的传播可以将政府、媒体、大众召唤到公共商议的平台上,给予大众进行民意表达的渠道,促进社会各界的沟通交流,缓解社会矛盾,在交流中实现主流价值观的塑造。民生新闻将逐渐向公共新闻转变,当下诸多省市级电视台都推出了针对本土化传播的公共新闻电视频道,虽然其中的新闻栏目、节目的公共性建设还有待提升,但不可否认的是目前我国公共新闻正处于难得的发展时期。民生新闻要真正将话语权移交到更广大的公众手中,给予他们进行公共参与、表达公共决策的权力,让公众在媒体积极理性的舆论引导下最终形成符合社会主流价值理念的共同意志,形成社会合力,最大限度地挖掘民生新闻背后的社会价值。

(二)民生新闻为公共参与提供推动力

民生新闻要培养大众的参与意识,引导大众进入对公共事务的参与中,就要对大众愿意进入公共参与的原因进行分析。从社会的角度审视,大众参与任何的社会活动必定是为了实现某种社会利益或是履行其社会职能。大众在特定的情境中,对社会及自身发展进行理性判断,在衡量相关利益的基础上展开行动。换句话说,大众的社会行为是在其对社会情境及其自身利益进行认知衡量后才做出的反应。按照社会角色理论的观点,大众的公共参与行为是其在特定的社会情境中,为了适应社会发展的需求,获得社会成员的认可并实现自身的发展而进行的角色扮演。换句话说,要实现大众的公共参与,就要让大众形成对社会民主、自身权益等的认知,并且激发受众对争取自身权益、改善自身生存条件的期望。在我国,公民生存和发展的权利均受到宪法保障。但是大众要真正实现自我权利的最大化,就要不断通过公共参与来争取自己的权利,维护自己的利益,民生新闻提供了大众公共参与的途径。

民生新闻的传播天生具有大众性、亲近性、社会性等特征,这就决定了其与大众及大众民生之间的血脉联系。一方面,民生新闻搜集新闻素材,以大众生活为视点,着力反映民生民情,替民说话,为民服务;另一方面,民生新闻也在极力摆脱其单一的信息传播者角色,不只"替民说话",还要"让民说话"。民生新闻社会功能的拓展为大众提供了公共参与的途径,激发了大众公共参与的热情,即使是原来大众长期失语的传统媒体也都在思考如何让大众借助自身媒介平台表达意愿与诉求。如今我们不仅能在新闻传播中看到更多的大众以话语主体的身份出现在新闻文本中，而且新闻生产者还通过建立新闻客户端、新闻论坛等方式汇集民意，再通过传统媒体平台以大众发言人的身份传达大众心声，维护大众权益。

新闻传媒可以作为参与主体进入到公共参与中，原因有二：一是我国新闻媒体具有国有属性，虽然不同于西方参与公共事务的公益民间组织，但是这并不影响其在大众中的权威性及公信力。二是虽然我国新闻媒体具有国有性质，在话语权的博弈中要受到一些影响与制约，但是在长期的发展与完善中，我国新闻媒体是具有一定话语权的。媒体对民生新闻的话语权体现在民生新闻信息传播中，媒体针对某一事件或观点，可以较为自主地选择传播方式，且通过对信息的编辑加工对大众产生潜在的影响。民生新闻的传播必定伴随一定的社会功能，在话语论述中隐藏着对事件的思考及看法，从而传递出特定的思想及价值观念。民生新闻社会功能的实现过程就是其公共参与的过程，伴随媒介话语权的彰显，其社会功能得到进一步实现，其在公共参与中的角色也不断发生变化，从最初的大众发言人逐渐转变为公共事务的参与者、扩大公共参与规模的组织者。媒体在进行舆论引导的基础上，引导大众积极参与公共事务的讨论与交流，而其中也会出现争辩与批判。哈贝马斯在对公共领域进行分析时曾经指出，公共领域概念并不单指为公众提供的开放性交往平台，更重要的是在此平台上开展以公众舆论的形式进行的争辩活动。从该角度说，民生新闻公共参与是在自由、民主的氛围下进行的，社会各阶层广泛参与的交流活动，媒体本身可以作为主体参与其中，与大众共同就某一事件或观点进行争辩，民生新闻在公共参与中角色的转变助推了传媒公共空间的建构与完善。

（三）民生新闻实践"公共理性"

著名学者罗尔斯在其著作中指出："公共理性实则为在某一特定的民主社会中，其社会成员所共同享有的政治理性。"[1] 换句话说，只有民众在其社会生存中严格遵照公共理性的要求与限定，才能实现与彰显其社会行为的合理性。[2] 如何在特定的社会情境中建构一套社会成员都能认可并接受的价值观念（或称为"正义观念"）已然至关重要，以该观念体系为核心内容的公共理性也自然成为支撑现代社会稳定发展的基础。罗尔斯在公共理性理论

---

[1] 郝涛：《罗尔斯的公共理性》，《云南社会主义学院学报》，2014年第1期，第444~445页。
[2] 郝涛：《罗尔斯的公共理性》，《云南社会主义学院学报》，2014年第1期，第444~445页。

的探讨中力求区分"权宜之计"与"重叠共识"。民众所认可的价值观念的建构如果是建立在其自我特定利益或群体利益的基础上,该观念体系的稳定性必定大打折扣,因为由此所带来的和谐统一只是在某一特定时期的表面现象而已,依赖于建立起来的利益平衡暂时没有被打破。要实现真正意义上的和谐稳定,有赖于"重叠共识"的建立。"重叠共识"并非是建立在自我或群体利益至上的权威趋同或制度共识,而是社会成员所认可的价值体系都生发于他们成熟的观点,他们根据自身哲学观点与道德判断来得出相对稳定的结论。由此可见,与"权宜之计"不同,"重叠共识"所带来的稳定性并非来自各种相对力量的偶然平衡。公共理性的建立依赖于"重叠共识"的诞生,这意味着即使社会环境、制度等发生变化,社会大众都不会撤销其对社会价值观念的认可与支持。[①]

公共理性是公共领域得以存在发展的基础,是工具理性和价值理性的统一体。在公共领域中,大众以自由、平等的身份加入,其成员共同推进公共领域的构成与发展,公共理性作为工具理性,强调在公共领域中的个体要具有公共意识,提倡整体的公义与公正。另外,公共理性本身就是具有强烈政治倾向的实质性规范,对在公共领域中存在的个体行为具有绝对的限制性。新闻媒介作为政府与大众之间的沟通桥梁,必须促进政府、大众以及自身对公共理性的实践,才能有效优化社会各阶层之间的互动交流,实现不同利益主体之间的权利和解,促进社会的和谐稳定。

现代社会民主政治倡导主权回归大众,公共权力的合法性来源于大众的普遍认同。社会认同是在大众传媒的引导下,大众以自己的利益取向作为参照物,从而形成的社会性观念。在这个过程中,我们不能忽视社会大众的分层以及利益分化,不同阶层的大众拥有不同的价值倾向,这就要求媒体要充分实践推动大众形成社会认同的公共理性,实现大众不同群体之间利益的和解。媒体对公共理性的彰显绝非要求媒体满足每一个大众的需求,更不可能要求其传播获得全体公民的一致认同,而是在尽可能充分考虑大众合理需求的基础上,体现公平正义原则,并且对其中出现的反抗性话语给予包容态度,尽可能以主流话语对其进行引导。从大众的角度来看,在当下较为宽松的社会氛围中,每个大众都是相对自由、平等且具有主观行动力的个体,因所处环境及个体化差异,每个大众都具有自己的价值取向及利益判断。要实

---

① 顾肃:《多元社会的重叠共识、正当与善——晚期罗尔斯政治哲学的核心理念评述》,《复旦大学学报》(社会科学版),2011年第2期,第55~62页。

现社会的和谐发展，媒体不仅要尊重大众平等自由的生存权利，还要引导其价值观的养成。如果每个大众都只考虑自身利益而不顾及其他，实则每个人的利益都无法得到保障。新闻媒体要不断引导大众承担各项公民责任，实践公共理性，这也是新闻媒体社会功能的重要体现。

当下国际局势瞬息万变，我国处于社会转型期，社会上各种力量也在不断地变化、博弈。大众文化的崛起使长期失语的受众重拾"自我"，在建构社会大众共同认可的价值体系的过程中，大众必然要承受多元事实存在所造成的困惑与阻碍。在此背景下，新闻媒介亟须生产一种恰当的公共讨论方式，使广大受众可以在更为亲近平等的氛围中架构其认可的正义观念，并以此为基础展开对社会问题的关注与讨论。

民生新闻对"公共理性"的实践，使受众可以按照其中所包含的合理观点来指导与解释自己的行为与思想。从某种角度说，公共理性的实践使得大众在特定社会生活中用于解释自我、认定自我的标准受到了限制，但是也可使受众摆脱利益争夺旁观者的角色，此时所建构的价值体系是得到广大受众认可与维护的完备产物。民生新闻对公共理性的彰显使得受众主体意识得到进一步强化，此时于新闻中所呈现的事件与人物是与观看者建立起相互性原则的社会性事件。社会和谐本质上源于人的和谐，如今，受众话语权得到极大的彰显，其参与社会生活、政治生活的热情也在不断提升，此时更需要建立一种"价值共识"，来引导大众的社会生活。在一个社会中，如果大众丧失对公共理性的认可及对自身道德、责任、义务的恪守，那他们在社会交往中必定充满怨恨与敌意。

民生新闻公共理性的彰显是民生新闻社会功能的拓展，借助新闻媒体特殊的交流平台，将大众纳入公共事件的共同讨论中，使其增加了社会参与的深度与广度，明确了大众与社会和谐发展之间的责任关系。换句话说，从公共理性角度研究民生新闻的参与式传播，使研究视角进一步扩大，强调了社会共同体概念，明确了大众在社会和谐发展中应尽的责任与义务。和谐社会是大众共同享有的社会，所有成员都应当承担起共同建设的责任。广泛大众通过媒介平台获得对自身与社会的理解，将自身与社会紧密联系在一起，在建构伦理认知的同时也明确了自身存在与社会的鱼水关系。民生新闻公共理性的彰显可以帮助大众不仅仅执着于一己私利，在合理看待自身愿望与诉求的基础上，关怀他人、关怀社会，尊重社会成员的集体利益，这也是民生新闻传播的本质目的之一。

第三节　与时俱进与民生新闻转型创新及价值坚守

近年来，伴随着传媒技术的发展完善，民生新闻通过大众传媒以及新兴媒体进行广泛传播，题材上以社会化、大众化为落脚点，视角贴近民众，且多数民生新闻呈现出极强的地域性特征，受到当地民众的喜爱。然而经过多年的发展，如今审视民生新闻的发展路程，却有诸多问题值得反思。顾名思义，民生新闻以关注当下社会民众生存生活状态为主要职责，以人为本是其根本旨归，因此无论业界或学界都将民生新闻视为"软新闻"范畴，学者在研究中也多以揭露其过于注重感性、缺乏深度、娱乐化现象严重等现象为主要研究点。换句话说，近年来民生新闻的社会功能并未得到真正意义上的彰显，目前仍然处于感性发展阶段。加之大众文化浪潮的席卷、媒介融合理念的勃兴以及各种新兴媒介的发展完善，使得本身发展起点较低的民生新闻陷入了发展迷茫期。如何能够顺应时代的需求，突破发展瓶颈，实现改革创新是当下民生新闻发展的重中之重。

从民生新闻发展的客观规律来看，其发展可主要分为三个阶段，即求量、求质、求品。当下我国的各省市级电视台基本都开设了民生新闻节目，内容上也注重与当地民众的生活结合。然而民生新闻发展不仅依赖于向大众传递与之相关的民生信息，更重要的是要体察民众的思想状态，促进大众通过民生新闻真正参与到社会事务中，启迪大众思想，引导大众追求正确的人生价值。当下我国民生新闻亟须发掘新鲜的发展动力，积极培育大众的"参与"意识，提升新闻"品质"。

一、新媒体语境中民生新闻的突破创新

随着传媒科技的进步，我国新闻传播领域正发生巨大变革。新媒体时代指原本以广播电视等大众传媒为主体的传统媒体时代进入以互联网、手机为代表的新型传媒时代。新媒体的出现彻底改变了长期以来形成的媒介生态格局，使原本占有绝对优势地位的大众传媒不得不重新审视自己的存在定位。据2018年第41次《中国互联网络发展状况统计报告》，截至2017年12月，我国手机网民规模达7.53亿，网民中使用手机上网人群的占比由2016年的95.1%提升至97.5%；与此同时，使用电视上网的网民比例也提高3.2个百分点，达28.2%；台式电脑、笔记本电脑、平板电脑的使用率均出现下

降,手机不断挤占其他个人上网设备。① 出现在互联网及移动终端上的海量新闻信息表明,如今新媒体在新闻生产传播中具有强大的影响力,并且与传统媒体一同构建着当下我国的传媒生态。如今在媒介融合理念的推动下,包括报纸、杂志、广播、电视、互联网、移动媒体在内的各种媒介进入相互竞争共融的发展阶段。在新的传播格局与传播形势之下,在"坚持党的领导,坚持正确政治方向,坚持以人民为中心的工作导向,尊重新闻传播规律,创新方法手段,切实提高党的新闻舆论传播力、引导力、影响力、公信力"②的理念指导下,民生新闻开始寻找自身突破创新的出路,互联网、移动媒体都成为当下民生新闻的传播平台,对新闻传播的内容、方式、舆论走向都产生了极大的影响。

(一) 新媒体背景下民生新闻传播格局变迁

新媒体的出现改变了传统媒体民生新闻的生产传播模式。新媒体在技术层面丰富了信息传播的手段,伴随着新闻网站、网络论坛、留言板、聊天室、博客、微博等新的信息传播交流平台的搭建,民生新闻传播在传播速度、传播内容、传播方式上都发生了改变。不仅传统媒体可以利用新媒体搭建全新的信息传播平台,社会大众也可以利用互联网发布新闻信息。大众成为新闻生产主体,这使得新闻传播本身带有极强的个性化、去中心化特征。与此同时,通过互联网,大众可以共享其他信息,媒体和大众可以参与共享且进行讨论交流,促进了新闻信息的流通扩散,提升新闻信息的传播能力,使传统的新闻传播方式受到冲击。我国传统媒体的民生新闻传播虽然在新闻内容选择与播报视角上注重贴近大众、反映民生,但是却无法实现信息的双向交流,时空的局限使其传播多采取单向线性传播方式。新媒体不仅加强了民生新闻传播的时效性,还为信息交流提供了广阔的空间,从而增强了互动性。

新媒体打破了传统媒体新闻信息传播的垄断权。如上文所说,新媒体的传播特性使其新闻传播具有双向性、互动性、大众性等特征,在新媒体平台上实现了"所有人对所有人的传播"。大众对新闻信息的选择呈现多元化发展,与传统媒体高高在上的"把关人"身份不同,新媒体更多的是突出其信息传播与分享的自由与平等,从而打破了媒介格局中传统媒体对新闻传播的垄断与控制。特别在某些危机事件的报道中,传统媒体受到传播机制的牵

---

① 中国互联网络信息中心第 41 次《中国互联网络发展状况统计报告》。
② 《习近平:坚持正确方向 提高新闻舆论传播力引导力》,新华网,2016 年 2 月 19 日。

制，无法在第一时间报道新闻信息，此时网络媒体就承担起在第一时间将新闻信息传递给受众的任务。无论是社会性危机事件还是自然灾难类新闻事件，网络已经成为大众第一时间获得新闻信息的重要途径。另外，互联网打破了政治控制下的新闻垄断。当下凭借政治手段对新闻信息进行控制的难度增大。在新媒体背景下，新闻信息的生产主体不仅是政府部门与新媒体，还包括广泛的社会民众、企业、民间组织等。当某条新闻信息出现在网络上，通过互联网的转发与跟帖，形成新闻内容的链式繁殖，从而成为新闻热点。由此推断，新媒体格局中民生新闻传播格局已经发生重大改变，主要表现在以下几个方面。

民生新闻传播实现传受一体化发展。传统媒体中新闻传播者在新闻传播中占据绝对的主导地位，可以通过强有力的议程设置手段引导大众舆论，受众在此过程中基本处于被动地位，接受来自媒体的新闻信息及价值引导。新媒体使民生新闻传播彻底打破传受界限，自主性、开放性、互动性成为当下民生新闻传播的主要特征，受众身份也从原来的被动接受者转变为主动参与者，甚至直接成为新闻发布者。换句话说，新媒体背景下民生新闻的受众具有信息生产者与信息接受者双重身份，这就实现了前文所提到的对传统媒体民生新闻传播的垄断，每个人都被赋予采访、采集、编辑、发布信息的权利。在网络中，每个人都可以是一个没有执照的电视台。尤其近几年伴随社会性媒体的发展，大众可以通过微博、微信等方式将身边的见闻快速地分享出去。换句话说，如今只要拥有一个简单的移动终端或互联设备，每个人都可以将自己身边的"民生"消息发布出去，从而成为民生新闻传播的主体。在此过程中，受众传统的被动身份被彻底颠覆，受众不再单纯地受到传统媒体议程设置的影响而做出思考与判断，他们对信息接受的要求越发多元化。互联网方便快捷的搜索模式以及庞大的信息储备可以实现大众自主性选择新闻信息进行浏览。民生新闻本就与大众生活紧密相关，但是传统媒体很难做到以一条新闻信息引起所有受众的注意，因为不同受众具有不同的价值取向及生活背景，无论是传统媒体民生新闻的分众化传播，还是网络媒体的个性化搜索，都使得大众的主体地位得到提升。

以互联网为代表的新媒体成为民生新闻传播的主要阵地。观察近几年重大的民生新闻报道，不难发现很多事件最初都是从网络传播开始的。在网络上传播的新闻事件受到大众关注后，传统媒体就会介入进行深度报道，从而形成波及整个社会的社会性事件。以自然灾难类新闻事件报道为例，2008年汶川地震发生后，互联网成为突发性事件报道的先锋队。汶川地震发生于 2008 年 5 月 12 日 14 时 28 分，18 分钟后，14 时 46 分新华网在第一时间发出地震信息，且在发布信息的一分钟后点击量达到近千次。在地震发生后的四五个小时内，各网站搜索引擎有关"汶川"的查询超过 3000 万条。后来很多社会性民生事件的报道都始发于网络，如云南"躲猫猫"事件、湖南"罗彩霞事件"、巴东"邓玉娇事件"、上海"钓鱼执法事件"、南京"偷菜门"等，在民生新闻的播报中，新媒体发挥了重要的作用。随着媒介融合进程的不断加快，新媒体逐渐与传统媒体一起成为我国社会的主流媒体。

（二）新媒体诱发新型新闻传播方式

在新媒体语境中，民生新闻的创新性发展分为两个方面：一是在新环境中通过不断提升自身品质获得创新发展，二是直接借用新媒体传播手段进行创新。从当下的传媒环境来看，民生新闻的生存之道就在于不断突破创新。笔者的相关调查显示，在民众心目中，影响民生新闻节目的最主要因素是节目的针对性以及节目的内容选择。并且，一档好的民生新闻应该具有更新及时、内容全面、服务性较强、真实客观、观点公正等特性。而当前的部分民生新闻则存在新闻内容不吸引人、与观众互动性差、节目形式不够丰富等问题。因而，民生新闻亟须改进传播的内容与形式，反映大众的所思所想，真正成为沟通政府与大众的桥梁。

各地各级新闻媒体在新闻改革过程中，注重开发自办节目，如云南电视台经过近几年的发展，开办了《都市条形码》《大口马牙》《法治云南》《民生关注》《云南新闻》等以关注民生、诉说民意为立足点的民生新闻节目，将报道视角深入民众日常生活中，所述所讲均是与当地人民日常生活息息相关的事。在众多的报道中，媒体着力寻找值得颂扬的典型人物，歌颂典型事迹。自 2006 年至今，云南电视台以"凝聚好人力量，弘扬社会真善美"为口号，开办了在本土广受好评的《昆明好人》节目，将为善求真的精神凝聚在对普遍大众的歌颂中，弘扬了社会正气，实现了主流价值观的引领。

近年来央视在民生新闻传播内容及传播方式上也在不断进行探索。中央电视台播出的"海采"类系列报道引起了社会各界的广泛关注。2012 年国庆节期间，央视连续九天在《走基层 百姓心声》特别调查节目中播出了主题为"你幸福吗"的系列报道，引发强烈的社会反响。一时间"你幸福吗"成为街头巷尾百姓热议的话题。随后央视又先后策划播出"老爸老妈最在乎什么""爱国是什么"等系列报道，持续引发民众关注。2014 年春节期间推出的"家风是什么""时间都去哪儿了"等系列报道一度占领舆论热点头条，引发的讨论热度至今不减，并在微博、微信等社交媒体持续发酵。纵观这些话题，无不关涉百姓的切身感受，同时又具有极强的社会辐射力和衍生性，一经媒体报道，便能够引发大众广泛的情感认同和参与热情。同时报道采用"海采"的方式，将话筒和镜头对准了普通的百姓民众，其鲜活亲切的报道方式和语态更契合当下观众的接受心理。又如福州媒体在改革中增添数十个自办栏目，《记者走基层》《广播110》等节目将民生新闻的报道视角切实深入到民众中，让百姓说自己的故事，深入挖掘普通民众身上的闪光点，在亲近大众的同时也宣扬了主流价值。

  在报道方式上，传统媒体逐渐改变了我说你听的报道方式，将大众纳入新闻生产环节，前文所述的"海采"正是民生新闻报道形式的创新。由此可见，突破传统传播方式，实现个性化节目传播是民生新闻的出路之一。同质化发展困境始终困扰着传统媒体，此处的同质化一方面指性质相同、内容相似、传播手段相近的民生新闻节目过多，另一方面也指在某一电视台一档民生新闻节目重播次数过多。当下民生新闻因为同质化困境而面临收视率下滑的危险。在新媒体背景下，民生新闻要立足本土，打造具有地方特色的精品栏目，以此提高本地受众对节目的喜爱度及忠诚度。如天津电视台2013年对其本土龙头民生新闻栏目《都市热播一小时》《都市报道60分》等进行升级改版，为了突出不同栏目的特色，《都市热播一小时》重新调整版块，利用新媒体技术突破原有传播格局，将全国性乃至世界性的热点新闻汇集到节目中，以此形成自己独特的传播方式。在新媒体传播格局中，各民生新闻栏目与其不断复制效仿，不如从自身出发，借助新媒体传播平台，为自身量身打造更具特色和品牌化的精品节目。

  在新媒体传播环境中，受众对新闻传播的选择与需求呈现多元化发展趋势，不同受众对新闻信息的关注点不尽相同，这与受众本身的社会地位、身份背景、文化层次、年龄性别等相关，且即使是同一受众，其不同时期对新闻的关注点也会发生变化。新媒体方便快捷的搜索引擎以及打破时空的信息传递方式可以最大化地满足不同大众对信息的不同需求。在此背景下，民生新闻要实现可持续发展，必须认真分析受众的构成情况，将受众进行细分后，对应不同受众的需求改善新闻传播的内容与方式。民生新闻的分众化传播可以有效避免民生新闻同质化现象，并在特定传播领域内建立较为稳定的收视收听群体。与此同时，借助互联网的信息共享平台，民生新闻节目可以利用新媒体打造以本节目为中心的网络社区，将具有相同收视收听兴趣的受众集合在网络社区中，这不仅能使受众更好地了解到自己所关注的新闻信息，还可以促进受众之间、受众与媒体间的交流互动，同时增加更多受众群，有效推进传统媒体民生新闻节目的优化发展。据课题组调查，除了亲戚朋友之间面对面的人际交流与分享，民众往往还会将电视民生新闻节目中自己认为有价值、有意义的信息和内容通过微信朋友圈的形式进行转发、评论，将其内容进行多次传播与分享，或利用微博、贴吧、论坛等平台发表自己对民生新闻报道事件与现象的意见和看法，通过新媒体实现彼此的信息分享与意见沟通。因此，电视民生新闻应重视新媒体的互动功能，突破传统思路，利用新媒体增强与民众的跨屏互动功能，实现新媒体语境中电视民生新闻的新媒体发展与电视民生新闻的突破创新。此外，调查还显示，绝大部分民众不知道当地民生新闻的新媒体平台，极少数民众知道并偶尔使用其新媒体平台与媒体进行交流。因而，民生新闻栏目新媒体平台的内容打造与广泛宣传，是当前电视民生新闻向新媒体跨屏传播的重要基础。

二、实事求是与民生新闻求真

马克思在《〈莱比锡总汇报〉的查封》一文中指出，"报纸应当'根据事实来描写事实'，而不是'根据希望来描写事实'"，强调了媒体对事实的真实反映。李大钊则指出，"新闻是现在新的、活的、社会状况的写真"[①]，即新闻应该反映"新"与"活"的社会真实。真实是新闻的第一生命，同样也是新闻从业者需要坚守的职业底线，它既彰显了民生新闻的基本追求，同时也构成了其核心品质的重要内涵。真实性是新闻报道的生命线，是其追求的重要价值目标和专业精神的体现，真实性对于新闻发挥影响力有着决定性作用，也是大众传媒取信于受众的关键。实事求是既是民生新闻报道的基本态度，也是其新闻生产的基本准则。民生新闻面对社会生活、民生现实，以探求真相、传播理性为基本诉求。新闻报道的真实性构成了媒体影响力和公信力的基本内涵。民生新闻在发展过程中，获得了广大普通观众的欢迎，这不仅源于其生动灵活的播报、亲切鲜活的话语，更源于它不断以求真、客观的报道态度和专业精神积极回应社会关切与民众诉求。基于此，民生新闻在未来的发展道路上，如何积累更多的经验，如何继续发挥和传播积极的正能量，保持恳切的态度和敏锐的眼光参与现代社会建设，发挥持久的推动力，就成为民生新闻下一阶段发展的重要课题。

---

① 李大钊：《给新闻界开一个新纪元——在北京大学新闻记者同志会成立会上的演讲》，《李大钊文集》第4卷，北京：人民出版社，1999年版，第177页。

(一) 民生新闻真实性的新闻学解读

新闻的真实性,包括完全真实、历史真实、科学真实。"新闻报道要与事实相符,应当像历史学家记载历史事实那样如实地传递信息,要像科学家那样实事求是、一丝不苟地反映信息。"李大钊指出:"报纸所记的事,虽然是片片断断,一鳞一爪的东西,而究其性质,实与纪录的历史原无二致。……今日新闻记者所整理所记述的材料,即为他日历史研究者所当搜集的一种重要史料。"[①] 任何虚构和夸张都是违背真实性原则的。对于记者来说,这也是责任心和职业道德的表现。

记者是根据新闻价值对事实进行选择的。新闻价值是指选择与衡量新闻可否报道的价值观。一个事物的价值,包括使用价值与交换价值。新闻价值也包含了这两方面的内容:一是新闻事实本身的价值,即所报道事实本身的重要性、影响力与新鲜程度;二是受众接受事实信息后的受益程度,即新闻产生的社会效果。两者辩证地联系在一起,前者是主要的先决条件,但若无后者,前者也就失去了意义。记者在把握新闻事实所具有的价值时,既要考虑到事实本身的现实意义,也要考虑到事实报道后是否有可读性。根据新闻价值,新闻报道确立起自身的特性、规律和运作规范,有着特殊的操作准则和要求。其中,真实是新闻报道的基本准则。

新闻是信息的报道,信息第一性,报道第二性。信息是客观存在的,报道是信息传播的形式。新闻报道应当真实地向受众提供新闻信息服务,人们也是靠获得信息、分析信息来认识客观世界、改造客观世界的,是依据真实准确的信息做出决策和采取行动的。如果新闻报道传递了不真实的信息,就会误导人们的认识和行动。[②] 正因如此,中外新闻事业,都将真实性视为生命,高度重视。普利策曾一再告诫记者要做到"准确、准确、准确"。美国报业编辑协会把真实作为一项必须遵守的法则写进了《新闻工作准则》,规定"诚实、真实、准确——忠诚读者是一切新闻工作的名副其实的基础"。关于真实性的具体含义,桑义燐教授认为有以下三个层次的内容[③]。

第一,从朴素直观的唯物论的层次上,要准确记述新闻信息的真相。新闻报道应当准确地反映新闻信息的客观存在,反映现象的真实,材料要准确无误。要"根据事实来描写事实",要准确无误地记述各信息要素。准确反

---

① 李大钊:《报与史》,《李大钊文集》第 4 卷,北京:人民出版社,1999 年版,第 319 页。
② 高红樱:《新闻报道中不该忽视的几个环境问题》,《新闻界》,2005 年第 1 期,第 113 页。
③ 桑义燐:《新闻报道学》,杭州:杭州大学出版社,1996 年版,第 123 页。

映新闻信息的真相，是新闻真实性的基础。著名记者约翰·里德在谈到新闻的真实性时说：记者要像一位有责任心的历史学家那样，严肃认真地对待事实，完全真实地记述事实。"我只使用那些我亲身观察到的、经历过的历史事件的实录，以及那些有可靠的证据足以证明其真实性的记载""务求把真实的情况记录下来。"① 事实证明，历史上那些成功的新闻报道，不仅是新闻信息的传播，有着舆论宣传的功能，而且具有历史文献的价值，因为它们真实地记录了时代变迁，反映了历史的真实进程。

第二，从哲学认识论层次上，要准确揭示新闻信息的实质。新闻报道不能仅仅满足表层的现象真实，要透过现象揭示出信息的实质，即信息本身固有的，决定信息性质、状况和发展的根本属性或主导方面。要揭示事物的内在联系与发展趋势，使受众不仅知其然，还知其所以然。不仅认识信息本身，而且能够从整体与事物间的联系和发展上认识信息，避免孤立、片面地反映，即新闻报道要力求深层真实。习近平总书记在新闻舆论工作座谈会上谈到，"要根据事实来描述事实，既准确报道个别事实，又从宏观上把握和反映事件或事物的全貌"，强调了新闻舆论工作的展开应该基于事实本身的真实性，这种真实不仅满足于事实的"具体真实"，更应提升到"整体真实"的境界，反映事物的整体面貌。

第三，从宏观思辨层次上，要准确反映新闻信息的现实意义。前面两个层次的真实，仅限于反映信息本身的真实，而要做到完全真实，只是准确反映事实本身是不完备的。因为客观信息形成能够表现特定主题的新闻报道，是主体对客体复杂的处理过程。处理不当，也会导致失实，所以，还需要宏观思辨层次上的真实。主体对客体的处理，必须切合实际。材料的解释、主题的提炼、结构的设置、表现手法的应用，必须保证信息准确真实，同客观信息相符。必须完全真实地揭示新闻信息在特定时间、特定环境下的现实意义，否则也会导致失实。

民生新闻以聚焦民生民情为主要内容，以民本和人文关怀为基本价值取向，以传达民意、凝聚共识为主要目的，具有平等的叙述视角和浓厚的人文情怀，因而具有广泛的社会影响。除此之外，民生新闻影响力更源自于对新闻真实的执着坚守以及对新闻事实的独到见解。

---

① 张琳：《关于中央电视台国际频道新闻报道策略的思考》，《现代传播》，2003年第5期，第31～34页。

(二)"实事求是"引导民生新闻实践

民生新闻的内涵在不断深化和丰富,其传播优势在于拥有广阔的社会辐射范围。在承担新闻信息传播基本功能之外,民生新闻所具有的亲近性和由此凝聚成的影响力,使其在发挥监督职能、维系社会道德、引导社会风尚方面具有显著的优势。这些功能的拓展和强化,正是源于民生新闻客观公正、实事求是的报道态度,与直面现实、勇于承担的责任担当。民生新闻逐渐被赋予更为重要的社会期待。但是在发挥这些职能的过程中需要深刻体会并厘清媒体责任的界限,维系媒介公信形象。

在现代信息社会,人们获取信息的渠道主要来自传播媒介,并逐渐接受和形成自己的价值观念。现代传媒受众的接受是一种建立在新闻事实基础上的自主选择行为,它总是依据一定的新闻价值标准,体现着报道主体自身的文化信仰和价值追求。在传播过程中,人们不断地评论和接受新闻的结果,并不断地增殖和繁衍出新的价值意义——文化的意义。尽管这种传播过程中的文化增殖现象有时也可能因传播或接受主体文化素质的局限而表现为负面效应,但仍不失为传播主体在传播过程中的自主行为,即体现了一定的价值标准——反映出某种文化信仰和价值追求的文化行为。[①] 民生新闻做到客观公正地报道,需要把握和处理好媒体、报道对象以及大众的关系。一方面作为媒体,尤其是民生新闻的记者,必须要深入群众,充分了解民众的诉求。另一方面,又要保持相对独立的姿态,保证报道的公正与真实。

新闻工作者能否坚持新闻的真实性原则,也是检验新闻工作者是否合格的一个标志。对此,新闻工作者一定要树立牢固的新闻真实性观念,工作中的任何失误与疏忽,哪怕只是一个非常小的环节,也可能造成新闻报道的失实。要确保新闻的真实性原则,还要注意一些方法性的问题。首先,所报道新闻事实的诸要素:时间、地点、人物、事件、原因等,必须绝对准确,完全真实可靠。其次,对于那些不明显的事实材料,如人物的内心活动、思想认识、背景材料以及各方面对事实的评价,也必须以严肃认真的态度,把握分寸,绝不允许任何虚构或夸张。对事实的评价、解释和说明,也须符合事物的本来面目。此外,应该注意事实报道是否全面、正确地反映了客观现实,决不能以个别、表面、片面的现象歪曲客观现实。

做到了上面所说的这些,只是获得了新闻报道的表层真实。世界上的任何事物都是存在于一定的矛盾关系之中的,即新闻报道除报道某一具体事件

---

① 蔡凯如:《拷问意义——新闻评价论》,《现代传播》,1997年第2期,第13~19页。

外，往往还要涉及对大量相关事实进行整体的综合、概括与分析。这种概括与分析同样要符合客观实际，这是在更高层次上对新闻真实性所提出的要求：它从哲学的层面提出了现象真实与本质真实、微观真实与宏观真实相结合的问题，即新闻报道不但要追求表层真实，还要追求深层真实。

现象真实与本质真实要辩证统一。新闻报道中有具体事实，也有概括事实。人的感官能够直接感受到的事实为具体事实，人的感官无法直接感受到的事实为概括事实。新闻报道不仅要做到现象真实，更要做到本质真实，新闻报道失实的一个重要表现是概括事实失真，即现象真实与本质真实之间出现了错位。微观真实与宏观真实要有机结合。新闻报道由个体事实（微观事实）和总体事实（宏观事实）构成。两者之间的关系非常复杂，总体建立在个体之上，但个体不是简单地等同于总体，既有量的关系，也有质的关系，当新闻报道将两者的关系简单化时，也会导致新闻报道的失实。

新闻报道的多层次真实。新闻的真实性是随着事实发展的真实，表现为一个认识的过程。信息本身有一个不断释放的过程，信息释放完毕，即事实发展完结，报道的真实性才能全部展现出来。这样，所谓新闻真实，应该是多层次的真实，有达到现象层次的真实，有达到初级本质层次的真实，有达到二级本质层次的真实，有达到核心本质层次的真实。这些层次只有深浅之分，没有真假之分。具体到新闻报道，真实性也有一个层次问题。一般情况下，文体结构的层次与对真实性要求的层次是协调一致的，结构越复杂，要求的层次越高。如对同一事实的报道，消息报道与深度报道就有着明显的区别，深度报道的结构要复杂得多，其真实性要求的层次也就高得多。[1]

民生新闻与百姓生计密切相关，因此更要以极高的职业态度对待新闻事实，当前信息渠道多元化，其中失真、夸大的信息常常会影响受众的态度。据笔者调查，仍旧有部分民众认为自己看到的民生新闻中有不实报道，民生新闻只是部分反映了百姓生活。因而，记者要追求民生新闻的真实性，不应该仅仅停留于真实记录、展现百姓的生活，不应该仅仅满足于表层真实、现象真实与总体真实，更应该将深层真实、本质真实与多层次真实作为自己追求的更高目标。民生新闻一方面应秉持用事实说话的报道理念，另一方面对于社会上的谣言和虚假报道要及时进行纠正，从这一层面而言民生新闻报道被赋予了更多的责任和职能。实事求是体现了媒体对新闻真实性的自觉坚守，同时也包含着更为深刻的内涵。也就是说为了进一步提升民生新闻的品

---

[1] 董豪、宋春阳：《让新闻之树结出真实之果》，《城市党报研究》，2007年第2期，第15~17页。

质和社会影响力，其真实性报道不仅仅停留在客观、公正地报道事实的层面，还要求能够在传播过程中凸显意义——促进公众对新闻事件的认识和了解，提升公民意识，推动其在社会中行使公民职责，以期达到推动社会和谐发展的目的。

三、新媒体语境中民生新闻的价值坚守

在对传媒市场化的探索中，新闻生产者表现出对高收视率的极度渴求。在不断提升民生新闻品质、革新新闻生产手段的同时，有部分生产者为了获得较高的收视利润，在民生新闻报道内容选择上求奇、求怪，报道倾向亦偏向对娱乐化的过度追求，在新闻中刻意凸显生活中并非常态化存在的怪异事件，且夸张地利用视听语言在节目中制造强烈的感官冲击，夸大事件，与事实相悖，这无疑是对民生新闻真实性的极大挑战与亵渎。民生新闻贴近民众，反映民生，其最重要的使命之一就是真实客观地反映大众的现实生活，从而有效揭露社会生活中的不良因素，抑制其不良影响。放弃对新闻真实性的追求，无疑是放弃对新闻传播崇高目标及社会责任的追求。

（一）民生新闻娱乐化现象

近年来我国的传媒发展取得了长足进步，广播电视等传媒改革也在不断进行。自 20 世纪 90 年代以来，伴随着产业化和市场化的发展趋势，媒介市场逐渐多元化，消费观念不断发展，我国的新闻事业在传播理念、话语形态、文化观念、受众理念等方面都发生了巨大变化。在这其中不可忽视的就是娱乐化浪潮开始影响整个传媒生态，甚至新闻也呈现出不同的娱乐化倾向。简单而言，新闻娱乐化主要是伴随着大众媒体的兴起而形成的新闻与娱乐合流的现象。民生新闻的娱乐化表现为在内容上将带有煽情性、刺激性的暴力事件、灾害事件、花边新闻等作为新闻重点；在形式上以音乐、影视剧资料等娱乐元素进行包装，强调故事性、情节性；在主持人的语言上表现为带有明显的情感倾向，以戏谑、调侃等代替严肃的评论，多使用方言。据笔者调查，民众所看的民生新闻节目中，偶尔会有道德失范现象出现，比如赤裸裸地展现血腥的凶杀现场、暴力场景，忽视未成年人隐私保护（如透露姓名、年龄、住址、照片、未进行马赛克处理等）。这些新闻节目虽然迎合了少数观众娱乐、猎奇的心态和低层次的精神需求，可能为新闻节目赢得短暂的收视热潮，但民生新闻的平民化追求不能成为庸俗化和游戏化的借口，过度的娱乐化容易降低受众对民生新闻栏目的权威性认同。民生新闻虽然具有"软"性特征，但是在新闻态度上应当保持严肃和客观公正，调侃、戏谑等

情绪化的表达并不适合民生新闻传播。故事化的新闻叙述方式在一定程度上是对新闻叙事的创新，可以通过调动受众的兴奋点来吸引他们关注新闻事件。但是在处理故事化与新闻真实性两者之间的关系上，常常存在一些偏颇之处。如有的新闻节目片面强调情节设计，渲染悬疑气氛，会给受众故弄玄虚的感觉，甚至会让他们对事件的真实性产生怀疑。2014 年某省级民生栏目在对运渣车超载撞向公交车导致车祸的报道中，一开始并不直接说明车祸发生的原因，而是反复播放公交车车载摄像头拍摄下的车祸发生瞬间的影像，并不断渲染悬疑气氛——是什么导致车上的乘客惊慌失措？公交司机看到了什么？来自车右侧的"神秘"白光是怎么回事？一遍遍通过慢镜头和回放来放大意外发生瞬间乘客的反应。这种处理方式的确可以吸引观众的好奇心，但是这毕竟是关涉生命安全的车祸现场，这种做法完全丧失了基本的人本关怀，是对民生新闻核心价值的严重背离。车祸本身已经对乘客及家人造成了极大的伤害，这则新闻却还不断利用乘客在面对意外发生瞬间表现出来的惊恐，一味强调事件的突发性和视觉冲击性，甚至还以此作为"卖点"反复播放，势必会对乘客及家属造成二次伤害。反观同城另一家媒体对这一事件所做的报道，其报道的重点则是通过结合近年来由于运渣车违反交通法规造成的多起车祸背景，探究和追问事故原因。其中既涉及对运渣车司机的调查，也追问交通部门的监管责任，同时也对广大观众进行了交通安全提醒。二者相对比，能够明显看出后者对民生新闻价值的把握以及议程设置能力远远高于前者。民生新闻的新闻性和严肃性不能被忽视，受众经过多年对民生新闻的接受已经具备了基本的价值判断。无深度、过于娱乐化的报道方式只会引起受众的反感，反而损害新闻媒体的公信力。

积极的娱乐探索可以视为主动改革语态的尝试，活泼生动的报道内容与报道形式有助于加强受众的"黏度"，有利于进一步发挥媒体引导力。但是，从目前的现实情况来看，更多的民生新闻娱乐化存在诸多问题，如严重受制于市场逻辑，以"吸引眼球"作为博取受众关注的策略，追逐刺激和低俗的内容，在喧嚣中走向了浅薄和庸俗。总之，民生新闻既不能墨守成规走向僵化，更不能在追求娱乐中丧失底线。

（二）民生新闻娱乐化的理性审视

民生新闻中的过度娱乐现象暴露出民生新闻媚俗迎合的倾向，一再放低对新闻事实的探求和舆论引导的努力，严重损害了民生新闻的品质。深刻把握民生新闻的本质，还是要落在"民生"和"新闻"两个关键词上——"民生"规定了其关注的内容和应采取的姿态，"新闻"则彰显其本质的价值追求和精神恪守原则。因而，我们衡量或观察民生新闻中的娱乐化现象，同样应置于这一判断体系之下。"民生"一词鲜明地指出了其价值体现对象是在"民"上，表现为浓厚的人文色彩。人文关怀是对人类自我以及生存状态的关注，注重对人的存在价值，尤其是心灵情感的关怀，追求社会公平，关注个人权利与尊严。人文精神作为一种普遍的人类自我关怀，是我国传媒现代化发展进程中的重要参照标准，自然也成为新闻传播中的重要内容。当前我国正处于深度的社会转型时期，期间产生的诸多问题亟须通过人文关怀进行抚慰和疏导。民生新闻作为直面社会现实的写照，必然以人文关怀作为自觉的价值追求，其最宝贵的品质体现在关注民生、了解民情、传达民意，传播积极的价值观念和生活态度，引领社会风尚。然而，由于市场思维的强势引导，导致对这一价值观念的把握逐渐模糊，使得作为民生新闻核心品质的人文关怀不断被娱乐消解和淡化。新闻传媒一项重要功能就是对社会价值观进行引导。随着传媒的发展，人们对传媒的依赖性逐渐增强，尤其由于民生新闻播报的鲜活性、题材的亲近性使得它在影响人们的生活观念、思维方式等发面发挥着重要影响，也逐渐介入道德感、价值观等的形成过程中。这些都对民生新闻的专业品质与传媒责任提出了更高的要求。然而，当前的民生新闻突出的问题就是对这一责任采取回避或漠视态度。

民生新闻娱乐化的负面影响还在于过多的娱乐转移了受众视线，导致新闻对事件深层问题的探究不够。如果缺乏对社会的恳切关注，只停留在新鲜有趣层面，那么民生新闻所展示的问题就容易流于表面，看似生动亲近的话语却掩盖不了空洞的本质，这是对受众极大的不尊重。从传媒的价值导向上分析可以看出，观众的注意力被转移到琐碎的生活小事或者灾难冲突上，而没有对社会现实展开深入思考。民生新闻很大程度上是为社会弱势群体发声的。娱乐化的趋势使得民生新闻的视野发生了转向，对社会弱势、边缘人群的关注被削弱。"任何一种民主理论，即便是精英民主理论，都要求大众具有起码的关于政治核心问题的知识，这是具体实现民主制度的必要条件。而小报新闻或庸俗化的新闻不能给观众或读者提供实践公民权利的必要知识。"[①] 这就提醒我们应当谨慎处理新闻传播与娱乐表达之间的关系，不能将新闻性让位于娱乐。

在传统的新闻中，普通百姓的需求被宏观话语遮蔽，通过民生新闻，他们在一定程度上获得了表达诉求、参与社会进程的权利。因而，民生新闻进

---

① 麦康勉：《中国媒体商业化和公共领域变迁》，《二十一世纪》网络版。

第四章 社会主义核心价值观引领民生新闻实现科学定位

行科学定位的核心仍然在于如何准确把握民生新闻的内涵以及担负起社会责任。以实事求是的态度体现民生新闻真实的宝贵品质，以恳切的态度回应社会关注是其自觉追求，这也是民生新闻凝聚共识、发挥社会功能的基础。社会主义核心价值观为民生新闻的提升发展提供了准确的定位，也提出了更为现实的要求——一方面通过新闻报道对核心价值观进行传播；另一方面，也必须以核心价值观作为指引和追求的目标，不断寻求改革和进步。

第五章　社会主义核心价值观引领民生新闻实现生态定位

按照媒介环境学的观点，社会、媒介、大众之间存在着密切的关系，大众生活在媒介构筑的社会环境中，媒介反映的价值理念、舆论观点深刻地影响着大众的思想观念与行为方式，进而产生诉诸社会的作用力。① 在泛文化论视域下，媒介文化的变革必定对社会文化的发展与变迁产生影响。民生新闻在突破传统新闻传播理念与方式的同时，为传媒与社会、大众的互动关系带来新的契机与动力。新闻生态系统概念强调影响其生态平衡的各要素之间的和谐关系，强调各要素之间的相互依赖性及平衡性。新闻传播的生态化就要求新闻传播媒体要通过对其自身以及与外部环境各种环境的优化来组织开展新闻生产传播活动，从而实现政府—媒介—大众—社会的复合生态系统中新闻传播的和谐发展。

第一节　民生新闻繁荣期待成熟的生态环境

生态学理论最先源于对生物的研究，但其研究为其他学科提供了一种具有动态性、科学性、整体性的研究方法，如今生态学研究已经成为各学科可供借鉴的一种认识事物的方法及思路。媒介生态学是生态学理论在传媒领域的具体运用，最早由麦克卢汉提出。麦克卢汉在深刻分析媒介与社会关系的基础上，强调媒介的发展会对社会发展乃至社会文化的变迁产生影响。在当下的传媒生态研究中，学者们打破麦克卢汉以社会为主体的研究思路，将传媒视为媒介生态的主体，将社会等与传媒相关的其他因素视为环境，并且意

---

① 张雯雯、武伟：《核心价值的民意彰显——对央视"海采"播报方式社会意义的探析》，《中国广播电视学刊》，2014年第7期，第52~53页。

第五章　社会主义核心价值观引领民生新闻实现生态定位

识到社会环境的变迁对传媒生态也会产生极大的影响。民生新闻作为整个传媒生态中的一环，我们要将其放置在传媒生态环境中去考察，分析其生态构成的影响因素及作用机制，明确在社会主义核心价值观引领下的民生新闻如何明确其生态定位，并且实现生态环境的优化升级。

一、媒介生态学视域中的核心价值观与民生新闻

英国生态学家坦斯利提出生态系统的概念："生态系统不仅包括有机复合体，而且包括形成环境的整个物理因子复合体，有机体不能与它们的环境分开，而是与它们的环境形成一个自然系统。这种系统是地球表面上自然界的基本单位。"[①] 简单地说，生态系统是在一定时空区域内，由生物群及其所处环境而构成的整体，其中构成生态系统的各要素相互联系且相互制约，共同形成和谐统一的整体。新闻生态概念与生态学紧密相关，简单地说可以理解为将生态学原则和理论运用在对新闻生产传播活动的考察与研究中，以人的全面发展为终极旨归，并且根据社会、媒介与大众的具体可能性来优化处理他们之间的关系，从而促进人、媒介、社会的和谐发展。

（一）理论探源：媒介生态学

生态学理论原本是研究生物与生物之间、生物与环境之间关系的学科，重在分析某一种生物在其所生存的环境中是如何通过物质与能量的交流转换而使各种因素相互关联、制约，最终达到理想的平衡状态。如今生态学已经成为一种具有整体性、动态性的研究方法而广泛应用于其他学科领域。生态学可以重点考察研究对象主体之间、研究对象与环境之间如何相互发生作用，最终达到动态平衡。生态学研究方法将研究对象放置在整体中进行考察，不仅分析其自身的发展变化，还要探究该变化与其他环境因素之间的关系，以此达到对研究对象最为全面、系统的考察。

借用生态学理论对传媒进行分析，其中有两个关键词需要注意，即生态系统与生态位。生态系统是生态学的核心概念，强调对研究对象分析的整体性，即在研究时不能将研究主体与其特定的环境因素割裂开，而所谓的环境就是研究者主体本身以外的空间，也是研究主体存在的空间，在此空间中存在着诸多生态因子，直接或间接地影响研究主体的生存与发展。就生物本身来说，氧气、阳光、水源、温度等都是影响生物存在发展的生态因子。所谓

[①] A. G. Tansley: The Use and Abuse of Vegetational Concepts and Terms, Ecology, 1935, 16 (3), 284-307.

的生态位是指"生物单位对资源的利用和对环境适应性的总和"[①]。当物种的亲缘关系接近使得生态位发生交叠时，物种与物种之间的和谐关系就会被打破，从而以竞争的方式实现优胜劣汰，以此达到生态系统的平衡。借用生态系统与生态位理论主要是研究各个不同生物群体之间的关系，强调生物并非独立存在的个体，而是与其所处环境具有密切关联。

媒介生态（又称"传媒生态"或"媒介环境"）源于生态学理论，是生态学理论在传媒领域的运用，其价值更多地表现在方法论及认识论上。20世纪60年代，加拿大传媒研究学者麦克卢汉提出了"媒介生态"的概念，并且对媒介与社会的关系进行了精辟论述，提出了诸如"媒介即讯息""冷媒介与热媒介""地球村"等观点。当下我国对媒介生态的研究存在两种倾向：一是将社会作为研究主体，将媒介视为人类生存发展的环境，着重分析媒介对社会与人的发展所产生的影响；二是以媒介作为研究主体，重点考察其所处的环境对它产生的影响。本书所进行的媒介生态研究主要是指后者，即将媒介作为研究起点，把媒介发展与其所处的环境视为有机的生态整体，在此基础上研究媒介与环境各因素间的关系。媒介的生存与发展与其所处的环境具有紧密关联，不同的媒介生态可以促使媒介表现出不同的倾向与行为。当下我国对媒介生态的研究尚处于初级阶段，并没有形成较为完善的理论框架，并且学者们的研究多着眼于传媒发展的微观层面，而在理论建构层面比较薄弱。

当下我国学者普遍认为，所谓的媒介生态就是在特定的社会环境中，媒介内部各要素之间、媒介之间、媒介与其所处外部环境之间的关系总和，媒介生态研究就是以此为基础，探寻传媒生态中各元素如何相互制约、相互关联最终形成传媒生态的平衡发展。本书的研究主体是民生新闻，在此可将其作为媒介生态中的一个生态位进行分析。按照生态学观点，生物之所以存在是因为其在生态系统中占据了独特的生态位。同理，在媒介生态中，任何一种媒体都必然存在其特殊时空中的生态位，简单地说就是任何媒体都具有自身独特的发展条件和背景，可以实现特殊的传播功能，且该功能是其他媒体无法取代的。传媒生态的和谐发展依赖于生态位的稳定，如果不同媒体的生态位出现交叠，则会引发媒体间的竞争。"同属时间生态位的广播和电视，广播占据的是时间中的以传播声音为主的频率空间生态位，电视占据的是时间中的以传播声画为主的频道空间生态位。同属空间生态位的报纸、杂志与

[①] 尚玉昌：《普通生态学》，北京：北京大学出版社，2002年版，第285页。

书籍，报纸占据的是空间中的生产周期短（通常只有一天）的媒介资源生态位，其单篇文本的字数一般较短；书籍占据的是空间中的生产周期长（通常要一年）的媒介资源生态位，其单篇文本的字数一般较长；而杂志的资源生态位则居于报纸与书籍两者之间。"① 换句话说，要实现媒体的和谐发展，就要充分明确自身定位，寻找自身的独特性，充分发掘优势资源，才能保证在整个传媒生态中立有一席之地。民生新闻生态研究的意义也在于此，如何寻找到民生新闻传播的差异化发展路径是当前传媒生态研究的重点。

传媒生态通常包括媒体内部生态与外部生态两部分，传媒内部生态指与传媒日常运作直接相关的生态因子所构成的关联体，如传媒技术、传媒定位、从业者素质等。但是传媒的运作并非是在自我封闭的系统中完成，除了受到内部因子的影响，也受到外部环境的制约，如社会环境、政治环境、经济环境、文化环境等。传媒生态的各影响因子随着时代的变迁而不断变化，呈现出由简单到复杂、由单一到多样的发展形态。另外传媒生态中的各因子之间均有关联，其中任何一个因子的变化都有可能对整个传媒生态产生影响。因此，我们应将民生新闻放置在整个媒介生态中进行考察，用系统的、科学的方式明确民生新闻的生态定位，以此明确民生新闻的发展方向。

（二）核心价值观与媒介生态

核心价值观对媒介生态的影响具有连锁性，绝非针对某一个生态因子发生作用，而是在媒介主体的带动下，所有传媒生态因子都受到相应的影响。在传媒生态系统中，新闻传播主体在核心价值观的引领下不断地对传媒生态环境进行优化改造，传媒生态要适应核心价值观的发展理念，核心价值观直接影响媒介生态的发展。

媒介是社会整体中的一环，且直接反映社会发展，大众则置身于传媒所构筑的与社会高度仿真的媒介环境中。换句话说，媒介生态的发展直接影响了大众对其所处生存环境的观点与看法，从而形成自己对世界及自我的认知，其知识储备、情感态度、道德取向、价值判断等均和媒介构筑的社会情境有直接关系。媒介生态的良性发展可以有效促进人、社会及自身的和谐发展，从而在整体上形成良性的生态平衡。但是如今媒体发展面临诸多困境，随着经济发展及新媒体的普遍使用，对市场化、产业化发展的误读及新媒体的不当使用，使其在进行新闻传播时无法正确审视新闻自由原则，娱乐化、碎片化、情节夸张甚至虚假的新闻信息充斥在整个媒介环境中，对社会造成

---

① 邵培仁：《传播生态规律与媒介生存策略》，《新闻界》，2001年第5期，第26~29页。

严重的负面影响。民生新闻本应是亲近民众、贴合现实的新闻传播样式，在不良的生态氛围中，其传播可能远离现实，娱乐、庸俗、琐碎的内容不仅降低了民生新闻的品格，还造成大众对社会的误读，导致对其行为、思想引导上的偏差。社会主义核心价值观的引领是我国传媒生态得以健康和谐发展的根本。

社会主义核心价值观体现了社会主义意识形态的本质要求，体现了社会主义制度在思想和精神层面质的规定性，凝结着社会主义先进文化的精髓，是中国特色社会主义道路、理论和制度的价值表达。培育和践行社会主义核心价值观对消除不良社会风气、引领塑造良好社会风尚有着重要作用。只有在核心价值观的引领下，新闻传媒才有构建良好生态的主心骨。社会主义核心价值观强调"富强、民主、文明、和谐"，这是从国家角度出发进行的价值总结，细化到传媒发展中，也能体现出媒体促进社会发展，提倡民主、文明，构建和谐生态的价值理念。核心价值观是宏观存在的价值导向，在媒体发展中要细化到具体的新闻生产传播环节，将积极践行社会主义核心价值观这一宏大命题深入到日常情境中。民生新闻亲近大众、贴近生活，新闻的生产与传播均是以大众作为主体，在传播中不放弃对崇高价值的推崇，能够有效利用媒介议程增进社会成员的价值认同。

大众传媒是整个社会生态中的一个子系统，其生存发展必定是在与社会各系统间不断进行信息交换、价值共享中完成的。传媒生态的可持续发展依赖于社会生态的和谐稳定，同时也促进了社会生态的优化升级。传媒生态系统在整个社会生态中要实现不同文化、不同价值的和谐共生，就要寻找到可以维持其不断发展的价值根基，社会主义核心价值观为传媒生态可持续发展指明了道路。

就新闻传播具体实践层面而言，核心价值观体现在传播的各环节中，并且引导传播的价值导向。如"走转改"政策的不断落实以及"群众路线"方针的不断践行就是社会主义核心价值观的具体体现，有助于我国新闻传媒群众性、公共性特征的确立与彰显。在传统的电视新闻传播中，传媒公共性多以理念的方式被提出，即在体制或实践层面，传媒公共性多呈现隐性状态。随着"走转改"活动的不断推进与深入，我国传媒的公共性不断发展，民生新闻的不断创新完善，就是社会主义核心价值观落实在实践层面的成果之一。

（三）"走转改"与民生新闻的生态定位

在自然生态系统中，生物存活于自然界所构成的自然环境中，其对该环境的改造优化能力非常有限,但生存于社会生态系统中的人类却具有极强的主观能动性。新闻媒介生态类属于社会生态系统,传播主体具有按照主观意志对环境进行改造的能力,可使整个生态系统更加利于新闻传播的发展。但如果改造不当,也可能对新闻传播的环境及传播本身带来极大的不良影响。新闻媒介生态系统主要由新闻传播主客体、新闻传播技术、传播时空、新闻制度等生态因子构成。对新闻传媒生态的优化体现在对各媒介生态因子的改造上,其中最关键的是对传播主体的改造,因为新闻传播主体是新闻传播活动的关键,也是新闻媒介生态系统优化的源泉。"走转改"就是在此理念的指导下所提出的对新闻生产主体的新要求。

"走转改"即"走基层、转作风、改文风",从其本质来看,这正是对媒介生态的一种突破性尝试。新闻传播主体深入大众生活,发掘有价值的新闻信息,亲近大众,以民生为本,开拓了新闻传播的领域,将原本不受重视的社会底层群体纳入传播范畴,从而改变了媒介与社会之间的关系,实现了媒介文化的变迁与媒介生态的转型。"走转改"活动的本质就是突破了传统媒介与社会的关系,实现媒介与社会之间的均衡发展,让媒介真正成为社会的镜子,使其能更加真实、全面地反映社会、诉说民意。

"改文风"从传媒内容生产角度入手,对媒介生态中的话语表达进行了要求。新闻传播并非纯粹客观性的活动,而是带有传播者主观意志的话语生产过程。信息传播离不开新闻文本,传播者的话语编辑习惯会对新闻传播造成直接影响。"改文风"要求传播者从根本上改变其旧有的话语方式、生硬的表达习惯,充分发掘不同媒体的话语表达特色,用适合于本媒体的语言生产新闻文本,使新闻信息更具有客观性、真实性与现实性。"改文风"是新闻传播本质价值的体现,只有彻底摆脱不合时宜的新闻语言,才能更好地实现媒体的社会价值,突出媒体特色,实现媒体健康发展。

"转作风"是针对新闻生产者对其所处的整个社会环境的认知与体验所做出的要求。新闻生产者并非纯粹客观的存在,也是生活在社会之中的社会成员中的一分子。因此传播者本身对特定的新闻事实就具有一定的倾向性,而认识上的偏向直接作用于新闻生产传播的过程中,从而影响其通过媒介平台所建构的社会环境,因此大众也就会受到此偏向的影响,在行为判断、情感态度上产生倾向性。"转作风"并非要求新闻生产者以完全客观的态度进行新闻生产传播,而是要将自身的情感偏向从自身转移到人民群众身上,在新闻中反映大众的现实生活,诉说民情,表达民意,切实为人民服务。

"走基层"是对新闻传播者深入其所处社会环境中的实践要求,它要求传播者转变对新闻传播内涵的理解,要深入现实生活中寻找素材,在此过程中不断改变自身对社会、大众的了解方式与态度,将自己放置于大众之中,让新闻信息最贴近其本源。另外从长远来看,"走基层"有利于建构媒介与社会之间稳定的信息采集机制,加强媒介与大众的血脉联系,形成大众与媒介之间的良性互动。

"走转改"活动从本源上对信息生产的内部结构进行优化改革,进而对新闻生产的过程、表达机制、话语形式、信息采集方式等进行了要求,对新闻生产者的态度、意识、工作方式进行改革,从而完善了新闻信息的生产与传播形式,在使新闻最大限度还原生活的同时,改进了媒介生态。以"大众化表达"为核心的民生新闻已成为大众传媒关注民生、诉说民意的重要方式之一。从全球新闻传播的背景来看,新闻的大众化表达是当下在全球化、文化形态变革、新媒体发展、传媒产业勃兴等多元因素促使下的必然发展方向。随着"走转改"活动的不断深入,此类将镜头直接对准普通民众的新闻报道方式一方面打破了传统新闻的神秘图景,实现了社会大众对原本高高在上的媒介审视视角的改变,大众不仅可以与新闻进行平视交流,还可以产生对视中的互动,从而极大地丰富了新闻的内容;另一方面,如今的民生新闻报道凭借新媒体的传播优势,突破了传统新闻传播"我说你听"的单向线性传播方式,深度掌握新媒体背景下新闻媒介的传播理念与传播方式的转变,将话语权部分交还到大众手中,真实还原大众的生活状态,以大众的视角审视国家社会的发展,体察国计民生。"走转改"的提出使民生新闻实践更加彰显了人本精神,以多层面、大容量的大众视角关注民众生活及内心状态,进而反射出与社会个体生存发展息息相关的社会环境变迁。这对于提升民生新闻的品质,强化民生新闻的内涵具有重要的现实意义。

二、民生新闻生态考察

民生新闻的生态环境可以从内外两个层面加以考察。在媒介生态系统中,将"媒介系统内媒介间的竞争和制衡所形成的结构体系称为媒介内生态,媒介系统在社会大系统中与社会政治、经济环境、人文环境及技术环境等多方外在力量的相互关联和制约所达到的相对平衡的结构称为媒介外生态"[①]。媒介作为整个社会系统中的一员,其存在发展不仅与自身构成要素

---

① 屠晶靓、强月新:《台湾公共新闻学:"乌托邦"式的幻象——一种媒介生态学的视角》,《西安电子科技大学学报》(社会科学版),2009年第1期,第103~108页。

相关，也与整个社会的环境紧密相连。民生新闻以大众为播报主体，着力反映大众的现实生活，其整个新闻生产传播活动都是在特定的政治、经济、社会、文化背景下完成的。换言之，民生新闻必定受到自身所处的社会环境、政治环境、经济环境、文化环境等的影响。因此对于民生新闻生态的考察不仅要注重其内部生态，还要将它放置于社会发展变动的外部环境中进行动态的观察。

（一）民生新闻外部生态环境

就整个社会系统而言，传媒生态系统只是其中一个子系统，而民生新闻生态系统又是传媒系统中的一部分。从我国传媒的本身属性来看，其国有属性使得社会、国家的整体环境对媒介生态产生的影响更具决定性。民生新闻的生产传播与社会、政治、经济、文化等因素紧密相关，社会生态系统不仅为民生新闻提供了信息来源，也为民生新闻的存在与发展提供了基础保障。

赫伯特·阿特休尔在《权力的媒介》中指出："在所有的新闻体系中，新闻媒介都是掌握政治和阶级权力者的代言人。"① 从政治环境来看，我国媒介在经营和管理上均受到政府一定的控制。从控制方式上说，政府对新闻传播的控制一般体现在规定传媒集团的所有制形式上。我国的新闻体制是新闻媒体归国家所有，不存在任何的私人垄断。以电视媒体为例，"电视是教育全党、全军、全国各族人民建设社会主义物质文明、精神文明的强有力的现代化工具。我国的电视事业从诞生之日起，就是党领导下的团结、教育人民群众的舆论阵地，是党和政府联系群众的桥梁。电视这一性质在新闻节目中得到最充分、集中地体现。电视新闻工作具有强烈的政治色彩，它要反映一定的政治体系、政治结构的利益和倾向，它要致力于政治体系的稳定发展，电视新闻总是为一定的政治集团的政治利益服务"②。因此新闻媒体作为政府的喉舌必须具有党性原则，要"体现党的意志、反映党的主张，维护党中央权威、维护党的团结，做到爱党、护党、为党"③。具体而言，"在思想上，要宣传党的理论基础和思想体系，以党的指导思想为新闻工作的准绳；在政治上，要宣传党的纲领路线、方针政策，使之成为亿万人民的实际行动；在组织上，要接受党的领导，遵守党的组织原则和新闻宣传工作的纪

---

① 崔保国：《媒介是条鱼——理解媒介生态学》，《中国传媒报告》，2002年1月，第28页。
② 叶子：《现代电视新闻学》，北京：中国广播电视出版社，2005年版，第38页。
③ 习近平：《习近平总书记主持召开党的新闻舆论工作座谈会》，人民日报社评论部：《论学习贯彻习近平总书记新闻舆论工作座谈会重要讲话精神》，北京：人民出版社，第5页。

律"①。

我国新闻媒体传播的内容要维护我国国家利益、坚决维护中国共产党的领导。在传播活动中，政府不断通过行政管理和制定法规来对媒体进行监督，从宏观角度调控我国的新闻传播。政治控制的目的是要建立和谐发展的媒介生态系统，使媒介生态处于和谐有序的状态中，以符合社会和国家的发展需求。但是需要明确的是，政府对传媒的政治控制必须在科学、合理、适度的前提下进行，明确传媒本身所具有的经济属性，承认其作为独立行为主体的合理性，在现实中尊重传媒发展规律，重视民众对新闻信息的需求。如在突发性社会事件的报道中，由于突发事件本身作为政治生态的突变因素，极易造成信息传播渠道的失序与阻碍。但是在此特殊阶段，大众对新闻信息的求知程度会大大提升，如果信息流通不畅，极易导致传媒生态乃至国家政治生态、社会生态的失衡。为了保证社会的和谐稳定，政府在不同阶段应调整其对传媒的管理力度及管理方式，加强政府、媒体、大众之间的良性互动。

从经济环境来看，一个国家或地区的经济发展模式及发展现状构成了经济生态系统，决定了该地新闻传播的物质生存基础，只有在一定的经济体制和发展基础下，媒介才能够通过对现有资源的利用来参与社会生产与消费。马克思曾在《〈政治经济学批判〉序言》中提到："人们在自己生活的社会生产中发生一定的、必然的、不以他们的意志为转移的关系，即同他们的物质生产力的一定发展阶段相适合的生产关系。这些生产关系的总和构成社会的经济结构，即有法律的和政治的上层建筑竖立其上并有一定的社会意识形式与之相适应的现实基础。物质生活的生产方式制约着整个社会生活、政治生活和精神生活的过程。不是人们的意识决定人们的存在，相反，是人们的社会存在决定人们的意识。"②

随着新闻生产的市场化、产业化改革，诸多媒体陷入了对经济效益和社会效益的两难选择中，收视率、点击率、发行量等成为从业者最为关注的指标。在经济利益的驱使下，为了迎合大众需求，一些新闻媒体淡忘了其所承担的社会责任，娱乐化、低俗化、同质化新闻产品的泛滥导致了媒介生态的失衡。民生新闻在此背景中也面临发展困境，随着市场竞争的不断加剧，一

---

① 成美、童兵：《新闻理论教程》，北京：中国人民大学出版社，1993年版，第148页。
② 中共中央马克思恩格斯列宁斯大林著作编译局：《马克思恩格斯选集》（第2卷），北京：人民出版社，1995年版，第32~33页。

些民生新闻在经济重压下为了获得较高的经济收益,为了迎合更多大众的需求,对民生的理解出现极大偏差,新闻媚俗化现象严重,逐渐背离了新闻专业主义。总之,刑事案件、车祸、情感纠纷、暴力色情、娱乐八卦等新闻报道成为一些民生新闻获取较高关注度的关键词,对人性丑恶面、社会阴暗面的过度关注使民生新闻发展陷入误区。布尔迪厄曾说:"电视在当代绝不是一项民主的工具,相反却带着镇压民主的强暴性质和工具性质,已经从文化和交往的传播手段沦落为了一种典型的商业操作行为。"[1] 市场经济促使民生新闻报道从政府的行政管理逐渐转变为商业化运作,传媒机构经过组织调整、机制建设、新闻改革,如今对市场化的探索仍在发展阶段。

从文化背景来看,文化多元化已经成为当下我国文化发展的显著特征。从历史的眼光来看,我国少数民族众多,随着社会发展,各民族都面临着文化竞争与交融,文化形态与价值理念都呈现多元化发展特征,传统社会中的共同价值理念逐渐被多元价值所取代。如今伴随大众文化的勃兴,多元文化间的冲突越发激烈,不断冲击着传统社会所形成的集体认可的价值伦理体系,改变着社会大众的思想及行为方式。文化多元化发展使当下社会的价值观呈现出前所未有的复杂局面,民生新闻价值导向极易受到多元价值的影响而产生偏差,从而使媒介生态的和谐发展受到威胁。在文化多元的特殊时期,民生新闻应当自觉承担起应尽的社会责任,在新闻中弘扬社会主义核心价值观,引导大众树立正确的价值理念,克服由于文化多元而导致的价值冲突,促进社会的和谐稳定。民生新闻立足本土,如何在新闻传播中平衡不同地域、不同民族之间的文化差异,促进文化的和谐稳定是其面临的现实问题。习近平在十九大报告中强调,"文化是一个国家、一个民族的灵魂。文化兴国运兴,文化强民族强",中华民族的各民族文化,是中国赖以生存与发展的精神力量。在民生新闻中,也要特别注重对不同民族、不同地域文化形态的报道,实现文化"和而不同"的和谐发展局面,以此促进社会的稳定团结。

从社会整体来看,当下我国社会已经基本从求温饱转为求发展,建设和谐社会成为当下我国社会发展的主题。社会主义核心价值观是我国现代化和谐社会建设的指导价值理念,在社会主义核心价值观的引领下,"以人为本"成为传媒最重要的发展理念之一。"以人为本"要求不仅要改善大众的生存

---

[1] 潘知常、林玮、曾艳艳:《结构主义-符号学的阐释:传媒作为文本世界——西方传媒批判理论研究札记》,《东南大学学报》(哲学社会科学版),2004年第3期,第71~76页。

环境，还要对大众的精神层面进行提升。以此为理念指导的民生新闻在实践中以大众为播报主体，诉说民意的同时体现出对人的深切关怀，不仅尊重大众，还要服务大众。如今我国社会正处于转型阶段，社会利益格局不断发生变动，价值观念、文化构成也呈现出多元化发展特征。孙立平提出当下我国已进入"多元社会"，"在社会结构分化的基础上形成不同的利益群体，而且每个群体的利益都能够得到认可；在多元化的社会中存在多样的价值观念和文化意识，并不存在'唯一正确'或'唯一正当'的价值观念和文化意识"①。在此过程中，社会的利益格局不断变动，社会生态平衡被打破，如何在社会主义核心价值观的引导下建设和谐、民主、公平、正义、友爱的社会是当下社会建设的核心关注点，在此过程中媒介生态的平衡发展极为关键。

（二）民生新闻内部生态环境

随着互联网技术的普及，电脑、手机等成为当下大众接受信息、获得娱乐最为主要的渠道之一。"媒介即讯息"，作为人类感官的延伸，各种媒介本身对其进行信息传播的行为方式都具有内在的规定。媒介融合已成为当下传媒研究最大的热点之一，且伴随着新媒体技术的不断完善，媒介融合将成为媒体的常态化发展趋势。"随着媒体技术的发展和一些藩篱的打破，电视、网络、移动技术的不断进步，各类新闻媒体将融合在一起。"② 在此背景下，所有媒体的新闻传播都面临升级改革，无论是传统媒体还是新媒体，都将在融合过程中汲取优势，互相包容利用。在此过程中，传统大众传媒在其价值属性上将会更多地体现公众诉求和大众利益。凭借传媒技术进步所带来的传统媒体结构性变化，将切实助力传统媒介制度的变迁，媒介内部生态正在进行优化整合，数字技术是传媒生态变迁的原动力。

从民生新闻角度来说，传媒内部生态的变革不仅影响着其传播内容、传播方式和传播渠道，新兴媒体所带来的全民化传播以及虚拟化传播都将影响长久以来所形成的民生新闻话语传播系统。新媒体为民生新闻提供了快捷庞大的素材收集库，民生新闻创作者可以凭借搜索引擎轻松便捷地获取新闻资料。从另一个角度说，庞大的数据库看似给民生新闻带来了更加丰富的新闻素材，拓展了新闻报道的内容与形式，但是从本质上来说，却与传统的新闻

---

① 孙立平：《断裂——20世纪90年代以来的中国社会》，北京：社会科学文献出版社，2003年版，第89页。

② 高钢、陈绚：《关于媒体融合的几点思索》，《国际新闻界》，2006年第9期，第51~56页。

专业主义精神相背离。看似给大众提供了丰富多彩的新闻信息，实则与当地受众切实相关的民生信息却在不断减少，娱乐化、商业化因素逐渐凸显。如果单纯凭借新媒体收集素材，传统新闻媒体将会丧失独立行走的能力。面对当下的传媒局势，传统媒体必须与时俱进，挖掘优势，在媒介生态中增强自身的核心竞争力。

新媒体时代，传统媒体首先面临的是制播技术的挑战。对于当下的受众而言，"你播我看"的单向线性播出方式已经无法再满足受众日益提高的信息接受要求。生产视频、音频不再是广播电视的专利，单向传播的权威性、神秘性也伴随着互联网社区的兴起被彻底解构。如今的受众不仅具备对新闻节目进行评价的能力，他们还能凭借新媒体手段成为新闻消息的传播者，广大的受众进入网络社区，通过留言、发帖等方式对新闻事件直接进行点评讨论。在当下新媒体所建构的媒介生态环境中，传统新闻媒体必须积极适应，找到自身发展优势，不断取长补短，完善自己。

"每一项传播技术的发展都给人类带来了一个新领域，某种传播模式的存在与消亡有其政治、经济、历史的因素。但是，新的传播技术的运用是变革的最大力量。"[①] 传媒技术的进步必将推动民生新闻传播内容与传播方式的改进。从宏观上看，数字化制播方式的普及使得原本繁复的新闻制播流程更加简洁，新闻媒体体制革新亦迫在眉睫。从新闻资源上说，数字化传播方式使得新闻资源稀缺的问题得到充分缓解，新闻生产传播的准入门槛也大大降低。大众可以根据自己的喜好进行自主化选择，即使是相同的新闻主题，受众也可以根据实际情况进行多样化媒介的选择。数字化传播不仅带来了新闻传播的快捷便利，也滋生了谣言等不良现象。传统媒体受到新闻直播机制的限制，在面对某些突发事件或重大事件时很难向大众提供及时准确的信息，因此，尤其是面对与自身息息相关的民生事件时，大众往往求助于新媒体，倾向于从网上获得相关信息。而长期在传统媒体中无处发声的民众也习惯于借助互联网发布消息，制造舆论。互联网似乎已经成为当下我国"最民众"的媒体，最能体现大众意志。正是因为其较强的主观性，且监管机制不健全，互联网往往会传播扩散不实的新闻信息。面对这样的传媒格局，传统媒体的新闻报道必须承担起相应的传媒责任与社会责任，坚持突破创新，与新媒体保持积极的竞争合作关系，在优化自己传播形态的同时，将新媒体相

---

① ［美］叶海亚·R. 伽摩利珀：《全球传播》，尹宏毅等译，北京：清华大学出版社，2003年版，第123页。

关的传播技术、理念、方法等熔铸到自身的信息制播体系中，实现内容、形式与新媒体传播形态的契合。

首先是时效性的提升。任何新闻都具有时效性问题，民生新闻也不例外，时效性是具体的新闻报道在时间上的硬性要求。通常而言，民生新闻对时效性的要求与时政新闻、突发性新闻相比较弱，但也不可轻视。就民生新闻而言，其时效性可分为两个方面：一是新闻信息播报的速度，二是新闻事件播报的时机选择。通常而言，大多数民生新闻传播都是越快越好，尤其是新媒体背景下的新闻传播更要突出其速度优势。但是部分民生新闻因为涉及特殊的社会问题，报道不慎有可能造成大众的猜忌或恐慌，因此有些民生新闻可以推后报道，更能彰显时效性优势。数字技术的运用极大提高了民生新闻传播的时效性，数字化信息采集及制作、互联网强大资料库的支持使得民生新闻的传播更加快捷。陆定一先生曾将新闻定义为"对新近发生的事实的报道"，如今随着数字技术、卫星技术的发展，现代新闻定义或许应当修改为"对正在发生的事实的报道"。

其次，新媒体技术极大地拓展了民生新闻报道时空。在传统的民生新闻中，因为受到制作条件的限制，且因题材不受重视而无法占有最先进的传播资源。早期的民生新闻通常都是由记者用摄像机在现场拍摄影像，然后经过后期编辑呈现在受众面前。随着传播技术的进步，运用在时政新闻中的音频连线、视频连线等传播方式也逐渐运用到了民生新闻中，现场直播逐渐成为民生新闻常态化的传播方式。

再次，新媒体技术丰富了民生新闻传播素材。主要以栏目形式播出的民生新闻通常由两个时空构成——演播室与现场。数字技术可以将原本死板单调的时空进行个性化处理，虚拟演播室已经成为当下新闻演播室的新潮流。在特定的民生新闻中，互联网可以为新闻传播直接提供素材，丰富新闻播出形式。当下很多民生新闻在讲述事件时，都会借用现场当事者或目击者拍摄的视频、音频资料作为新闻内容的补充。而这些非专业视频往往在整个新闻传播中成为亮点，不仅丰富了新闻信息的内容，还可以有效吸引受众的注意，激发大众用自媒体进行新闻纪录传播的热情。

最后，亦是最重要的一点，新媒体技术改变了民生新闻的话语传播方式，实现了民生新闻的互动式传播。互动是当今新闻传播的重要理念，其本质在于注重新闻信息传播过程中，传者与受者间的信息交流共享。传统的民生新闻延续了时政类新闻的播报方式，新闻文本中很少强调互动环节，所谓的"交流"也仅限于演播室中的主持人与嘉宾（或嘉宾与嘉宾）之间的互动。换句话说，传统新闻传播的互动只存在于新闻话语主体层面。互联网技术的发展使原本难以实现的传受两方的互动出现在当下的新闻传播中，受众不仅可以对新闻进行评论交流，还可以直接参与到新闻生产的环节中。原本封闭单一的新闻结构正逐渐开放，叙事形态一改往日过去时的传播方式，实现现在进行时态的传播，通过先进的传播技术，民生新闻直播也实现了常态化发展，大众也有机会成为民生新闻直播的话语主体。另外，大众参与度的提升要求不断加强民生新闻整合力，即在保证进行顺畅互动与交流的基础上，依靠信息技术的支持，通过互联网、手机媒体等将大众关注的新闻热点问题整合到一个平台上进行呈现，围绕某一个话题或事件向大众呈现一个与之相关的面。民生新闻不仅要传播新闻信息，还要充分发挥其服务功能、记录功能、舆论引导功能。如2012年中秋期间，央视在连续九天的《走基层 百姓心声》特别调查节目中推出了主题为"幸福是什么"的街头"海采"报道，创新了民生新闻的传播方式，以此拉开了电视新闻界持续至今热度不减的海采播报潮流，"家风是什么""时间都去哪儿了"等主题再度引发舆论热潮。"海采"将镜头对准普通民众，在很大程度上维护了社会的稳定与和谐，给所有人发声的机会。2014年3月进行的电视"海采"——"我最期盼的改革"，让民众可以通过传媒表达其愿望与诉求，将民众由于社会分层而引发的结构性矛盾冲突化解于大众化讨论与决策的推进中，在节目播出后，大众还可以通过新媒体参与到话题的公共讨论中，使新闻话题进一步发酵。如今随着"走转改"活动的不断深入，以"大众化表达"为核心的"海采"类民生新闻已然成为大众传媒关注民生、倾听民意的重要方式之一，此类民生新闻中的大众互动参与已经超越了简单的新闻形式功能层面。应进一步借助新技术实现民生新闻传播内容形式创新，充分发掘民生新闻传播的社会功能及文化功能，实现民生新闻突破式发展。

三、民生新闻生态优化

在数字化信息技术的推动下，世界的传播格局已经发生巨大改变，互联网成为这场巨大变革发生与发展的契机。当下随着互联网技术的进一步升级，原有的媒介生态和传统的媒体格局进一步被打破，广播电视等老牌传统媒体不得不面临与新媒体共分天下的局面，如今在报纸、广播、电视、互联网、手机移动媒体的相互竞争中，媒介进入融合发展阶段，各界格局的变革也带来媒介生态的转变。当下以互联网为代表的新媒体发展势头强劲，对民生新闻的发展创新以及其舆论导向产生重要影响。面对当下新型的媒介生态环境，民生新闻传播要立足大众视角，不断明确其在整个传媒生态中的定位，着力提升新闻传播者的生态意识，以此推进民生新闻生态优化发展。

（一）立足大众：框定民生新闻生态特征

春秋时期的管子说："夫霸王之所始也，以人为本。本理则国固。"人是国家强盛的根本。西方文艺复兴以来，人本主义思潮逐渐兴起，人的自我觉醒和自我发现将视角由外部世界转向了人自身。马克思主义人本学说深刻地揭示了人类存在的真实本质，"人的根本就是人本身"[①]，"人是人的最高本质"[②]。以人为本，是人类社会发展到文明阶段后的必然产物，它体现出的是对人本身的尊重，对人的主体地位的确认和对人的价值的肯定。[③]"走转改"活动的核心就是要求新闻报道要贴近群众，将群众观点、群众路线贯彻于新闻传播活动的始终，这就要求民生新闻报道要牢牢把握"以人为本"这一要求。关注大众、关注大众的现实生活，民生新闻报道要立足大众本位。民生新闻的受众群体不是少数政府官员，也并非高端精英，而是广大的普通民众，"以人为本"是民生新闻的根本。因此从民生新闻的受众定位来看，其内容应以呈现大众生活、反映大众思想为主，尽量运用大众化视角与语态，生产出既有信息价值，又同时具备思想价值、娱乐价值的新闻作品。近年来，民生新闻在新闻报道中所占比重明显增加，传播内容与形式也逐渐丰富。内容上更加注重亲民性，以大众的需求作为新闻取材的重要标准。传播方式上注重与大众交流互动，不仅在新闻语态上做出了调整，许多新闻节目还专门设置了与受众互动交流的板块，提供热线电话、手机短信、网络留言等方式与大众进行交流，以更加平易近人的视角拉近传播者与大众之间的距离。

民生新闻的大众性还体现在其服务理念中。首先在新闻报道的选题上着重寻找与大众民生息息相关的新闻事件，利用各种图文呈现方式，借助多媒体的传播手段，使新闻传播更加快捷。如在流行病多发的季节，民生新闻除了关注当地百姓身体健康问题，还应利用传播平台告知大众抵御疾病的相关办法。法制类民生新闻除了真实客观地呈现新闻事件，最重要的是要将相关

---

① 中共中央马克思恩格斯列宁斯大林著作编译局：《马克思恩格斯选集》第1卷，北京：人民出版社，2012年版，第9页。

② 中共中央马克思恩格斯列宁斯大林著作编译局：《马克思恩格斯选集》第1卷，北京：人民出版社，第13页。

③ 欧阳文艳：《"三贴近""以人为本"是电视新闻之基》，《青年记者》，2010年第9期，第53～54页。

的法律知识以简洁明了的方式传递给受众，让受众在接收事件信息的同时也能排除生活中的疑惑，指导其在日常生活中的行为。另外，即使是民生新闻，也有可能会遇到一些专业性较强的新闻内容，其中会出现专业术语，传播者要充分考虑到受众的信息接受能力，运用图片、影像等方式进行通俗化说明。

近年来我国民生新闻报道中，"以人为本"的精神得到了初步呈现，尤其是更多地关注到了社会的边缘群体。按照国际社会学界的观点，所谓社会弱势群体主要是指由于某些障碍及缺乏经济、政治和社会机会而在社会上处于不利地位的人群。以此来看，"弱势群体"于我国社会群体中覆盖面极其广泛，不仅包括由于时代发展、社会结构转型而遗留下的"改革型弱势群体"，如农民工、流动群体等，也包括由于本身生理原因而处于社会不利地位的特殊人群，如老年群体、妇女群体、残疾人群体等。伴随社会转型的深化及新闻体制改革的深入，如何关注社会焦点热点，对社会弊端进行批判式报道，并真正赋予社会底层弱势群体一定的话语权，是当下新闻媒体的改革焦点之一。

对原本在电视新闻中没有话语权的"隐形群体"给予足够的重视，这关系到民生新闻报道的社会责任问题。民生新闻必须突破以往只将关注点放置在当弱势群体利益受到侵害时的批判监督型报道，要进一步发挥新闻媒介社会公器的功能，使广大民众通过传媒进行理性、和谐、具有创建性的意见表达与交流，从而使包括弱势群体在内的所有社会群体的媒体能见度得到提升，使原本在媒体中无机会发声、无力发声的"隐性群体"走进新闻传媒的视野。近年来我国的民生新闻在反映以城市为主体的民众生产生活现实的同时，也愈发关注社会弱势群体，使包括社会边缘人群在内的所有阶层的社会能见度得到进一步提升。民生新闻不仅要重视新闻信息传播，而且要通过新闻报道引发大众的深层次思考、树立某种信念，这关系到新闻媒体的社会责任。新闻传媒有义务和权利去积极关注社会中的弱势群体，给予所有社会成员发声的机会，也给予政府和其他民众听到他们声音的机会。真正的和谐社会并非没有反抗性话语的存在，如何使社会的反抗性话语逐渐得到消融，从而推进社会群体的利益均衡是民生新闻在传播社会主义核心价值观中的重要责任与使命。

民生新闻的意义之一就是实现了大众传媒对民意的广泛调查，为广大民众以及政府提供了相对客观真实且公正平等的参考体系。从政府的角度来说，公众的意见诉求往往能直接反映其执政过程中出现的种种问题，倾听民众的心声有利于政府匡正当下社会发展的弊端。从大众的角度来说，民生新闻是他们可以有效表达自我或某一群体思想、情感、意志的渠道。通过新闻媒体的报道，大众民生、社会发展、公共政策都成为大众评议的对象，通过新闻传播的发酵以及新媒体互联网上的全民参与讨论，其影响范围以及力度都将进一步扩大，从而对公共政策的制定与管理施加了舆论上的压力。从某种角度上说，民生新闻是大众传媒履行社会舆论监督与引领的重要方式之一，也是新闻传播理念与时俱进、创新发展的鲜明体现。在新的媒介生态环境中，民生新闻必将步入更高级的发展阶段，即对公共新闻与大民生新闻的探索。

"公共新闻之父"杰伊·罗森曾在其著作中说："新闻记者不应该仅仅报道新闻，他的工作还应该包括：致力于提高公众在获得新闻信息基础上的行动能力，关注公众之间对话和交流的质量，帮助人们积极地寻求解决问题的途径，告诉社会大众如何去应对社会问题。"① 与民生新闻的初级阶段不同，公共新闻立足于对公共事件、公共话题的讨论之上，注重培养大众的公共参与意识。结合民生新闻的概念，则是要实现观念与思想的沟通。石长顺教授认为："电视民生新闻要从四个方面向大民生新闻转变。一是从市民生活报道转向公众生活报道，多播一些带有共性和普遍性的事实，少播一些'鸡零狗碎'的报道。二是从单纯的消息报道转向大民生的视野解读，既要展示事件又要梳理事件的来龙去脉。三是从单向受众传播转向搭建公共话语平台。四是从民生事件报道转向民生公共服务，即从一家一户的小事中跳出来，着力营造公共话语空间。"②

（二）传播主体生态意识的培养

将民生新闻视为整个传媒生态的一部分进行考察，既有宏观性的整体把握，又有微观层面的审视，其最终目的是要在了解整个传媒生态构成与发展现状的基础上更好地明确民生新闻的发展途径。从目前的情况看，即使新媒体赋予了大众生产新闻的自主权，但新闻媒体仍然是民生新闻最主要的传播主体，在建构民生新闻生态、推动民生新闻突破创新中占据核心作用，因此

---

① 蔡雯：《"公共新闻"：发展中的理论与探索中的实践——探析美国"公共新闻"及其研究》，《国际新闻界》，2004年第1期，第30～34页。

② 石长顺、金珠：《民生新闻的演进及湖北经视的实践》，《中国记者》，2011年第1期，第90～91页。

民生新闻传播者必须具有较高的生态意识[①]，才有可能实现民生新闻在整个传媒生态系统中的可持续发展。

新闻传播市场化转型使民生新闻传播呈现出诸如过度娱乐化、低俗化、媚俗化、同质化等不良现象，这是在经济利益的驱动下盲目追求高收视率而陷入的误区。为了经济效益而致社会效益于不顾，这样的行为必将使民生新闻的发展陷入困境。民生新闻是传媒生态中的一环，如果任其不当发展必将损害整个传媒生态。民生新闻如果不能真实反映民情，媒体的社会预警功能就形同虚设，政府与民众之间缺乏沟通的桥梁，不仅大众的知情权受到损害，政府也会因无法得到客观的信息而产生错误的判断。新闻生态和谐直接关系到社会的稳定，民生新闻传播者必须具备生态意识，在新闻生产与传播中努力营造良好的生态氛围，构建和谐健康的民生新闻生态环境。

民生新闻传播者面对的大多是单个的新闻事件，尤其与大众民生相关的社会性事件会呈现出琐碎性、家常性等特征，所以，在进行新闻生产与传播时必须具有全局意识。所有单个的民生事件都是对社会的反映，也是社会存在的一部分，单个事件与社会发展之间必定具有因果关系，民生新闻传播者在传播民生新闻时，要充分考虑到新闻事件与社会整体发展各因素之间的复杂关系。另外在采集新闻资源时，要注重整体效果，强调各因素和资源所共同构成的整体关系。

当传播者面对选择时，一定要遵守底线原则。民生新闻传播受多种因素影响而呈现不同的发展走向，在现实的传播实践中，传播者往往陷于是要更多地追求新闻的经济效益还是追求社会效益的两难中。经济效益的获取直接关系到媒体生存发展的处境，而社会效益无疑是媒体安身立命、获得品质提升的根本。在传媒生态变革的过程中，媒体总会面临此类选择，媒体必须站稳立场，明确自己存在的社会价值与功能，以社会效益为先，争取经济效益。在保证主流价值引领的基础上，寻求传播内容与方式的突破创新，争取实现传媒环境的优化发展。

在当下的传媒生态中，民生新闻传播者还必须遵守差异原则，以获得长效发展。在当下民生新闻的传播中，同质化、模式化现象十分严重，已经成为妨碍民生新闻发展的主要因素之一。从民生新闻来看，无论是节目内容、

[①] 传媒生态意识指传播主体对包括自身在内的传播过程中的一切因素与传媒环境之间关系的科学认识，并在此基础上形成生态化的价值取向。传媒生态意识是传媒科学意识与传媒价值意识的统一，传播主体在进行新闻生产活动时要具备整体意识、危机意识、和谐意识、适度意识、差异意识等。

传播方式，还是栏目的设置，甚至频道的定位，都呈现出相似化的特征。差异化生存带来突破创新的机遇，差异原则就是要求民生新闻传播要多样化发展，实现多样性的统一。民生新闻长期的同质化发展不适合当下传媒生态中媒介竞争融合的发展需求，差异的存在才能突出自身与其他节目、栏目、频道之间的差别，实现差异化生存。民生新闻传播内容及方式的多样性可以满足不同大众的需求，促进媒体的发展，如果消除差异，民生新闻生态将无法维持和谐。

第二节　主流媒体的民生新闻：时政新闻民生化的主战场

我国的主流媒体运行环境由于政治经济体制及历史文化的多重因素影响而呈现出独特特征。以电视媒体为例，从整个传媒环境来看，我国的电视媒体按照行政级别依次构成如国家级、省级、市级、县级等不同级别的结构。央视、省级主流媒体地位的特殊性保障了其具有独特的节目及人力资源。近年来随着新闻改版、新闻体制改革，主流媒体的品牌力量越发巨大，而正是此优势决定了主流媒体高于其他媒体的社会责任。央视自2008年开始推出了一系列的新闻体制改革措施，民生新闻开始大量出现在《新闻联播》的报道中，这也体现了我国主流媒体新闻播报理念上的创新与改革。如果将新闻视为一种信任产品，近年来愈加受到重视的民生新闻报道则成功地为主流媒体赢得了受众的喜爱与信任。原本的时政新闻逐渐摆脱了公式化、模式化的报道形式，即使是较为刻板的会议新闻都做出了相应调整，新闻内容的重点不再过多地展示领导人与会议流程，而是将重点放在阐释与广大民众日常生活息息相关的会议内容的报道与讲解上，且传播形式不再是枯燥地照本宣科，而是将抽象的会议内容转化为大众易于理解的相关议题进行展示。对专业性的内容，也会以图片、影像资料等作为辅助，充分反映了当下我国新闻传播的大众化倾向。从宏观审视到微观选题，在社会、政治、经济、文化各领域纷繁的民生问题中，主流媒体坚持以人为本，贴近民众，找到大众最为关心的话题，将抽象化的价值理念熔铸于具体的民生事件中，具体到每个新闻事件当事人、被采访者，主流媒体可以通过强大的议程设置功能将大众协商驻足于大众传媒的话语空间中，以此最终达到聚集民意、形成社会共识、构建核心价值观的目的。

一、主流媒体传播者及其民生话语实践

新闻传播能够顺利实现有赖于建构一套符合其传播特性的文本意志系统，即"传播内容"。所有新闻传播要对受众产生作用都要依靠采取某种话语形式，话语在此可理解为由各种文字符号、声音符号、画面符号所构成的意指系统。民生新闻的传播系统也可以被理解为一个编码与解码的话语系统，与所有新闻话语一样，都涉及一个问题——谁在说？对主流媒体民生新闻话语进行分析时一定要将其话语主体进行严格区分，新闻中的语言发声者应作为语言主体来对待，不能与新闻话语的真正作者混为一谈。就民生新闻来说，其语言主体可能是主持人、记者、采访对象（事件当事人、当事人亲属、专业人士、目击者等），政府代表、精英人士也会以嘉宾的身份出现在民生新闻中进行评述。

在主流媒体的民生新闻报道中，主流价值往往与语言主体本身联系在一起，并通过其叙述与行动加以展示。叙述者通过对相关事件的描述、相关人物关系的展现以及话语的选择等透露出具有指向性的观点。另外如针对某类民生话题的大众探讨中，可能一个主题会出现诸多叙述者，他们从不同视角、不同立场对同一事件的不同方面进行讲述与评价，主流媒体通过其强大的议程设置功能，将分散的话语进行整合性展现，从而形成合力，影响舆论导向。

（一）主流媒体传播主体的话语属性

以事件类民生新闻为例，其语言主体可能是亲历事件的当事人或目击者，也可能是本身与事件没有关系的旁观者，如主持人、评论专家、政府官员等。亲历事件的当事人作为语言主体往往能更加真实地再现事件发生的情境，表达自身感受也显得较为真切。此表达方式真实感强，形象生动，受众容易接受并认可。然而此类叙述者也可能受到具体环境的影响和限制而不能充分全面地把握事件。所谓的"旁观者"是指其观察事件的位置是处于具体事件之外的，因此叙述时并不会将自身引入其中，能相对容易地对某一事件进行宏观把握和客观评价，因此叙述内容比较客观、准确。

在具体的话语阐释中，与事件相关的主体通常以第一人称实时采访的方式进行呈现，而新闻播音员、主持人等"旁观者"则主要运用报道词配合事件相关画面、文字、声音资料进行阐释，叙述时并不需要画面中的当事人进行亲身陈述，因为此时主持人已经采用第三人称全知视角进行报道。另外，在进行民生新闻评论环节中，媒体常邀请专家学者、政府官员等对相关事件

进行解读评论，如事件发生的原因、产生的后果、对相关民众生活的影响等。在主流媒体中进行民生新闻评论的专家学者大多学识经验丰富，具有较高的社会地位，且与事件本身具有一定的间隔性及疏离性，因此其话语就显得客观冷静，极具说服力。无论是亲历事件的叙述者还是旁观叙述者，由于带有特定的价值立场和道德判断的基础，在叙述时必定从符合自身价值立场的观点出发，话语中必定表现出特定意识形态的印记。再者，他们并不能掌控最后主流媒体上新闻的播出内容，新闻工作者还可对其叙述过程进行选择与删减，这无疑加强了特定价值观念在民生新闻中的体现。

在主流媒体民生新闻中，语言主体与创作主体绝对不能混为一谈。我们平时所说的新闻叙述者只是语言主体，而真正的创作主体其实另有其人。布斯在其理论中提出"隐含作者"概念，隐含作者通过对语言主体的选择和对其话语的筛选来生产出最终的新闻话语，以此达到特定价值观念生产与传播的目的。[①] 主流媒体的新闻传统通过声画符号将隐含作者隐藏于屏幕之后，观众在接受信息的同时却遗忘了隐含作者的存在。其结果是使观众误以为自己通过屏幕所看到和听到的就是事实，从而放松了对镜头编辑的警惕，将创作者融入新闻中的编辑观念也一并被认为是事实接受过来。特别是因为民生新闻的本质决定了其与大众的天然亲近性，因此在传播中受众容易忽视其背后隐藏的编辑痕迹。电视新闻的生产是一个较为开放的过程，新闻话语也是一个较为开放的体系，它的生成者是一个团体而绝非单个的人。因此主流媒体上的新闻是要通过复杂的"筛选""审批""把关"后才能出现在屏幕上，其隐含作者呈现出极大的多重性和复杂性。从我国现实出发，主流媒体上的新闻话语本身就包含主流意识形态的倾向，这不是个体的叙述者所能影响和改变的，而是受到整个媒介意识形态的制约。主流价值观通过新闻价值来控制新闻创作者，使其在制作新闻时与所处媒介生态环境保持一致，并使自己创作的新闻能够反作用于媒介生态环境。近年来，民生新闻的传播逐渐在主流媒体中受到重视，其传播效果也取得较大进步和突破。新闻舆论的竞争其实说到底就是话语权的争夺，主流媒体想要提高舆论应对能力，就要对大众进行充分的调查了解，关注当下受众最为关心的民生问题，在民生事件发生的第一时间抢占新闻的话语权，直接传播自己的观点和思想，掌握先机。

在民生新闻话语中，为了保证传播效果，隐含作者在进行话语建构时必

---

① 赖彦：《隐含作者与隐含读者：新闻话语建构策略的文化规约》，《浙江传媒学院学报》，2012年第6期，第32~36页。

须注意以下几个方面：首先，民生问题与大众日常生活息息相关，会受到更加高度的重视，如果是重大的民生事件则更容易引起受众的关注，使社会大众对民生信息的需求与期望也远远高于日常情况，因此主动参与互动交流的民众人数也会增多，在此情形下极易产生谣言，引起大众的盲从和猜忌，如果通过手机或网络进行广泛传播则极有可能会造成更加严重的负面影响。主流媒体必须谨慎处理重大民生问题，快速搜集到真实可靠的信息，并进行清晰详细的报道。当然，如果涉及负面信息，不要一味回避，在媒体正面积极的引导下，负面信息不仅不会造成社会慌乱，甚至还可能对澄清流言有所帮助。其次，主流媒体民生新闻在构建话语时一定要尽量体现政府及媒体的人文理念，在发挥隐含作者控制力量的同时留给大众说话的机会。

大众通过主流媒体关注民生新闻，其目的不仅仅是了解相关事件的发展情况或结果，而且还希望关注事件的完整过程，得到具有较高权威性、真实性的专业解读。换句话说，大众要的不仅仅是事实，更是事情的实质。任何民生新闻的背后都有大众所关心的解决民生问题的契机，新闻真正的隐含作者只有在第一时间抓住该契机，才有可能及时有效地解决问题，防止不良情绪的蔓延。建构一套成熟的民生新闻话语模式是消除大众困惑、公布信息的有效手段，不仅可促进社会民生问题的尽早解决，还可以有效树立政府及媒体在社会大众心中的良好形象，甚至有助于在国际上建立良好的国家形象。总而言之，在民生新闻中选择怎样的叙述者以及怎样进行传播取决于隐含作者的传播意图，对主流媒体民生新闻的话语进行分析即可发现其背后隐藏的筛选痕迹。

（二）主流媒体民生新闻的话语特征

民生新闻以大众话语成就新闻报道中的独特视点，加深对社会的关注与把握程度，通过主流媒体强大的传播平台形成媒介舆论强势。通常民生新闻的内容都与时下社会大众生活相关。以大众生活为核心延伸至政治、经济、文化、道德思想等各个领域，直接指涉当下社会发展热点，细节化呈现当下大众的生活境况和思想状态，借由民生问题还可进行进一步的话题拓展讨论，诸如国家经济发展、国民收入提高、教育体制改革、医疗改革、住房改革、生态环境保护、就业保障、养老保障等热点话题都成为民生新闻关注的重点。此类话题的民生新闻传播虽然多是以具体个案方式呈现，但是经过主流媒体的传播与舆论引导后，有可能成为广泛讨论的公共议题。对于我国现阶段的发展来说，社会转型所带来的诸多民生问题与社会矛盾需要一定时间的制度建设与实践改革才能逐渐改善，在此期间社会各领域、政府、民众与大众传播媒介之间必须建立良性的互动关系。作为政府的喉舌，主流媒体从根本上必须坚持正确的舆论导向，必须具有高度的社会责任感。换句话说，主流媒体只有具有社会责任感，才能在受众中树立威信，产生公信力，最终形成巨大的影响力。

主流媒体民生新闻报道应当突出对民意的肯定与尊重，在具体的实践中，社会任何阶层的民众都有可能成为新闻内容主体，如近年来央视以"海采"的形式开展民生新闻报道，学生、工人、公司白领、小摊贩、退休老人、普通游客、文化名人等均成为海采节目的话语主体，在新闻播出时，虽然后期编导可以对大量的"海采"进行选择、删减、编辑，但是其最终呈现还是基本保留了对个体采访时的原貌，此类报道话语主体的语言表述方式更加个性化，与传统新闻报道的模式化话语呈现方式相比，它具有极大的突破，也以此实现了民意与大众传媒更加顺畅的互动交流。目前主流媒体中的民生新闻大多设置了热线电话等与大众互动的方式，让大众进入新闻的生产环节，并且通过新闻传播将大众吸引进公共参与之中，以此构建了新闻传媒的公共空间，即通常所说的"公共领域"概念。"所谓'公共领域'，首先指我们社会生活的一个领域，在这个领域中，像公共意见这样的事物能够形成。公共领域原则上向所有公民开放。公共领域的一部分由各种对话构成，在这些对话中，作为私人的人们来到一起，形成了公众。"[①] 由此可见，大众一旦进入公共空间，其话语中所体现的价值与观点并不单单指向个体的诉求与意愿，其话语已然超越了个体性进入公共空间中，参与大众讨论与协商。社会成员借助传媒进入社会公共议题当中，公共空间的营造为公共商议带来可能性，新闻传媒就在此空间中实践着传媒公共理性。

"仅仅声称一种偏好或者看法属于某人，并不足以服人。随之而来的集体决定在某种意义上须由公共理性，即通常可以使所有人参与协商过程的人都信服的理性——来赋予正当性。"[②] 换言之，民生新闻是大众进入公共话题讨论的催化剂，而在此期间新闻传媒须站在超脱自我利益的立场之上，对相关的民生问题进行客观真实的报道，并且对涉及的民众都一视同仁，实践传媒公共理性。当然，具体某个民生事件的传播可能具有独特性，但是对于民生问题的思考却具有大众性特征，公共理性的彰显建立在超越个体范畴的

[①] [德]哈贝马斯：《公共领域的结构转型》，曹卫东等译，上海：学林出版社，2005年版，第125页。

[②] [美]詹姆斯·博曼：《公共协商：多元主义、复杂性与民主》，黄相怀译，北京：中央编译出版社，2006年版，第5页。

基础上。大众是民生新闻最主要的语言主体，民生新闻的内容、主题、形式都具有绝对的"公共性"。所有类型的民生新闻报道都应体现新闻传媒的公共理性，而公共理性亦适用于所有大众，其中不仅涉及与社会共同体相关的民众日常生活状态问题的商讨，也包括对国家问题、社会问题、经济问题、文化问题等的观照。民生新闻话语彰显的是对大众公共利益与权利的尊重与肯定，因此所有的民生新闻节目都应以大众需求作为第一出发点，将关怀大众、提高大众社会福利作为最重要的宣传目标。

另外，民生新闻中新闻媒体应处于中立立场，协调不同主体的个体利益，体现公共权益，彰显民生问题背后的公共关怀。民生新闻的价值之一就在于其所形成的公共领域实现了多元话语的交流，大众作为语言主体应多给予其发声的机会，记者、主持人作为旁观者不仅要倾听，还要引导受众对相关问题进行互动交流，将民生新闻传播构筑为开放多元的对话空间，使屏幕前的受众都倾向于进入公共参与之中。民生新闻的本质不仅是传播与民生问题相关的新闻信息、为受众提供交流互动的平台，更重要的是彰显对公共意志的肯定与尊重。

二、主流新闻媒体的民生话语主体——政府

皮埃尔·布尔迪厄在《关于电视》一书中提出了著名的"场域理论"，认为社会是由一系列的"场"组成的，如政治场、经济场、文化场、科学场、艺术场和新闻场等，不同的"场"通过争夺各自的话语权利并最终形成合谋而对整个社会起作用。"一个场就是一个有结构的社会空间，一个实力场——有统治者和被统治者，有在此空间起作用的恒定、持久的不平等关系——同时也是一个为改变或保存这一实力场而进行斗争的战场。"[1] 就是在这个无形的战场上，利益的双方总是乐此不疲地争抢着具有价值的空间场域，这也是场域理论中最核心的部分。布尔迪厄提出，不同形式的资本是由多种资源共同作用形成的，并且在每一个具体的场域中都具有占据核心地位的主导资本。比如在知识分子场域里占主导的是文化资本，而在权力场域里占主导的是经济和社会资本。按照布尔迪厄的观点，我国主流媒体所建构的新闻场域可被视为社会上客观存在的一个关系网络或构型，在这个网络体系中占据主导地位的资本决定了此场域的具体逻辑，也决定了谁拥有掌控新闻

---

[1] 杨雅舒：《从布尔迪厄的"场"论看"新闻场"与"学术场"的互动》，《新闻世界》，2015 年第 1 期，第 157~158 页。

传播的最终话语权。换句话说，处于主流媒体中所有类型的新闻话语生产都必须遵循该新闻场域所特定的行为方式及关系网络。

（一）我国主流新闻媒体中的场域博弈

布尔迪厄提出的新闻场分为两类：第一类是为大众提供新闻信息，尤其是具有轰动效应的新闻信息；第二类主要是呈现摘要与评论，其核心也是要凸显新闻信息的客观真实。因此布尔迪厄对"新闻场"的理论建构中，存在着两种逻辑、两种合法性原则的对立。从现实角度出发，新闻场与经济场、政治场、生活场具有十分密切的联系，而他们之间的关系是一般的科学场、艺术场等所无法建立的。从某种角度上说，新闻场更容易受制于经济场、政治场，但新闻场本身的控制力近年来在不断增强，其自身也在不断通过各种方式加强着与其他场域之间的关系。在新闻场中，其权利逻辑的影响关系更为复杂，简单地说就是其他场域的逻辑关系有可能对新闻生产产生制约与影响，而最终展现在受众眼前的新闻不仅符合新闻场的新闻逻辑，还符合政治逻辑、经济逻辑。并且如果新闻场和媒介场结合在一起，那么其内部的网络关系将会更为复杂。传播媒介原本是人们用于传播文化和进行交流的一个载体，但是如今广播、电视等传统媒体与网络新媒体已经逐渐沦落为商业工具，例如电视就受到商业收视率的直接制约，此处的收视率就是经济场对媒介场直接影响的结果。因为收视率的影响，电视场开始追求具有轰动效应、可以直接刺激受众感官的节目，民生新闻节目也不可避免地受到影响。近年来，为了追求节目的娱乐性和刺激性，一些省市级电视台的民生新闻节目放弃对节目品质的提升，转而走低俗路线，这不仅降低了新闻媒体的文化品位，而且从某个角度来说也损害了新闻媒体的社会功能、政治功能。由此可见，经济因素虽然日益成为影响我国主流媒体新闻生产的因素，但是绝非决定性因素。

20世纪90年代，中国进入了"转型期"（即所谓的"四重转型"：社会转型、文化转型、思想转型、经济转型）。转型期间不可避免地会暴露诸多社会矛盾，如就业问题、贫富问题、城乡问题、教育问题、住房问题、医疗保险问题等都是一直以来广大受众极为关注的民生问题。如今我国的文化发展呈现多元化趋势，大众文化、主流文化、精英文化相互交融渗透，使大众原本的思想观念受到前所未有的冲击，某些坚定统一的思想在文化多元化的进程中发生动摇甚至塌陷。与此同时，大众在商业化进程中面临着巨大的生存发展压力，由此不自觉地"碎片化"地游离于主流意识形态（即政府意识形态）之外，不满情绪由此而生，甚至有些人在幻想中的美好世界与现实生活的对比中开始怀疑曾经一度坚定的信念和理想，产生巨大的愤恨和不满。特别是面对与自身息息相关的民生问题时，受众不仅需要对相关信息进行准确把握，更需要的是能够看到解决民生问题的契机。主流媒体民生新闻传播可以有效地在大众的生活场中建构一个具有真实可能性的想象空间，即一种具有真实性的表象，在此情景中，人本身与其所经历的真实的生活呈现为想象性关系，由此符合社会需要的主流意识形态便可以悄无声息地建构与传播。

在我国新闻传播实践的早期，新闻传媒最重要的功能是作为党和政府的喉舌服务群众。新闻传播的政治属性得到极大的发扬。以电视为例，即使是社会上发生了重大的社会事件，传播者仍然采用传统的联播式新闻，使得电视的社会功能完全丧失，大众无法得到客观真实的信息，政府也不能有效地将政策传达给大众，因此大众与政府间的良性交流受到阻碍，大众只能被动地、单向度地接受政府的一切旨意，原本具有效力的官方意识形态传达系统在电视媒介上竟无法发挥其应有的作用。如今面对经济场的不断介入以及社会生态的变迁，我国原先的新闻话语模式已经发生了根本性的变革。近年来，随着新闻改革的不断深入，我国主流媒体的新闻传播基本摒弃了原有的片段化、武断和权威式的话语模式，其根本原因是由于大众对新闻媒体产生了严重的信任危机，而此危机直接导致大众的立场和媒体所代表的政府的官方意识形态形成不可调和的对立。以此为契机，民生新闻在主流媒体平台上得到了快速的发展，传播者不再一味地以政府为核心，而是更加注重与大众息息相关的现实生活。在新闻中不仅注重政府意见的宣传和发布，更注重意见的导向和整合。民生新闻传播更加注重受众的需求及意见，尤其注意对受众情绪的把握，从而形成健康、正面的舆论导向。这里所谓的舆论指的是"社会生活中一部分或某些集团对某种事态发展所持的大体一致的意见，是一种社会思想，它具有支配人的行动道德的一定权威性和无形约束力"[①]。正确的舆论引导是民族团结、国家安定、社会进步的保障，也是社会主义核心价值观得以成功传播的基础。

（二）政府在主流媒体新闻传播中的主导地位

新闻的存在从本质上说具有普遍的社会性，其信息传播的主要目的就是满足人们的信息需要。因此无论是信息的传播者还是接受者，都是一定社会形态当中的个体，他们都会受到社会环境的影响与制约。从整体上看，新闻

---

① 叶子：《现代电视新闻学》，北京：中国广播电视出版社，2005年版，第42页。

的受众、信息、传播方式及目的都具有强烈的社会性。因此传播者向观众传递的信息也必然反映一定的社会内容，从而必定会对观众的认知和理解产生影响。基于新闻的社会属性以及传播效果，新闻很快便成为统治集团维护统治及进行阶级斗争的工具。无论在哪个国家，利用新闻来进行政治统治的做法已经十分普遍。政治集团为了维护自身统治并支持有益于自身的政治文化的传播，必然要对各种传媒进行控制。

莫顿曾说："政治通过利用已有技术进行宣传，使无意识的听众接受可能符合他们也可能不符合他们自己或他们成员最大利益的舆论；通过越来越高深莫测的推销术，可以假冒对推销员和顾客来说是共同的价值观。"[①] 政治集团就是通过利用传媒将社会大众纳入其预设的思想体系之中，要达到这样的目标，控制新闻场是其中必行的一步。因此在阶级社会中，新闻传播必定为一定的阶级、政治集团服务。从某种角度上说，新闻传播者向大众传递的信息都是符合社会意识形态的加工品。当然，因为经济场的介入或新闻自由的鼓吹，在新闻传播中可能会出现一些"个性"的声音，但这并不代表新闻场已经脱离政治场的影响；反之，它是以一种更隐蔽的方式传递着符合统治阶级观念的新闻信息。斯图亚特·霍尔曾深入探讨西方国家是如何通过大众传媒生产使大众普遍认同的一致舆论，他认为所谓的一致舆论（主流意识形态）的生产传播离不开传媒。只是在鼓吹新闻自由的西方不会将占据统治地位的意识形态霸权赤裸裸地呈现在镜头中，它们二者以一种非常微妙的方式连接在一起，这样的关系使媒介传播从表面看起来具有某种独立性，而实质上是屈从于所处社会占统治地位的文化体系。因此那些新闻传播中的个性的声音也都是在某一社会特定的意识形态框架中形成的，本身也已经受到了此意识形态体系的影响。

法兰克福学派提出国家干预理论时涉及国家政府对媒体的直接控制力。"法兰克福学派的媒介控制思想，主要体现在对'媒介的被控制'，即'谁控制着媒介''为何控制'以及'媒介控制什么''媒介如何控制''控制的后果'等问题的考察上。媒介的被控制，是指国家对媒介的控制；媒介的控制，指的是媒介作为国家权力的一种舆论控制工具对社会的控制。前者是国家对媒介的控制，后者是国家通过媒介对社会的控制。国家对媒介的控制是对社会进行控制的前提，或者说对媒介的控制不过是国家对社会整体实施控

---

① [美]丹尼斯·朗：《权力论》，陆震纶、郑明哲译，北京：中国社会科学出版社，2001年版，第35页。

第五章　社会主义核心价值观引领民生新闻实现生态定位

制的一个手段而已。"[①] 法兰克福学派的学者们认为在发达的现代化社会中，政治对媒介的控制力量不仅没有消减削弱，甚至变得更加强势。政治权利的控制涉及广播、电视、报纸、电影等媒介生产的方方面面，新闻传播自然也不能逃脱国家政治的控制。从某种角度上说，新闻体现的是国家政治的功能，彰显的是国家政治的力量，其媒介本身就是意识形态的体现。

在我国，政治场在与新闻场与经济场的博弈中明显处于主导地位，我国的新闻传播从本质上是服务于国家根本制度及国家政治目标的，民生新闻的传播也不例外。从另一个角度说，虽然电视新闻本身肩负着教导社会大众，维护政府统治的责任，但从实际出发来考察，这种对社会及政治的影响是在无形中产生并发挥作用的。因此观众在接受新闻信息时并不能明显地感觉到某种意识形态的传播，但实际上所谓的新闻自由只是相对而言的，所有的新闻传播都要与本社会的主流意识形态相吻合，并且相互贯通，互为影响。我国的新闻传播无时无刻不在传递着主流意识形态的观念，此倾向以各种形式表现出来。

"任何意识形态，都必然表现为话语形态。"[②] 由此可知，主流媒体要在民生新闻中掌控话语权，实现舆论引导功能，核心是及时有效地建立话语系统。占统治地位的阶级必然要利用话语将符合自身要求的价值观传播到社会中，使其成为社会大众所有成员共同的认识。在我国，主流媒体均归国家所有，其国有性质也决定其话语权的最终归属，因此主流媒体民生新闻的隐含作者之一就是政府。换句话说，在我国主流媒体的民生新闻报道中，党和政府掌握着绝对的话语权。社会主义核心价值体系既是国家意识形态的集中体现，也是人民群众的行为准则与价值规范。新闻媒体作为党和政府的喉舌，通过新闻话语积极建构并传播核心价值观，进而促成社会认同与国家整合的目的。民生新闻因其具体而微的生活观照，比其他新闻更具有亲和力，因而通过新闻话语的有效传播可以产生高度的情感认同，进而形成社会合力。

三、民生新闻话语交锋中的大众

民生新闻的存在价值很大程度体现在大众的身上，且不论其高出时政类新闻的收视率，民生新闻极大地拓展了新闻信息的报道空间与范围，为大众

[①] 邵培仁、李梁：《媒介即意识形态——论法兰克福学派的媒介控制思想》，《浙江大学学报》（人文社会科学版），2001年第1期，第99~106页。

[②] 童庆炳：《文学理论教程》，北京：高等教育出版社，1998年版，第59页。

呈现出更加丰富多彩的世界。主流媒体上播出的所有民生新闻均是以平民的视角审视着大众的生活，带给受众亲切感的同时也不乏娱乐性。民生新闻的传播能力与效果是其他新闻类型难以替代的，对受众产生的影响也是其他类型的新闻无法实现的。与其他新闻类型相比，受众更愿意参与到民生新闻的交流互动中，不仅参与媒体设定话题的讨论，还积极参与新闻的生产过程。当下大多数省级主流媒体的民生新闻栏目都设有新闻热线，受众不仅可以通过电话、短信、网络留言等方式对新闻进行点评互动，还可以提供新闻线索与资料。除此之外，民生新闻生产者不再限于专业的新闻从业人员，普通大众可以通过家庭 DV、手机等拍摄视频，交送给新闻媒体，经过编审后即有机会在电视等媒体上直接播出。另外，伴随新媒体的普及，受众也可以通过自媒体自发将自己制作的新闻上传到网络，供大家分享。平民化的视角与制作方式使得民生新闻赋予大众参与其生产过程的权利，公众参与成为民生新闻重要的生产环节，大众话语在民生新闻中得到最大化的彰显。

（一）民生新闻构筑大众话语平台

"民生"顾名思义就是民众的生计，与大众相关的生活、生产等皆可列入民生范畴。民生新闻的传播内容主体与对象都是大众。当然，此处所指的"大众"并非绝对的固定群体，而是在特定的社会环境中，在新闻传媒的影响下形成的具有不稳定性、临时性的群体。在大众传媒时代，大众的地位似乎得到前所未有的提高，"大众话语"也开始频繁出现在媒体上。也正是通过媒体的选择加工，被赋予了媒体意志的"大众媒体话语"通常是以"大众舆论""大众意见"的形式出现在媒体上。通常的新闻报道可以直接选取与大众相关的事件进行播报，或者代表大众观点进行意见评论。从这个角度来看，大众实际上并没有能动的行为，而是如同摆设一般被各个媒体争相"代表"。伴随着新媒体时代的来临，大众逐渐摆脱了被动的看客地位，他们力求在媒体中自己发声，表达个性化的自我观点。民生新闻直接以大众作为其新闻传播的主体，大众是民生新闻传播的核心，也是民生新闻最重要的信息来源。

"信息来源"是"在新闻引述中提及且可确认的个人、组织或实体"。换句话说，出现在新闻信息中的采访者、被采访者、被谈论到的人，甚至提供了新闻素材的人等都可被视为新闻的信息来源。民生新闻的本质决定了"大众"是民生新闻最主要的信息来源。从大众作为民生新闻内容主体来看，似乎大众处于被动选择的地位，但是实际上即使是处于内容主体的大众也有相当强的能动性。正如斯图亚特·霍尔所说，信息来源是社会事件的真正建构者。除此以外，由于民生新闻的大众属性，普通民众可以在自己日常的生活中发现诸多符合民生新闻播报的素材，他们通过电话等联系新闻媒体提供消息，也会将自己拍摄的新闻素材直接通过新闻媒体播放，在民生新闻构筑的话语竞争场域中，大众可以通过能动性的发挥来抢夺话语权。

随着市场经济的发展与社会结构转型，民众的利益表达需求不断增长，且利益主体呈现多元化发展，利益集团的多元化格局也已基本形成。在这场由经济发展所引发的社会变革中，在市场化、商业化道路上艰难探索的新闻传媒业也经历着冲击与影响。对于电视新闻传播而言，社会结构转型对其最大的冲击在于其所面临的受众群体结构正在发生巨大改变。电视新闻的受众从最初单位群体内的"群众"逐渐在传媒市场化、商品化的进程中转变为媒介文化产品的"消费者"。与此同时，社会发展、互联技术的进步也影响着受众的思想观念、权利意识以及利益表达的需求，尤其是处于社会不同阶层的多元利益主体都有通过新闻传媒表达思想与意愿的需求与愿望。民生新闻传播力图使各个阶层民众的民生问题都能在镜头前进行呈现，代表最广大的受众的利益，展现他们的生存状态，反映他们的心声，解决他们在现实生活中遇到的问题，使媒体真正成为"联系党和人民群众的桥梁"。

当下大众由于受到社会文化多元、价值多样的影响，呈现出不同的价值取向与利益诉求。另外，生存在特定时代背景、文化氛围中的大众，由于其生存环境、文化信仰、知识构成等差异较大，因此也呈现出不同的思想观念与价值判断标准，针对统一价值观念也有可能产生理解上的分歧。多元化已经成为当下社会发展、个体发展的主流特征。民生新闻突破舆论说教，打破多元化受众的集体无意识，将富有大众性、普遍性的新闻作为传播主体，将包括精英与大众在内的所有社会群体吸引进公共参与中，为解决多元分歧提供可能。近几年，从央视到市县级媒体的民生新闻都更加注重赋予社会各类群体发声的机会，记者会在以本地居民为核心的地区进行深入走访，新闻报道对象包括各类行业的工作者与不同的社会群体成员，范围之大、地域之广、人数之多，已然实现了对传统新闻传播的突破。

长期以来，底层民众在大众传媒的传播中处于失语的窘境，因此短时间很难融入社会公共文化空间。民生新闻的目标之一应是给予长久以来被社会孤立、遗忘的民众群体话语权的认可与尊重，使其从无助、自卑的生存状态中解脱出来，培养其与外部交流，使他们产生对社会的认同。在文化多元、价值多样的现代社会中，社会利益结构呈现高度分化状态，公共商议如何才能在大众传播媒介中实现，是新闻传媒亟须思考的问题。面对拥有不同利益需求、文化立场、价值判断标准的大众，新闻传媒亟须将大众话语纳入传播视野，实现大众间的广泛对话。民生新闻将各个社会阶层的大众带入新闻传播主体范畴中，广大民众对具体的社会事件进行交流探讨，对文化、价值等观念也逐渐达成共识，促进了社会大众对某一社会问题的合理性认知。

（二）新媒体催化主流媒体大众话语传播

除了作为民生新闻传播内容的主体，或凭借互联网力量进入主流媒体民生新闻报道的视野中，更多时候大众是作为一个具有移动性、易变性、抽象性的群体存于社会事件的公共参与中。通常情况下，大众中的个体沉溺于主流舆论之中，即使出现个别的反抗声音也很难得到重视。但是当具有社会性、争议性的事件发生时，大众舆论就会形成巨大的传播效能，呈现出惊人的传播能力。具有话语掌控权的主流媒体在面对社会性事件时，也不得不考虑到数量巨大的民众所形成的民间话语的力量。如今大众话语已经凭借新媒体渠道广泛地存在于公共空间中，原本活跃于主流媒体中的意见领袖、精英们都不得不去适应当下新型的传播环境与话语空间。从更具体的层面看，随着移动互联技术的发展与普及，大众可以随时随地发布消息，使原本的失声窘境得到改变，如今进入互联网信息传播时代的大众多是具有高度能动性、渴望向外界发声、能够自我表达与行动的独立主体。新媒体为大众提供了快捷广阔的话语平台，即使是处于社会底层的弱势群体也得到了发声反抗的机会。

民生新闻（尤其是市县级地方电视台民生新闻节目）的传播具有大众性、娱乐性特征，出现在新媒体上的新奇消息自然而然就成为民生新闻最主要的新闻来源之一，如四川电视台《新闻现场》、云南电视台《都市条形码》和《大口马牙》等民生新闻节目，除了播报与本地区相关的民生新闻外，还设置专门的板块播报从互联网上查找到的一些"奇闻乐事"，互联网已经成为大众话语表达的主要阵地之一。面对身边的新闻事件，大众可以以"当事者""目击者""爆料人""匿名网友"等身份出现在互联网的论坛、微博等讨论群中，对新闻事件进行讲述传播。出现在网络虚拟空间中的民生新闻经由传媒媒体的"搜索"，也有机会呈现在电视屏幕或者广播中。凭借新媒体快捷的传播手段，大众摆脱了长期以来的被动地位，在民生新闻中成为最主要的信息来源。新闻消息的发布有可能引发更大规模的大众互动参与，很多社会性事件曝光的路径都具有相似性。互联网传播—信息扩散—传统媒体跟进—互联网传播扩散、讨论升级—传统媒体深度报道—互联网进一步传播扩散、讨论范围扩大……最终逐渐淡出公众视野。由此可见，在此过程中即使不是新闻事件的亲历者或者目击者，在得到与事件相关的信息后，也可以加入对事件的评议与交流中。伴随着事件的升级，更多的目击者与爆料人相继出现，将与事件相关或对事件感兴趣的人都集中于某个论坛、微博上。"就个体网民而言，他的每一次点击、回帖、跟帖、转帖，其效果都小得可以忽略；他在这样做时，也未必清楚同类和同伴在哪里。但就是这样看似无力和孤立的行动，一旦快速聚集起来，孤掌就变成了共鸣，小众就扩张为大众，陌生人就组成了声音嘹亮的行动集团。"[①]

为了追求新闻的刺激性、娱乐性，新闻传播者甚至会刻意寻找展现剧烈冲突的社会事件进行传播。在该类事件的新闻传播中，大众往往以"被害者"形象出现，通过网络"爆料"成为焦点，进而成为新闻事件报道中主要的叙述者。"在上街抗议和在线抗议之间，有一种不同。我曾经被一个在马背上挥舞着警棍的警官沿街追赶。但是，我相信，坐在一台计算机前不需要这么大的勇气。"[②] 在现实中遭遇维权困境，意图抗争的大众不得不凭借互联网散布消息，意图扩大影响，吸引主流媒体的注意。因此，在包含主观情感的状态下，当事者往往很难客观真实地叙述事件，其话语会不自觉地更加切合自身利益，新闻信息的来源亦会发生异化，从而滋生谣言等不实言论。当相关舆论在网络进一步蔓延后，代表政府的主流话语或知识精英话语都很难发声，此时新闻媒体舆论引导功能被弱化，民间话语成为主要的信息来源，最终形成恶性循环，这是民生新闻传播中需要重视的问题。传统媒体单向线性的传播方式使得大众在以往的新闻传播中处于失语位置，通过互联网获得话语权的受众在发布个性化消息时难免具有自我预设立场，甚至还会刻意表现出对政府的抵抗与不满，在固有的矛盾和成见中，主流媒体作为中介方，如何正确引导受众进入公共事件的讨论、做好政府与民众的沟通桥梁至关重要。

（三）从"他们"到"我们"：民生新闻促进大众情感认同

主流媒体的电视新闻话语具有模式化特征，其习惯于以饱含家国情怀的宏大叙事构建新闻主题，此类新闻报道注重新闻本身的价值塑造与舆论引导，轻视大众的个体经验与思想。换句话说，传统的主流新闻话语习惯"以

---

① 李永刚：《我们的防火墙——网络时代的表达与监管》，桂林：广西师范大学出版社，2009年版，第34页。
② ［英］安德鲁·查德威克：《互联网政治学：国家、公民与新传播技术》，任孟山译，北京：华夏出版社，2010年版，第78页。

'先验性'的概念和抽象的表达，代替'劝服性'的修辞和语言策略"①。此类报道的社会价值引导呈现为宣教式的单向灌输，表面上看具有强大的舆论引导能力，实则很难取得较好的传播效果。民生新闻力求改变新闻报道中刻板直白的传播模式，利用新闻媒介将主流价值蕴藏在大众所关心的民生问题探讨中，加深了民众的情感认同，成功实现传播策略的转变。

新媒体的迅猛发展一方面使传统媒体不得不突破固有的传播理念，顺应时代发展的需要，不仅能正视新媒体传播所带来的挑战，也借助新媒体的传播优势不断完善自我的传播理念与传播方式，以期在新的发展机遇中获得提升。传统新闻媒体以互联网作为交互传播的平台，可以有效地提高其文化传播与舆论引领的效能。近几年主流媒体民生新闻节目在电视平台播出后又进一步借助新媒体造势，形成了有助于信息传播及价值引导的传播合力。通过对某个具体民生事件或民生话题的深度讨论及互联网的进一步传播发酵，主流媒体传播的大众话语实际已构筑起社会主义主流文化价值的核心。

唯有社会大众对特定的社会发展、秩序、规范、价值形成"合意"，整个社会才能呈现和谐稳定的发展状态，不断进行社会化实践的大众的价值理念、行为方式才具有规范性的判断标准，如此才能构建真正意义上的和谐社会生态环境。形成社会合意是大众传播的一项重要功能，民生新闻通过具有大众性的新闻事件成功吸引大众的注意，进而培养大众的公共参与意识，实现传媒舆论引导，这比一般的新闻信息传播更具普遍性和规范性意义。在民生新闻的传播中，新闻传播者与大众之间对社会及个体的民生发展状况形成了共同的基本假设，通过新闻传播，将对社会价值、利益与个体生存、发展的一般性看法传递给更加广大的受众群体。虽然"守纪""和谐""团结""尊老爱幼"等在我国是具有传统意义的价值规范，但是这些概念性的表述需要获得"社会化"的"合法性"才能成为"合意"。这些社会共识本身与社会主流价值之间就具有一致的诉求和价值旨向，通过具有亲民性的新闻报道而得到广泛的宣传。"家和万事兴""民族团结""建设和谐社会"等共识正是因为新闻媒体的努力宣传才使其合法性深入人心。

社会合意一旦达成，"共识"就会变成大众对原初事实进行"符号化"的框架，而且透过这个框架对不同社会事件进行类似的诠释，内化为理解世界的观念法则和结构体系。这种观念法则和结构体系支配大众产生相应的思想意识，同时还会促使大众进行与之相应的实践行为。民生新闻的社会价值

---

① 徐国源：《新闻：从改变语态开始》，《中国电视》，2006年第11期，第46~48页。

建构功能体现为将具有民众心理文化基础的价值观念凝聚为价值导向,将已经存在的民族传统"共识"转化为大众对社会、个体进行表达的"意义化"框架,再通过广泛的传播将此框架内化为广大民众看待世界、认识社会与自我的观念法则。简单地说,以往新闻报道中宣讲式的价值灌输在民生新闻中转变为以大众话语及文化共识为核心的情感式认同,生硬单调的模式化新闻报道与舆论宣传转变为客观、公平、亲切的大众话语,民生新闻用真实及饱含深情的话语实现了舆论引领及价值引导。

第三节 网络媒体的民生新闻:"参与式传播"的重点场域

我国的民生新闻节目兴起于20世纪末期,以传统媒体为传播阵地的民生新闻以百姓民生作为其传播主题,关注大众日常生活,立足大众视角,反映民生,诉说民意。民生新闻在报道方式上具有大众性、亲近性、娱乐性等特征,这种充满人情味的新闻报道方式在产生之初就得到了大众的普遍认可与喜爱。这种与民众极为亲近的新闻播报方式曾经一度创造了新闻收视收听神话,但是随着传媒技术的发展以及大众多元化分化,民生新闻陷入娱乐化、同质化、琐碎化的困境中,难以获得突破创新。在对民生新闻生态进行整体观照后不难发现,我国民生新闻已经经历了其初级阶段的发展,且其在初级阶段中呈现的传播形态已经不再适合当下的传媒环境,因此必须创新升级。经过多年的探讨与争论,学界当下普遍认为民生新闻应逐渐向公共新闻转变,第一步就是要加强传播者与受众之间的互动交流,实现新闻参与式传播。

新媒体的发展与完善引发了新一轮的传媒变革,从人本的角度说,新媒体不仅在理念上提升了新闻传播中大众的主体性,还在技术上带来了大众广泛参与新闻传播的可能性。美国《连线》杂志将新媒体界定为"所有人对所有人的传播",简单的定义却深刻地揭示了新媒体的传播实质。从传播模式上来说,新媒体打破了传统大众传媒的单向线性传播模式,带来了个性化、多元化的传播内容,将大众纳入公共传播空间,实现了"多对多"的传播。新媒体打破传统媒体新闻传播的时空局限,传播者可以凭借强大的互联网功能随时随地发布信息,新闻传播的主体、内容、方式、视角更加多元化,大众也可以使用便捷的新媒体设备参与新闻话题的讨论与分享。国内民生新闻的代表节目《南京零距离》在2009年正式更名为《零距离》,将新媒体传播方式引入传统的民生新闻传播中，传播视角从关注都市居民日常生活转向关注全社会各阶层民众生存状态，为大众了解民生、交流互动搭建了更为广阔的话语平台。

一、新媒体民生新闻"参与式传播"的背景

从网络媒体本身来说，作为当下新媒体的代表，与传统媒体比较具有互动性、广泛性、大众性等特点，与民生新闻的传播特性形成对应，弥补了传统媒体对民生新闻传播的不足。以互联网为技术支撑、以计算机等数字化设备为终端进行传播的网络民生新闻可以实现民生新闻传播方式的彻底突破，不仅新闻选题与表达方式更加贴近大众，可以更好地反映大众的问题，服务大众，还可以让大众共同参与到新闻的生产传播中，不仅做到"讲述老百姓自己的故事"，还可以让"老百姓自己讲述自己的故事"。网络民生新闻是参与式民生新闻传播的重点场域，只有充分发挥互联网的传播优势，立足主流价值导向，才能更好地反映民生，服务大众。

（一）外部环境

自改革开放以来，我国市民社会建设取得了一定进展，计划经济逐渐转变为社会主义市场经济，政治领域出现了民主化改革，并伴随着价值观念的革新与解放，在此背景下，我国社会发生了巨大变迁。伴随着政治、经济领域出现的一系列变革，社会文化呈现多元化发展趋势，社会结构也随之发生改变，社会成员在新的环境中不断调整自身以寻求发展，社会利益结构也不断重组。国家职能部门的行政理念逐渐转变，媒体也以此为契机多次进行新闻改革，以适应在新环境中社会发展的需要。在社会的变迁中，民间组织逐渐发展成熟，大众参与社会交往的愿望越发强烈，这些都成为推动社会民主建设的有利因素。

从社会整体来看，当下我国社会自主发展能力有限，社会在转型期也出现了诸如社会资源分配不均、公民权利空间狭小等问题，并且我国的民间组织从根本上具有极强的政治属性，大众的自发性参与较弱，因此大众的公共参与空间也受到极大限制。从媒体角度看，我国媒体传播具有较强的主流化、精英化倾向，通常大众很难真正参与社会公共话题的讨论，即使传统媒体已经历经多次新闻改革，力求突破传统宣教式的话语表达方式，但其能为大众提供公共参与的途径仍然十分有限。现实社会中公民参与机会与条件的缺乏，为网络参与式新闻传播的发展提供了空间。

以长远的眼光审视网络民生新闻的参与式传播，不难发现，其发展成熟

有赖于我国市民社会的不断成长以及在该社会中民间表达机制的不断完善。当下网络参与呈现出去中心化、碎片化、去权威化等特征，根本原因是当下我国社会参与机制的不完善。当然，也是因为伴随着社会民主的发展，社会民众参与意识不断提升，民生新闻参与式传播才有生存发展的空间。由此可做出初步判断，社会民主的不断发展激发了大众公共参与的热情，推动了民生新闻参与式传播的产生与完善，但是在现实社会中，参与传播的路径却受到极大挤压，传统媒体无法满足大众日益高涨的参与热情，大众只能转战互联网平台，以此作为自己表达诉求、维护权益、改善生活的阵地。一旦大众在网络上传播的信息受到关注或观点得到普遍认同，那么网络上的言论就可能推动现实社会改变，促进问题的解决。网络媒体上的言论观点也成为政府行为的依据，政府可以参照网络上的观点意见，对自身行为进行反思与调整，从而推动有利于大众民生改善的政策出台。互联网民生新闻参与式传播为社会的民主完善提供了途径，培养了大众的参与意识，激发了大众的参与热情。另外从社会文化角度来说，伴随新媒体的发展，平民文化、草根文化等逐渐发展，这种以广大民众甚至底层民众为土壤根基的文化表达是大众根据自己的需求而创造的。通过新媒体，大众自发成为话题的提出者、发布者、接受者及讨论者，此行为并非受到经济利益的驱使，而是大众文化促动下的主观性行为。

网络民生新闻的发展离不开对社会经济的观照，经济基础决定上层建筑，从本质上说，一切社会关系与社会行为的改变均是以生产力作为基础的，网络媒体民生新闻的发展与完善必定是在社会经济发展的基础上完成的，并且受到当下社会经济发展的影响与制约。我国网络媒体的民生新闻传播是近几年发展起来的，从近期我国整体经济环境来看，区域性发展不平衡、贫富差距的进一步扩大等现实经济问题导致社会矛盾不断激化，大众急需一个可以表达自我观点、抒发内心情感的平台，大众公共参与的热情持续高涨。网络媒体民生新闻传播是我国大众表达自我观点、维护自身权益、参与公共事务，从而加快社会民主建设的有效途径。另外，我国社会知识经济的发展也从侧面推动了网络参与式新闻的兴起。知识经济作为信息型经济，本身就是社会信息化的产物。信息技术的进步给传统新闻产业带来了威胁与挑战，加快了新闻媒体的产业化、市场化进程，促使传媒产业的经济增长方式发生根本性的转变。知识经济的本质就是在掌握新型技术的同时，及时获取信息，使信息资源成为经济收益的核心，而网络参与式新闻传播的实质就是实现信息的多元化传播与交流。

网络媒体民生新闻的发展具有深刻的社会意蕴与时代背景。网络媒体对民生新闻发展的最大贡献无疑是实现了新闻的参与式传播。互联网适时地为长期失语的大众提供了自由、平等的话语空间，开创了我国大众参与社会生活、参与公共讨论的新途径。值得一提的是，网络民生新闻的发展与我国的社会氛围、政治环境相适应，推进民众积极、有序地参与公共问题的讨论是建设服务型政府、加强以民为本执政理念的体现。

（二）媒介背景

网络媒体直接推动了民生新闻传播主体的多元化发展，信息发布者从传统的新闻传媒机构扩展至任何个体、公司企业、政府机构，凭借互联网强大的信息处理及传播功能，任何主体都能使用新媒体发布新闻信息，而从另一个角度说，任何个体也都可以凭借互联网技术直接接触到信息源。民生新闻在新型传播平台呈现出多样化的发展趋势，在互联网传播平台上，民生新闻可以将传统的文字、声音、图像等汇集一体，在促进新闻传播手段多样化发展的同时，在一定程度上弥合了各传统媒体新闻传播的鸿沟，实现了媒介融合背景下多种视听手段的有机结合。传统媒体新闻的传播手段较为单一，且难以互通互用，而互联网集各家之所长，新闻内容可以通过文字、图片、视频、音频等多种形式进行传播。这样一方面可以保留报纸新闻传播中对事件的深刻分析，进一步结合音、视频，增加新闻传播的生动性和贴近性；另一方面，网络传播有效弥补了传统广播电视新闻保存性差、无法满足受众深度"阅读"愿望的缺陷，生动丰富的传播手段以及方便快捷的搜索存储技术使得网络民生新闻传播能更加快速、深刻、生动地展现新闻事件。

美国学者尼尔·波兹曼在《娱乐至死》中谈到人类的文化正在从传统的以文字为中心转变为以形象为中心。从广播电视开始，新闻传播已经开始打破传统的图文传播方式，以更具生动性、趣味性的视听语言建构新闻文本。而以数字化传播技术作为支撑的互联网新闻传播则将各种传播方式融为一体，实现了新闻多元化与多感官传播。民生新闻不仅要反映民生、服务大众，还要尽可能以新闻传播作为平台，以新闻内容作为话题，以受众为核心，在传播过程中实现受众对该话题的共同参与。互联网平台上的微博、博客等又被称为参与性媒体，"参与"就是体验的一部分，越来越多的受众开始通过互联网登录参与性媒体，自由地传播新闻信息。与此同时，受众也可以在各大新闻网站搜索浏览自己感兴趣或与自身相关的新闻报道，并参与网页留言与讨论。

从整个传媒生态入手分析，民生新闻的参与式传播无论在新媒体还是旧媒体平台上都可以实现，但是其存在状态却有本质区别。如果将网络媒体视为平台，那么传统媒体更像一个组织者。具体来说，网络民生新闻参与式传播的主体就是大众自身，互联网在新闻参与过程中并不存在自主的意识与态度，它只提供大众参与讨论的平台。而传统媒体在为大众搭建参与平台时却拥有自己的立场与观点，传统媒体大部分时间都是在"替民说话"，即在自我立场与价值观的基础上代表大众发言，即使是组织大众参与新闻讨论时，也会受到自身立场态度的影响。此外，不能忽视的是传统媒体外部生态对其新闻生产传播的影响十分强大，无论是政策干预还是经济市场化的影响，干预力量越大，新闻传播自主空间就越小，大众借由传统媒体表达自身意志的机会也就越少。当然，具体在某一个社会中，互联网也要受到诸多因素的影响与制约，但是从目前我国媒体发展的情况看，互联网虽然具有基本的管理制度，但是那些制度并不妨碍任何阶层、任何身份的大众通过互联网发表言论。换句话说，互联网是大众零门槛的信息发布平台。虽然对于新闻发布和参与讨论的内容有一些规定，也可以通过删帖、设置话题等方式刻意进行舆论引导，但是因为其参与的广泛性与大众性程度最高，因此网络新闻参与能相对真实地反映大众心理及大众意见。

二、新媒体民生新闻"参与式传播"的实现逻辑

民生新闻要实现参与式传播，其逻辑前提就是要实现媒体所有权及使用权的分离。传统媒体的所有权及使用权具有高度统一性，传播者控制着传播话语权，即使民生新闻的传播要从大众视角出发，但是背后仍然隐藏着诸多权力的控制与博弈。新媒体为大众搭建了互动交流的平台，其内涵并不在于大众是新媒体的拥有者，而在于大众掌握了新媒体的使用权。随着网络技术、数字技术的推广完善，原本只掌握在少数社会精英手中的信息技术如今已经被大众普遍使用，在具有开放性、大众性、参与性的新媒体语境中，大众获得了自主话语权，大众参与民生新闻传播的热情空前高涨。大众迫切需要通过新媒体平台发出自己的声音，描述自己的生活现状、表达自己的观点。民生新闻传播的互动性增强，带来了多元化的民意表达。

根据中国互联网络信息中心（CNNIC）最新调查数据，2018年中国网民8.02亿，手机网民7.88亿，占手机用户98.3%。[①] 如此庞大的互联网用户群体，构成了网络新闻传播众声喧哗的场景。参与式传播无疑是民生新闻

---

① 参见中国互联网络信息中心第41次《中国互联网络发展状况统计报告》。

发展创新的必然选择,要正确地引导大众进入公共领域,实现参与式传播的健康和谐发展,就要理性审视当下复杂的传媒生态环境,对民生新闻传播中的变动因素进行分析,探讨新媒体环境中民生新闻参与式传播发展的路径及可能性。积极面对新媒体传播环境,挖掘新媒体的传播优势,创新民生新闻的报道内容及手段,以核心价值观引导民众实现参与式传播,只有这样才能形成健康的传播舆论,从而促进传媒生态良性发展。

(一)新媒体背景下新闻传播中的若干变量

新媒体不仅改变了新闻传播生态,重构新闻传播格局,也在微观层面带来了诸多变化。要推动新媒体民生新闻参与式传播的健康发展,首先要了解发生在民生新闻传播中的新变化。伴随新媒体而来的是海量的新闻信息。互联网究竟能产生多少信息量?中国工程院院士邬贺铨在"第三届中国国际物联网(传感网)博览会"上说,互联网一天的信息量约有800EB,如果装在DVD光盘中要装1.68亿张、装在硬盘中要装80万个。对Facebook而言,每一天会新增32亿条评论、3亿张照片,信息量达10TB;对Twitter而言,每一天会新增2亿条微博,约有50亿个单词,比《纽约时报》60年的词语总量还多一倍,信息量达7TB;对淘宝而言,每一天能够实现千万量级交易,新增1.5PB原始记录。目前视频已成为互联网流量的主流,截至2015年,互联网上每秒所传的视频需要一个人花5年时间才能看完。对YouTube而言,一天代表新上传7万小时视频,40亿次浏览量。[①]互联网上的海量信息使受众无须等在电视机前就可以利用搜索引擎找到自己感兴趣的新闻信息。民生新闻可以实现网络参与传播,与其所具有的超大信息储备能力密切相关,正是因为拥有传统媒体难以企及的信息承载能力,才能为大众参与提供更多的新闻信息资源。

新媒体拓宽了民生新闻的传播渠道,大众可以通过新媒体发布个性化的新闻信息,使得新闻来源多样化。依托于新媒体技术的互动平台(网络论坛、贴吧、微博、博客等)成为大众挖掘民生信息的便捷渠道,而这些互动平台也同时成为大众参与事件讨论、发表自身观点的阵地。如果传统媒体民生新闻传播是民生事件的传声筒,那么新媒体下的新闻传播则更像事件的放大镜,也是大众自主进行话语表达的扩音器。在突发性事件中,网络民生新闻传播的特性十分突出,在传统媒体还来不及做出反应时,以新闻网站为主,各大网络论坛、微博、博客等都会及时参与播报,且可以做到新闻信息

---

① 蒋均牧:《邬贺铨:互联网一天信息量等于1.68亿张DVD》,凤凰网,2012年11月11日。

24小时不间断更新,其间还不断加入网友的评论发言。正是由于传播渠道的拓展,民生新闻才能实现真正意义上的参与式传播。

网络民生新闻传播的时效性及大众参与度都远远超越了传统媒体,这也直接导致媒体的社会舆论引导功能发生变化。如前文所述,新媒体传播所带来的海量信息以及多样化的传播渠道可以实现新闻的最快、最全传播,但是却无法保证传播的质量与真实性。大众通过网络平台发布信息或参与评论均带有较强的自主性,不同的价值判断以及利益取向都会对新闻信息的客观性、真实性造成影响。参与式新闻是我们在实现民生新闻向公共新闻转变过程中的探索,而公共新闻的本质不仅是要让大众参与新闻传播,加强互动交流,促进大众的公共参与,更重要的是让媒体正确引导大众理性参与,提升大众公共参与的质量,以此推进传媒公共性的良性发展。在坚持不断完善网络参与式民生新闻的同时,新闻媒体要坚守立场,以大民生理念引领民生新闻的价值导向。当下我国传媒业出现了一种新型的舆论形成机制,即新媒体是新闻信息的首发者,当某一事件或话题在新媒体平台受到广泛关注后,传统媒体也介入其中,不断以深度跟踪报道引导议程进行,与新媒体一起发挥舆论引导功能。

(二)民生新闻"参与式传播"的实现空间

新媒体的传播特性有助于民生新闻参与式传播的实现。新媒体是在数字技术、网络技术、通信技术的支持下,通过互联网等传播渠道进行信息传播的媒体。借用以此为基础的终端设备(计算机、平板电脑、手机、MP3等)能够实现新闻信息点对点的传播,大众也拥有了掌握信息传播技术与设备的能力。从整体上看,新媒体传播与传统媒体相比,主要具有互动性、自主性、移动性等特征。

网络信息传播曾经一度给知识产权保护、个人隐私保护、社会谣言控制等方面带来威胁与隐患,但是它同样也带给我们进行传媒突破创新的机遇。"不断涌现的传播技术带来的好处之一就是赋予个人以力量。"[1] 简单地说,就是新媒体实现了大众对信息传播的广泛参与互动,赋予大众自主选择信息阅读且按照自身意愿对信息进行阐释的权利。"互动"意味着主客体之间的交流沟通,传统媒体中的民生新闻传播即使内容贴近大众,传播方式也注重平民化、娱乐化表达,但是其传播还是受到社会中各种权力因素的影响与制

---

[1] [美]约翰·帕夫利克:《新媒体技术——文化和商业前景》(第2版),周勇等译,北京:清华大学出版社,2005年版,第306页。

约，传播者与受众之间的身份差异导致双方不可能实现真正意义上的平等交流。在新媒体平台上，大众可以自主地选择信息内容，亦可以选择匿名方式进行评论留言，这就避免了现实生活中的权力或利益关系对交流的制约，使得大众真实的声音可以通过网络平台发出。

受众成为新闻信息传播主体，必定带来新闻传播的个性化与多元化。在社会转型期，受众结构随着社会发展不断分化，不同个体的利益取向也有较大差距，同质化现象严重的传统媒体新闻传播已不能满足大众需求，只有建立在数字技术之上的新媒体才能做到信息的专业化、细分化、差异化、多样化、个性化传播。民生新闻进入新媒体领域，是大众日益增长的信息需求所决定的。另外，新媒体打破传播媒体新闻传播的时空限制，人们可以随时随地接收信息，在第一时间获知身边发生的变化，及时对自身的行动进行调整，这也是民生新闻传播的本质目标。

从民生新闻本身来说，其内容涉及大众生活的方方面面，吃穿住行、家长里短、奇闻逸事等均属民生新闻的播报范畴，大众之所以喜爱民生新闻，不仅在于其内容与自己的日常生活相关，最关键的是大众可以从新闻传播中获得有效的信息以指导自己的行为实践。传统媒体多按照自身意愿安排新闻话题、设置新闻议程，受众只能被动接受，其播报的新闻只能满足部分受众需求，因此很难调动广大民众的参与热情。网络民生新闻传播凭借互联网广阔的储存空间，在搜集海量信息的同时可以实现民生新闻的分类传播，即民生新闻分众化传播。如新华网将民生新闻传播融入法治、军事、汽车、科技、教育、食品、书画、资料、能源、家居、出国、体育、房产、旅游、健康、时尚、摄影等专题，方便大众进行自主阅读。这样的传播方式不仅有利于大众主动地进行信息接受，还可以将具有相同特性、相同爱好的大众聚集到同一个空间中，促进了网络社区的建设，提高了大众参与度。

互联网的传播特性能有效提升民生新闻的传播品质。如从新闻事件的完整性上来说，民生新闻所播报的事件通常与大众的日常生活具有紧密联系，某一个新闻事件的发生与诸多社会因素相关，传统媒体很难在一条新闻中将所有与事件相关的信息全部呈现出来。另外，当一条新闻播出时，也许该事件还处于发展阶段，传统媒体即使注重对事件的持续跟踪报道，也会受到播出时间的限制，很难带给大众完整的新闻信息，这就使得大众对传统媒体的关注度大打折扣。要吸引大众参与到互动交流中，首先要激发大众对该新闻信息的兴趣，网络媒体的搜索功能以及超链接功能可以实现一个民生事件的立体化传播。这不仅可以让大众了解事件的主体，还可以让大众轻松地了解到事件的背景、发展情况、相关评论等。网络媒体民生新闻传播保证了新闻信息的完整性，实现了传播效果的优化，可以更好地吸引大众关注新闻事件。民生新闻本身就与大众生活息息相关，在完整了解新闻事件后，大众可以较为轻松地得出结论并发表见解。在保证新闻完整性、趣味性传播的同时，网络为大众搭建了可以随时参与互动的平台，大众可以在网页上实现新闻的转发与评论，共享社会成员的各类信息。

第六章 社会主义核心价值观引领民生新闻价值重构

民生新闻在十余年的发展过程中，秉承民本意识回应社会关切，搭建公共交流平台，促进大众参与民主政治的公共领域建设，这些都为民生新闻赢得了积极的社会评价。但不可忽视的是，当前的民生新闻发展存在诸多问题，也遭遇了发展瓶颈。我们认为，进一步明确民生新闻的价值取向，提升和深化民生新闻的社会功能是其持续发展的关键之一。

第一节 民生新闻与引领文明风尚、构建和谐社会

价值观，简单而言就是人们对于价值的观点和看法，其中包含基本的对价值的认定、判断的依据、创造和达成价值的方法以及实现途径等观点。价值观在社会中发挥着重要的作用，它反映了社会成员的行为准则，也折射出基本的现实需求和精神追求。从当前的社会发展以及成员构成来看，价值观是多元和具体的，但是就整体而言，拥有相同文化心理以及历史背景的社会成员在价值观层面又表现出一些共同的特征，正是这些共同之处构成了核心价值体系，它是社会凝聚与成员认同的基础条件。社会主义核心价值观是社会主义核心价值体系的内核，体现了社会主义核心价值体系的根本性质和基本特征。当前的新闻改革已进入关键阶段，民生新闻要在贴近民众、关注民情的同时注重对积极健康的价值理念的培养。民生新闻要以大众化的视角、专业化的新闻操守对社会环境、大众民生进行观察判断，使新闻不仅亲民有趣、浅显易懂，还具有较高品质，能够对大众起到正面的引导作用。民生新闻的传播需要正确的价值导向进行引领。从这一角度来说，社会主义核心价值观丰富了民生新闻传播的内涵，规定了其发展的现实路径，也在很大程度上推动了民生新闻价值体系的重新定位与建构。

第六章 社会主义核心价值观引领民生新闻价值重构

一、核心价值观促进民生新闻功能提升

党的十八大报告在谈到加强社会主义核心价值体系建设时明确指出："倡导富强、民主、文明、和谐,倡导自由、平等、公正、法治,倡导爱国、敬业、诚信、友善,积极培育和践行社会主义核心价值观。"社会主义核心价值观是反映社会主义基本的、稳定的社会关系及价值追求的价值观,它是社会主义价值体系中最基础、最核心的部分,是我们民族长期秉承的反映社会主义本质和建设规律的根本原则和价值观念的结晶,是中国共产党人和全体中国人民在社会主义革命、建设和改革过程中逐步形成和发展起来的核心价值目标和价值观念,这种核心价值理念支撑着我们在建设社会主义伟大实践中的行为指向和行为准则,从更深层次影响着全体国民在建设中国特色社会主义伟大实践中的思想与行为方式。[1]

社会主义核心价值观是对社会主义核心价值体系的高度凝练概括,从多个层面规范了国家、社会和公民的核心价值追求。"富强、民主、文明、和谐,自由、平等、公正、法治,爱国、敬业、诚信、友善"既是社会主义核心价值观的集中体现,也是当前我们建设和谐社会的奋斗目标。培育和践行社会主义核心价值观,是推进中国特色社会主义伟大事业、实现中华民族伟大复兴与中国梦的战略任务。新闻媒体作为重要的宣传工具,在培育和践行核心价值观中发挥着重要的作用。社会主义核心价值观作为当前社会发展的精神指引和努力目标,必然也为新闻事业的发展开拓了更为深刻的精神价值内涵。以人为本是现代社会进步与发展的核心和终极追求,和谐健康有序的社会环境是中国在当前发展过程中的重要目标。努力践行并积极传播核心价值观不仅是时代赋予媒体的责任,也是媒体作为社会文明进步和民主法治建设推动者应尽的义务。对民生新闻而言,传播核心价值观不仅是突破目前普遍发展困境的现实需要,也应当成为提升民生新闻精神品质的自觉追求。[2]

在当前世界范围内思想文化不断加强交流融合的形势下,价值观念呈现出多元、多样、多变的特征。在世界多元的价值观念下,需要有"中国人看待世界、看待社会、看待人生的自己独特的价值体系"[3]。积极培育和践行

---

[1] 韩振峰:《社会主义核心价值观的基本内涵与重大意义》,《思想政治工作研究》,2012年第12期,第11~13页。

[2] 杨荣森:《价值观的有效输出是民生新闻的核心竞争力》,《中国广播电视学刊》,2009年第7期,第85页。

[3] 杨桂华:《习近平关于核心价值观的论述》,中国共产党新闻网,2014年11月24日。

社会主义核心价值观，对于巩固思想基础、凝聚社会共识、推进和谐社会建设具有重要的现实意义。建设和谐社会的现实背景为考察民生新闻提供了多维的视野：一方面，民生新闻是和谐文化建设的有机组成部分，传媒文化的健康有序发展关系到整体社会文化的发展；另一方面，民生新闻也需要凭借其自身的优势在推动和谐文化建设方面发挥更为重要的作用。社会主义核心价值观为建设中国特色社会主义提供了精神动力，这对于民生新闻的发展而言同样具有现实意义。作为民生新闻工作者，需要深刻领会核心价值观的内涵，创新报道模式，不断增强民生新闻的吸引力和感染力，提升舆论引导水平，使有利于社会发展的思想和精神得以发扬，以健康向上的主流思想引领舆论，维护好民生新闻的公信力和影响力。

舆论引导、信息传播、服务社会是新闻主要的传媒功能，在实践中我们不难发现，民生新闻关注人民大众、关注社会热点，更能体现"三贴近"的原则，具有自身的优势。在传媒功能发挥方面，民生新闻通过自身的话语策略发挥传播优势，使社会主义核心价值观融入百姓的生产生活和精神世界。以社会主义核心价值观作为参照，民生新闻坚持以人为本的精神理念，深入了解群众的需要，发挥尊重群众主体地位的报道优势，以专业的理念关注人们的利益诉求与价值愿景。民生新闻应积极推进话语革新与报道风格的提升，努力找准现实生活与人们思想的共同之处，充分发挥贴近性的优势，体现对象化、接地气的风格特点。

有观点认为，过多强调老百姓的立场，会影响民生新闻的导向性，这实际上是对马克思主义新闻观的错误理解。导向性发挥的前提是受众形成认同并能够施加影响。民生新闻恰恰符合这方面的要求，它关注的题材往往都是社会的热点、焦点、难点和疑点，并积极探求解决的办法，这往往能够引发全社会的关注，由此形成对原有思想观念和行为方式的思考。民生新闻作为百姓最喜爱收看的新闻样式之一，以具体的身边事、鲜活的案例呈现民生百态，民生新闻不仅要成为百姓了解身边新闻的信息窗口，更要成为影响百姓行为的一面镜子。

提升民生新闻的品质和内涵，充分发挥传媒功能还体现在努力搭建公共服务平台。毋庸讳言，当前社会转型过程中伴随着诸多的问题和矛盾，和谐社会建设的重要内容就是协调各种不和谐的因素。民生新闻通过关注普通民众的生活状态，回应现实利益诉求，以人性关怀的角度出发报道普通百姓的疾苦，积极促进矛盾的解决，搭建沟通政府职能与公众利益诉求的平台，推进社会公平正义，对于消除不安定因素具有良好的效果。食品安全、就业、养老、教育、社会保障等与百姓生活密切相关的问题，成为民生新闻促进和谐、服务民生的切入点，也是赢得民众广泛、持久关注的重要因素。

民生新闻的重要功能还体现在舆论监督上，因为关注的多是老百姓身边的新闻，因其广泛性和代表性而具有较为深刻的社会意义。舆论监督的目的并不是单纯揭露社会的黑暗面，指责政府，而是指出弊端，提出改进方法，将工作落实到为人民服务这一宗旨上来。部分媒体开设了电视问政节目，内容多聚焦民生基本问题，可以说是民生新闻功能在社会层面的拓展。通过政府职能部门与百姓代表面对面的交流或者电话热线、网络直播、微博互动、微信留言等方式，以平等交流的态度积极促进问题的改善和解决。这充分体现了媒体服务社会的责任意识，也进一步积累了公信力和影响力，为构建和谐社会营造了良好的舆论氛围。因此，和谐社会建设中的民生新闻报道，对于民生艰辛和矛盾的揭露及展示，其动机应当是解决问题而不是吸引收视，对于操作和表现手法也应当有所考虑。说到底，就是民生新闻不能自轻自贱，而应该坚守新闻专业态度和社会良知底线，体现社会主义的道德文明。

总之，以人为本、服务社会是民生新闻从业者需要明确并加以保持和发扬的。唯有如此，才能让民生新闻不仅仅停留在对市井喧嚣的关注。因为说到底，民生新闻的"民生"不容忽视，但是"新闻"品质更需要坚守，民生新闻根本上不在于图一时的热闹和追求肤浅的娱乐，而是要发挥传媒的功能，以促进社会的和谐进步为价值追求。

二、核心价值观深化民生新闻价值内涵

纵观十余年来民生新闻的发展，不难发现，在品质提升与舆论引导上，民生新闻还需要进一步加强。很多民生新闻热衷于对事件过程的铺垫和渲染，尤其是矛盾事件的报道，善于强化叙述故事而弱化结论性的引导，表现出顺应收视的懒惰思想。在社会主义核心价值观的引领下，民生新闻需要重新定位自己的媒体角色，不再仅仅作为矛盾冲突上演的平台，而是立足于真正地服务百姓，通过反映百姓的生活百态展示民生诉求和精神需求，协调政府职能部门与百姓间的沟通，营造和谐的社会舆论环境，定位好自身的职责，不做矛盾的激化器。倡导沟通和协调意识，体现价值理性与品质追求的民生新闻，才能当好社会公平与正义的守护者和监督者，才能够成为真正的社会批评者和进言者，而不是置身事外的旁观者。此外，民生新闻还要注意捕捉和发现普通百姓的真善美，强化道德宣传和正能量的社会化传播，营造良好的道德风尚和社会文化氛围，这些都充分体现了民生新闻的价值取向。

核心价值观对于民生新闻的价值取向提出了更为明确的要求。新闻媒体要充分发挥社会主流价值的主渠道作用，牢牢把握正确的舆论导向，以社会主义核心价值观引领社会思潮、凝聚社会共识。民生新闻需要增强传播主流价值的社会责任感，发挥亲近性优势，联系群众身边事例，创新报道形态，在生动活泼的报道中引导人们培育和践行社会主义核心价值观。当前的社会语境和传媒语境都对民生新闻从业人员提出了严峻的考验，这就需要强化行业自律，切实增强民生新闻传播社会主义核心价值观的责任意识和专业能力。同时，民生新闻从业人员还需要适应当前的传媒发展趋势，应对变化，善用新媒体，宣传正面声音，扩大舆论影响阵地。对网民关注的问题给予积极回应，主动有效地进行网络引导，集聚网络舆论引导合力，形成良好的网络舆论环境。

（一）核心价值观与民生新闻对个体价值的引导

当前我们面临着较为复杂的现实环境，在经济的高速发展中如何协调自身的精神文化建设，在各种思想文化的相互激荡中如何保持独立的判断精神，如何形成社会的主流价值观和提升公民的道德修养，都成为需要深入思考的现实问题。个人修养的提升以及道德的完善关系到人际关系的和谐与社会的安定团结。党的十八大在继承和发展社会主义核心价值体系思想的基础上，紧密结合全面建成小康社会和发展中国特色社会主义的新需要，提出了"爱国、敬业、诚信、友善"的社会主义核心价值观。这是立足公民层面概括出的社会主义核心价值观，反映了社会主义国家公民的基本价值追求和道德准则要求，集中体现了中华民族传统美德、中国共产党人革命道德和社会主义道德的精华，是中国共产党人对马克思主义公民道德和价值理念的新发展。[①]

大众传媒是文化象征的主要表现者，不仅展现社会图景，而且引导人们适应社会秩序。大众传媒对受众的态度和信念的影响力非常强大。在信息的传播流通中，大众传媒通过对信息进行筛选、加工，从而形成自己的倾向，同时还能够汇聚大众的意志，实现舆论引导和劝服功能。这对于核心价值观的传播与培育具有重要作用。民生新闻在引领个人层面的核心价值观方面做出了积极的探索，深入生活提炼话题，关注时代脉动，有效地形成与百姓生活的情感共振。云南电视台都市频道民生新闻栏目《都市条形码》推出"昆

---

① 韩振峰：《社会主义核心价值观的基本内涵与重大意义》，《思想政治工作研究》，2012年第12期，第85页。

明好人大搜查"系列活动,倡导一种"不以善小而不为,不以恶小而为之"的市民态度。老人杨世友义务修山路500天,"破烂王"胡同开十余年抚养弃婴,"的哥"梅师傅侠义心肠屡擒盗贼……这些都是观众的身边人和身边事,因此更能引发观众的共鸣。节目一经播出就引发了观众强烈的反响,收到大量观众的反馈,产生了良好的社会效果。① 民生新闻通过对这些人物优秀事迹的报道,有力阐释了"爱国、敬业、诚信、友善"的核心价值观,积极营造了和谐的社会氛围。以核心价值观作为民生新闻策划报道的价值指引,主动进行议程设置,才能进一步发挥主流媒体的舆论引导功能。

(二)核心价值观与民生新闻对社会价值的凝聚

"自由、平等、公正、法治"是立足社会层面概括出的社会主义核心价值观,体现了中国特色社会主义的基本属性。改革开放以来,随着我国社会主义市场经济体制的建立和社会主义民主政治的深入发展,广大人民群众的民主法治意识越来越强,自由平等的观念日益深入人心,人们对维护公平正义的要求也越来越高。自由、平等、公正、法治是当代中国共产党人坚持科学发展、坚持以人为本、坚持执政为民、坚持依法治国伟大实践的集中价值体现,也是我们坚持和发展中国特色社会主义的核心价值追求。② 民生新闻的可持续发展必须与所处的社会环境相协调,也就是在与受众紧密结合的基础上追求良好的美誉度和社会效益,与社会的和谐发展相一致。民生新闻关注的视角不能仅仅停留在奇闻逸事、突发事故、凶杀命案等狭隘的刺激性事件上,应该具有社会广度和观察的锐度。

民生新闻的产生与发展符合我国的国情民意,其突出的特征就是地域的接近性和题材的亲近性,由此形成的高关注度在一定程度上唤起了公民的公共参与意识。人类作为社群动物,只有通过参与公共事务才能体现其群体性的身份并形成共同的价值追求,具有普遍意义的核心价值观使得现实社会中的个体得到了一种精神上的归属。这对于塑造精神家园、营造认同感来说是重要的途径。对于成员认同的形成而言,除了地缘上的亲近之外,更为重要的是价值取向的认同,因而推动以"自由、平等、公平、法治"为价值追求的社会建设就成为民生新闻关注的重要内容和努力目标。民生新闻栏目立足

---

① 朱佳:《浅谈民生新闻的议程设置和舆论引导》,《中国广播电视学刊》,2007年第8期,第59页。
② 韩振峰:《社会主义核心价值观的基本内涵与重大意义》,《思想政治工作研究》,2012年第12期,第85页。

本地，以其深厚的民生情怀表明媒体的责任意识和务实态度，这在提升媒体美誉度的同时使其具备了一定的社会辐射影响力。新闻传媒扮演着"社会守望者"的角色，运用舆论监督的力量规范社会行为，肃清社会风气。而民生新闻还扮演着"社会对话组织者"的角色，通过设置公共议题、打造公共领域，加强大众与政府之间的交流，一方面反映民意，另一方面监督政府职能。通过议程设置、组织策划等方式，对弱势群体的利益诉求给予关注，在国家法律法规和政策的框架下予以解决，从而推动整个社会法制的民主发展。民生新闻具有较为开放的话语空间，民生平台对公共议题的关注可以有效缓解弱势群体与政府部门之间以及与其他社会阶层之间的信息逆差现象，从而疏导矛盾。也就是说，民生新闻不仅关注"民生"，也要充分倾听和表达"民声"，让各种社会利益群体在其搭建的公共平台上能够顺畅参与社会表达和意见交流，这样，它在推动和谐社会建设中的作用和意义将会显著提升。

"富强、民主、文明、和谐"的核心价值观深刻体现了中国特色社会主义现代化的价值目标和价值追求，是基于当前和未来一定时期内经济建设、政治建设、文化建设、社会建设等综合背景下提出的奋斗目标，符合当代中国发展现实，反映了中国人民寻求民族复兴的共同愿景。国家价值是在公民认同、社会共识的基础上实现的。如果新闻仅仅关注国家宏观层面的报道，忽略平民的利益，那么媒体也就丧失了群众基础，社会联系很可能就会变得松散，媒体的"舆论引导"功能更无从说起了。因此，民生新闻对于"富强、民主、文明、和谐"价值观的体现是具体而微的，它集中体现在老百姓的日常生活中。只有真正地走入基层，深入了解百姓疾苦，切实维护群众利益，整个社会才能实现良性互动发展。而这也正体现了中国特色社会主义新闻媒体的价值取向。因而，我们不能忽视民生新闻在推动国家价值层面实现上的作用，这反映了民生新闻亟须提升品质内涵的迫切现实。

三、核心价值观引领民生新闻发展走向

以社会主义核心价值观作为价值标杆，民生新闻在实现社会功能方面具有现实意义。它不断深化自身的价值内涵，以专业的新闻理念观照民生，重视所承载的社会职责和文化功能。

（一）回归新闻本质

民生新闻自诞生之日起，就因其贴近日常生活的民生题材受到广泛的关注，更因其亲近百姓生活的报道方式突破了传统新闻的话语权威，深受观众

的喜爱。但同时也出现了诸多问题，经过多年的探索和实践，仍然未能有效摆脱业内对其品质不高的评价。这其中虽有外部传媒环境的影响，但很大程度上也源于对"民生新闻"内涵的认识不够深刻，对其价值取向把握不够准确。

民生新闻对于中国新闻发展的重要意义不仅体现在题材选择与语态的革新上，更为重要的是对新闻传播属性以及传播功能定位进行了探索和尝试，是对新闻态度和新闻价值观的重新定位。[①] 民生新闻的兴起与发展实践，在本质上是对受众心理的准确把握，是对受众本位传播观念的极大彰显。引导社会舆论，干预社会生活，引领社会风尚，影响受众的审美情趣，推动和谐社会发展，是民生新闻功能的多维展示，同时也是从困顿中突破的有效路径。因此，明确民生新闻传播的价值取向，深化民生新闻的价值内涵，并将其与社会主义核心价值观加以融合，通过恰当的内容与形式进行有效传播，构筑民生新闻进一步发展的核心动力。

（二）关注社会效益

社会主义核心价值观只有得到充分的宣传、认同才能真正成为社会广泛遵循并为之奋斗的价值规范。这理应成为民生新闻提升发展需要重视的内容。不可否认的现实是，限制民生新闻发展的重要因素就是社会效益让位于经济效益。民生新闻栏目往往因其高收视而获取较高的经济回报，考察这些栏目我们不难发现，一些取得高收视的节目充斥着暴力、车祸、出轨、纠纷、凶案等刺激性元素。另外，在互联网信息时代，获取信息的渠道日益多样化，一些民生新闻栏目的记者不亲自跑新闻，而是直接网上搜索，简单进行技术包装处理后就拿为己用。这些事件多具有娱乐色彩和低俗化倾向，其中一些还涉及侵权及新闻来源失去真实性的问题。这些民生新闻一味追求"眼球经济"，新闻品质却被严重伤害。在以收视率论成败的传统评价体系下，一些民生新闻的品质被畸形的经济追求所侵害。因此，鉴于民生新闻所承担的社会责任，我们应当以核心价值观为价值标准，引入多维度的科学的评价体系，将对社会效益的考察纳入其中。

民生新闻具有内容上的亲民性和形式上的灵活性，这为核心价值观的宣传提供了较为开放的话语背景。同时，民生新闻对社会效益的重视而积累起来的公信力也成为价值观有效传播的可靠保证。社会政治经济文化环境构成

[①] 杨荣森：《价值观的有效输出是民生新闻的核心竞争力》，《中国广播电视学刊》，2009年第7期，第85页。

了媒介生态外部环境，这也是民生新闻生存的基本环境，很大程度上决定了其发展的基本路径和方向。当前，文化建设被提升到新的高度，民生新闻也需要重视自身所发挥的文化功能，以核心价值观为指导，积极提升自身的文化内涵。作为民生新闻，应自觉摒弃不良倾向，重视发挥社会效益，在报道中深入群众生活，捕捉普通百姓身上的优秀品质，挖掘具有典型意义的文化现象，营造具有良好道德风尚的社会氛围。以专业理念打造新闻品质，以人文情怀聚焦社会热点——既需要敏锐的新闻触角去发现和提炼日常生活中的新闻内涵，更需要深厚的人文情怀去塑造和引领积极的价值理念。

（三）彰显时代特征

如上文所言，核心价值观传播的终极目的是让受众形成认同并影响受众的行为，从这一角度而言，新闻从业者首要对核心价值观进行深入了解和学习，结合新闻传播特性和专业规律思考较为适合的报道方式，从题材选择、导向把握、观点表达等层面进行评判和衡量，这实际上是对民生新闻提出了更高的要求。

大传媒时代的到来不仅加速了信息在全球范围内的传播，也产生了诸如信息过剩、权威消解、娱乐泛滥等现实问题。互联网技术的推广普及将大众吸引到更广泛的社会性交往中，移动终端的开发改变了大众长期以来形成的媒介接受习惯，新媒体已经逐渐成为大众接受新闻信息、获得休闲娱乐的主要平台。在此背景下，民生新闻突破传统的传受方式，加强职业新闻人与受众间的多元互动，传统媒体的新闻节目也纷纷在新媒体上搭建交流互动平台。有学者将新媒体时代的新闻报道划分为新闻消息传播、背景分析、互动点评、个性化定制服务等几个方面，并指出比起传统媒体而言，新媒体在新闻的传播速度、互动交流、个性服务上均占有优势。但正是由于新媒体的传播特性，其传播过程中难免出现谣言等不实消息。新媒体语境中的民生新闻要与时俱进，加强传统媒体与新兴媒体的融合发展，善用新媒体实现新闻信息的及时快速传播。比如开通官方微博或客户端，拓展信息来源渠道，加强与受众的互动交流等。同时，面对海量信息也要注意甄别来源的真实性和可靠性，强化专业意识。

民生新闻的价值取向不仅显示了媒体的新闻品质以及对新闻信息选择的标准，同时也决定了它的定位和基本的面貌。民生新闻的价值取向是与社会主义核心价值观密切相关的。它将普通百姓的生活真正纳入日常新闻传播领域，体现了民生新闻基本的价值取向，同时以核心价值观为指引和核心内容的民生新闻也呈现出新的面貌，使人们更加清晰地了解整个社会生活。诚然，目前的民生新闻还存在诸多问题，但这些现象的出现基本属于操作层面的问题，一定程度上也反映出强调民生新闻价值取向的重要性。随着实践的深入，民生新闻亦会发展得更加成熟。

第二节 民生新闻与推进民生服务、建设和谐社会

在中国共产党第十八次全国代表大会上，胡锦涛同志关于保障和改善民生做了重要论述。他在《坚定不移沿着中国特色社会主义道路前进 为全面建成小康社会而奋斗》（以下简称"报告"）中指出："提高人民物质文化生活水平，是改革开放和社会主义现代化建设的根本目的。"报告具体论述了教育、就业、收入、社保、医疗这五个与人民群众关系最直接、最密切的现实问题，强调了"努力办好人民满意的教育""推动实现更高质量的就业""千方百计增加居民收入""统筹推进城乡社会保障体系建设""提高人民健康水平"等举措，彰显出"权为民所用、利为民所谋、情为民所系"的执政理念，以实现"学有所教、劳有所得、病有所医、老有所养、住有所居"的民生诉求。

新闻媒体作为党和政府的"喉舌"，作为沟通政府和民众的桥梁，如何结合国家的大政方针改善民生，如何在推动民生建设上发挥自身的职能，都成为媒体工作者需要不断思考和积极实践的问题。民生新闻作为对"民生"问题的集中指向，必然需要自觉承担起更为重要的使命。民生新闻的出现和发展，折射出我国在民主化进程中所取得的成效。民生新闻作为直接反映普通百姓生活的新闻，常常走上田间地头，进入寻常巷陌，也是最"接地气"的新闻。在长期的实践中，民生新闻积累了一定的人气和口碑，也在很大程度上获得了民众的信任。因而，为了进一步提升民生新闻的品质和社会影响力，拓展生存空间，就需要充分发挥其特有的舆论优势，结合党和国家在民生建设方面的方针政策，以百姓的视角和媒体的人文情怀宣传好、解读好这些政策，真实客观地反映普通百姓的利益诉求与发展愿景，推进民生建设的进程。

一、民生新闻自觉服务民生建设

民生建设是在国家和政府的主导下，在全社会共同参与下，关注民生、保障民生、改善民生，不断解决民生问题的思想和实践活动。简单而言，民生建设的本质主要涉及对人基本的生存权利和发展权利的保障。改革开放以

来，我国的社会建设取得了巨大成就，在经济、政治、文化等方面获得令人瞩目的成就，基本上解决了广大人民群众的温饱问题。这对于民生建设而言具有重要的阶段性历史意义。社会不断发展，基本的民生需求也会不断产生变化，而社会发展与民生保障制度之间总会出现一定程度的不相协调之处，结果造成现实生活中总会存在民生问题得不到解决的现象。随着改革开放的不断深化，社会结构调整和利益分化的趋势不断加强，伴随而来的是新的民生问题不断出现。进入社会主义建设新时期，我们面临的民生问题不再仅仅是温饱问题，还包含广大人民群众在教育、就业、收入、社保、医疗等层面得到更好待遇的问题。当前我国的民生问题集中表现为"上学难""就业难""养老难""看病难""住房难"五个方面。这些问题既关系到百姓的切身利益，也直接影响我国经济建设、政治建设、文化建设、社会建设等多个层面，是社会主义建设的核心问题，需要进行统筹解决，以此大力推进民生建设。

（一）民生新闻以服务民生建设为目标

民生建设是当前我国社会主义建设的重要内容，是实现和发展社会主义事业的基础和基本目标。人民是社会和国家的主体，其生活状态、精神面貌直接反映了国家建设成就。只有人民安居乐业，社会才能安定有序。经过三十年的改革开放和经济建设，中国的社会建设已经取得了巨大成就，经济体制、社会结构、利益格局、生活方式、思想观念都发生了较为深刻的变化。其中民生问题一直是需要重视并重点加以解决的问题，这是涉及社会稳定的根本问题。贫富差距、城乡统筹发展、区域性差距等问题均涉及民生基本保障，由此产生的就业、教育、医疗、住房、社保等一系列民生问题需要发展经济来加以缓解。民生问题的有效解决事关社会主义和谐社会建设，正所谓"仓廪实而知礼节，衣食足而知荣辱"，民生问题是国家建设的基本问题，关系到国家政治与社会稳定程度。"政府掌握的是公共权利，控制的是公共资源，理所当然要以公共利益为施政目标，而解决民生问题显然是公共利益的最大化。"[①] 中国特色社会主义民主建设中，政府居于主导地位，政府主导作用的发挥具有重要的保障和基础性意义。而其主导作用的发挥并不是自然形成的，同样需要其他各方面的支持和协调，其中媒体发挥着较为重要的宣传和激励作用。在推进民生工程方面，政府是主导力量，而作为喉舌的新闻

---

① 赵蕾：《解决好民生问题始终是政府的核心任务——专访全国人大常委委员郑功成》，《南方周末》，2007年3月1日，第A03版。

媒体，就需要对政府的相关政策方针做好解读和宣传，协调社会关系，组织各方力量共同参与到经济建设和社会事务中去。改善民生从根本上讲就是最大限度地提升百姓的物质文化生活水平，最大程度上保障好、维护好、实现好人民群众的基本权益。民生新闻不单要关注民生题材，更要在反映民生诉求、推进民生政策、完善民生制度上发挥好舆论宣传作用。

民生新闻作为集中而具体反映群众生活与利益诉求的节目，在协调社会关系，普及国家方针政策，提升公民参与意识方面发挥了重要作用。尤其是对国家方针政策的解读，民生新闻摆脱了简单传达的报道模式，从群众的视角出发，切实结合百姓生活所需，以喜闻乐见的形式和话语进行宣传和解读，在政策的传达和民众的期盼之间达成良好的平衡。每年的两会期间，各大媒体都会对涉及民生的政策方针进行专题策划，其重点也都放在如何改善民生方面，针对民众切实关心的话题进行报道。在报道中，民生新闻应当始终努力坚持将人民群众的政治、经济和文化需求放在第一位，努力维护人民群众的利益。这是对民生新闻内涵的深刻而准确的体会。

（二）民生新闻激发群众参与热情

民生新闻集中报道民生改善话题有利于激发广大人民群众参与构建和谐社会的积极性和创造性。广大人民群众是和谐社会的主体，又是和谐社会建设的根本动力。构建社会主义和谐社会必须依靠广大人民群众的力量。只有通过改善民生使广大人民群众的生存和发展得到有效保障，使他们的合法权益得到有效维护，使他们的根本利益得到切实的实现，才能更好地体现民意、集中民智、凝聚民心、激发民力，才能进一步调动广大群众理解、支持、参与的积极性和主动性，才能激发社会的巨大活力，为构建社会主义和谐社会提供坚实的群众基础。

民生新闻关于改善民生的报道有利于促进人与人、人与社会的和谐相处。"在民生建设中，通过重点解决广大人民群众特别是农民、欠发达地区人们、贫困群体的基本生存和发展权利问题，可以为大量社会成员的生存和发展提供一个基本的保障，提供一个起码的尊严底线，从而有效减小或缓解过大的贫富差距、城乡差距、地区差距带来的不和谐。"[①] 新闻媒体还可以通过民生新闻关注和维护社会公平正义，积极推进和监督民生政策实施，利用公益资源搭建发展平台，宣传社会核心理念，缓解社会与个人的利益冲突，优化人与人、人与社会之间的关系，从而在实现社会公平正义、人民安

---

① 王涛：《中国特色社会主义民生建设研究》，北京：中国科学出版社，2011年版，第73页。

居乐业的整体目标中发挥自身的作用。

做好政策解读与职能监督。政策是政府管理国家和社会事务、管理和调控宏观经济、协调和促进经济发展最重要的手段。进一步推进民生建设，需要充分发挥政府在其中的引导、调节和激励作用。民生新闻对于这些政策不能停留在传统时期简单刻板的宣传上，还要做好解读，尤其是针对民生工程中的切实问题，深入调查和走访群众，真正了解群众的需求。一方面，政策的制定需要倾听百姓的声音，强调针对性、实效性，这就要求民生新闻媒体能够真正走入群众，倾听民声，反映民情，将具体而微的民间诉求汇集成较为集中的民间声音，最终形成宏观的民生诉求；另一方面，在民生政策实施的过程中，新闻媒体需要配合政府加强政策的协调性，加大监督力度，促进政令通畅，对于贯彻实施民生政策不到位的现象给予曝光，坚决杜绝"上有政策，下有对策"的现象发生。

保障人民群众的主体地位。人民群众是社会主义国家的主人，是历史发展的主体，也是推动社会变革与社会进步的根本力量。社会主义社会的建设以及共同富裕的实现都需要广大人民群众的参与。国家政府的主导作用固然重要，但如果离开了最广泛的人民群众的参与，民生建设将会成为无源之水、无本之木。因此，充分尊重和发挥人民群众的主体地位，需要激发人民群众的主动性、创造性，真正发挥人民群众的主体作用。这既是社会主义核心价值体系的根本目标，也是其实现的重要基础。民生新闻在强化和激发人民群众的主体性上需要进一步提升影响力，持续改进和创新内容生产的方式方法。民生问题不能缺少人民自己的声音，人民需要主动掌握话语权。在过去，新闻报道多以国家宏观话语为主，人民群众更多是扮演倾听者的角色。民生新闻的出现，在很大程度上使得百姓的话语权得到尊重和彰显。在民生新闻广为流行的背景下，与群众密切相关的公共事务越来越多地吸引了群众的参与，尤其是在公共监督与公共决策方面，民众的主动性越来越强。新闻媒体在协调政府政策与民生诉求方面发挥了积极作用，政府充分尊重人民群众的主体地位，在制定与人民群众利益密切相关的决策时，注重推进决策的科学化、民主化，增强决策的透明度和公众参与度。在政治权利上，保证人民群众在民生建设中的主体地位是民生建设的政治保障。保障民生是国家和政府的责任和义务，享受民生、参与民主政治是人民群众不可剥夺的权利。民生问题的本质是人民群众生存和发展的权利能否很好实现的问题。

提升人民群众的主体意识。人民群众在民生建设中的主体意识，是指人民群众对自己在民生建设中的主体地位、主体能力和主体价值的自觉意识，主要包括权利意识、参与意识、法治意识。主体意识的提升依靠多方位的努力，比如提高公民的科学文化素质以及强化法治观念等。民生新闻在提升主体意识方面，有效地培养了人民群众的权利意识。通过报道民生权利相关的新闻，比如住房、保险、医疗、教育等，群众越来越认识到自己应当享有的权利。例如针对危害人民生命健康的毒奶粉、地沟油事件，提升民众生命安全的意识，通过曝光假冒伪劣产品，提升消费权利保护意识。人民群众在民生建设中主体地位意识的形成有赖于其对自身权利维护观念的提升，继而才能发挥其参与民生建设的主动性和积极性。人民群众的积极主动参与是民生建设取得成功的保障。培养人民群众的参与意识亦成为民生新闻的重要任务。

提升加强人民群众的法治意识。依法治国是建设社会主义法治国家的重要目标之一。民生新闻经常涉及刑事案件、民事纠纷等，在关注事件本身的同时，也需要加强法治观念的宣传。民生新闻是公民认知自身的权利，了解认同信仰法律，提高公民权利认知能力的重要途径。人民群众只有形成了自觉的法治意识，以之指导日常生活，具备主动向有关职能部门寻求帮助的意识与能力，具备提起法律诉讼获得司法救助的意识与能力，才能形成良好的法治环境，保证民生建设的有序进行，促进物质文化生活水平的不断提升。

法律是社会关系和社会利益的协调器，提供了推进民生问题解决的框架。法治是保障权利和制约权力最有效的机制，民生新闻中涉及的所有矛盾和问题都必须置于法治框架下去协调解决。比如在民生新闻中常常有关于城管话题的报道，民生新闻不能一味渲染城管与商贩间的矛盾，而应从普及法律知识，促进社会良好发展的角度进行议程设置。民生新闻应对与民众密切相关的民生问题提供法律支持和援助，最大限度地维护社会正义，有效保障民生问题的解决。总之，民生问题的本质是公民权利问题，民生新闻在内容上强调保障公民权利的同时，也行使着社会监督的职能，通过制约权力使政府尽职尽责解决问题。

二、民生新闻与公民社会的建设

在大众媒体时代，"社会舆论"的主要生产场域是在大众传媒领域。"在公共领域中，整个社会透过公共媒体交换意见，从而对问题产生质疑或形成共识。"哈贝马斯所描述的资产阶级公共领域的形成过程，是以咖啡馆、茶室、沙龙、剧院、博物馆、音乐厅等场所为活动空间，以对报刊的阅读及讨论为主要内容，通过私人社团、学术协会、阅读小组、共济会、宗教社团等形式成长起来的，报刊内容是其讨论和论辩的核心。随着资本主义报业，尤其是政党报刊的发展，大众媒介空间逐渐成为公共论辩的主要阵地。因此，以报刊为代表形态的大众传媒在资产阶级公共领域中具有突出地位。随着媒介技术的发展，电视、互联网等新兴电子媒介在很大程度上丰富和发展着公共领域的面貌，也对公共领域产生着举足轻重的影响。有学者认为，公共领域这一概念在当今时代就是指向大众传媒，尤其是通过其记者所具有的作用，如何以及在何种程度上帮助民众更多地了解世界，并在此基础上展开论辩、对采取何种行动做出明智的决定。由此不难发现，公共领域、公民社会以及民主政治具有紧密的内在联系，而大众传媒在促成公共领域的形成、推动公民社会建设中具有十分重要的地位，也更应当发挥更为积极的作用。

（一）民生新闻与公民社会

公民社会（又被译为"市民社会"）是一个介于社会和国家之间，有众多的自愿结合的社会组织，由公民自主管理和决定事务的领域，是国家和个人相联系的中介。个人对于公共事务发表自由看法，通过讨论和论辩达成共识是公民社会运转的基本制度之一，也就是说，公共领域既是公民社会的产物，又是其实现的基础。公民社会中的各种组织将单个公民动员起来，结成利益共同体，既阻止国家权力的过分扩张和对个人权利的侵犯，又在政府功能薄弱的公共领域起到补充和协调作用。① 实现公民社会，简单而言，就是要让公民"自己管理自己，自己解放自己"。新闻舆论在推动社会发展的过程中具有重要作用。我国政府也越来越重视来自社会，尤其是新闻媒体的监督。民生新闻的出现对于提升公民意识、保障个体权益、协调解决公共性社会问题等具有重要作用。

民生新闻的诞生是对百姓话语权的尊重，以平民的视角关注百姓的生存状态，使其诉求在一定程度上得以表达。在这一基础上，民生新闻面临着持续发展的问题，这将进一步体现在尊重公共话语权、搭建公共空间上面。也就是说，民生新闻的继续发展需要实现由柴米油盐向挖掘新闻内涵，由反映民情到号召民众共同参与社会生活，由关怀社会向凝聚公共力量的转变。公共社会背景为民生新闻的发展提供了新的方向。民生新闻所要达到的目标是唤醒受众参与社会公共事务、关注公共事务、推进公共事务发展的热情。

美国传播学者班尼特曾说："在一个理想的社会里，信息体系的前景就是更加公共化，信息更具分析性、更具历史深度、更具批判性、更能反映问

---

① 王缉思：《美国市民社会研究·序言》，北京：中国社会科学出版社，2004年版，第2页。

题。在这样的信息条件下，人们可以更好地理解社会问题，并能更积极地参与问题的解决。"① 如果以这样的理想社会为新闻改革的目标，那么民生新闻所要承担的任务可谓相当艰巨。

（二）民生新闻与公共新闻

公共新闻是在美国新闻界兴起的，旨在针对新闻在商业化过程中对作为媒体本质的"公共性"被商业利益消减的现象进行反思。公共新闻具有以下特点：将人民视为公共事务的潜在参与者，而不是受害者或旁观者；帮助政治性社群针对问题而行动，而并不局限于知晓问题；改善公共讨论的环境，而非听任其遭到破坏；帮助改善公共生活，使人们对它感兴趣并投身其中。简单而言，美国公共新闻运动是以新闻成就民主社会为目标，调动民众参与公共政治的热情，推动公众参与社会公共事务和改善社会公共生活，通过关注社会问题，并经由公众讨论发现这些社会问题的解决之道，媒体重新得到公众的信任，并以媒体最直接的方式促进美国民主的健康发展。② 华中科技大学新闻学院孙旭培教授把"公共新闻"概括成四句话："培育和营造公民社会，监督和构建公共领域，报道和指导公共事务，交流和引导公共意见。"这在一定程度上为民生新闻向公共新闻的转化指出了努力方向。

中国民生新闻具有自身的发展背景和演进路径。在中国电视荧屏上，新闻报道多以大政方针、国家政策、领导人活动、重要会议等为主要内容，以国家宏观话语为主流。这种固化保守的新闻报道模式已经很难满足广大群众的需要，而民生新闻的出现正是在尊重受众的基础上对这一现实的积极回应和对新闻报道理念的革新。民生新闻本质上而言是对新闻品质内涵的深化，在一定程度上也是地方电视台应对媒介现实的一种选择。同时在整个新闻宣传事业上，中央也开始强调对民生的关注，强调以人为本的执政理念。

一般而言，学者将社群主义视为公共新闻的哲学基础。关于社群的内涵，各学者表述不尽相同，但却具有较为一致的主张，即不再将基于个人主义的"权利"视为先验之物，而是强调把相对抽象和静态的"权利政治"转换为当务之急的"公益政治"。"社群主义者从实质上把政治权利界定为个人参与政治决策的权利，因而把个人广泛的政治参与当作是民主政治的基础……沃尔泽和米勒都强调出……没有积极的政治参与，公民资格就不能真

---

① ［美］兰斯·班尼特：《新闻：政治的幻象》，杨晓红、王家全译，北京：中国当代出版社，2005年版，第63页。

② 王雄：《论民生新闻与"公众新闻"》，《江苏社会科学》，2012年第2期，第241～246页。

正实现,从而个人也就无法享受到充分的权利。"① 从当今媒体发展的趋势上来看,其所担任的社会责任不再仅仅是传递信息、满足公民的"知情权",还体现在促进社群成员间的意见交流和共识形成上。媒体不仅需要强调和保证公民个人的权利,更应致力于推动社群集体的共同利益。民生新闻由于其自身的公共性和亲近性,不应止于问题的曝光和展示,更应积极探索社会问题的解决方法,以切实改善民生为价值追求,维护社群公益。

(三)民生新闻在推动公共社会建设中的作用

民生新闻在很大程度上拓展了大众的话语空间,反映了构建公民社会的大众心理。以公共新闻作为考察对象,媒体作为社会公共领域的主要建构者,已经完成了从信息的报道者到社会运动的发动者、参与者和组织者的转变。社群主义与协商政治具有内在的联系,他们"共同赋予公共新闻组织和促进社会对话、沟通社会各种政治诉求、达成妥协而使各方利益获得实现,最终推动社群政治、国家政治向民主方向发展"②。在当前的社会环境中,我国的民生新闻更多还是扮演着信息报道者的角色,它还需要进一步扮演好社会讨论组织者的角色。

电视问政节目的出现,在一定程度上推动了这一角色的转变。电视问政节目对电视媒介提出了一定的要求,需要组织者和协调者能够真实、全面、客观地把握民意,强化公民的权益意识,引导民众参与到公共事务中来。电视问政中公民所反映的常常是关于个人利益或区域性的问题,难免带有一定的倾向性和主观性。这对于电视媒体而言,需要建立相应的公民利益表达和聚合机制,以增强问政的针对性、准确性和科学性。民生新闻同样面对着视野的分野,一方面不会放弃对民众身边事的关注,以体现对社会的微观细描;另一方面,也需要对那些公众强烈关注的社会公共事务加以重视,进而开阔视野。

民生新闻大力培育公民意识,搭建公民社会基础。民生新闻在多年的发展中积极培育公民意识,这也是民生新闻向公共新闻的转变的基本条件。人是认识社会的主体,一切社会问题的症结都在于人。公民意识主要包含公民的主体意识、平等意识、参与意识和责任意识。民生新闻围绕具体的民生问题展开,做到对民意诉求进行征询和沟通,充分发挥自身的优势,为政府科学决策、科学施政和自我调适提供丰富的民意资源。电视问政节目是近年来

---

① 王雄:《论民生新闻与"公众新闻"》,《江苏社会科学》,2012年第2期,第241~246页。
② 王雄:《论民生新闻与"公众新闻"》,《江苏社会科学》,2012年第2期,第241~246页。

媒体履行公共责任的一种尝试，问政节目的出现是对民生新闻节目功能的拓展，它反映民众诉求，以解决关乎民众利益的问题为根本目的。以电视为主导的媒介合力透露出一种以人为本的关怀。杭州电视台《新闻60分》在杭州市"十纵十横"的大关路改造工程中，针对大关桥是否要拼宽这一市民关注的焦点问题，推出《民意直通车》。对拼宽方案公示、桥边居民自发征集意见、社区组织评议拼宽方案和居民代表进行面谈等流程进行了连续报道。在每天的直播过程中，栏目还选取了各方意见在"QQ美女主播"环节中予以报道。经过10多天的意见征求，发现有98%的市民不赞成，经过市委市政府研究决定，大关桥拼宽工程暂缓实施。从过程到结果，老百姓都最大限度参与其中，《新闻60分》也很好地起到了民意表达平台的作用。①

民生的本质就是关涉百姓基本生活的政治，这与吉登斯指出的"生活政治"就是通过生活方式的选择来重构我们时代的道德及政治社会秩序具有本质上的一致性。但是吉登斯所指涉的"生活政治"更强调"通过生活方式的选择"实现。同时，吉登斯所指的"生活方式的选择"内容包含甚丰，比如西方社会的个人参与、集体协商、公众讨论等内容。这些虽然是在西方社会背景下提出来的一些涉及生活方式选择的主张，但对中国的民主建设与民生新闻报道具有积极的借鉴意义与实践价值。在前文关涉民生新闻报道的案例中，媒体围绕民生议题和政府部门建立合作机制，注重市民互动参与、讨论和协商，形成关涉市民生活的一致意见，这既有助于强化"媒介公民"意识，又有利于民生新闻自身品质的不断提升。但是，需要指出的是，并非所有题材的民生新闻报道都需要采用"生活政治"的理念与手段，适用与否，要视题材本身的新闻要素与受众关注程度而定。传媒学者喻国明曾提出中国媒体改革的两种逻辑形式，即"增量改革"和"语法革命"。"增量改革"实质是一种"妥协"，是对既存量加以保护、以新增量来调节现状的一种相对温和的改革，是在过去"存量"现实基础上对社会发展要求的一种有限的调适。这种调适是以既往的"存量逻辑"为"圆心"的一种延伸和扩张，通过媒体总体功能的改善和媒体社会角色扮演的丰富性增加，在媒介运行机制和传播资源配置方式等方面起到稳定中求发展的效果。对民生新闻加以"生活政治"化提升，本质上也是"增量改革"的一种结果，是对民生新闻报道手段、报道理念的更新、改造与提高。从民主化的进程来看，我国公众从关注

---

① 朱永祥：《"民主促民生"语境下民生新闻的提升与超越——以杭州电视台〈新闻60分〉和〈明珠新闻〉为例》，《现代传播》，2010年第7期，第157~158页。

民生问题到参与日常的生活化政治,既是我国政治文明发展的必然趋势,又是民生新闻品质提升与深化发展的一大契机。①

第三节 民生新闻与倡导明礼诚信、鼓励团结友善

国无德不兴,人无德不立。在核心价值体系和核心价值观中,道德价值具有十分重要的作用。"天地无全功,圣人无全能,万物无全用",所有价值观念都是具体的、历史的,它们在很大程度上决定了一个人、一个民族、一个国家的精神气质和品格追求。新闻媒体必须在核心价值观的引领下坚守我们长久以来形成的道德理念,持续弘扬传播传统美德,使明礼、诚信、团结、友爱等社会主义道德观成为社会风尚,培养大众的价值观与道德观,推进社会文明不断攀升。在倡导社会主义道德观时,新闻媒体要注重伦理文化的培养,不断优化自身的伦理生态环境。立足本土、立足大众,民生新闻要对我国传统文化思想进行挖掘,在新闻中重视民风民俗的展示。使具有国家、地方特色的文化成为社会成员共享的文化集体记忆。坚守伦理道德、以正确的舆论引导大众是民生新闻传播的根本目的之一。民生新闻不仅要立足平民立场,以亲近通俗的方式播报新闻,还要立足文化立场,不仅要关注大众的感性认识,还要尽可能使大众获得理性提升。

一、媒介载道——民生新闻彰显社会伦理的必要性

社会主义核心价值观提倡"富强、民主、文明、和谐,自由、平等、公正、法治,爱国、敬业、诚信、友善",浓缩了国家、社会和民众三个层面的价值目标、价值取向和价值准则。"有怎样的价值观念,就会有怎样的行动。有'天下兴亡,匹夫有责'的爱国精神,才能承担时代赋予的使命;有'善学者能,多能者成'的敬业作风,才能把握人生出彩的机会;有'以信立身,以诚处世'的诚信品格,才能赢得一个良好的发展环境;有'取人为善,与人为善'的友善态度,才能形成和谐的人际关系。这样的价值,让我们能更好地处理个人与他人、个人与社会的关系,将人生带入更高境界。"②

---

① 杜建华:《试论民生新闻的现实困境与出路》,《电视研究》,2011年第11期,第57~59页。
② 人民日报评论员文章:《人民有信仰 国家才有力量——四论弘扬社会主义核心价值观》,《人民日报》,2014年2月17日,A01版。

其深意在于，让核心价值观成为大众在日常生活中的价值追求和自觉行动。在一个和谐文明的社会中，道德是首要的衡量标准。

一些新闻媒体报道的"机动车肇事逃逸""老人摔倒无人搀扶""做好事的市民反遭诬陷"等事件，不断冲击着社会的道德底线，引起当今我国社会对道德伦理建设的反思。道德是凝聚社会成员和谐共处、积极向善的隐性力量，曾经作为共识的道德信念在当下受到了严重挑战，对此类新闻事件的关注也体现出当下我国民众在现实困境中内心的纠结以及对核心价值观的期望。民生新闻反映民生、诉说民意，是大众了解社会、了解自身的一面镜子，民生新闻中所倡导的伦理价值对大众具有直接的引导作用，只有在社会主义核心价值观引领下的民生新闻才能正确地认清自身在社会伦理文化中的定位，从而以积极的价值观引导大众，传播正能量。

（一）民生新闻的社会伦理角色

何谓"道德"？老子《道德经》曾言："道生之，德畜之，物形之，器成之。是以万物莫不尊道而贵德。道之尊，德之贵，夫莫之命而常自然。""道"可视为人世共通的伦理要求与规范，"德"则指人遵照伦理规范所表现出的良好品行。如果将"道"视为客观存在的事物发展规律，"德"则表示人在认识了"道"后，按照对"道"的正确理解积极地处理自己与他人、自己与社会之间的关系。"德者，得也。得道于心，而不失之谓也。"虽然在中国古典哲学中，"道"与"德"具有不同的内涵，但在此处我们可将"道德"统一理解为在特定的社会环境中社会成员所共同遵守的行为规范，以及人们将此规范内化为自我的价值认识后的行为表现。道德的本质是向善，与法律不同，道德依靠的是价值观隐性植入社会成员的意识中，是人社会属性的体现。社会的和谐稳定有赖于对社会成员行为进行积极的引导，主要手段就是道德和制度。制度凭借的是国家政府的强制力量，而道德的树立需要依靠对社会成员内心价值观念潜移默化的影响，道德的约束力量远比制度要宽泛、稳定。道德是人在社会交往中自然形成的价值规范，需要制度的刚性约束、社会舆论的支持、风俗习惯的传承以及大众传媒的价值引领。大众传媒必须承担构建社会伦理、传播核心价值的责任。

民生新闻承担着传播伦理道德的社会责任。相对于一般的新闻，民生新闻具有贴近民生、切合民意的特征，其与大众的亲近性及广泛的大众基础决定了它在道德传播中的质量与效率。民生新闻通过传媒符号传递价值理念，使受众在潜移默化中受到感染，此过程不仅能实现道德伦理的广泛传播，还能使其所传播的价值观与受众原有价值观念发生聚合作用，从而提升价值建构的内涵，使大众的价值观念在更大的范围内趋向统一。民生新闻中报道的事件与话题均与大众日常生活相关，因此在进行道德宣传时无须刻意以宣教的方式进行，可以在民生事件中无形地加入对事件的偏向性解读，让受众在接受信息的同时潜移默化地受到影响。明礼、诚信、团结、友善作为符合社会主义核心价值观的道德理念应始终贯穿于民生新闻的播报中。云南电视台自2006年以来打造的品牌节目《昆明好人》广受好评，该节目以年度大众评选的方式选举云南地区具有代表性的好人好事加以宣传报道。经过多年的实践，《昆明好人》突破地域的限制，其中所报道的人物和事件已经成为一种精神存在，成为大众认可的价值观念。民生新闻在反映百姓民生的同时，也要善于将现实生活中的善与美传递出去，以此引导大众，实现核心价值的有效传播。

民生新闻不仅要传播符合社会发展的道德理念，还要承担监督社会不道德行为的责任。民生新闻以大众为视点，在反映大众生活的同时，也在揭露现实存在的不道德行为，以此倡导大众遵守道德准则、维护道德尊严。"核心价值观的践行，既要倡导奉献，放大榜样力量，也要敢于说不，防范破窗效应。在一些领域和一些人当中，价值判断没有了界限、丧失了底线，甚至以假乱真、以丑为美、以耻为荣。激浊才能扬清，抑恶才能扬善，对那些伤风败俗的丑恶行为，对那些激起公愤的缺德现象，我们不能听之任之，应该挺身而出敢于'亮剑'。让造假者受到惩罚，让讹诈者付出代价，让是非不分者受到教育，才能澄清模糊认识、捍卫道德底线，引导人们自觉做良好道德风尚的建设者，做社会文明进步的推动者。"[①]

民生新闻借助新闻传播平台，在反映民生的同时履行"把关人"的职责，坚持对社会道德的守望，通过设置话题、传播信息、扩大舆论等方式建构社会的价值规范。要履行道德监督的职责，民生新闻要以敏锐的专业素养及时探查生活中存在的不道德现象，进行及时客观的播报，并引导大众以此为话题进行深度讨论，以此形成社会舆论引导。在此过程中，新闻媒体可以通过对新闻信息的特定解读引导大众的观点与态度，使大众在无形中建立符合道德规范的价值理念。举例来说，尊老爱幼是我国的传统美德，但是在现实生活中不赡养老人、虐待儿童的事件时有发生，此类报道在民生新闻中屡见不鲜。虽然当下我国已经有相关的法律对此类行为进行惩治与约束，但一

[①] 人民日报评论员文章：《呼唤莫若实干 心动不如行动——五论弘扬社会主义核心价值观》，《人民日报》，2014年2月18日，A01版。

些民众将此类事件视为家庭内部矛盾而不愿诉诸法律。事实上此类关乎道德伦理的事件在短时期内通过制度约束的确能起到一定的威慑作用,但是从长远来看,还是要依靠全民道德素养的提升才能从根本上解决问题。例如,四川电视台对某继母虐待女童事件进行了多日的追踪报道,通过持续的跟进不断将作恶者的丑恶言行进行曝光。与此同时,媒体通过调查暗访、专家评论、网络互动等方式不断扩大舆论影响,向作恶者施加舆论压力,通过道德审判督促其向善。对社会恶行的及时揭发不仅能起到监督社会道德的作用,还能在一定程度上威慑作恶者、减少社会不良现象的产生,更重要的是,在此过程中可以完善社会舆论机制、引导正确的价值观点,以道德的力量促进社会的和谐团结。

(二)社会主义核心价值观对民生新闻的道德诉求

当前我国社会正经历着前所未有的变革,经济发展速度不断提升,开放程度日益扩大,文化多元化发展日渐显著,社会价值观念呈现多样化特征。与此同时,我国社会也进入了全新的转型阶段,中国传统的社会结构、发展模式、机制体制等都要随之转变,从而带来社会各层面的深刻变革。社会结构完善,物质充足,大众的生活方式发生根本性变化,人际交往模式也发生改变,随之而来的就是伦理规范、社会道德价值评判标准的重新认定。在此环境中的民众思想极其活跃,社会价值多元、文化多样使得大众价值利益取向差异显著,理想缺失、道德堕落、价值扭曲、拜金、享乐等不良现象也在多元的社会环境中逐渐滋生。深究其根本原因,除了市场经济自身存在的缺陷及社会体制发展不健全外,主要还是由于当下社会道德标准的多元化。在新型经济体制及社会分层的促动下,社会主体的利益呈多元化发展面貌,传统的道德评价标准受到挑战,不同的伦理标准在不同阶段彰显自身存在的合理性,这使得人们对自身行为规范的认可出现质疑,无法以明确的价值标准判断自身行为,美与丑、好与坏、善良与邪恶的界限逐渐模糊,不符合道德规范的行为逐渐显现。

法国社会学家涂尔干曾对社会道德伦理与个人的关系进行了分析,认为"个人是信赖社会的,或至少是信赖社会中个别群体的,因为共同的信仰和价值给予生活以意义和目的,而规范则引导和调整人的行为。社会联系的任何削弱都会损害共有的信仰,降低道德的价值和侵犯规范性的结构。其结果是导致失范,或者是导致一种无意义无规范的状态。在这种状态中,每个人都会因为脱离了进行规范性调整的社会联系而不知所措。在主观上,每个人可能经验到某种不确定和不安全的状态,或是他们的个人愿望和雄心超出了所有能实现其愿望的现实机会的状态。在最深层次上,失落表现为普遍无意义的感觉和那种令人痛苦的怀疑,生活终究是真正无目的的或无意义的"①。没有明确的道德规范作为基础,人民的幸福无从谈起,更不用说社会的和谐稳定。

面对深刻复杂的社会变革,新闻媒体必须承担起应尽的社会责任,以社会主义核心价值观为导向,加强社会成员的信息沟通与引导,宣传符合社会发展的主流价值理念,传播正能量,培养大众积极向上的伦理品质。民生新闻在建构社会道德中应积极承担责任,通过媒介平台监督不道德行为,宣传道德典范,塑造道德楷模,以道德榜样的力量影响大众的道德行为,形成共建道德社会的文化力量。民生新闻立足大众,可以在普通人中发现道德模范。如今以大众评选的方式选出的全国道德模范、各地区道德模范的事迹都会在新闻中呈现,这些助人为乐、见义勇为、诚实守信、敬业奉献、尊老爱幼的道德模范事迹一经播出,受到受众极大的认可。道德需要榜样的引领,我们要向"最美村官"张广秀学习扎根奉献的毅力,向"最美干部"涂红刚学习"安、专、迷"的韧劲,向"最美教师"张丽莉学习关心呵护的博爱,向"最美司机"吴斌学习无私无畏的坚强……这些被宣传报道的普通人身上凝聚着道德精神的力量,是社会主义核心价值观的集中体现。

民生新闻传播民生信息,其中除了包括事实信息外还包括文化信息、伦理信息、审美信息等,这是潜藏在民生新闻中的隐性表达,可以长效地、全面地、无形地影响大众价值观的形成。隐藏在新闻事实中的价值判断一旦成为价值共识被社会成员接受并认可,就会形成某种社会风气。除了塑造道德模范,民生新闻还可以通过传媒符号的运用刻意地在新闻信息中突出某种现象或观点,使大众在不知不觉中接受其所传递的价值与规范。

(三)一些民生新闻伦理缺失的现状亟须改变

随着通信技术的发展,新媒体技术的普及利用为民生新闻传播带来了更广阔的发展空间,新闻传播者无论在新闻内容的选择还是方式的革新上都可以借助互联网平台来进行创新,在为民生新闻创新发展带来机遇的同时,也带来价值判断上的隐患。网络的海量信息缺乏有效的监控机制,其中不乏存在虚假不实的报道,且网络传播便利的互动性使其极易在极短时间内造成大规模的社会舆论,形成媒介喧嚣。过度追求新闻信息的娱乐化、戏剧化,放弃对新闻信息第一手资料的掌握而完全从互联网上查找"新奇"的新闻素

---

① 张军:《社会转型与社会失范》,北京:中国经济出版社,2000年版,第3页。

材,是当下民生新闻伦理缺失的表征之一。如当某明星爆出绯闻或传出丑闻,部分新闻媒体不追求对事件客观真实的报道,缺乏对资料进行充分的考察验证,而是肆意地从网络上翻找与该新闻相关的消息进行拼凑,完全不顾及新闻传播可能产生的社会影响,只追求信息引起的社会轰动效应。当某新闻通过互联网传播形成社会舆论后,新闻媒体应及时对此进行深度的跟进报道,以此引导社会舆论,传播核心价值。但现实是有些新闻媒体不但没有起到积极的价值导向作用,还在其中火上浇油。如在李启铭交通肇事案、李天一强奸案、郭美美炫富事件的报道过程中,部分地方媒体在无法得到第一手新闻素材的情况下,为了追求报道的戏剧化程度,肆意在网络上寻找"爆点",不关注事件本身的发展情况,刻意对这些事件妄加猜想、胡乱评论,导致受众在事件信息接受上产生偏差,为谣言的产生推波助澜,造成了极其恶劣的社会影响。

当下民生新闻从业人员的伦理素质受到普遍关注,且存在专业从业者道德失范的现象。新中国成立以来,学者对我国媒体从业人员的职业素养与道德素养进行了多次抽样调查,结果却不尽如人意。2005年廖圣清、李晓静、张国良等学者在全国大规模随机抽样的基础上对我国大众传媒的公信力进行实证调研,结果表明民众对大众传媒公信力的评价不高,且各主流媒体的公信力水平都没有达到"良好"。[①] 此现象源于社会环境、经济环境对传媒造成的影响,传媒从业者本身伦理素养有待提升,从目前民生新闻的发展现状来看,由于对经济利益的过度追求,一些民生新闻从业者放弃了对社会公益的坚守,片面追求经济效益,节目内容为了迎合大众而一度低俗化、媚俗化,在节目传播中不惜侵犯他人隐私,造成道德理性的沦丧。

在民生新闻中,好的新闻记者不仅能以敏锐的眼光洞察百姓民生热点,客观真实地反映大众的现实生活,还要在报道中彰显人文关怀,体现伦理价值。如在播报灾难新闻时,由于突发性灾难事件本身已经给受害者带来物质、身体、精神上的伤害,在此基础上展开的新闻报道应该充分考虑到受害者的心情与心理状态,在采访言辞与方式上都要体现出人文关怀。2013年4月20日四川雅安发生7.0级地震,造成186人死亡,万余人受伤,给当地民众造成极大影响。在地震发生后,四川电视台进行了24小时跟踪报道,对地震快捷客观的报道值得肯定,但其中一个细节却体现出其人文理念的缺

---

① 廖圣清、李晓静、张国良:《中国大陆大众传媒公信力的实证研究》,《新闻大学》,2005年第1期,第19~27页。

失。四川电视台某记者去采访一名在地震中失去父母的女孩,采访时女孩手捧救援人员给她的稀粥,眼神里充满迷茫无助,此时记者的问话却是荒诞之极:"你现在还能喝上热腾腾的稀饭,你觉得幸福吗?"诸如此类的采访完全忽视受访主体所承受的心理伤害,只本着收集信息、反映民意的目的进行采访,但是提出的问题却与道德伦理相悖。由此可见我国媒体从业人员的道德素养有待提升。

二、民生新闻伦理文化的发展方向

民生新闻以大众性、人文性、公正性为其砥柱,体现了当下我国主流媒体对社会各阶层大众的关注,彰显了媒体的社会价值,发挥了其舆论引领、正能量传播、主流价值建构的社会功能。当下我国的民生新闻以公共性、参与性为理念,体现了社会转型期各级媒体为促进新闻改革进行的尝试与突破,这不仅有效改善了民生新闻传播的媒介生态,更重要的是为社会主义核心价值观的有效传播提供了保障。面对日渐复杂的传媒环境,在新一轮的竞争与挑战中,民生新闻要处理好经济效益和社会效益的关系,在对节目内容、播报方式突破的同时明确伦理文化的发展方向,如果不能在竞争环境中营造良好的伦理氛围,就必将使媒体陷于难以自拔的矛盾与冲突中,经济效益也会随之受到影响。在社会主义核心价值观的引领下,民生新闻要明确自身身份,自觉承担媒体应尽的责任。

(一)坚持与时俱进,改善媒体伦理生态

在新媒体时代,新闻传播不仅要在争取技术革新、获得经济效益上做出努力,更重要的是关注媒体社会伦理生态的建设。随着传媒全球化的发展,市场化、产业化观念更深层次地渗入传媒领域,媒体之间的融合竞争也愈发激烈,当下我国的新闻传媒领域正面临前所未有的挑战,伦理文化建设的重要性及紧迫性不容忽视。从全国范围来看,我国新闻媒体数量居世界前列,但在数量众多的媒体中具有较高品质且具有全国影响力的媒体却寥寥无几,除中央电视台、中央人民广播电台等国家主流媒体外,地方媒体民生新闻普遍品质不高,缺乏竞争力。尤其是在娱乐化的影响下,民生新闻内容选题单一、结构编排无特色,节目的同质化、模式化现象严重。如今在新媒体技术发展的促动下,很多传统媒体竟然忽视对民生新闻进行第一手资料的采编,而是胡乱借用网络资料,在毫无考证的情况下将网络图片、文字、视频等在节目中播放,这样不仅不能提升节目的品质,反而显得粗制滥造,缺乏新闻专业精神,毫无诚信可言。由此看来,民生新闻伦理文化的建设急需加强。

第六章 社会主义核心价值观引领民生新闻价值重构

民生新闻要传播社会主义核心价值观,要对大众进行正面的舆论引导,首先自身应当建立起积极的伦理道德观,改善媒介伦理生态。随着新媒体的普及,大众对信息的接受不再仅仅依靠广播、电视等传统媒体,便捷的移动终端设备打破了信息传受的时空限制,受众可以随时随地接受新闻消息并参与交流。如何提高受众对媒体的忠实度,关键之一在于打造优良的道德面貌与文化品质。民生新闻的目标受众是包括社会所有阶层在内的民众,如何在尽可能满足底层民众需求的基础上也吸引高层次受众,打造与之相应的伦理文化氛围至关重要。

建构良好的媒介伦理生态,寻求大众价值认同,是民生新闻可持续发展的动力。建构良好的道德伦理环境本就是媒体的应尽之责,从心理学视角分析大众之所以对民生新闻节目产生信任感,其主要原因是对节目背后的价值伦理产生认同。大众通过民生新闻了解与自己生活相关的民生信息,并寻找与自身相同的伦理人格,如果节目能反映出与此相吻合的文化氛围,大众就能在收看收听节目的同时产生信任感与满足感。民生新闻不仅要传播民生信息,还要建立一个能够让大众共同分享的伦理文化氛围。

首先,民生新闻要慎重选取新闻题材。题材选择范围狭窄、过于琐碎平淡已经成为当下民生新闻传播的通病,但很多人并没有意识到这个问题,认为"琐碎"就是民生新闻的特征,这是对"民生"片面肤浅的理解。民生新闻报道百姓民生,但选取事件必须具有新闻价值。对具有新闻价值的事件进行深度剖析,有助于避免大众对民生新闻产生审美疲劳,促使其对民生新闻产生持久的新鲜感及信任感。

其次,民生新闻绝不可为了满足大众娱乐化需求而刻意寻找暴力色情新闻,或是在新闻中刻意突出暴力色情内容。部分民生新闻为了增强视觉刺激,将车祸、刑事案件的现场直接呈现在节目中,甚至将死伤者血淋淋的画面用特写、近景等手法加以突出。如四川电视台某民生新闻节目报道一起女童被继母虐待的事件时,镜头中直接展露女孩满身是血、头顶由于被继母在虐打过程中将头发扯下而血肉模糊的画面,且成为电视台当日新闻播报的重点。在本条新闻播出前,此事件就多次以"无辜女孩遭受毒打,蛇蝎继母无动于衷"为引子穿插在各段新闻中,吸引大众注意。播报时也毫不避讳地将女童全身的伤痕暴露在镜头前,将此作为当日新闻播报的最大噱头,如此的播报方式有何伦理道德可言?新闻从业人员的道德修养是构建新闻媒体伦理文化的基础,优化媒体伦理生态环境的关键就是提升传媒从业者的道德素养,提高媒体道德自律。在当下经济浪潮的席卷下,收视率不断成为媒体传播的重要参考标准,新闻媒体一定要在喧嚣中冷静下来,切实领会社会主义核心价值观的思想内涵,加强媒体与社会之间的相互监督机制,在提升自我道德修养的基础上带动社会道德价值观的提升。

2009年11月9日,中华全国新闻工作者协会(简称"中国记协")七届二次理事会上就通过了《中国新闻工作者职业道德准则》,时隔五年,其中部分规定应与时俱进地进行解读,为当下媒介伦理生态的优化提供经验支撑。"任何能够在整体社会中占据一席之地的活动形式,要想不陷入混乱无序的形态,就不能脱离所有明确的道德规定。一旦这种力量松懈下来,就无法将其自身引向正常的发展,因为它不能指出究竟在哪里应该适可而止。"[①]面对当下日新月异的传媒环境,在现有基础上对新闻媒体道德规范进行明确规定非常必要,这也提供了在复杂的传媒变局中从业者进行新闻实践的依据与准则。通常新闻媒体的伦理文化由媒体、社会、公众、政府等多方面构成,民生新闻所表现出的道德失衡是由多方面原因造成的,媒体自身构成其中最重要的一环。加强媒体与社会之间的监督,可以有效缓解媒体伦理失衡现象。从媒体角度来说,要及时对社会上的不道德行为进行揭露,为建构社会道德规范出力。社会也要关注媒体的传播行为,揭露其存在的不道德行为,促进媒体道德伦理的提升。事实证明,民生新闻的传播如果没有道德伦理进行支撑,终将失去大众的认可与信任。

(二)唤醒文化记忆,肩负道德使命

民生新闻以某一社会区域内的大众作为播报主体,具有极强的地域性及亲民性。省市县级媒体的民生新闻报道通常是针对当地民众的现实生活划定报道范围,新闻也以呈现与当地民众日常生活息息相关的内容为主,即使是中央主流媒体的民生新闻传播也有明确的传播范围,即以生活在中华人民共和国的民众作为播报主体,而此群体通常经历着相同的文化场景,怀有相同的文化记忆。部分民生新闻节目为了更好地服务民众、亲近民众,会选择使用方言播报新闻,主持人也改变了传统灌输式的播报方式,采用亲切、幽默的语言与受众进行交流式的播报。由此可见,民生新闻传播是基于其传播对象处于相同的文化氛围中,在新闻传播中所呈现的是与当地群众密切相关的文化场景。民生新闻对民众天然的亲近性使其传播极易唤起大众对所属社会文化的认同感与亲近感,这是构建社会伦理、促进社会和谐的基础。

[①] 周俊:《试析我国现行新闻职业规范——以〈中国新闻工作者职业道德准则〉为例》,《国际新闻界》,2008年第8期,第16~20页。

第六章　社会主义核心价值观引领民生新闻价值重构

民生新闻要有效实现对社会伦理的构建,加强受众的道德观念,首先要明确其新闻播报范围内的受众所处文化的传统以及特征。英国社会学家麦基文曾说"只要大家在一起生活,就必须从这种种共同生活之中产生与发展出来某些共同特点,如举止动作、传统习俗、语言文字等。这种共同特点,实际是一种有势力的共同生活的标记与结果"①。在历史发展的进程中,社会成员在一定区域内共同生活生产,在此过程中形成了共同的价值理念与文化传统,建立在此基础上的价值认同超越了社会成员间的关系构成及组织结构。中国悠久的历史文化传统传承至今,是所有中国人在这片土地上共同生活、共同创造的成果,中国传统文化是所有中国人思想价值、生活习俗、道德理念、文化传统的共享,某一地区的文化传统也具有相同特征。新闻传媒作为当下大众获取信息、参与社会交往的主要渠道,应自觉肩负起引导大众价值理念、彰显社会道德伦理的使命,"国家、社群、民族等都是通过具体象征物(如旗帜、民族服装、仪式等)想象出来的;一个想象出来的群体,其想象空间可以无限和至高无上。之所以说是想象,因为即使是很小的族群,其成员之间也不可能全部相互认识,但在每个人的脑海中,却觉得与其他成员有亲密的关系,而这一想象与大众传媒的传播有很大关系"②。约翰·杜威曾说:"人们由于拥有共同的事物生活在一个社区里,传播即是他们借此拥有共同事物的方法。他们必须共有的事物包括……就像社会学家所说的社会共识……共识需要传播。"③民生新闻要在节目中彰显传统道德理念,唤醒并加深大众的文化记忆,加强对大众核心价值观的约束与引导。

审视近几年主流媒体的民生新闻选题,可以发现其中具有与中华民族传统文化心理相同的元素。这些具有深刻人文理念的命题一度将大众带入最质朴原始的道德伦理的思考与审视中。如民生新闻中对孝道的提倡,中国人尊老爱幼的传统自古有之,且是世界上其他民族都无法比拟的。《周易》中有述:"有男女然后有夫妇,有夫妇然后有父子,有父子然后有君臣,有君臣然后有上下,有上下然后礼义有所措。"由家庭成员所构成的亲情伦理关系自古便是我国社会构成的基础,家庭是中国伦理型社会最基本的形式。从本质上来说,中国传统文化就是以"孝"为核心的伦理型文化。"夫孝,德之本也,教之所由生也。"对父母的关怀是人之为人在成就其人生价值的过程

---

① 李义天:《共同体与政治团结》,北京:社会科学文献出版社,2011年版,第6页。
② [美]本尼迪克特·安德森:《想象的共同体——民族主义的起源与散布》,吴叡人译,上海:上海人民出版社,2003年版,第57页。
③ 姜红:《"仪式""共同体"与"生活方式"的建构》,《新闻与传播》,2009年6月,第68~76页。

中必须要实践的一种道德修养。2013年重阳节期间，央视《朝闻天下》节目发起了大型系列"老爸老妈最在乎什么"，引发了广泛的社会关注，其最主要的原因就是该报道的主题牵动了中国民众最根深蒂固的文化理念。中国传统文化中就将家庭亲情视为人存在于世中最基本的形式，"悌也者，其为人之本欤"（《论语》）。随着报道的不断深入，一些具有深意、引发触动的回答随之呈现在屏幕上，如一位老人在接受访问时说，她现在不想活着，因为孤独……尽管父母们的回答五花八门，但是很多都最终指向了老人内心的孤独与寂寞，并且希望子女能多些时间与自己相处。央视"老爸老妈最在乎什么"的系列报道不仅以大众之口道出尊重老人、关怀父母的民族传统美德，更让大众能通过此报道引起自问，反观自己的行为，而最终的落脚点则体现在对自我生命之源的敬畏。新闻媒体有责任与义务在社会中加强伦理秩序的建构，使社会个体明晰其生命来源与延续的意义，使"报本反始"成为中国和谐家庭伦理关系中所有成员的终极使命。

　　家治方能国治、家和方能国富的传统思想已然成为我国大众伦理道德认知的起点。央视2014年春节期间借助初一至初七的春节黄金档播出主题为"家风是什么"的系列报道，以"家风"作为传播突破口，借助大众之口深刻阐释了家庭与个体之间休戚相关的关系。贴近民生的系列报道尤其要了解民众的民族文化心理习惯，我国传统文化不仅注重群体观念，还注重群体成员之间的和谐统一。成就中国民族心理基础的"太和"文化体现在家庭中便是"家和万事兴"。从该系列报道的内容来看，很多大众对"家风"的阐释也是围绕着"和"理念展开，通过新闻报道呈现广大民众追求家庭的幸福和谐、团圆和乐的心理。通过新媒体的二度发酵，社会舆论的不断升级，一则系列报道可以引发广大受众对家庭的归属感与认同感。然而此命题并未就此结束，随着报道的深入以及话题的进一步升级，"修身、齐家、治国、平天下"的传统思想成为话题的落脚点。

　　省、市、县级媒体的新闻传播可以通过对当地民风民俗的挖掘与展现，增强新闻伦理文化的传播效果。在民生新闻中展现民风民俗，不仅有助于增强新闻传播与大众的亲近性，更好地引起大众的关注与认可，还可以弘扬本土文化，加深大众对文化的认同。民生新闻对社会伦理认同的建构以大众对新闻中出现的文化符号产生想象性认同为基础，而这些文化符号大多承载的正是地区性的民风民俗。民生新闻通过运用各种影视、文字符号，将抽象的文化进行具象化表达，传递符合社会伦理的价值观念。如江苏电视台的民生新闻节目《零距离》不仅是我国电视民生新闻节目的开端，更在民生新闻的发展创新、品质提升中不断探索，赢得业界好评，其受到广泛称赞的原因之一就是善于利用本土优势，深度挖掘南京本地的文化传统，注重民风民俗的报道。如在2013年2月16日，《零距离》以《"骆山大龙"舞起来》为题对南京当地的舞龙传统进行了播报，在节目中不仅介绍了"骆山大龙"的历史传统、发展现状等，还用丰富的画面语言呈现出该民俗具体的样貌与特征，有效地将大众带入特有的文化氛围中，唤起大众对当地文化的记忆与认同。

在文化全球化的浪潮中，新闻传媒有责任向大众传递主流价值观念，深化大众对优秀传统文化思想的认同。我国社会主义的文化精髓来自于我国优秀的传统文化，根植于我国民众的血脉之中。以平民化的视角、大众化的传播方式使符合传统文化心理的话语在社会成员中进行传播，有效促进优秀的传统文化、传统思想在我国民众中濡化。从大众个体而言，濡化的过程即通过大众媒介不断填补自身的信息空白，使得个体可以更好地认识社会与自我，以完成社会化改造的过程。而从社会群体的角度进行审视，此类具有民族性、大众性、广泛性的民生新闻本身就建立在整个社会族群的文化传统和文化背景之上，标志着社会成员进行文化指认的方式与手段。大众收看此节目，并在节目播出后对其中主题内容进行参与讨论，实际上也可视为对自我身份认知与对族群认同的形成过程。

（三）坚守道德底线，促进协商认同

人的本质属性体现为社会性，生活在社会之中的个体需要遵从一定的群体的行为规矩，才能够融入群体获得认同。"人之生不能无群，群而无分则争，争则乱，乱则穷矣。"（《荀子·富国》）社会规范就是人进行社会活动的行为规矩与准则，具有稳定性、规范性特征，其本质是对人们的社会关系的具体化反映。社会伦理规范的作用体现在两个维度上：对个体而言，遵循社会伦理规范是其社会性的表现，同时也是身份认定、融入群体的心理前提。就社会而言，则是维持社会秩序的保证。"人生而有欲，欲而不得则不能无求，求而无度量分界则不能不争。争则乱，乱则穷。"（《荀子·礼论》）社会伦理作为一个群体共同意见的反映，表现为一种共同的价值体系。作为这一群体成员中的个体要融入群体生活，就必须掌握这种价值标准并内化为行为指导，对自身的社会行为进行约束。同时在进行其他社会活动或社会行为时，会以此作为评判标准来衡量他者行为的合法性。

民生新闻反映民生、汇集民意的新闻传播样式决定了它既是社会伦理的集中反映者，也是社会伦理规范建构的积极参与者。民生新闻将镜头对准大众，经过对民生事件的选择、删减、编辑直到节目播出，实现了一个社会规范的建构的符号化、意义化过程。在事件的报道中蕴藏了深刻的道德伦理判断标准。如有学者对央视"幸福是什么"系列民生新闻报道进行了细致的文本分析,分析结果表明出现在电视屏幕上的147名民众的回答中正面回答占据58.71%,负面回答占3.87%,其余皆是较为中性的答案。[①] 信息选择过程构建出大众规范化角色、规范化行为,完成了对社会主流价值的引领与构建,达到建设伦理规范化社会的目标。在民生新闻的报道中,建构伦理规范、宣传道德理念的功能伴随着对新闻事件的深度解读而得到凸显。如央视以幸福、爱国、家风、敬老等为主题进行的民生新闻专题报道体现了中国传统的价值规范与道德认知,表现出特定的意义传达,在后续社会大众的共识性解读中进一步彰显出浓厚的道德意识和民族意识。

民生新闻的播报也伴随着诸多反抗话语,业界与学界的诸多专家对当下民生新闻的传播内容与播报方式提出了直接的质疑与批评。从另一个角度说,争议所引发的讨论可以带动更多的人进入公共参与中,激发社会大众的广泛思考。并且由于传媒的影响,持相同观点的社会群体可能由于共享类似的价值理念而构成虚拟话语社区,从而呈现对某一话题、观点的群体性"共鸣"现象。此景观的构筑将原本存在于政府与新闻传媒视野中的民意想象直接演化为对民意的感知与理解,成为促使政府决策出台及新闻传媒传播方式理念改革的直接来源与动力。由于社会成员之间社会身份、文化修养、知识构成等诸多方面的差异,因此在具体的主题讨论中也很难达到完全一致,共识的产生依赖于新闻传媒引领受众在核心价值观的指导下进行协商式解读,进而产生协商式认同。

协商认同的"共识"建立在广大民众共同持有的对传统文化价值、道德修养的认知与理解上,即对真、善、美判断标准的基本认同。反抗性话语背后深藏的社会问题及民众心理,只要从符合中国民众伦理文化心理的普遍性共识出发,负面言论也可以变得有利于社会发展、有利于摒除社会弊端。

---

① 黄海燕:《"你幸福吗?"为何受质疑》,《新闻记者》,2012年第11期,第10~11页。

第七章　社会主义核心价值观引领民生新闻报道创新

社会主义核心价值观体现了社会主义意识形态的本质要求，体现了社会主义制度在精神层面的理想和追求，凝聚了社会主义国家和人民在长期的社会实践中总结和提炼的文化精髓和思想结晶。大而论之，社会主义核心价值观是引导全国人民团结奋斗、指导整个社会良性发展的思想武器和精神保障；小而论之，社会主义核心价值观是指引社会各行各业走入专业化、产业化，提升行业竞争力和国际竞争力的必要条件。以民生新闻的现状来看，其在发展中遭遇的多元困境，正是因为缺乏对核心价值的深入理解，一味追求新闻冲突感和画面刺激感，崇尚都市现代文化，忽视乡村传统文化，沉迷信息的轰动效果，忽略新闻仪式的感召效应，炫耀参与"大事件"的权力感，忘却民生新闻的人文秉性，强调个案故事的煽情效果，遗失民生新闻的公共情怀。而社会主义核心价值观正是促推民生新闻平衡城乡、展示仪式、关注人文、实现公共情怀的引导性力量，这种力量彰显了"三个倡导"中"倡导富强、民主、文明、和谐，倡导自由、平等、公正、法治，倡导爱国、敬业、诚信、友善"的基本要义和精神。

第一节　从联播到地方：标准化向本土化的演进

1978年1月1日中央电视台启播《新闻联播》，从此电视新闻逐渐以成熟、规范、专业的形象进入我国普通受众视野，并与报纸新闻并驾齐驱，影响和引导着民众的日常生活。从此开始，联播形式成为电视新闻一种约定俗成的经典模式，地方卫视和地面频道纷纷效仿，相继开办了《湖南新闻联播》《各区新闻联播》等栏目，沉稳庄重、严肃谨慎、权威专业是这一类新闻的基本格调与一般风格，代表了所在行政级别政府的官方态度与信息输送,行政级别以下的各区域获得在新闻中展演的均等机会,因而联播类新闻有如"大拼盘"的简单罗列和平面展示,缺乏具体深入的描写。

一、一种声音:"前民生"时代的联播体制

联播新闻是一种以行政权力为基本动力的电视制作模式,也是以权力级别为方向的纵向传播模式,播出机构是权力运作的核心,可以以行政命令的方式要求下属级别的电视机构供稿,在此过程中,所有的采访、编辑、播出等制作程序,均围绕着播出机构这一层级的权力而开展,为其顺利有效运转提供润滑剂。

(一)联播体制的时代背景

联播类新闻是计划经济时代的产物,它延续了当时那种政治话语和行政思维,在传播系统中强化权力核心地位。其中,"四级办电视"是这一模式的集中表现,也是联播类新闻的制度背景。

"四级办电视"方针是我国电视联播模式的制度背景,所谓"四级办",即指中央、省、市、县各级开办电视台,受同级政府的指导,并为同级政府服务。第十一次全国广播电视工作会议(1983年)提出了四级办广播电视的方针,凡是具备条件的省辖市、县都可以根据当地需要开办广播电台、电视台。"四级办电视"虽然具有诸多时代局限性,如限制电视的专业性发展,阻碍电视的制度化建设,等等,但是它在中国的电视史上却有着重要意义,其中最大的历史贡献就是开创了中国电视的繁荣局面,在"量"上铺开了场面,在空间上设计了地方格局。我国的地方电视事业正是在这个背景下如雨后春笋般生长起来的。顾名思义,我国地方电视包括了中央电视台以下的各省级电视台、计划单列市电视台、市级电视台等,是我国"四级办"体制所产生的一种特有结构。各级电视台又分有不同频道,省级电视台一般拥有一个卫视和多个地面频道,市、县级电视台一般全为地面频道(计划单列市除外),覆盖面积在本行政区域内。这种制度设计为联播类新闻提供了物质保证和格局规划,从而形成了联播新闻以权力级别为方向的纵向传播模式。

"四级办电视"初期,我国电视事业尚未完全走上商业化道路,联播体制的新闻制作模式有助于降低新闻生产成本,权力核心与下级单位分别承担各自区域的采编任务,从而节约了采编队伍和设备的调度费用。在今天的商业化和财力增长的大背景下,电视新闻的联播体制依然存在,但其出发点并不是节约成本,因为省台和市台的驻地记者站纷纷组建,分担了下级台的供稿任务。但是,联播体制在长期的传播中建构了我国电视机构的权力格局,

第七章　社会主义核心价值观引领民生新闻报道创新

形成了中心权力和次级权力，固化了层级概念和权力传统，各级电视机构以在上一级别的电视机构中发稿的数量为考核标准或成果积累。

（二）联播体制的时代利弊

联播类新闻符合我国国情，它建构了中国主流新闻的经典模式，其宣扬"主旋律"的性格特征吻合了社会主义核心价值追求，"尽管《联播》没有定义只有教义，但它的社会功利却很直接，谁拥有《联播》，谁就拥有电视舆论的主导权"[①]。

众所周知，我国各省卫视或各市主流频道均有一档宣传当地政务、经济、文化和公共事业的官方新闻栏目，时档在每天央视《新闻联播》播出前后。这一类新闻正是地方台将央视《新闻联播》的全国模式复制到地方模式上来，联播体制的权力结构是雷同的。例如，《湖南新闻联播》的广度定位是"从多角度报道湖南，从全方位宣传湖南"，高度定位是"省委、省政府的重要喉舌和舆论阵地，内容权威、时效性快，在省内保持着强大的影响力和权威性"，在广度定位中确立了联播格局，在高度定位中确立了格局中的权力身份。

联播类新闻的双重定位有利有弊，其中弊端是权力层级造成了叙述者身份模糊，即叙述者到底是实际操作过程中的供稿者，还是居于权力中心的播出者。联播体制中，地方电视台除了节目内容的地方性之外，叙述方式与央视《新闻联播》如出一辙，而且，大部分省级卫视都采用一套统一的严肃和端庄的制作方式：地方领导活动及行程、当地经济发展的新动向、当地居民生活中出现的新气象。这是一种微妙的叙事手段，关注度不高，但权威性不低，原因在于"大众话语"与"政治话语"两套话语体系的背离。用政治话语叙述当代社会，政治话语不仅缺乏传统元素，而且一定程度上也与现代性不符，现代性动力来自社会反思，而地方时政新闻却缺少质疑，从形式上说就是"追问太少，赞美太多"。现代性内在地指向全球化，叙述方式上也要求全球化，而地方时政新闻却用中国特有的话语方式自说自话，从而形成理解隔膜，但这种"中国特有"又在国内区域间"高度一致"，形成普遍与特殊的相悖。也就是说，它遮蔽了地方叙事中的共性（现代性的叙述方式），因此无法向外界输送个性（地方性的内容）。

[①] 陈孜、涂宝山：《福建联播、联播福建——2005年〈福建新闻联播〉编播语意解读》，《东南传播》，2006年第2期，第1~3页。

二、地方性：民生新闻的"诸侯情节"

民生新闻出现以前，我国电视新闻以联播体制为主要的播报模式，自2002年《南京零距离》出现以后，联播体制的权力核心逐渐遭遇消解，层级概念也渐趋模糊，新闻机构不再以区域行政级别为权力附属关系的标准，地方新闻在制作过程中，放弃"区域拼盘"的编排理念和"权力附庸"的传播心理，而从地方文化和日常生活的"深描"来阐释民生。可以说，从此开始，新闻的权力体系发生了根本性改变，话语核心从"王权"向"诸侯"过度，改变了联播体制中新闻语言"自说自话"的权力傲慢，而更尊重社会现状、人性本能和地方情怀。

（一）民生新闻对联播体制的突破

有人说，联播体制的新闻是迫于政治权力的献媚，因此多年来无法有根本性突破，即使在民生新闻如火如荼的今天，各地联播类新闻依然盛行，它无法以大众话语去描绘日常生活，更不屑放低身价去讨好普通民众。这一说法绝然割裂了联播新闻与民生新闻的相通性。实际上，联播类新闻与民生新闻并没有先天的裂痕，联播新闻是一种播报模式，只是在这种播报模式中渗透了过多的政治权力因素，民生新闻是一种传播理念，这种传播理念正与联播新闻的政治权力倾向相冲突，如果能够矫正联播新闻的政治权力倾向，在"联播"中渗透"民生"，同样可以提升新闻影响力和传播力。比如，北京卫视18：30播出的《北京新闻》就是一个形式上的联播新闻栏目，但它将政治新闻个性化和民生化，改变了联播新闻"板起脸"说话的权力倾向，大大提升了传播力。栏目宗旨为"权威发布政策咨询，悉心关怀百姓冷暖"，可以见到，该栏保留了作为"宣传员"的政治使命，又从民间日常生活入手展开叙事，寻找带有"京味"的传统内容，它革命性地改进时政新闻报道模式，简化会议新闻，加大信息容量，对我国现有的联播类新闻叙事模式有重要的启发意义：如要重视新闻背景运用，加强编辑思维力度，巧妙进行新闻组合，将时政新闻融入大众话语系统，并融合区域文化，放大"地方性"特征，同时也改变叙述者身份，提高了本土叙事的效果。

从这一案例可以看到，民生新闻对联播体制的突破最重要的一点，在于它导致了原有的纵向权力结构的倾覆，民生新闻以地方为驻点，对区域行政级别以上的电视机构没有供稿任务，对区域行政级别以下的电视机构也没有要求供稿的权力，从而深刻影响了新闻的品质，导致新闻从播报模式上的差异转向为传播理念上的差异。民生新闻的出现，在内容上打破了"政府领导

第七章　社会主义核心价值观引领民生新闻报道创新

活动＋区域内正面报道＋区域外负面报道"的僵化模式，在编排上打破了"大拼盘"式的固定格局，在播出上打破了下级播出机构向上级供稿的权力体系，在形式上打破了行政作秀与成就展示的表演痕迹。

(二) 民生新闻中"地方性知识"的媒介价值

一般而言，民生新闻是地方媒体特有的一种新闻形态，它与国家级电视机构分担着建构社会主义核心价值的任务，其要义在于呈现地方人文风情和事件动态。"民生新闻依托地方，其传播定位主要表现在两个方面，一是报道内容关注地方，二是目标受众面向地方受众市场，具有显著的地域特色。"[1] 自2002年《南京零距离》开播以来，民生新闻在我国地方媒体快速发展，虽然部分地区之间存在相互模仿和抄袭之嫌，但民生新闻的模仿与综艺节目的模仿是有区别的。民生新闻是形式的模仿，即报道手法、叙事结构、选题角度上的相互引鉴，而在内容上，由于地域空间的限定，受众视野和采编人员的活动范围都局限于一定区域内，视线范围内所触及的事件与视线范围外的事件没有交集，因此不同地域的民生新闻在内容上保持了相对差异性。而综艺节目缺乏地理空间保护，因此模仿可以突破疆域，实施从形式到内容、从理念到实践的全方位抄袭。

"地方性知识"的支撑，是民生新闻十几年来在地方媒体中长盛不衰的深层次原因。新闻本来是时间的产物，新闻的"新"就是一个时间概念，"在电视媒介中，节目内容是以时间计算的，因此电视文本最彻底地夸大了时间的叙述力量"[2]。但时间又是脆弱的，对于新闻而言，只有时间而没有具体空间即等于无力的自我言说，这就解释了为什么发生在中东国家某地的一起自杀式爆炸，远没有受众所居住城市的一起交通事故引人关注。民生新闻正是将时间和空间完美组合的一种节目形态，"地方感是一种强烈的、通常是积极地将我们与世界联系起来的能力"[3]，是受众对于媒介的空间定位的一个过程。空间定位一样来自文化、价值和品牌三个方面：首先，在文化定位上，民生新闻涉足一个地区的文化内涵，不但能树立自身形象，还能在受众群体中攫取心理认同感。文化定位本身的含义就是通过集体记忆中的文化符号来唤醒传统文化和历史文化中的现代性价值，并以此来与外界相区

---

[1] 雷蔚真、胡雅婷：《从地域性变化看中国民生新闻的十年》，《中国广播电视学刊》，2010年第4期，第75～76页。

[2] 李岩：《媒介批评》，杭州：浙江大学出版社，2005年版，第77页。

[3] [美] 苏珊·汉森：《改变世界的十大地理思想》，肖平等译，北京：商务印书馆，2009年版，第244页。

别。民生新闻看似在絮叨着普通人的琐事，如祥林嫂一般向人们言说苦难、告白详情，但故事背后却隐藏着文化的影子和人性的光环，此时"地方"是故事叙说的文化语境，为人们理解事物提供上下文。其次，在价值定位上，民生新闻帮助区域受众了解区域政策、监视周边环境，以及消遣时光，在一定的地理空间中，这些服务性功能局限于一定范围内，因为这些价值的存在，区域受众的亲近感会逐步增长，空间的接近感又会增强亲近感，从而提升媒介价值。近些年来，普通百姓遇到麻烦找记者已经成为一种普遍现象，要么寻求媒体解决实际问题，要么寻求媒体倾诉情感，这虽然是我国法制不健全背景下出现的一种现象，但又反证了普通群众对民生新闻的依赖和信任。第三，在品牌定位上，民生新闻一般定位为"亲民、为民"，所谓"民"，正是指一个区域内的中层或基层普通受众。放低姿态，反而会提升品牌。很多民生新闻栏目已经意识到了品牌建设，"帮女郎""记者跑腿"等下社区、下基层帮忙的栏目版块设置，无非是通过"帮忙"这一手段，实现在区域受众中确立民生品牌定位这一目的。

然而，对民生新闻的诟病也不少，如鸡毛蒜皮、暴力血腥、缺乏社会责任和人文精神等，因此，近年来我国不少民生新闻栏目提出了"大民生"概念。不得不承认，民生新闻存在着不少弊端，但民生新闻本身没有错，问题出在时间与空间的错位上，即原有的空间定位已不能适应现有的社会需求，受众的媒介素养增强以后，不满足于肤浅的说理和感官的刺激，他们更需要一种文化归属。在文化、价值和品牌三个定位层次的比例上，文化认同上升，价值认同下降，而这两者的变化直接影响到品牌的持重。而"大民生"概念并非意味着地理空间的"大"，而是文化认同和社会责任的"大"。在地理空间无法突破的前提下，只有在区域内寻求认同，重塑形象，提高自身价值，才能使定位更加符合时代需要和社会进步，才能适应社会主义核心价值观的社会潮流。

三、民生新闻的都市偏向与乡村重拾

（一）都市文化的媒介偏好及其动因

在话题空间上，我国民生新闻倾向于都市，而远离乡村，很多民生新闻的栏目名称就冠以"都市"或"城市"，如陕西台的《都市碎戏》、广州台的《城市话题》、深圳台的《都市110》等。从浅层次看，都市话题的搜索和采编成本较低，都市生活中的戏剧性事件较多，都市受众的购买力和影响力较高，这些原因直接造成了民生新闻对都市话题的青睐。从深层次看，人们在潜意识中就承认了都市代表先进和优越，而乡村代表传统和落后。例如在经济较为发达的珠三角、长三角地区，乡村几乎被工业区吞噬。作为社会的镜子，电视节目中的乡村内容也很难循迹，以深圳电视台的民生新闻节目为例，都市频道的《第一现场》《一时间》栏目，公共频道的《十八点新闻》《新闻广场》栏目，讲述的本土内容90%是都市题材。即使像陕西这种传统氛围相对浓厚的省份，"都市"也是其电视台民生新闻栏目的重点内容。《都市碎戏》《都市快报》等栏目，都是以西安市为传播区域，并从城市中寻找故事，如《都市碎戏》中的"碎"，在陕西方言中即"小"的意思，也就是取"都市小故事"之意，《都市碎戏》是陕西电视台都市青春频道的一档陕西方言民生栏目，"以艺术再现的手法反映市民关注的各类社会及市井话题，倾力打造一档真实反映'秦风、秦地、秦人、秦韵'、一个全新演绎生活万象、本色表达平民情怀的栏目剧"①。

在新闻题材中，都市和乡村寄存着特点各异的日常生活，特别是在我国语境中，都市与乡村各自拥有不同的社会结构和行为规则，在人们的潜意识中，都市已经进入商品社会，乡村仍是人情社会。但是，民生新闻与时政、财经等官方新闻不通，在其都市叙事中，并非攫取其光鲜、现代、进取的一面，而往往是从社会底层映衬出都市的另一面，比如"城中村""外来工"等。

从民生新闻的叙述者身份来看，它一定程度上遮蔽了官方新闻的"精英启蒙者"身份，而注重民间叙事，藏身于都市民间进行自我表述，新闻叙述者本身是都市中的普通一员，参与民间生活。"'都市民间'是隐匿于现代都市庞杂意识之中的一个审美文化空间。它与都市文化中底层的日常生活记忆和个体存在的边缘意识相伴而生。"② 在叙事动机上，民生新闻也更加注重传播城市文化，网罗城市不同阶层、各个角落的突发事件和文化现象。

（二）乡村社会的失语和重拾

鉴于以上种种原因，民生新闻的话题空间出现了"乡村失语"。在新闻中，"农民"大多是以"农民工"身份出现，"农业"则大多数被"农贸市场"取代，即都市人对农业产品的消费题材替代了农民的农业生产题材。可以说，在民生新闻的市井传播中，乡村社会基本失语，乡村传播中的文化表

---

① 林峰：《〈都市碎戏〉——制播分离的成功尝试》，王光群、顾令阳：《2007陕西电视台蓝皮书》，西安：陕西人民教育出版社，2007年版，第321页。
② 聂伟：《"都市民间"与当代叙事的现代性》，《江苏社会科学》，2004年第5期，第173~175页。

征也被喧闹和繁华所遮蔽。

　　近年来专门关注农村题材的民生新闻栏目也有少数成功案例，为全国民生新闻从"都市话语"向"乡村话语"转型提供了经验，这些民生栏目生存于农村专业频道，搭乘频道专业化的快车，这在农业人口较多的省份和区域是可行的。如浙江、河南等省台均开办了新农村频道，湖北荆州电视台于2009年元月开办了全国第六个、全国地市台第一个以农村现象、农民事务和农业发展为传播内容的专业频道——垄上频道，其主要栏目有：《垄上行》，每天一小时直播；《有么子说么子》，每天半小时方言漫画；《垄上故事会》，讲述发生在现代农村的故事；《垄上气象站》，根据农时和农事播报天气。在此基础上，基于湖北农业大省地位和荆州电视台垄上频道成功等考虑，湖北电视台也于2011年开播垄上频道，围绕"农业生产、农民生活、村容建设、乡风文明、基层民主"的社会主义新农村建设等内容，联合湖北省各市、州、县电视，开办了《垄上播报》《垄上泥巴剧》《垄上发现》《垄上大喇叭》等以农业、农村、农民为主题的民生新闻栏目。《垄上播报》以农业发展信息和农民致富经验为内容，为农民的生产活动提供便利，《垄上泥巴剧》以乡村事务和农民故事为内容，为农民日常生活提供茶余饭后的消遣，《垄上大喇叭》是用湖北方言述说农民身边的新鲜事。这些以农村人口为传播对象、以乡村事务为传播内容的频道，在一定意义上可视为对当今民生新闻市井化和媒介内容都市化现象的一种对抗。

　　从另一个维度看，乡村社会不仅仅是"农业、农村、农民"这种意义上的三农问题，还关系到乡村文化、传统文化等深度传承问题。当都市中充斥着相似的摩天大楼和豪华广场等"千城一面"的景观时，传统文化却在乡村社会中悄悄保存下来，这些文化虽然并不一定能在新闻画面中进行视觉展示，但在新闻故事的人际关系、语言表达、生活习性中，能够较为透彻地对其进行观照和传承。

　　值得欣慰的是，今天的民生新闻已经开始意识到乡村社会中传统文化的价值，特别是从一些新生代媒体人的视野中，我们看到了希望，新生代媒体人的活跃思维与新兴视野启发了传统媒体的民生新闻，使其认识了乡村社会中潜在的题材价值，为其提供了民生新闻创新与转型的思路。2014年4月，深圳大学传播学院本科毕业生的一组毕业设计——《远去的故乡——关于深圳渔村兴衰存亡的新闻调查》在答辩之后引发了轰动，答辩第二天即在《深圳晚报》用9个版面全文刊出。这则报道展现了深圳这个都市中仅存的乡村景观，并且提出了相应的社会反思和文化批判，几个小标题分别为"子孙后代是否还能记得这里曾有一代又一代的打鱼人""本地渔民：打鱼不再是首选""都市越来越多、渔村渐行渐远""究竟谁还在打鱼""渔家民俗：婚庆年节中觅得踪影"，从渔村的日常生活、历史渊源到文化特质，实现了乡村社会和渔民文化的深度报道，也提升了民生新闻的文化品质，可以说是民生新闻的一种创新。

第二节　从信息到仪式：建构市民共享的文化认同

互联网创造的信息社会颠覆了传统媒体在"信息传递"中的特殊身份，当代受众拥有着不计其数的传递信息和搜索信息的通道，而且随着技术的日新月异，这些通道仍在继续增多，它们的随时性、随地性和随意性，使得人们的信息需求和信息消费获得了空前解放。正是在这种大背景下，民生新闻的"信息量"硬件似乎不再重要，人们收看民生新闻，也并非像时政新闻、财经新闻一样，需要获取具体的政策变动、领导人更换、股市行情、CPI指数等硬性信息，而更多的，人们需要通过民生新闻来观照环境、确认身份、消费灾难、享受故事，从而获得市民文化中关于日常生活的仪式感。在民生新闻的创新中，对这种仪式感的准确把握和精确运用，是至关重要的。

一、信息传递的式微与仪式共享的呈现

一般而言，"新闻"与"消息"是近义词，人们收看新闻，也是为了获取信息，以便在现实中采取相应的生活手段。这是媒介资源稀缺年代的一个后果，信息的匮乏导致了人们对媒介的严重依赖，比如，漏看了某一次新闻可能招致经济上或政治上的损失，而接近某一媒介，快速获得某些信息又有可能带来福利，这种状态近似于惩罚和奖励机制，自然而然地提升了媒体的权威。但在新媒体时代，这种权威消失了，民生新闻如何生存、如何创新？首先，正确分析媒介环境是必要条件；其次，发掘和开发仪式共享精神是提升之道。

（一）当代媒介环境中信息传递的多元化

归根到底，民生新闻还是依附在传统媒体的土壤之中，依赖其媒介技术，遵循其传播规律，即使民生新闻开通了官方微博、微信，它的传播功能仍然只能是对传统媒体内容的营销和延伸，而并不能与其母体独立开来。当代媒介环境中，以互联网技术为基础的微博、微信等社交媒体已经超越了传

统媒体的信息传递功能，人们的"读报纸、看电视依赖症"，已经转变为"刷微博、发微信依赖症"。如前文所说，在媒介稀缺年代人们对信息严重依赖，惩罚和奖励机制提升了媒体的权威，同理，在当代媒介环境中，人们对手机的依赖也提升了社交媒体的权威。"微博原本是社交媒体，但由于它迅速便捷的信息传递和意见表达能力，尤其是在大量传统媒体机构和媒体人开设账号之后，微博也在一定程度上具有了新闻媒体的属性。"[①]

在社会媒体包裹的媒介环境中，民生新闻也试图有所突破，比如给栏目开启官方微博。类似"官微"无非是对下一期的节目内容进行营销和宣传，起到广而告之的效应，无法脱离栏目平台独立开辟一条"对话之路"，其有限的影响力决定了类似的"官微"只能又是一个自说自话的演讲平台，而非对话平台。目前为止，很少有民生新闻栏目官方微博成为网络"大V"，其传播力、影响力和信息营销力远远低于民间公共知识分子，无论是话题发起能力和评论效果，民生新闻"官微"均受到诸多限制，它无法离开传统媒体的制度藩篱，缺乏互联网话题传播和舆论控制的专业技术。因此，在信息传递多元化的今天，民生新闻官微处于边缘化、低端化的位置。

（二）仪式共享：民生新闻另一种功能的崛起

根据上述的社会调查可知，人们在接触新闻时，只有在遇到已经成形的社会话题，并且希望知晓官方态度的时候，才会求助于"第三媒介"的民生新闻。由此可见，民生新闻的社会功能中蕴含着仪式共享的非同于社交媒体的价值。正是民生新闻对社会话题的分担，对日常生活的象征性提炼，对市民共同体表征的符号化张扬，成就了民生新闻在信息功能边缘化过程中的崛起。

信息传递对于仪式共享的意义在于，我们不关注信息传递的内容，而在乎信息传递的形式，就如同北京老人在胡同聊天时侃侃而谈，他们"侃"的内容可以毫无意义，但"侃"这种行为本身渗透出老北京文化中仪式性符号。传播形式即成为一种文化参与和仪式共享。约翰·杜威认为："是传播建构了共同体，而不是共同体建构了传播。"[②] 民生新闻的话题参与、意义引申、市民对话，且不论其内容的实质安排，只关注这些形式设计，它们让

[①] 谢静：《从专业主义视角看记者微博规范争议——兼谈如何重建新闻人与媒体组织间的平衡》，《新闻记者》，2013年第3期，第20~25页。

[②] 姜红：《"仪式""共同体"与"生活方式"的建构——另一种观念框架中的民生新闻》，《新闻与传播研究》，2009年第3期，第68~76页。

平民有更多机会表达意见、表现魅力和展现形象，使民生新闻逐渐组建了一个平民共同体，观看民生节目成为日常生活的一部分，而非居高临下地指导和引导日常生活。"社会不仅因传递与传播而存在，更确切地说，它就存在于传递与传播中"①，说的也正是这一层意思，市民不关心你在说什么，而关注你是不是在跟我说。

联播类新闻也具有仪式功能，人们能从这一类新闻的微妙声画符号中捕捉领导人变动、政策走动、股市起伏和社会发展等信息，这类新闻仪式功能与民生新闻的不同点在于，它是一种权力化的仪式——依附于政治的庄重严肃的仪式。"究其实质，新闻联播是一种把全国人民'召集'在一起的电视政治仪式，这种仪式召集的是政治共同体和国家共同体。"② 而民生新闻的仪式更多表现为日常生活中的对话仪式，用地方语言说当地的故事，语言背后隐藏的修辞是当地的文化和思维。一些偶到他乡的外地人一时难以看懂当地的民生新闻节目，正是因为缺乏对当地的地方共同体的理解，无法融入当地日常生活的仪式共享之中。"仪式共享"是民生新闻走出信息功能"第三媒介"边缘身份的必经之路。如何提升民生新闻的"仪式共享"功能，还需要从叙事层面进行完善和建构。

二、故事仪式：喋喋不休中演绎市民文化

从联播类新闻的"召集仪式"到民生新闻"共享仪式"可以看出，民生新闻的叙事已经改变了过去那种"我播你听"的宣读式风格，它在叙事时更尊重听者，与受众"闲聊"与"夜谈"，把"故事"绘声绘色地讲出来。从一些民生新闻栏目名称便可以发现它们的"故事情结"，如杭州电视台西湖明珠频道《阿六头说新闻》、江西卫视《传奇故事》、山东齐鲁电视台的《拉呱》等。

（一）新闻叙事的转向

新闻叙事是人类运用一定语言系统呈现、传译和重构新闻事件的活动，它与文学叙事、艺术叙事最大的不同在于它的实在性，即叙述的对象必须实际存在，不能虚构和想象，它的编码方式满足了人们对周围世界的认知，从

---

① ［美］詹姆斯·W. 凯瑞：《作为文化的传播》，丁未译，北京：华夏出版社，2005年版，第3页。

② 姜红：《"仪式""共同体"与"生活方式"的建构——另一种观念框架中的民生新闻》，《新闻与传播研究》，2009年第3期，第68～76页。

而形成了"新闻话语"这种特殊的叙事结构。如前文所说的"仪式共享"起源于"信息传递",新闻叙事的本质正是"信息传递"这一行为,包括了信息流动、情感流动、新闻修辞、认知反馈等环节。

新闻叙事以民生新闻的出现为转折点,在此之前,新闻叙事的重心在"信息交流",在此之后,新闻叙事的重心在"情感交流",通过情感交流培育更多的仪式共享空间,而这种与普通民众的"情感"通过"故事共享"实现。首先,"故事"是关于民众的"故事";其次,"故事"是普通民众愿意听的"故事";最后,讲"故事"的人也是普通民众。这与民生新闻"讲故事"的平民化身份有很大关系,正如《南京零距离》创始人景志刚所说,在民生新闻出现以前,"长期以来,电视人的新闻视角本质上是贵族化的,是居高临下的,我们总是不自觉地把自己看成是精英贵族,用贵族的视角俯瞰众生"[①]。民生新闻出现以后,新闻叙事者是平民化的"故事人",不再有昔日"贵族的光环",与平民分享故事,共享仪式,即使是在官方打造的仪式性媒介事件中,其叙事也未必遵循严肃庄重、谨慎有序的官方章程。例如,在2012年深圳航空航天模型展中,深圳电视台《第一现场》栏目并没有依照"信息传递"的传统叙事,介绍参展数据和人数,而是从头至尾地将这一"硬性"的媒介事件"软化"为有趣的故事。

百架航天飞机深圳起飞:我要飞得更高

正文:今天下午,春茧体育馆南侧上空战机轰鸣,"战斗机""直升机"不断地起起落落,很多市民赶过去看,发现原来在这还聚集着上百架航天飞机。

现场画面+现场音:火箭升空特写

正文:这是"神舟八号"升空。

现场画面+现场音:战斗机升空特写

正文:这是"情报战机"上天。

正文:原来这是一年一届的航天飞机公开赛,参赛者有三百多人。

同期声:深圳航空模型运动协会秘书长云中生:空战模型、特技模型,这些都是国内的高手……还有韩国的选手。

正文:深圳选手以中学生居多,有些学校多达30余人。

同期声:老师:我们希望通过这样的活动,能够提高学生对科技、对科

---

① 景志刚:《我们改变了什么——〈南京零距离〉及其民生新闻》,《视听界》,2004年第1期,第8~10页。

第七章 社会主义核心价值观引领民生新闻报道创新

学知识的进取,培养他们更广阔的对生活的兴趣和知识的视野。

同期声:学生:(我)高一的时候就参加了这个社团,认识了很多不同的朋友。

短短的一分钟,将一个官方安排的活动故事化,在导语中将"比赛"拟化为"空战",制造悬疑,然后在接下来的新闻叙事中逐步释疑,让全市观众分享了这一场"空战",也让本地参与比赛的师生共享了一次媒介化仪式,对他们而言,现实中的比赛甚至不如媒介中的"空间"更刺激。

(二)受众"听故事"的心理本能与"情节"的价值含义

在新媒体时代,人们读新闻的欲望从"信息"转换为"故事","信息"随手可获,但真实"故事"却成为稀缺资源。然而,"听故事"的习惯并非新媒体出现以后才开始形成。"听故事的愿望在人类身上,同财产观念一样,是根深蒂固的。自有历史以来,人们就聚集在篝火旁或市井处听故事。"① 文学作品中的故事比篝火旁的故事要显得更为高雅和深沉,新闻作品中的故事则给人以真实感,更能引起人们对某种社会现象的反思。尽管如此,这些都是出自人类的一种原始心理冲动。因此,"听故事"是人类的一种心理本能,民生新闻的故事叙事契合了这一心理。

"讲故事"并非民生新闻的叙事目的,"讲故事"只是手段,民生新闻顺应受众喜欢"听故事"的心理本能,从而在"故事"中塑造英雄、引导思潮、弘扬观念、传播精神、建构价值,最终目的是让社会主义核心价值观的塑造和引导更为贴近现实,更易于被接受。故事的重点在于如何舒展情节,满足受众对情节的需求,而非平铺直叙地讲解和宣教。情结是"故事"中隐晦的信息和暗示的符号,它的不同排列组合会导致迥异的社会价值。例如,民生新闻节目叙述一起发生在民工窝棚的火灾,本来是对事件的经过(What)、时间(When)、地点(Where)、人物(Who)、原因(Why)五个"W"进行平铺直叙,但如果画面的出场变为死者的惨状、死者生前的生活场所、亲属的哀号,最后再接上现场安检人员说笑、抽烟的画面,故事中的情节就出来了,观众能据此推测事故发生的社会背景,即安检人员对人的生命的漠视,以及对安全的疏忽,对管理的失职。因此可以说,电视"讲故事"的魅力不在于故事(事件)本身,而在于故事所影射的情节以及所推动的社会反思和追问,带领观众回到因果关系的思考上来。这也直接体现了人性的关怀,即受众在整场电视叙事过程中,由被动的接受者变为主动的思

---

① [英]毛姆:《巨匠与杰作》,孔海立等译,上海:华东师范大学出版社,1987年版,第17页。

考者。

（三）"故事仪式"中媒介与社会的多赢

民生新闻故事叙事中暗含的仪式感是地方受众所独享的，能加强人们对地域身份和文化的认同感，建构平民化、平等化的和谐社会关系。如何挖掘故事、设置话题、舒展情结，讲述受众最爱听的"故事"，是民生新闻创新之路，也是走出传统新闻信息滞后和手段落后等困境的必经之道。

对民生新闻而言，好的故事叙事可以视为一出多赢的"社会话剧"，其中的角色包括政府、企业、公益组织、媒体、广告商、受众等。对政府而言，故事叙事的传播力无疑比空洞的口号和生硬的宣传更容易被接受。对企业而言，他们参与或发起的故事情节建立了品牌。对公益组织而言，故事对公共精神的传递推动了社会对公益的认同。对媒体而言，好的故事吸引了眼球，制造了更多社会话题，增加了关注度，这也与广告商的利益捆绑在一起。对受众而言，他们"听故事"的欲望得到了满足。从社会结构和角色关系的角度来看，"故事"意味着民生新闻不再是简单的信息推介，而是关系演绎；不再是被动的危机处理，而是形象塑造。民生新闻不再以傲慢的"控制者"身份出现，而以"叙说者"身份取悦大众。"讲故事"正是"叙说者"身份的显现。

本书第四章提到了现代公共与民生新闻的权力让渡问题，揭示了民生新闻被公关企业所控制的潜在危险。如何解决这个问题，让新闻在故事讲述中实现社会多赢，是民生新闻创新的重要步骤。众所周知，现代公关所制造的媒介事件中，最流行的并非盛会、赛事等，这些仪式性事件虽然重要，但缺乏情节，难以满足社会各方的利益需求。对政府而言，宣传式的传播方式难以输出正面价值；对企业而言，承担的仪式成本过高；对媒体而言，难以提高话题设置的效率，也不利于吸引眼球。例如，在当代社会，一些国家主动放弃体育盛会的主办权，部分民众也对举办体育赛事、盛大晚会等仪式性盛会产生了烧钱、浪费的负面情绪。

与盛会式媒介事件不同，"故事性"的媒介事件不是拒绝民生，而是贴近民生，不仅在内容上符合民生利益，而且在形式上"讲故事"，符合受众的收看心理，这样的案例不胜枚举。例如，从 2005 年开始，深圳的一家美容整形医院公关部制造了一系列的故事性媒介事件，如"毛人家族救助工程""变性人刘爱丽的幸福生活""20 岁的少女 60 岁的脸""半头人拯救计划""'励志婆婆'的爱情故事"等，从人性角度关注特殊人群，这一系列"故事"得到本地民生新闻的"热捧"。这些"故事"有几个共同特点：第一,事件满足了受众的猎奇心理,一定程度上可以说是具备了"趣味性";第二,虽然事件是真实的,但情节是设计的,公关人员在事实的基础上刻画细节,凸显人物关系,比如设计"励志婆婆"与儿子吵架、"毛人家族"受到邻居歧视等情节;第三,都存在一个核心人物,通过这个人物展开叙事;第四,都在试图阐释故事中的"公共利益",比如突出医院的救助方案,彰显爱心,刻画人物追求幸福、追求美的心理,引导人心向善、向美。从这些故事的四个特点可以看出,城市、企业、社会、媒介、受众处于一种多赢的和谐关系中,通过这些故事,城市建构了包容形象,企业隐晦地输出品牌价值,社会营造了和谐友爱的关系,媒介获得了有趣话题,受众满足了猎奇心理。

三、"围观"的快感:市井文化的建构与市民精神的建树

"围观"是一种社会共享的仪式行为,如除夕之夜观看春晚、元宵之夜围观烟火、端午节河岸围聚龙舟等,人们在围观中消费仪式带来的文化盛宴和身份认同,享受仪式行为带来的视觉和听觉快感,并在这过程中形成进一步的社会文化心理。在民生新闻的仪式共享和故事讲述中,受众的"围观欲"始终是一种难以割舍的情怀,这种情怀源自市民文化中消费灾难、享受刺激的快感。对这种行为我们不能进行简单粗暴的批判,而要进行正确引导和合理创新,唯此才能转变民生新闻目前的困局。

(一)民生新闻制造的"围观欲"

我们对"围观"(the surrounding gaze)的负面印象大多来自鲁迅的笔下,他在《藤野先生》中记载了在日本学医期间见到日军屠杀中国人,而周围多数的中国人麻木围观的事件。这种意义上的"围观",其潜在关键词是"麻木"。在我国当代语境中,"围观"还衍生出冷漠、傲慢、表演、偷窥欲等潜在关键词,有人认为人们"围观"的习惯来自他们热爱偷窥他人隐私的癖好,也来自中国文化中看戏、听书的传统,社会成为一个剧场,社会事件成为表演,无论是悲惨还是滑稽,表演者在围观者心里是渺小的,人们嗑着瓜子欣赏悲剧或者喜剧,围观者认为"围观"与"表演"之间被一道无形铁幕隔离,因此围观是安全的,表演中的剧情是与己无关的,可以在一种带有优越感的氛围中欣赏剧情。

民生新闻出现以来,受众对民生新闻中的"故事",何尝又不是在这种洋溢着优越感的氛围中围观?随着技术的发展,SNG等直播设备越来越便捷化,民生新闻的事件同步直播成为常态,甚至有栏目规定无论有无直播价

值，每天的节目中必须有三分钟的直播内容。事件直播不但意味着记者、摄像师、发射装备同时进入现场成为围观者，而且导致信号覆盖区域的受众全部成为围观者，在近几年的民生新闻中，"围观欲"最为强烈的案例莫如"跳楼新闻"。对受众而言，"跳楼新闻"带有强烈的刺激感和赌博心理，正是这种心理激活了人们的围观欲望，在围观中，人们悬着的一个疑问便是：到底会不会跳？同样抱着围观心态的媒体很少关注跳楼者的诉求，而更关注"会不会跳""救援措施到不到位"等戏剧性场景，殊不知，对当事人而言，这种"被围观"的心理是会传染的，导致了跳楼的从众心理。比如在2010年以来的"富士康跳楼"事件中，新闻标题中的"第一跳""第二跳""第N跳"等字眼，表现出一种冷漠、傲慢、看热闹的围观心态。这种围观心态不仅存在于电视民生新闻中，在报纸民生新闻中同样存在，一些报道缺乏对"跳楼"的反思，而热衷于看热闹。例如，在2010年4月8日深圳《晶报》的报道中，标题赫然渲染了"跳楼流行"的社会现象。全文如下：

富士康又一员工跳楼

前日下午3时20分许，在观澜富士康宝科园区一栋女工宿舍，一名女工从7楼跳下，身受重伤，随后被送往观澜人民医院抢救。医生表示，伤者头脑清醒，但由于伤势太重，仍需做进一步观察和抢救。

据知情人介绍，跳楼者是一名江西籍女子，姓饶，1992年出生，今年3月8日经富士康内部员工推荐，成为富士康公司的一名一线普通员工。跳楼时，该女子进入富士康工作还不到1个月。富士康有关负责人告诉记者，有目击者和该女子的宿舍好友证实，该女子在跳楼前一直在打电话，并与男友发生争吵，初步怀疑其是因为感情纠纷寻短见。事后，他们已经联系上该女子的男友，并请他一起配合警方的调查，具体情况还要以警方调查的结论为准。

昨日，女子的父母来到医院看望女儿。据其父亲饶先生称，他们一家人都在汕头做生意，女儿技校只读了一个学期就没读了，一直跟着他们在汕头生活。今年过完元宵节，女儿一个在富士康工作的女同学介绍她到富士康上班，于是女儿便来到深圳。清明节前一天，他还给女儿打过电话，女儿说这个月晚上都是加班，很困很辛苦，不想在富士康做了。奇怪的是，家属们都表示，从未听小饶提起过自己有男友。

记者从医院了解到，跳楼女子的大腿及身上多处粉碎性骨折，脾脏也破裂流血，伤势很重，目前仍需在重症监护室做进一步观察和治疗。警方则表示，初步确定该女子系因个人原因跳楼。不过由于该女子伤势很重，暂时无法接受警方询问，事件的具体原因，还有待女子清醒后作进一步调查。

据了解，这已是富士康今年以来发生的第五起员工坠楼事件。

又讯　昨日早上6点左右，租住在观澜樟阁村的一位富士康男员工被发现在房间内猝死。据了解，该男子22岁，湖北人，在樟阁村租了间房子与父母同住。昨日一大早，父母进其房间时，突然发现他已经不省人事，立即打120并报警，但医生证实该男子已经死亡。富士康方面表示该男子的身份还在核实当中。

宝安公安分局相关负责人表示，经过现场勘查，目前这起死亡事件已经排除他杀嫌疑，不属于刑事案件。①

（二）"围观"的仪式功能与价值挖掘

对于媒体与受众的"围观欲"，我们不能居高临下地将其定义为庸俗，这是市井文化中的一种普遍心理。"围观"的行为不应该被谴责和批判，该批判的是围观后的冷漠、麻木。从另一种意义上说，"围观"体现了人们对公共事件的热情，"围观"这一行为本身就意味着对公共事件的关注与参与。因此，如何挖掘"围观"中的积极意义，抑制冷漠、麻木的社会心理，弘扬主流文化和健康心理，培育核心价值观，这才是民生新闻创新的着力点。

首先，在"围观"中建构健康的市井文化和市民心理，发挥积极的仪式功能。民生新闻"围观"的社会事件大多数以日常生活为出发点，因此需要联系实际、结合现实、体验民情，将"围观者"逐步演变为"参与者"，受众不仅"围观"仪式场面，而且"参与"仪式行为，让受众感觉到被"围观"的事件和人物与己有关，拆除"表演者"与"围观者"之间的"无形铁幕"。如此一来，"围观者"的麻木、冷漠心理就能够得以消解。比如广州电视台某民生栏目多次报道"荔枝林内养殖私宰猪"，最开始人们"围观"上百头猪失控满街跑的壮观场面、"围观"饲养者与执法人员的冲突场面，甚至"围观"养殖者被赶出荔枝林的遭遇，但随着事态的发展，媒体逐渐讲述了私宰猪肉的流向，具有潜在疫情危险的私宰猪肉可能流向每个人的餐桌，从而建立了普通受众与"被围观"事件之间的关系。接下来，受众纷纷致电该民生栏目，反映身边存在的私宰猪养殖和销售现象，"围观者"从而演化为"参与者"。

其次，"围观"本质并非"现象"。"看热闹"是人类的心理本能，但"热闹"之后需要冷思考。比如看完烟火的"热闹"之后，需要反思由此带

---

① 《晶报》：《富士康又一员工跳楼》，转载于南海网，2010年4月8日。

来的空气污染和火灾隐患，前者的"围观"是浅表的激情性围观，呈现的是新闻现象，后者才是深入的探讨性围观，呈现的是新闻本质，与所有人的利益相关。在探讨性围观中，"围观者"演变成"话语者"，受众与传播者一起"围观"，并且有机会进行对话，表达"围观"之后的感想。全社会共同探讨，这才是"围观"的意义所在。在新媒体时代，探讨性围观显得更为重要，社交媒体制造了全民围观和对话的平台，但碎片化信息无法形成主流信息。当民生新闻建构起对话平台，将事件围观转向为制度探讨之时，就有可能形成社会主流意见渠道。

最后，在"围观"之时避免"吆喝心理"。所谓"吆喝心理"，是指媒体在关注一个事件时，为了扩大关注度和提高影响力，故意制造事端，引发社会猜疑。"吆喝心理"背后的价值指向是"唯恐天下不乱"。比如，在一些新闻编排中，故意将相似的事件安排在一起，让人们猜测之间的联系，暗示人们所"围观"的事件并非孤例。例如在上文中提到的新闻《富士康又一员工跳楼》，最后的"又讯"中，将另外一起员工意外猝死与正文中的跳楼事件联系起来，引发人们对"富士康工作负荷过量"的想象。这种"围观"手段违背了尊重客观事实、弘扬主流价值、维护社会和谐的社会主义核心价值观，需要进行修正。

第三节　从事件到人文：民生新闻中的人性回归

没有"事"则没有新闻。新闻是对"事"的客观呈现，陆定一给"新闻"下的经典定义也是"新闻是新近发生的事实报道"，因此"多事之秋"新闻也特别多。在民生新闻视野中，所谓"事"，大多是指社会中的人与自然之间的矛盾和利益、人与人之间的矛盾和利益，纯自然界的事件是很难走进民生新闻视域的，比如对海水中赤潮现象这么一种自然界事件，如果仅仅从科学上解释赤潮的成因，新闻的传播效果是有限的，但将落脚点放在赤潮对鱼类繁殖和生存的破坏，进而影响当年海鲜市场，以及赤潮对游泳者的危害等，受众才能由新闻而观照自身。可以见到，"事"只是新闻的出发点，"人"才是新闻的回归点，没有人性回归，"就事论事"的新闻只能是单调乏味的信息传递。民生新闻的创新，需要从"人"开始。

一、"事"的呈现：新闻情节的基本呈现

"事"包含了人与社会以及自然之间的各种关系，所谓"事"的呈现，就是要对这些关系进行条分缕析、合理表达，以及在这一过程中推动关系的和谐化。今天的民生新闻绝非仅仅安守于"有事说事"的平庸，而是挑战"没事找事"的刺激。前者指客观存在的事件，其中倍受青睐的是突发事件，后者指主观建构的事件，包括策划的社会话题与各种仪式性媒介事件。

（一）突发事件：民生新闻永远的主题

成也萧何败也萧何，民生新闻对突发事件饱含着复杂的情感。民生新闻出现之初，突发新闻的频频曝光让人耳目一新，它打破了会议新闻、视察新闻、表彰新闻、数据新闻的沉闷，使人们在新闻观看中获得了感官享受和情节享受，让人们对周围环境有了更具象的认知。但随着新闻形态的发展，突发事件逐渐被滥用，甚至突发新闻与民生新闻有被等同的倾向，从而引发了一些民众对民生新闻的质疑，比如认为部分民生新闻暴力、血腥、低俗等。民生新闻发展至今，有必要对突发事件进行重新梳理，还原其地位，重塑其价值。

一般而言，我们可将新闻中的突发事件分为三类：第一类是小规模突发事件，这样的突发事件影响面积较小，延续周期不长，因而在民生新闻中有"鸡毛蒜皮"之嫌，比如邻里吵架、父子反目等，这一类突发事件虽然具有故事情节，但影响面积多在家庭中或社区中。第二类是可以预测的公共突发事件。既然是"突发"，一般不可预测，但对于一些规律性的事件，往往可以进行大致推测，从而为新闻制作提前做好准备工作，比如我国南方沿海省份每年7月的台风恶劣气候，给民众生活和公共秩序造成了严重干扰和破坏。每年台风来临，必将导致较强的破坏，常见的有树木砸向路人或车辆，户外广告牌跌落，危房倾倒造成人员伤亡，滨海旅游区域游客受困，渔场内鱼虾尽逃，等等，这些次级突发事件同样也是可预测的，一段时间内的规律性和重复性是其重要特征，因而便于新闻的策划和编排。然而，正是因为其规律性，可预测的突发事件报道需要避免"老调重弹"，面对每年同样的突发事件，同样的受灾人群和受灾现象，需要寻找非同因子，纵向比较异同。第三类是已经发生并且后续还将演进的重大事件。这类突发事件为什么会延续影响周期，第一是因为事件的现场处理尚未结束，例如2011年"7·23温州动车追尾事故"，现场的救援工作持续了多天，每天都有新的新闻点出现；第二是因为事件的原因和细节调查尚未完成，还要寻找新的证据，寻找

证据的过程也是新闻呈现事实的过程,比如深圳滨海大道"5·26 飙车案",对于肇事者身份的调查是一个典型的细节调查;第三是因为事件涉及的概念比较敏感,触动了受众普遍的关注点,比如 2009 年杭州"70 码"事件涉及的"富二代",校车交通事故中的"学童安全"等,都是社会敏感话题。

（二）媒介事件：人造的"伪新闻"

除了客观存在的突发事件,民生新闻也在致力于"制造"新闻,当然,这种被"制造"的新闻并非假新闻。今天的民生新闻容量越来越大,比如栏目增多,有些频道全天时段有四档民生新闻栏目;又比如时长扩延,有些民生新闻的时长每一期已经超过了 70 分钟。随着容量的增大,民生新闻的内容也需要相应地增加,客观突发事件显得不足以填充日益增加的容量,因此才有了主观的媒介事件,也被称为"伪事件"（Pseudo-event）。"伪事件"是美国学者丹尼尔·布尔斯廷在 1961 年提出的概念："经过设计而刻意制造出来的新闻;如果不经过设计,则可能不会发生的事件。"①

对民生新闻而言,媒介事件是仅次于突发事件的"第二事件"。从组织方来分析,民生新闻媒介事件可分为四类:第一类是自然形成的事件,比如传统节日、黄金周、"315"消费者维权日、学校开学等。这一类媒介事件没有专门的组织方,但以民众日常生活为根基的民生新闻必然要关注。春节要关注春运状况、黄牛党动态、外来工留城过年情况等,黄金周要关注当地各大景点盛况、高速公路路况,"315"消费者维权日要调查各种商业欺诈行为,学校开学要关注中小学生的各种仪式和盛典、文具市场假冒伪劣产品、校车安全问题、留守儿童问题、午托班问题等。通俗地讲,自然形成的媒介事件在民生新闻中是一种"应景",即顺应流行的社会舆论,制造一些相关的话题,比如 2014 年母亲节,深圳电视台《第一现场》栏目派主持人上街请求路人给母亲打电话说"我爱你,妈妈"。第二类属于企业组织的事件,此类媒介事件在前文的"公关新闻"中已有介绍,主要是指媒体利用企业制造的社会故事,此不赘述。第三类属于政府组织的事件,一般而言,民生新闻较少参与政府媒介事件,会议新闻、讲话新闻、报告新闻并非民生新闻的嗜好,但随着近几年来"大民生"概念的兴起,民生新闻刻意追求权威性,对会议新闻进行民生化改造,这是政府媒介事件进入民生新闻视野的契机。第四类是媒体自行组织的媒介事件。随着近年来媒体财力的增长和品牌意识的增强,民生新闻开始自行生产事件。例如,2013 年我国各地多家电视台

---

① 翁秀琪:《大众传播理论与实证》,台北:三民书局,1992 年版,第 113 页。

第七章　社会主义核心价值观引领民生新闻报道创新

均组织和策划了趣味型的运动会,深圳电视台《第一现场》开办"全民运动会",广州南方电视台开办《全民放轻松》节目,均是民生新闻栏目自己策划的媒介事件。普通型运动会需要专业素质和长时间训练,而趣味型运动会则适合任何人群参与,具体形式有社区的"老公背媳妇""双人绑腿赛跑""运球跑""弹跳投水球"等。这些媒介事件既具有新闻趣味性和可看性,又增强了社区文化的和谐。

趣味运动会今天最热情

下午两点比赛正式开始,今天的天气也特别"给力"。六支参赛队伍从一出场就精气神十足,每个队员都表现出冠军非我莫属的气势。

稳中求胜是法宝,身高助胜利。精神上准备好了,接下来就是八仙过海,各显神通了。从第一个项目"鸿运彩球"来看,队员走的都是稳中求胜的路线,速度虽然不快但是保证没有队员掉队或者犯规。到了第三个项目"虫虫特工",这一次比赛队伍的优势就体现出来了。仔细看看,这次队伍除了热情特别高涨,队员都是腿长的高个子,完成这个项目那可是轻而易举的事情。究竟最后哪个队伍能获得胜利?请关注每周六在都市频道播出的全民趣味运动会。都市记者报道。

——深圳电视台都市频道《第一现场》栏目 2012 年 10 月 27 日报道

二、"人"的回归:现代新闻的人文素养

"事"是人与社会、人与自然之间的各种关系,因此,无论是突发事件还是媒介事件,"人"的利益是最终归属。在突发事件中关注的并非"事"本身,而是"人"的生命财产安全;在媒介事件中,并非关注盛大的氛围和高端的场面,而是探讨"人"如何在被建构的事件中受益。

(一)人性关怀:民生新闻的灵魂回归

如何跳出"就事论事"和纠缠"鸡毛蒜皮"的窠臼,充分展现人性,是民生新闻创新的路径之一。沿袭我们对突发事件和媒介事件的分类,可以发现"人性"才是隐藏在事件中的灵魂所在,"人性"才是民生新闻的魅力所在。

在突发新闻中,第一类小规模突发事件虽然影响力小,但背后隐含着伦理文化与人间真情。例如父子吵架、正房太太当街追打小三、争财产兄弟姐妹抬杠等,如果仅仅是聚焦于这种社会负面情绪,这类新闻可以说是毫无价值,抹去了社会温情与人性光辉,突出了人性中的丑陋一面。但是,如果在这些突发事件中,媒体适当参与引导和劝慰,不仅有益于当事人矛盾的化

解,更有益于社会和谐关系的形成。今天"调解类"专题节目十分流行,值得民生新闻借鉴,如江西卫视的《金牌调解》、安徽卫视的《超级新闻场》、东方卫视的《东方直播室》等。这类专题节目的基本模式是:关注当下热点事件,直播各种社会矛盾,邀请新闻事件的双方当事人和意见嘉宾同台同时探讨核心问题,给予双方当事人表达观点的平等机会,同台嘉宾在观点表达中提供建设性意见,体现社会关怀。而在民生新闻中,对于这一类小规模突发事件,同样需要建设性意见,而不是一味地渲染冲突的力度。第二类可预测公共突发事件中,由于具有规律性和规模性,对人的生命财产安全关注是第一位的,这在当今的新闻中已经做到了。但尚待改进的是,既然是规律性的公共突发事件,为何年年遭灾?媒体为何没有反思避免第二年遭灾或者减少损失的方法,而是如同季节性地围观一场视觉盛会?比如,沿海地区的民生新闻有没有反思,为了抗击台风,是否可以选择栽种根基较牢的树木,是否可以避免悬挂广告牌,政府在平时有没有清查和预防危房等。在第三类已发生并影响力还将演进的重大事件中,对人的生命的尊重始终是摆在第一位的,例如"7·23温州动车追尾事故"中,虽然救援工作持续了多天,但对"小伊伊"的抢救最终成为一个媒介"神话"。

在媒介事件中,第一类自然形成的事件仍然是把"人"作为逻辑归宿。"春运"这种大型的人口迁徙盛况,反映的是人们对家乡的依恋。"开学日"这种看似平淡的新闻,除了可以反映学生对新生活的期待,还可以关心各个经济阶层的学生的现状,关注他们的心态和价值取向能否健康发展等。例如,深圳电视台《第一现场》栏目在2013年9月1日的大学生开学报道中,避免了往常的报道典礼盛况和数字数据,而且跟踪两个具体的大学新生,他们分别代表着两个经济阶层:

大学开学:开销各不同城乡差别大

正文:李敏同学考取了深圳大学师范学院舞蹈专业,她是来自湖北襄阳市的一名城市里的孩子,穿的用的,父母给李敏添置一新,还买了苹果手机、苹果平板电脑和索尼笔记本电脑。

同期声:李敏:我爸爸妈妈给我买了一些生活用品,还有一些床上铺盖,什么都给我准备得特别齐全。

正文:李敏父母说,他们做生意,家庭条件还不错,就这么个独生女,除了必要的学费伙食费,还会给孩子一些零用钱。

同期声:家长:每个月服装费三千元左右,其余的开支也得给三千元,差不多一个月将近一万块钱吧。

正文：张恩成同学则是从广东茂名农村来深圳大学读书的大一新生，他以607分的高分进入了深圳大学建筑学院，恩成的父母都是地道的农民，除了已考上大学的张恩成，还要供养正在读初中和高中的两个孩子，因为家庭比较困难，这一次就没有给张恩成买什么新的东西了。

同期声：家长：都没买什么新的东西，都是旧的。

同期声：张恩成：我就拿了以前高中用的被子，之前高中穿的衣服。还买了一个手机，电脑还没打算买，以后再说吧。

正文：除了必要的学费，深大食堂的伙食费一般早餐是三到四块钱，中餐和晚餐也就是七到八块钱，平均每天的伙食费20块左右，一个月大概六百，张恩成说，除了这些必要的学费和伙食费，自己也不再找父母要更多的零用钱，他还说，会利用节假日课余时间去打工，或干点什么工作赚钱，完成四年大学生活。

同期声：张恩成：我会参加学校里的勤工俭学活动，来贴补一下家用。

——深圳电视台都市频道《第一现场》栏目2013年9月1日报道

第二类媒介事件属于企业组织的事件。在前文"故事仪式中媒介与社会的多赢"章节中，我们讨论了企业、社会、媒体、受众在公关新闻中各取其利：企业营销品牌、社会建构关系、媒介赢得眼球、受众满足猎奇心理。但是，在民生新闻的创新中，企业媒介事件停留于此，不足以彰显人性情怀和人文关怀。企业的目的不应该只是营销品牌，还应真正地帮助弱者，比如前文提到的"毛人家族救助工程""变性人刘爱丽的幸福生活""20岁的少女60岁的脸""半头人拯救计划""'励志婆婆'的爱情故事"等案例中，作为企业方的美容整形医院应该真正地将医疗救助做到位。

第三类媒介事件属于政府组织的事件。如何与时政新闻等官方新闻形态进行区分，是政府媒介事件的关键点。因此，民生新闻在报道政府媒介事件时，最重要的是避免以政府为叙事出发点，而应以事件内容与民生的相关点为出发点。淡化"组织"痕迹，而突出"事件"的民生性，即与公共利益的关系。

第四类是媒体自行组织的媒介事件。这类媒介事件中的媒体不仅是传播者，还是组织者，不仅是报道者，还是被报道者。因此，如何处理二者的关系，是民生新闻报道自行组织的媒介事件的关键。事件组织者（媒体人员）与参与者（民众）之间的平衡关系的把握极为重要。在事件中尊重参与者，弘扬关爱精神、推崇和谐氛围，同时彰显媒体的职业能力与人文关怀。

（二）人的价值：从"小人物"中寻找"大人物"

新闻中的人物有"大人物"和"小人物"之分，"大人物"是在"大事件"中的英雄、名人、政要，"小人物"是日常生活中的普通民众。新闻价值要素中的显著性决定了"大人物"在新闻中的特殊地位，这一点无论是在民生新闻还是在时政官方新闻中都很重要，比如，在时政新闻中，官阶越高的领导人参与的新闻显得越重要，民生新闻与其不同之处在于，它不仅仅在"借用"名人，还在"制造"名人。

英雄（名人）崇拜是现代媒介乃至大众心理的普遍倾向，"直到最近，名人和伟人基本上属于同一群体"①。以民间话语为根基的民生新闻也未能免俗，崇拜英雄，"借用"名人，一方面在积极顺应社会普遍认同的价值体系，比如英雄就是政府或社会建构的积极模范，号召普通人参与模仿。在现代社会，名人是英雄的代名词，英雄不再是民间传说和历史书籍中的战争人物和神圣人物，而是报纸、银屏的生产物，英雄可以是某个领域的成功者，比如马云、俞敏洪、王石及娱乐圈的当红明星，也可以是某种正面精神的宣扬者和寄托者，比如丛飞。这些人物具有魔幻式的影响力，不仅仅号召社会积极向上，而且符合社会主义核心价值观的走向。另一方面，为新闻制造亮点，明星和名人的出现，提升了新闻价值，比如王石的二婚，二婚本身是不具备新闻性的普通事件，却因王石的名人身份而备受民生新闻关注，纷纷引载网络信息进行报道。这一点也是一些民生新闻的不足之处，放低媒体的公共身份崇拜名人，将其推崇至"贵族"身份，并借此戏谑平民。最为典型的案例是《南方都市报》关于杨丽娟的追星报道，在"注意力就是生产力"的时代，民生新闻媒体利用名人和明星吸引眼球、赚取效益本无可厚非，但在背后操纵弱者，追求所谓的独家新闻，并为其提供追星的赞助费，对其父亲的跳海自杀行为大肆炒作，却有失媒体的客观公允，同时也背离了民生新闻以"民"为出发点，以"民生"为立足点的初衷。因此，在民生新闻的创新中，对名人（英雄、明星）的态度，应该有所转变。

如何改变以往"性、腥、星"的低俗形象，建构健康、积极的新闻追求和媒介素养，民生新闻可以在"制造"民间英雄（名人）方面有所作为。民间英雄与雷锋、任长霞等官方英雄（名人）有许多不同点，比如他们大多数并没有牺牲，被报道时正生活在民众当中，被报道后他们也没有离开民众而

---

① ［美］丹尼尔·J. 布尔斯廷：《从英雄到名人：人类伪事件》，《文学与文化》，2013 年第 1 期，第 57~74 页。

过上"贵族"生活,报道形式并非自上而下所布置的宣传任务,而是由民众发现,民众提供线索,并且以民众话语进行报道。从而,在一定意义上,民间英雄的传播力和认可度要普遍高于官方宣传的英雄。借用一句网络流行语:"高手在民间。"民间隐藏着许多的"大人物",他们平时以普通民众的生存方式存在于群众之中,但他们或在技术方面具有过人的能力,或在情感方面具有美德,或在意志方面具有超人毅力,或在道德方面体现出异于常人的坚守。民生新闻的报道建构了他们的"英雄"身份,比如《市民为圆飞行梦,坚持五年造飞机》讲述的是深圳宝安区一个飞机模型爱好者,花了五年时间自制了一架飞机,这则人物专题在当地的报纸和电视民生新闻报道之后,人们被他追求梦想和坚持理想的行为深深感动。比如《农民工+作家周述恒:写小说是一种反抗》讲述的是一名普通农民工的写作之路,他在工作之余花了17个月时间撰写了45万字的小说《中国式民工》。

《南方都市报》:《中国式民工》写的是你的真实生活吗?

周述恒:是的。我的家乡与小说中一样,非常穷。那种穷是城市人想象不到的,而且打工改变不了什么。那里的房子是木块和土砌成的,非常不结实。做饭是用罐子从房顶吊下来,下面点柴火,整个房间都会被熏黑。厕所就在猪圈里,划一片地出来就算厕所。

我是1978年12月出生的。1995年,我随堂姐到福州打工。当时我年纪太小,挨家问过去,每一家都回答不招人。通常我们的第一关是门卫,他们常常不让我们进门,说:"去去去,我们这里不是慈善机构。"和我书中写的一样,我对他们说:"我什么苦都能吃。"他们就回答:"中国能吃苦的人太多。"确实,中国贫困的人实在太多,大家都很能吃苦。

我的第一份工作是用香蕉水擦掉桶上的字。香蕉水有毒,气味非常刺鼻,但你必须不停地去接触。我们做了一个多月就受不了了,堂姐有个朋友叫英子,经她帮忙我换到另外一个塑料厂,再后来又进了钟表厂。当时福州类似这样的电子工厂很多,我们就在不同的钟表厂之间跳来跳去。后来在电子城的工作好了一些,工作时间8小时,上完班我们就去摆地摊。当时下岗风潮还没有刮来,市民很乐意买这些小玩意,但是城管很厉害,会明着抢我们的东西,他们就是合法土匪。我们也和他们打过架,也搬到过偏僻角落里去卖,但后来地摊还是摆不下去了。①

---

① 《农民工+作家周述恒:写小说是一种反抗》,《南方都市报》,2010年2月7日GB20版人物专栏。

三、让权力黯色与让自恋羞颜的"人性之美"

（一）民生新闻的"本地人"权力身份

由于种种原因，民生新闻一般生存于地方媒体，特别是省级或市级电视的地面频道（非卫视）之中，在当今人口流动大潮中，媒体本身具有本地人身份，在数量越来越多的外来人口受众中，具有了本地人的话语身份和权力优越感。移民群体是当代社会中身份独特的受众。地方新闻栏目作为本地文化的窗口，会给外来受众带来身份隔离感，电视中个性鲜明的本地文化往往将外来受众拒于千里之外，如初到广东的外地人收看珠江频道《今日关注》，听到纯正的粤语时难免要换台，沟通障碍导致一些外地人的抵抗情绪较为严重。

外来人口从新闻中观照自我，认识自我，从而重塑自我，比如从民生新闻栏目中经常可以看到，一些最悲惨、最荒诞的事故或行为总是发生在外来人口中，而作为受众的外来人口又从电视中重审自己的社会地位和身份，这种意识反之又引导行为，使他们以"陌生人"的身份处处谨小慎微。从笔者对深圳电视台都市频道《第一现场》栏目进行的实地调查可以发现，在所谓的负面报道中，涉及外来人口的新闻占80%以上，有三个原因可以解释这一现象：第一，深圳的外来人口比重较大，因此作为本土电视报道对象的概率也大。第二，在现实中，外来人口的生活、工作环境较差，更难以抵御社会风险，因此发生具备新闻价值的事件的可能性，要比生活在相对优越环境中的本地居民更大。第三，在心理上，外来人口普遍具有"陌生人"的孤独感和不安全感，在遇到突发事件和不公平境遇时，希望引起更多人的关注，因为"人生地不熟"，无须顾忌"面子"问题，此时电视媒介便是他们寻求公平的途径之一。这些负面报道会带来严重的后果，外来人口在观看电视时会不断自问：新闻中的自己如此卑微，那真的是自己吗？身份焦虑和生存恐慌同时炙烤着电视机前的观众。从电视的镜像中，外来人口逐渐认识了自己，但这种认识是消极的、悲观的，摒弃了他们原本携带的乡土文化，也未构建新的身份认同，匍匐在社会的边缘顾影自怜。久而久之，外来人口给人的印象就是这种含糊不清和理所当然，最终演化成日常惯例。

这部分以"本地人"自居的民生新闻塑造了流动人口和移民社会的"外来人"形象，使一些本地受众对外来人的憎恶感增强，"好客"更是无从说起。在前现代社会，异乡人是被欢迎的对象，"好客"并非是无缘无故的，"在心理上，也可以从另外的角度来看好客的背景：好客是一种有限时间内的社会关系,它可以被理解为在客人旅居期间对其不造成危害的一种义务"①。那么后现代社会为什么没有了"好客"的习惯?原因在于外来人口并非旅居,而是有了打算定居的愿望,外来人口的勤劳、智慧对本地人造成一种威胁,外来人口参与对生活空间和生存资源的争夺,也增添了一些本地人对他们的厌恶感。部分本地人还寻找时机羞辱外来人口,包括对外地人所说的不地道的本地语言的戏谑,除此之外,一些地方媒体还存在对外来人口"妖魔化叙事"的倾向,涉及抢劫、强奸、诈骗等案件的主角往往是外来人口,这与犯罪作案的流动性需求和外来人口的流动性需求互相吻合有关,与外来人口的本身特质无关,但这部分地方民生新闻对外来人口的长期性负面描写,无疑给本地人传递了关于外地人的"刻板印象"。

因此,在民生新闻的创新中,必须要正视全国范围内人口流动的普遍现象,外来人口越来越多,在一些大中城市中移民文化越来越浓厚。因此,作为传播者,民生新闻虽然寄生于地方媒体之中,但有必要祛除其"本地人"身份,祛除地方优越感和权力感,尊重人口结构发生的变化,尽量弱化对外地人的"悲情叙事"和"妖魔化叙事"倾向,平衡本地人与外地人之间的经济利益与情感诉求。近年来,全国不少民生新闻栏目已经意识到这一问题,比如有部分电视民生新闻栏目在节目中以"外来建设者"代替暗含歧视意味的"民工"或"农民工"称谓。

(二)"大事件"中的人性反思:占地为王,还是恤民如绅

"大事件"是相对于"鸡毛蒜皮"的日常生活概念而言的,民生新闻在今年的"大民生"情怀引导下,也乐于参与国内的"大事件"传播,比如2008年汶川大地震、2008年冰雪灾害、2010年舟曲泥石流事件、2010年玉树大地震、2011年温州动车追尾事件、北京奥运会、上海世博会、全国两会等,或灾难事件,或盛会事件,现场均可以看到各地民生新闻记者的影子。

以"民生"为立脚点的新闻模式为何如此依赖于"大事件"?有人认为这是因为"大事件"中蕴藏着诸多民生要素,比如灾难事件中的生命财产安全信息、救援进展信息,两会报道与教育、医疗、居住、环境等国计民生问题有直接关系,其本身就是"民生"。但是,从实际情况看,原因绝非如此,比如,灾难事件中,一些民生新闻记者不具备灾难和救援的专业性知识,对

---

① [德]马勒茨克:《跨文化交流——不同文化的人与人之间的交往》,潘亚玲译,北京:北京大学出版社,2001年版,第25页。

现场情况无法进行自我判断，因而这些信息仍然来自于权威部门或权威媒体（一般为新华社），在一些灾难事发地的敏感区域，地方性的民生新闻记者甚至无法进入现场，只能在外围等待信息传出。盛会报道中，地方民生新闻记者也无法进入核心层掌握最有价值的信息，这就是为什么全国两会报道地方记者热衷于拍"花絮"的原因，比如在场外追赶明星、追问"雷人语录"等。那么，民生新闻依赖"大事件"传播的原因到底是什么？笔者认为，占地为王，追求形式上的话语权是其基本动因。也就是说，在"大事件"中，能够看到栏目的出镜记者或栏目 logo，即完成了传播使命，实现了在"大事件"中话语权力的建构。在灾难事件的采访中，一些记者甚至将传播权力凌驾于救援之上，如"某记者不停追问多日压在废墟下的伤员，要求奄奄一息的伤者配合现场连线，这是缺乏人文素养、职业素养的直接表现"[①]。

在民生新闻的创新中，有必要摒弃这种"占地为王"的思维，不能认为在灾难或盛会等"大事件"现场进行报道，即拥有了话语权，占据了传播优势，建构了权力身份。这种思维导致了"大事件"现场的混乱，各地媒体的一哄而至，不仅无法呈现真相，更无法冷静思考。作为民生新闻，更应该突出的是"大事件"中的人文关怀，体恤民情的情怀，而非歌赞权力的宏大。

（三）作为"人"的传播者：自恋与自信的反观

从"事"到"人"的反思是民生新闻创新的一条思路，符合其以"民生"为出发点和立足点的初衷。从这种维度观之，民生新闻的传播，正是"人"的传播，因为传播者自身便是有血有肉的具体的个人，而非某种庄严肃穆的权力机器或宣传机器。传播者身份的"人"的回归，体现了记者的自信，在传播过程中无须以政治权力为后盾，而是依靠传播者个人魅力。当时政新闻主持人西装领带全国上下"一张脸"的时候，民生新闻主持人的风格南北迥异，各有风采。《南京零距离》中的光头孟飞，山东齐鲁电视台《拉呱》中着T恤衫的小么哥，广东电视台珠江频道《今日关注》中着白色西装的郑达，诸如此类的主持人亲和力强，在当地大受欢迎，被称为"邻家小哥"。

随着民生新闻影响力的增加，不少"邻家小哥"身份已转变为"明星"，这主要有两方面的原因：第一，民生新闻的舆论监督功能越来越强，因而，主持人往往有了替天行道、伸张正义的侠士风范，不仅替老百姓解决实际问

---

① 徐琳：《从主流媒体对汶川大地震和唐山大地震的报道比较看新中国媒体理念的变化》，《广播电视大学学报》，2010年第2期，第71~75页。

题，而且其新闻点评往往一语中的、直抒胸臆，一定程度上说出了老百姓的心声，因而获得了观众的赞许。第二，广大民生新闻栏目的品牌意识增强，逐渐注重对主持人的宣传和包装，在公交车、地铁等户外广告平台中，主持人的形象广告片随处可见。除了主持人，一些栏目还刻意包装明星记者，比如《今日关注》栏目培养了"八姐妹"，以八个年轻女记者为一组，形成一个特别组合。

民生新闻主持人的"明星化"虽然在一定程度上提升了栏目品牌，让更多人知道了栏目的存在，但同时也存在诸多弊端，不利于民生新闻的深入发展，因此应该在创新过程中有所矫正。首先，"明星化"将传播者身份神圣化，背离了与"民"同心、与"民"同乐的初衷，使传播者走出了平民百姓的日常生活，从而产生距离感。其次，"明星化"混淆了传播主体与传播客体之间的关系，主持人和记者仅是信息中介，而非信息本身，新闻应该突出以民众为核心的"客体"，而非以明星为核心的主体，而民生新闻主持人的"明星化"转移了受众的关注视线。最后，"明星化"不仅体现了传播者的一种自恋心理，而且为其参与商业活动提供了方便，比如担当商业广告代言人，临时担任商业活动现场主持人，这些商业行为让"新闻人"公正、中立的身份大打折扣。因此，民生新闻的创新者，必须消除传播者的"自恋心理"，放弃追求"明星身份"，回归平民身份。

第四节　从个案到公共：民生新闻的公共追求

在当今学界的民生新闻研究中，普遍认同这样一个观点：走向公共新闻是民生新闻的唯一出路，话题琐碎化、话语市井化、意见民粹化、叙事故事化的民生新闻，最终要被公共新闻取代。公共新闻以维护公共利益、建构公共领域、形成公民社会为终极目标，突破了民生新闻纠缠于市民琐事的庸俗与低俗。这一观点批判了民生新闻目前存在的弊端，基本上勾勒出了民生新闻的发展规律。但是，在这一转向过程中，还有不少问题值得反思。

一、琐碎之诟：纠缠于个案的庸俗与低俗

民生新闻在"讲故事"过程中形成了关注个案的习惯。所谓个案，即已经发生的具体事实，并非归纳一种共同现象，也非总结一种普遍观点。它的优势在于有具体的人物和情节，有血有肉的人物让观众远离了枯燥的数据信

息和宣传信息。但个案与公共是相对的，个案讲究具体，公共追求普遍，这正是民生新闻与公共新闻的悖论所在。

（一）新闻的"个案价值"之一：奇特性

奇特性是新闻在采用个案时的第一个价值标准。通过个案，突破日常生活的平庸，满足了日常生活叙事与受众观看心理或阅读心理的吻合，这是民生新闻为什么要选择个案讲述而不选择公共阐述的原因之一。在新闻价值五要素中，显著性、趣味性等要素蕴含于个案的奇特性中，个案给受众展示与众不同的事物，强调新闻中的"新"意。

民生新闻的猎奇秉性将个案中的奇特性价值推至无以复加的位置，比如"公鸡会下蛋""老汉坚持三十年来每天吃玻璃"等奇闻逸事。总的来看，具有以下几种特征的个案，基本吻合民生新闻的奇特性价值：第一，违背自然规律的个案。如前文提到的全国多家电视台民生新闻栏目在2008年报道的"河源毛人家族"，违背了人类身体的生理发展规律。第二，违背社会规则的个案。这一类的个案是指由于新闻人物自身原因所造成的罕见事件。比如民生新闻在面对车祸个案的选择时，小型车祸由于数量较多和视觉效果不强，一般不会引起记者的关注，但一些原因蹊跷的小型车祸却非常受欢迎。例如，2010年某民生新闻曾报道某货柜车司机高速公路驾驶时打瞌睡，车速过快将自己甩出车窗。这则新闻虽然不属于重大事故，但车祸原因奇特，因而可看性强。第三，违背正常心理的个案。这类个案会给受众制造诡异感。例如2011年富士康连环跳楼事件，是一般人想不通的。第四，揭露违背伦理的个案。这类个案的奇特性在于其与正常人情伦理相违背。比如"禽兽父亲强奸亲女"这一类新闻，奇特性明显。第五，渲染情感非正常发展的个案。这一类新闻具有强烈的情感渲染空间，其新闻价值不在新闻事件本身，而在与新闻价值有关的人物之间的情感关系的发展。例如，2014年5月我国华南地区遭遇破坏性暴雨，民生新闻普遍报道了"暴雨中父亲目睹怀孕女儿被洪流冲走"这一事件。

个案的奇特性价值一定程度上提高了民生新闻的可看性，使其与时政、财经等严肃类新闻划清了界限，建构了自我身份。但是，物极必反，过于倾向于追求个案中的奇特性，会使其失去公共情怀，逐渐让民生新闻对大众生活缺乏关注。在这种情况下，个案价值的代表性诉求显得更为重要。

（二）新闻的"个案价值"之二：代表性

代表性是新闻个案的第二个重要价值，即个案必须具备典型意义，不是孤立存在的，它将个案的奇特性价值升华至普适的公共情怀。在具有代表性价值的个案中，受众不仅仅是以猎奇的眼光来围观奇闻逸事、窥视社会隐私，更重要的是以个案来横向地比照其他，纵向地预测未来，通过横向和纵向的观照，可以"以点到面"地阐释个案价值，从而将选题意义进行深化和延展。

个案的代表性在民生新闻中有以下几种类型：第一，追溯型。对一起个案，从时间维度往后追溯，与过去曾经发生的类似的个案进行比照，总结规律和原因，从而突出这一起案例的代表性价值和典型意义。比如，在某一街道的同一地点曾经两周内发生过五次车祸，而最近发生的这次车祸就具有代表性价值，可以进行同类反思。第二，比较型。对一起个案的空间维度进行对比，寻找个案之间的异同之处，从而突出其中一起个案的代表性价值。比如在同一个生活小区一夜间有六家被盗，这就需要判断，这是一起不同小偷同时出现的耦合事件，还是一起同一小偷进行的"连环盗"，横向比较，突出其中一起个案。对比型的代表性个案扩大了新闻所涉面积，新闻主角"不是一个人在战斗"，从而可以将个案引导至公共空间。第三，推理型。对一起个案进行逻辑推理，分析其可能继续存在或发生的可能性，从而提升个案的典型意义。如南方梅雨季节期间，很多城市出现"地陷"灾难，即路面无故塌陷，出现大坑，经过地质专家的推理发现，这是长时间雨水浸泡和流动"掏空"了马路路面下的泥土所致，因而可以预测，此类灾难并非偶然所致，即使只有一个案例存在，但同时也有继续发生的可能性，在新闻报道中可以作为代表性的典型个案来阐述。

个案价值从奇特性向代表性的转向，是民生新闻报道创新在具体操作层面的一个环节。这一转向体现了新闻的公共情怀与追求，是民生新闻跳出鸡毛蒜皮和鸡零狗盗等低俗现象怪圈的一条路径，也是脱离"小报"风格的契机。

二、公共新闻的假想

"公共新闻"理论最早由纽约大学新闻学系教授杰伊·罗森（Jay Rosen）提出，他认为："新闻记者不应该仅仅报道新闻，新闻记者的工作还应该包含这样的一些内容：致力于提高社会公众在获得新闻信息的基础上的行动能力，关注公众之间对话和交流的质量，帮助人们积极地寻求解决问题的途径，告诉社会公众如何去应对社会问题，而不仅仅是让他们去阅读或观看这些问题。"① 从这种意义上看，公共新闻体现的是一种观照社会和关怀公众的媒体责任，而非传递信息的功能。就我国现状而言，民生新闻向公共新闻进化，其基础是中国公共领域的建立。

（一）当代中国公共领域的基础

公共领域（Public Sphere）是哈贝马斯在20世纪60年代提出的概念，其主旨是"国家和社会之间存在着一个公共空间，市民可以假定在其中自由言论，不受干涉"。"相对于'私人领域'而言，哈贝马斯认为，'公共领域'必须体现出平等和批判的原则。"② 依据此观点，当代中国媒介的娱乐化，特别是民生新闻的低俗化走向，在很大程度上弱化了受众的批判性思考能力，因而消融了公共空间的存在。

从民生新闻的现状来看，其与公共领域的关系较为复杂。民生新闻娱乐化、低俗化的报道行为，正在摧毁自身由"民生"向"公共"转型的基础。相反，民生新闻开放的新闻源让市民积极参与了社会问题的探讨，比如报料、反馈等，这又从另一个方向建构了公共领域，自上而下的"长官意识"正在转化为自下而上的"公众话语"。随着民生新闻话题参与性的放开，市民有机会表达意见和态度，虽然无法直接参与其建构过程，但可以形成一个初级的市民意见圈。这个意见圈的形成和成熟，又将对为民生新闻转向公共新闻提供推动力，民生新闻题材从个体家庭琐事，转到社会生活、经济生活、环境变化等，并为普通民众提供了一条与政府沟通的渠道。

（二）公共新闻：对民生新闻的修正价值和进步意义

公共新闻最初也叫公民新闻，这说明了它同样也以"民"为立足点，以民为本是公共新闻与民生新闻十分鲜明的共同点。既然大多数学者倡导民生新闻转向公共新闻，起码说明公共新闻具有某种意义上的进步性。参照20世纪90年代公共新闻在美国的兴起，可以分析公共新闻相对于民生新闻的几点进步性：第一，新闻源是公民个人或公民组织，而非政府组织。这是公共新闻区别于官方新闻的根本点，目前民生新闻与官方新闻的界限模糊也正是因为如此，官方组织的信息占据大量版面，信息内容的宣传色彩依然严重，这在很大程度上减损了新的传播力。与官方新闻相区别，公共新闻并非

---

① 蔡雯：《"公共新闻"：发展中的理论与探索中的实践》，《国际新闻界》，2004年第1期，第30~34页。

② 任文杰：《试论我国电视民生新闻公共领域的构想》，《东南传播》，2007年第10期，第57~58页。

排斥官方主流意识形态，相反，它从民间出发，主动地、积极地传播社会主义核心价值，提升新闻的公正性和公信力。第二，提供与事件背景相关的信息，而非简单的个案报道。在前文讲述"代表性个案"时已经提到，对事件的追溯性、对比性和推理性报道，可以从时间和空间两个维度全面铺开情节，"由点到面"地展示事件的背景因素和发展走向等相关信息。第三，为被报道者提供解决问题的方法。一些民生新闻善于"晒"苦难和悲情，以此提高传播效果，但对于如何解决问题，或者如何对公共社会有益，缺乏深入的反思，公共新闻在这一点上具有进步意义。第四，更少报道"两极"冲突，而是更多报道关于冲突的系列归纳和辨证反思。"冲突感"在民生新闻中具有极大价值，但一些民生新闻缺乏对"冲突"的反思，在"冲突"的热闹逐渐消退之后，又转入了下一个具有冲突感的话题。公共新闻的系列归纳和辨证反思是对这一点的修正和弥补。第五，提供更多的市民与媒体的互动。目前民生新闻的互动主要体现为报料、抽奖、社区采访等方式，但这种类型的互动趋于浅表化和形式化，市民很难深入表达意见，而公共新闻将为这种有组织的互动交流提供更多机会，这也是公共新闻的进步意义所在。

三、公共受众的培养

公共受众是以公共领域为基础的市民阶层，以及在公共新闻培育之下形成的受众群体。如果说民生新闻培育了热衷于围观苦难、关注冲突、倾听故事的受众，公共新闻的终极使命则在于培育公共受众，他们关心公共事务、具有较强的忧患意识和质疑精神，对社会事物有一定的反思水平与建构能力。当公共受众成为整个社会市民阶层的主体，社会的综合素质和整体品质也会相应地提升。

（一）公共精神：公共受众的精髓

培育公共受众，其基本点便是在市民中建构公共精神，也就是引导市民超越个人狭隘世界观和个人直接功利价值观，关心公共事务和公共利益。公共精神是现代性社会的要求之一，它突破了农业社会仅仅有利于权力阶级的人际关系和社会结构，建构了有利于全社会各阶层共同繁荣发展的价值体系。

公共精神是公民的公共意识和社会责任的体现，包括对国家利益、政府形象、公共事务、社会公益等层面的责任。这种责任意识有以下几点含义：第一，它体现公民对国家利益的承认，对自身利益与国家利益一致性的认可，对政府工作的支持，其中包括以公民身份参与公共事务管理和监督政府行政的诉求。第二，它体现为公民的一种公共情怀和社会忧患意识。例如2014年昆明火车站暴恐事件发生后，公民对公共安全的关心，2014年兰州自来水苯超标事件发生后，公民对水资源安全性的担忧，这种公共情怀涵括在安全、卫生、环境、资源等与公共利益有关的事件中。第三，它体现为公民的一种生活态度和价值取向，以什么样的心态看待社会，以什么样的气度与人相处，以什么样的姿态参与本职工作和社会事务，并通过自身行为助推全社会相互包容、理解与支持的氛围的形成。公共精神意味着公民的个体利益与公共利益保持一致，从而推动公民关注公共利益。公共精神并非人之自然禀性，因此，应将个人利益建于公共利益的基础之上，进而形成公民在公共利益中的责任和理念，从而产生稳定的公共情怀。

（二）培育公共精神是社会主义核心价值观的内容

在社会主义核心价值的阐述中，从公民层面概括的社会主义核心价值观，与公共精神的内涵基本吻合。公民与国家利益、政府行政、公共事物的关系的一致性，使公民在公共立场、社会意见和行为取向上均有利于国家和政府利益，这是"爱国"在公民精神中的阐释。在具体实践中，公民以"主人"身份积极参与公共事务管理和积极监督政府行政，也是公民与政府建立良性的建设性关系的前提。公民积极参与本职工作和社会事务，维护社会和谐发展，是公共精神的具体要求，同时也是"敬业"的体现。在公共精神的指引下，公民与公民之间在公共生活领域彼此尊重、友爱、信任与合作，这是社会"诚信"和"友善"的基础。

（三）公共新闻的使命：培养公共受众

公共新闻如何培育公共受众，说到底就是如何在市民中建构公共精神。作为民生新闻的升级版，公共新闻有必要对受众进行积极培育。总体而言，有以下几个方面的内容：

第一，培育受众的公共反思能力。在公共新闻的引导下，受众不再只是围观苦难和观摩冲突，而是要走出"看热闹"的浮躁，走出"奇特个案"的低俗，开始系统性地反思新闻事件的历史背景、社会动因和未来走向。当然，这种反思需要一定的文化素养和知识储备，这就要求公共新闻必须有意识地引导受众从低俗围观中走出来，逐步提高文化素养与知识储备。公共新闻潜移默化地为受众积累公共社会尝试，包括法律知识、环境知识、维权知识等领域，受众也在接触这些知识的过程中日积月累地形成了自觉。

第二，培育受众的公共忧患意识。在"娱乐至死"的当下，新闻也未能免俗，民生新闻的娱乐化便是突出体现，受众观看民生新闻时沉迷于暴力的刺激感、悲情的渲染感、滑稽的欢快感，从而忘记了身处某种危机之中。公共新闻则有意识地培养受众的忧患意识，从公共利益的损害中，关心自我的生存问题，将公共利益与自我利益系于一体，从而以自身行动推动危机处理和社会进步。例如环境污染问题是当今社会的重要话题，缺乏公共精神的受众在看过之后多进行情绪化的谴责，或者庆幸自身未处于污染区域，而公共受众则意识到污染可以随着空气和水流扩散，如果造成污染的主体没有受到处罚，会使同类污染在全国范围内更加严重。因而，公共受众在观看新闻之后，会通过各种手段宣传环境知识、阻止污染源扩散。

第三，培育爱国、敬业的公共责任意识。爱国、敬业是公共受众自身利益与国家利益、社会利益保持一致的行为体现，它们不是一句空洞的口号，也不仅是一种美德，而是一种责任和能力。比如在暴恐事件报道中，公共精神对媒介恐慌的抑制，就是对公民"爱国"心理和能力的培养，帮助市民在这类事件中保持冷静克制，获得冷静的应对心态和专业的应对策略，维护国家利益和社会稳定，而不是陷入仇恨、猜忌、恐惧中无法自拔。

第四，培育诚信、友善的公共情怀。缺乏公共精神的支撑，新闻会仅仅以批判社会和舆论监督等负面报道来吸纳受众的关注。公共精神为新闻传播注入了"正能量"，这种"正能量"并非普通意义的正面报道，而是通过新闻建构起人与社会、自然之间的共存关系。客观反映这种关系是一个层面，将这种关系置于一个与各方利益相关的关系网上呈现，以及如何实现各方利益最大化，是另一个层面。在这一过程中，受众既获得了公共信息，又观照了公共利益，同时也满足了自身利益，其与社会的和谐关系反过来又加深了受众诚信与友善的公共情怀。

第八章　社会主义核心价值观奠定民生新闻的发展基础

社会主义核心价值观是经过不断提炼和总结而形成的一套具有极高精神价值以及普遍指导意义的理论体系，是我们在思想上要不断追求的高度，也是我们在实践当中要遵循的规范。在学习、宣传以及践行核心价值观的过程中，新闻传播媒体自然要走到队伍的前端，尤其是民生新闻这一类非常贴近生活，并且极容易与广大群众产生密切接触的新闻报道，更应当在弘扬核心价值观的工作中做出表率。为了更好地确保核心价值观能够引领民生新闻的发展走向，我们应当竭力从人才培养、内容生产、节目考核以及产业经营等各个方面进行软件与硬件的提升，从而保证核心价值观成为民生新闻发展的重要指导思想之一。

第一节　人才培养注重内化价值观

从提出伊始到现在的被广泛运用，核心价值观经受住了实践的检验，逐渐从一种单纯的观念上升到了理论的高度，自身也在不断发展中得以完善。理论源于实践，又反过来指导实践，核心价值观从实践当中得来，现在它又承担着指导实践的重任。理论指导实践，归根到底是在指导人，只有通过人的运用与开拓，才能够使理论发挥出更好的作用。因此，核心价值观要想真的在实际新闻工作中起到应有的作用，就应当在新闻人才培养方面下功夫。民生新闻在建设自身团队的过程中，自然要将内化核心价值观作为人才培养的主要内容，在新闻人充分了解领会核心价值观的前提下，才能够从根本上保证民生新闻的发展沿着核心价值观的轨道前进。

一、树立以核心价值观为指导的人才培养理念

虽然长期以来我们都在追求新闻的客观真实性,但是事实证明,新闻只能无限接近事件的真实面貌,其中不可避免地掺杂了许多人为的因素,很多时候也带有新闻从业人员的主观意向。提升民生新闻的质量首先应从人才培养方面入手。要想培养出具备社会主义核心价值观思想的新闻从业人员,就应当在人才培养理念当中尽可能多地吸收核心价值观的主要思想,对理念与方法给予同等的关注与重视是保证人才培养符合核心价值观要求的重要途径,但是归根到底,理念起着根本的指导作用。

(一)深入学习核心价值观的内涵

运用理念、贯彻理念的前提就是熟知理念,清楚它的内涵及各种要点,只有在充分掌握了理念的特征之后才能够在实践当中有针对性地运用,以确保达到预期的目的。

在党的十八大报告中,谈到加强社会主义核心价值观体系建构时指出:"倡导富强、民主、文明、和谐,倡导自由、平等、公正、法治,倡导爱国、敬业、诚信、友善,积极培育和践行社会主义核心价值观。"核心价值观虽然只有短短24个字,但它的内涵是丰富而全面的,它具有高度的概括性,对我们国家的发展具有全局性的指导意义。社会主义核心价值观包含了三个层面的不同意思:首先是站在国家层面提出的奋斗目标,其次是站在国家各项事业建设基础上设定的准则,最后是对公民自身发展完善提出的要求。这三个方面层层细化,从宏观到微观都有涉及。

社会主义核心价值观的第三层概念是主要针对个人发展的,也是我们在民生新闻领域进行人才培养所要重点借鉴与遵守的内容。从根本上来说,我们国家的各行各业,培养人才都应以社会主义核心价值观为基本准则,在此基础上才可以追求社会层面、国家层面的发展目标。民生新闻也不例外,社会主义核心价值观对于个人发展所提出的要求应当是其进行人才培养的基本出发点,只有在满足了"爱国、敬业、诚信、友善"等品质的基础上,才谈得上如何培养新闻工作技能。民生新闻在进行人才培养时要将这一准则放在最基本的位置,强调个体人品素养以及职业道德。由此我们可以看出,社会主义核心价值观的人才培养理念其实是对一个人基本素质的强调,在此基础上才能够更好地促使个体发展为具有高水平专业素养的人才,这应当是民生新闻进行人才培养时坚持的基本理念。

坚持以核心价值观中的相关内容进行严格要求,不仅是我们民生新闻培

养人才的基础工作之一，也是不可或缺的奠基式环节，更是追求更好的人才培养效果的必经之路。

（二）积极掌握前沿的人才培养模式

人才培养是一个复杂的环节，不仅要有理念上的支持，还要有实际操作程序上的配合，否则，即使拥有再丰富的理论支持也只能停留在纸上谈兵的阶段。所以，掌握最新的人才培养模式，做到与时俱进，才是当下民生新闻人才培养在实践环节中应当注重的问题。

随着科学技术的发展，新闻的生产环节有了极大的改变。以往的记者都是能采、能写的"笔杆子"，新闻从获取到发布都要经历不少的程序审核，而当下的新媒体平台在改变新闻发布渠道的同时也在改变着新闻的生产方式，新型的记者不仅是能采、能写、能编辑的具有传统新闻专业主义素质的记者，更要是善于运用新媒体的全能型记者。新媒体平台逐渐成为"新型的信息发布平台"，新闻媒体当然要抓住这一转折机遇，不断提升自己应对新形势的能力，传统媒体在近些年当中也在积极寻求角色转型的渠道。与整个新闻行业发展的节奏一致，民生新闻的人才要求也在逐渐趋于全面化与全能化。

当下的记者在外出执行采访任务的时候，必备的有录音笔、摄像机、电脑与无线网络，在某些较为紧急的情况下，连电脑都可以不用，直接使用手机或平板电脑就可以现场发布新闻，只有熟练运用这些设备的人员才可以完成相关的采访任务。因此，新型的人才培养模式其实就是在坚持提升新闻从业人员专业素养的基础上，不断提高他们对新媒体的理解与运用能力。尤其是如今网络社区与平台的新闻影响力在不断提升，新闻记者在运用新型设备的同时，也要不断接触和使用尽可能多的社区产品，这样才能够将新媒体真正变为自己的有力工具，让它更好地为新闻传播的发展做出贡献。

（三）将核心价值观与人才培养的实践结合

核心价值观是我们人才培养理念的重要核心。全新的人才培养模式是我们要追求的，但是如果它的指导思想与我们的观念不契合，也没有太多的意义。由此我们可以看出，理念与实践同等重要，二者是相互配合、共同依存的关系。如果理论与实践之间没有任何交集，想要取得预想的成绩必定是一场空谈。因此，在具体的探索过程中，第一应当将核心价值观中的人才培养观念与最新的人才培养模式紧密结合起来，准确地找到二者的契合点，将它们的优势综合起来，这样才是最科学、最有实践价值的组合模式。

第八章 社会主义核心价值观奠定民生新闻的发展基础

民生新闻在人才培养的过程中,第一要坚持将爱国的理念贯彻到培养工作的每一个环节。因为在我们国家的发展背景下,我们做一切工作的出发点都是为国家和社会服务,所以,在人才培养的过程中,强调爱国应当是最核心的内容。同时,我们国家的传播媒介在根本上仍然要坚持其作为喉舌的本质属性,因此,民生新闻在人才培养的时候就更应当将爱国的思想渗透进去。

第二,在人才培养的过程中应当坚持弘扬爱岗敬业的优良品德,这一项内容具有非常强的普适性。因为不管身处什么行业,只有做到爱岗敬业才是一个人最终取得优异工作业绩的基本前提。坚持爱岗敬业就是坚持以一种发自内心的热爱与负责任的态度来展开工作,让从业人员避免以一种应付的、完成任务的心态来对待工作。在实际工作中为了保证高效率的传播,媒体工作人员常常要牺牲自己的私人时间,因此,如果没有对这份工作的真正热爱,恐怕不能够以一种较好的状态来完成相应的工作安排。

第三,时刻警醒人才队伍以诚信的态度对待自己的工作。诚信是每个人都应当具有的基本美德,表现在工作环境中就是以一种对自己和对他人负责的态度来处理自己所肩负的任务。当然,在媒体工作就应当更加注重这一特质,因为我们都知道,新闻报道的本质就是在尝试无限接近事实,让新闻事件的前因后果能够以最真实的状态展现在受众面前,所以,这一环节对于诚信的要求非常高。这不仅是民生新闻人才培养应当注重的内容,更是每一个新闻人都应当具备的基本素养。

第四,在人才队伍中强调以友善的态度对待工作、同事和受众。任何工作都是社会性的,工作人员不可能是封闭的个体,因此,友善不仅是其对待工作所应有的态度,更应当是与周围的环境融洽相处的首选之道。同时,新闻工作当中不可避免地会有新闻采访等一系列与受众直接接触的环节,这就要求新闻人能够以一种友善的态度进行沟通。更重要的是,民生新闻的特质决定了必须接触大量的基础受众,这也是新闻工作者要坚持友善态度的一个原因。

综上我们得出,社会主义核心价值观对个人发展提出的建议完全适用于民生新闻的人才培养,并且二者可以在各方面都能良好地契合。所以,民生新闻的人才培养应当着重对以上方面有所侧重。

二、确立以核心价值观为准绳的人才培训体系

随着政治、经济、文化的演进,整个人类社会也在不断变迁。因此,我

们必须用发展的眼光看问题。人才培养同样也不是一劳永逸的,需要在实践当中不断推进与完善。培养理念与培养模式确立了人才培养的大方向,但是在具体的实践中,我们必须用相应的准则对其进行细化。因为在繁忙的工作进程中,工作人员不会有大块时间来接受培养教育,这就需要将相应的培养理念融入到日常的新闻工作当中,确立以核心价值观为准绳的人才培训体系。社会主义核心价值观对个人发展提出了"爱国、敬业、诚信、友善"的要求,通过对这一组关键词的分解我们可以看出,爱国、诚信、友善涉及的都是思想道德层面的素质培养,这一过程是长期的,也需要慢慢渗透。转换到实际操作层面,敬业才是实际工作最需要的品质,那么,什么才是支撑"敬业"二字的核心呢?答案就是不断地提升专业技能、增强工作能力,在社会主义核心价值观的高标准、高要求之下不断地完善民生新闻的人才培养体系。

(一)重视对既有经验的总结与实践

人才培养是一个全方位的概念,不仅要注重他们思想上对核心价值观的理解与诠释,更要关注他们的具体实践能力,在这当中就肯定要涉及对其经验总结能力与运用能力的培养。民生新闻的采访与报道是一个复杂的过程,而且其中充满了不确定性,与其他新闻报道相比,民生新闻面对的群体多为最普通的群众,涉及的事物也都较为繁杂,这就要求记者拥有极强的应变能力,来处理工作中出现的各种突发状况。

突发状况的无法预料性以及不可参照性总是让人措手不及,但是如果细心观察我们就会发现,这些事件之间是有相似性的,它们的很多特质是重合的,我们可以通过借鉴已有的经验来寻求解决的办法,这就体现出经验总结的重要性。如果只知道实践而不注重总结,那么无论在这个行业从事工作多久,都像是一个刚入行的"新手",面对所有的情形都是一团乱麻,因此,注重经验的总结是提升个体工作能力的重要环节。

对既有经验的运用是不断加深印象与体会的重要途径,任何道理与技能如果不能够在实践当中得到检验,那么它将是苍白无力的。在实际的工作当中,观察与总结固然是提升工作能力的重要途径,但是,对经验的运用也同样重要,如果只是得出经验而将其束之高阁,事实上也没有产生任何有益的用途。因此,人才培养的第一步就是培养他们总结与概括的能力,同时还要加强实际运用的能力,这样才能为后续的其他工作奠定扎实的基础。

核心价值观中特意强调了"敬业"二字,这一概念看起来是职业道德层面的要求,但事实上任何一个敬业的人都会积极地投入工作中,努力采用各种方法来提高自己的能力，这才是敬业的最直观表现。如果连最基本的业务能力都不具备，还谈何敬业与否呢？所以说，核心价值观并不是一个被神话的事物，它是对我们国家、社会以及个人发展中的各项指标进行高度概括与总结的成果。

（二）加强对优秀个案的解读与分析

在人才培养的过程中，不仅要告诉对方做什么、怎么做、用怎样的心态来做，更重要的是应当拿出典型案例进行解读与分析，让理论与现实对接的时候找到落脚点。大部分时候，书本上的文字理论与现实都有一定差距，想要将其运用于实践也不是一蹴而就的，通过分析典型案例来减少实施的难度是可取的途径。

对典型个案的分析不仅是业界人才培养要做的工作，学术界也一直在以这些案例为对象进行着相关的研究。在民生新闻最初的发展阶段，学术界对它的研究也大都集中在概念界定与案例分析上。新闻单位在对人才进行培训教育的时候，自然要将典型案例当成分析学习的对象，当然，这里也不能单纯集中于对优秀新闻人物的解读，最好是将视野扩大到能力出色的新闻团队身上。运作有序的团队归根到底依靠的也是个人。因此，对团队的学习既能了解别人的工作方式也能增强个体的团队意识，从而达到在整体上提升报道质量的目的。

《东方时空》的"生活空间"版块开播后，"讲述老百姓自己的故事"就成了人们耳熟能详的一段宣传语，民生新闻理念也正式走进大众的视野，随后平面媒体对这一新闻领域进行了更加全面的阐释。《中国青年报》的"冰点"栏目与《南方周末》都是非常典型的具有民生新闻理念的案例。2002年的《南京零距离》则将民生新闻推向了一个更高的热度，此后各地纷纷推出类似节目，如成都电视台的《成都全接触》、吉林电视台的《守望都市》以及安徽电视台的《第一时间》等，它们不仅成为后来学界关注的热点，更是同类新闻媒体学习的对象。

每一类事物在发展的过程中都会涌现出很多的佼佼者，它们的经验与长处值得其他同行学习和借鉴，因此，加强对优秀案例的解读和学习是提升自身能力的一个重要方式。经历了十多年的探索与发展，民生新闻已不再是一个新生事物，在这一历程中必定产生了很多的优秀案例，许多新闻团队已经成长壮大起来，其中值得学习和借鉴的案例数不胜数，这也是民生新闻自身团队建设应当考虑的内容。

(三）注重与高校建立互助合作平台

随着传媒技术的变革，越来越多的媒体开始注重人才培养的与时俱进性，不仅要推进从业人员新闻理念的革新，还要助推他们实现业务能力与新媒体操作能力的对接，以此提升其媒介综合素养。

从当前的高校教育与媒体发展形势，我们可以看出，高校一心扑在理论研究领域，对案例的分析与总结都比较到位，整体上更注重对学生的理论灌输，但是极端缺乏实践。而媒体则还是沿袭一直以来的高压工作模式，记者以及其他工作人员甚至忙到没有时间休息，更不要谈对理论的学习与理解。所以，当下的媒体从业人员普遍存在的问题就是缺乏理论学习。因此，有不少媒体与高校都在反思自己当前的发展模式是否正确，并且逐步开始在建立互助合作平台方面进行尝试，如果方法得当的话，将会形成一种共赢、共进的局面。

在具体的实践当中，媒体与高校的合作模式一般有以下几种：一是媒体定期邀请在高校任教的新闻传播学领域的教授到自己的单位召开专题讲座，进行学习交流与理论培训。二是媒体安排进修课程，将从业人员派到合作高校进行专门的课程训练，通过听、讲、评等形式开展课程，每一个学习周期结束后都会进行考核与评比。三是高校将相关专业的在校生输送到媒体进行实习锻炼，在实习的过程中将理论转化为实践，在加深对理论理解程度的同时为媒体带来更多的新鲜血液。根据目前的情况来看，媒体与高校的第二种合作模式的实施还需要很多物质方面的支持，想要在一般的媒体开展还有一定困难，不仅要协调工作安排，更重要的是需要拿出相应的专项基金给予支持。

对于新闻媒体来说，建立互助合作模式其实就是在繁忙的工作进程中对人才进行"营养"的补给，以帮助他们应对工作当中出现的各种新情况。而对于高校来说，互助合作模式也完善了其自身的教育体系，并且在这一过程中还为媒体提供了新鲜的血液，因此，这可以说是一种互惠共赢的合作方式，能给双方都带来预期效果。

三、建立以核心价值观为标准的长效考核机制

人才培养是一个过程与结果并重的历程，过程是由各种具体的措施所组成的，但是其最终目的只有一个，那就是培养大量的优秀人才，在提升自身素质的同时为整个行业的发展贡献自己的力量。从全局来看，人才培养是一个需要投入大量人力、物力、财力并且要长效坚持的过程，因此，为了确保

最终获得的成果与前期的投入成正比,完善相应的监督考核制度也是非常必要的。

(一) 坚持对个人综合素质的考核

人才培养关注的是个体的全面发展,不单单是某一方面的提升,因此,在人才培养成果的考核当中,一定要注重对其综合素质的检测,这是人才培养的最终目标。此外,对人才综合素质进行考核的过程中,我们还要着重强调对其思想层面的要求,以社会主义核心价值观为人才培养的指导思想,在最终必然要体现在个体思想认识等各方面的变化与提升上。当然,在社会主义核心价值观的号召之下,我们不仅要在人才培养的过程中坚持"爱国、敬业、诚信、友善"等标准,更要在最终的考核当中予以体现,因为核心价值观是经过高度凝练与概括的,在某种程度上就是对个人发展综合素质的恰当概括。因此,考核人才的综合素质依然要从以上四个方面出发进行判断。

个体综合素质的提高是我们人才培养的重要目标,这一方面的考核应当是灵活多样的,毕竟这是不能通过单纯的笔试或者问答就能得出结论的,因此,要运用多种多样的方法对个体进行评估。综合素质不仅是用人单位所要求的,也是我们当前发展过程中全社会都在追寻的一个目标,各行各业的人才培养都非常注重综合素质的提升,因此,坚持对这一方面的检测与考核是非常重要的。

在当下的情形中,综合素质的考核主要是从思想高度、理论水平、业务能力、情商指标以及心理健康测试等方面展开的。这些指标在综合素质的评判中所占比例相差不大,但是或许在重要程度上有主次之分。到目前为止,对综合素质的测评还没有一个约定俗成的、可供通用的方法,但是在新闻行业内部,以上的几个方面都是较为重要的内容,对民生新闻自然是以这些指标为主,可能在具体的某些方面有所改变。

(二) 加强对个人业务能力的考核

综合素质是我们人员考核的基本内容,在此基础上,人才培养要把对从业人员的业务能力的要求作为重中之重,新闻行业是一个实践性非常强的行业,扎实的业务功底最能够彰显个人实力。因此,在重视综合素质的同时应加强对业务能力的要求,强调实际工作能力的提升,这才是能够给用人单位带来直接收益的方法,也是对核心价值观当中的"敬业"准则的深化,因为落到实处来讲,工作当中最重视的还是效率,在民生新闻的人才培养实践中,工作人员的敬业态度自然会促使他们更进一步钻研自己的工作,增强实战能力。

民生新闻对从业人员本身的能力有着较高的要求，虽然工作当中的很多内容都是有先例的，但是在大部分的采访编辑过程当中还是会遇到各种各样的紧急情况，这就是对从业人员自身能力的考验，因此，业务能力在这当中的重要地位应当予以强调。与综合素质相比，对业务能力的考核操作起来要相对容易一些，因为它是可以量化的，我们可以通过其工作量、工作效率以及最终成果的质量进行非常严谨的测评，再综合各方面的成绩得出一个总的概况。

从本质上来说，业务能力的考核其实属于媒体管理的范畴，通过何种方式提高员工的积极性与工作质量，这是所有媒体一直以来都在探索的课题，因此，这一方面的很多措施都是有范例的。同时，我国媒体所处的这种特殊地位，需要我们在管理方面不断探索，在事业性与企业性并存的媒体机构中，如何实现有效的人才管理以更好地应对市场竞争所带来的各种挑战的问题。

（三）建立健全长效考核机制

人才培养的动力主要来自两个方面：一是外部环境给予的支持和压力，二是个体自身迸发出的积极向上的自我挑战精神。这两者之间的差异是非常明显的，外部环境的影响是可以人为控制的，但是个体的内部思想是外界无法轻易改变的。所以，管理机构应当不断强化自己的职能，尽最大努力发挥应有的促进作用。

一些媒体会定时或不定时地举办一些培训活动，在活动期间，各项规章制度的运行都是非常高效有序的，可是活动一结束，一切又恢复原样。这种心血来潮式的改革其实完全没有意义，反而会让个体在工作中产生一种应付改革的惰性。作为管理者，应当注重建立健全长效考核机制，将各种行之有效的方法进行灵活运用，以保证可以发挥长久的作用。此外，管理机制、考核机制是否完善都可以从侧面反映出一个机构的整体实力与运行能力，任何一个小小的管理漏洞都可能给自身的长久发展埋下隐患。在民生新闻的人才考核机制中，应当与核心价值观的要求同步，分为硬性和软性两个方面，在硬性方面主要针对工作能力等展开量化考核，比如采访能力、稿件数量、稿件质量、应对能力等；在软性方面则要注重爱国、诚信、友善等一系列精神层面的考量。

归根结底，考核机制是帮助个体不断完善自我的外在动力，也是人才培养的重要辅助力量，因此，建立健全长效考核机制是媒体培养优秀人才的必要条件,应当始终坚持这一方面的探索。

第二节　内容生产注重建构价值观

核心价值观对于民生新闻的发展具有全面而重大的影响,从选题、策划到写作、编排,核心价值观都是贯穿其中的重要线索,因此,最能体现其指导作用的便是民生新闻在内容生产过程中对价值观的建构。内容生产的重要性是毋庸置疑的,尤其是在当今这样一个多媒体竞争的环境中,传播平台所带来的新鲜感终将归于平淡,能在传播对象当中保持长久吸引力的必然是真正彰显实力的原创内容。因此,民生新闻在传播过程中注重内容生产的重要性,并且对社会主义核心价值观创造性地进行融合与借鉴。

一、将核心价值观作为内容生产的重要指导思想

每一种媒体都拥有属于自己的独特经营理念与创作思想,而在同一类媒体当中,不同的版块与栏目也都有着自己的运营特色,这一准则也同样适用于民生新闻。从报道内容的涵盖面上来讲,民生新闻必定是隶属于整个大新闻范畴的,因此,其生产理念也是以基本的新闻理念为依据的。在此基础上,民生新闻应当在自己的生产理念中不断增加社会主义核心价值观的内容,将其作为内容生产的重要指导思想,从而提升内容的质量。

(一)与时俱进,更新已有的内容生产理念

把社会主义核心价值观放在民生新闻内容生产的指导地位上,首先要做的就是有意识地创新已有的内容生产理念。从本质上来说,社会主义核心价值观的提出就是一种理念上的创新,其自身就彰显了一种与时俱进、不断总结与提升的品质。因此,民生新闻在内容生产方面更要注重这种精神的建构,为已经形成的生产理念注入新的元素。

在一个已经趋于成熟的行业内,最容易滋生出惰性,因为既然原有的体系可以支撑运行,改革的动力就会减少很多,但是很多时候,落后是在不知不觉当中发生的,尤其是在当下这样一个多种媒介激烈竞争的时代,不断创新内容生产理念是民生新闻面对内外双重压力时必须要做出的抉择。在更新理念的同时,加强对社会主义核心价值观的理解,有意识地将相关的内容融入进来,这样既拓宽了内容生产的源头,也学习与弘扬了社会主义核心价值观。此外,处于我们国家这种特殊的媒介环境中,民生新闻应该将社会主

核心价值观贯穿到其内容生产之中，这也是中国特色新闻事业必须遵循的。

同时，社会主义核心价值观本身也在强调敬业奉献的精神，因此，以行业自身的特色为出发点坚持学习与创新，必定是爱岗敬业的最有力表现。以固有的工作模式以及思维习惯应付工作当中的新老问题，是当下非常普遍的现象，这种得过且过的心理可能导致整个行业惨遭淘汰。一直以来，新闻传播行业都在以多种形式展开文风、作风方面的学习与建设工作，这其实也从侧面表明，新闻行业本身就是一个非常敏感并且善于与时代接轨的领域。民生新闻作为其中的一个重要组成部分，自然也要将这种不断进取的理念与精神承继下来，以创新理念为前提，推进内容生产质量的不断提升。

（二）融会贯通，吸纳核心价值观

社会主义核心价值观所包含的内容极其丰富，可以说是涵盖了我们社会生活的各方面，所以，民生新闻在创作过程中必须学会如何在大量的内容中寻找出符合自身创作理念的部分，并且要对其进行恰当的阐释与转述，从而与自身的创作实践相吻合。因此，融会贯通地吸纳核心价值观其实包含了两部分内容：一是准确地筛选出有效的信息；二是对这些信息进行合理的运用，并与已有的理念进行融合。当然，这两者都是建立在充分理解了社会主义核心价值观内涵的基础上的。

之所以要在民生新闻的报道领域格外强调对社会主义核心价值观的阐释，是因为民生新闻在选材报道的出发点上就与核心价值观有着较高的契合度，它反映的是社会万象、百姓生活的方方面面，而我们国家提出社会主义核心价值观的初衷就是为了能够全面、彻底地帮助整个社会有序运行。因此，民生新闻在选材报道以及最终的价值升华上都要依照核心价值观，在涉及富民、爱民、强民的新闻题材时，应当紧密结合"富强、民主、文明、和谐"的主题进行阐释，凸显我们国家在当下的工作中取得的一系列改善民生的成果，并且要强调整个社会的和谐与文明进程；而在涉及社会大众生活等微观新闻题材时则要有意识地宣扬"自由、平等、公正、法制"的治国理念，这不仅是针对某一领域的，也是我们国家在全社会范围内开展工作的主要依据，民生新闻在对相应的领域进行报道时则要突出各国家机构、政府单位在这些方面所作出的努力与探索。至于关乎个人发展与个体进步的层面就更容易在核心价值观中找到契合点。在我们当前的社会发展中不断涌现出一批批优秀人物，对他们进行报道与解读，一是对这种优秀品质的肯定，二是对这种优秀案例的宣传与弘扬，这样才能够在全社会范围内提升人民的素质。因此，民生新闻可以有意识地开展对典型人物的报道，并且重点突出他们身上所具备的"爱国、敬业、诚信、友善"的品质。

当然,我们上面所列举的民生新闻报道与核心价值观的融合都是正面积极的部分,我们应当明白,民生新闻的报道不仅承担着宣传好的、优秀个案的责任,同时也肩负着监督、批评、建议的使命,在发现与社会主义核心价值观相悖的事实时也应当勇敢地进行揭露与曝光。只有在这两方面同时进行的前提下,才可以说民生新闻是在全面有效地践行着自己的职责。

从上面的分析我们不难看出,在融会贯通核心价值观的过程中,重点要放在"融会"二字上,毕竟社会主义核心价值观并不是完全针对民生新闻的创作而提出的,它当中的很多内容肯定是需要与民生新闻的创作实际相贴合的,这当中就强调了"融汇"的重要性。只有将社会主义核心价值观中的精华与已有的创作观念进行融合,才能促进其更好地发挥实质性的作用。此外,融会贯通地吸纳社会主义核心价值观也是促进民生新闻形成自己独立创作体系的有力推手,有了社会主义核心价值观做后盾,民生新闻的创作理念自然也增添了不少的理论性与权威性,社会主义核心价值观可以说是民生新闻新型创作理念形成的重要理论来源。

(三) 主次分明,凸显核心价值观

要确保民生新闻在内容生产过程中注重对社会主义核心价值观的建构,就要保证核心价值观在其创作理念当中所占的比重,这样才能够有效地推进民生新闻所报道内容的深度与广度,同时也可以促进社会主义核心价值观的宣传与解读。民生新闻的创作可以说是一个复杂的写作过程,与传统的文学创作相比,民生新闻所要考虑的影响因素更多、更复杂,这当中不仅涉及对各种写作要素的有效安排,还要兼顾外界环境所带来的压力。因此,民生新闻的内容生产其实是一个多方面因素博弈的过程,而从最终呈现出的作品中我们也可以清楚地感知到其所持有的立场与重点考虑的因素。

以社会主义核心价值观为重要指导思想进行民生新闻创作要求创作者在面对各种创作环境时,首要考虑的应当是怎么从核心价值观的角度出发来对事件进行报道,而整个报道过程又应当如何站在核心价值观的立场进行阐释,这些都是民生新闻应当将核心价值观纳入考虑范畴的环节。由此我们得出,要想将社会主义核心价值观作为民生新闻创作理念的一部分,并且发挥重要的作用,必然要将其放在首要的位置上,通过区分主次来突出它与其他各要素的不同之处,同时也要彰显它的重要性。在这个区分主次的过程中必然是将核心价值观放在主要地位,其他素材和报道应当是处于一个辅助与陪衬的位置,从而起到彰显与强调核心价值观的目的。

无论是从创作理念本身还是民生新闻所持有的立场出发，社会主义核心价值观的地位应当是被突出、被强调的，与其他各种要素相比，社会主义核心价值观应当是处于主导地位的，它应当是整个报道的核心精神与基调。这是保证核心价值观在民生新闻创作理念中所占比重的重要一环，也是决定其内容生产如何建构价值观的重要因素。因此，在创作中对各要素的取舍也是非常有必要的。

二、将核心价值观作为新闻传播的主要解读对象

民生新闻在内容生产中注重建构价值观，其本质指的是民生新闻在建构自身价值观的过程中将社会主义核心价值观的内容借鉴进来，这也从侧面强调了民生新闻应当将学习和建构社会主义核心价值观作为自己的主要工作目标，同时在内容生产中也要加强对核心价值观的宣传与解读。

（一）借传媒之力阐释核心价值观

民生新闻在内容生产中注重对核心价值观的建构，首先表现在将其作为重要的创作指导思想，其次则是加强对其内容的报道与解读，让社会主义核心价值观依靠媒介的力量获得更加广泛的传播。

社会主义核心价值观与民生新闻其实是一个互相成就、互相依存的关系，民生新闻是弘扬社会主义核心价值观的主要途径之一，借助民生新闻的力量，社会主义核心价值观得以在媒介当中保持自己的曝光频率。此外，由于民生新闻所关注领域的特殊性，它是最能够将核心价值观传递到普通百姓生活中的一种新闻报道形式。新闻节目是众多电视节目当中的一种，而民生新闻又是这当中不可忽视的一个重要组成部分，相对于环球新闻、财经新闻等专业性较强的报道领域，民生新闻主要关注的是百姓的生活。但是我们不能因此质疑它的专业性，因为"国家"是"大家"，"百姓"是"小家"，"大家"与"小家"之间是互动关联的，民生新闻能够切实地走进百姓生活，呈现出他们的生活状态，这也是对核心价值观的侧面彰显。社会主义核心价值观作为国家层面的宏观理论，通过民生新闻这一桥梁与百姓生活紧密地联系在了一起，这可以说是它扩大影响力的一个重要契机。

其次，民生新闻在传播核心价值观的同时也为自己注入了不少活力，这当中不仅包括对核心价值观理论养分的吸收，还有对自身报道视野的拓宽与报道深度的挖掘。因此，民生新闻与社会主义核心价值观二者之间有着非常多的相通性，在这一融合过程中双方均有收益，都在不断地进步与提高。在此处值得强调的是，民生新闻如何对社会主义核心价值观进行艺术性的阐

释，将其核心的内涵普及给大众社会，这是一个值得探究的领域。干瘪的解说只会给人以枯燥的感觉，同时还会让人产生厌恶的心理，所以在具体的传播过程中还要更多地关注方式方法层面的问题。

（二）用传媒之效弘扬核心价值观

将社会主义核心价值观作为民生新闻的重要解读文本，经历了第一阶段对其基本内容的阐释后，接下来必然是利用媒介强大的传播力对其进行宣传与弘扬。核心价值观的中心思想与基本要义需要通过媒介播撒，同时它的精神与内核也需要得到彰显，这就是民生新闻作为其重要传播途径所要追求的目标。

大众传播媒介的诞生直接颠覆了传统的传播模式，这种跨越时间和空间的技术使得"千里传音"从神话变为现实，除此之外，作为家庭生活区域的核心，它总是可以成功地吸引人们的注意力，直至今天，其优势地位依然没有被撼动。民生新闻作为大众传播媒介的重要组成内容，在利用媒介优势方面的经验是毋庸置疑的，那么，社会主义核心价值观可以将这种已经成功的传播模式借鉴到自己身上，利用民生新闻的传播效果来扩大传播影响力。至此，我们已经明确了民生新闻在传播社会主义核心价值观方面所具备的各类优势资源，这不仅是对核心价值观内涵的解读与传播，更多的是对核心价值观精神特质的弘扬。所以，民生新闻传播与核心价值观建构的重点并不在于单纯对其内容进行解读，这只是一个前期的铺垫，整个传播互动的最终落脚点应当是对核心价值观本质内容的弘扬。

让核心价值观的内容被人们知晓是一个相对简单的目标，而想要所有知道核心价值观的人都能够准确地理解其内涵并不容易，核心价值观是对各类价值体系的提炼与总结，所以我们直接看到的是关键词，但是其背后蕴藏的意义是丰富的。我们不可能将核心价值观当中的内容与现实中的生活实例一一对应，但是他们的精神内核是相同的，就好比爱岗敬业不仅仅指热爱本职工作这一条内容，其中还包含了不断提升专业素质、培养职业道德、良性竞争等各项指标。因此，利用民生新闻的传播能力弘扬核心价值观，对核心价值观精神特质的发挥有着非常重要的意义。

（三）立传媒之本承继核心价值观

将核心价值观作为民生新闻的重要解读文本，阐释其内容与了解其精神实质是一个方面，但与此同时，民生新闻本身也应当站在学习的角度来看待核心价值观，而不仅仅将其作为报道对象，做完节目就忘在脑后。从宏观的角度来看，民生新闻也是社会主义核心价值观所要指导的领域，因此，民生新闻在对社会主义核心价值观进行解读与转述时，还要有意识地将其当做支撑自身各项工作得以运行的根本进行学习。

谈到立传媒之本承继核心价值观，我们经常会联想到"新闻立台"这一说法，其实质是新闻节目应当是支撑电视台节目运营的主要节目形式，那么以此类推，社会主义核心价值观应当是民生新闻媒体立身的重要支柱。民生新闻对社会主义核心价值观的解读与传播是它的重要工作内容，但是如果只是把这当成一种工作任务，那么媒体本身对于核心价值观的理解就很容易流于表面，核心价值观的精神虽然传达出去了，但是新闻媒体本身却没有实质性的改变，这可以说是一种资源的浪费。对于民生新闻来说，对核心价值观进行解读的时候就是一个非常好的学习机会，在为全社会传达其精华的同时也应当将其为己所用，从而将社会主义核心价值观内化为自己的立身资源。

民生新闻是传播核心价值观的重要阵地，在学习与承继其精神方面自然也要做出表率，将社会主义核心价值观作为自己的立身之本，既可以为弘扬核心价值观提供支持，同时也为自己各项工作的进行提供了更多理论上的支撑。因此，民生新闻无论是在创作思想中还是在内容生产中，都应当将核心价值观作为自己的根本指导思想，这样不仅有利于自身的发展，还将直接推动互助双赢局面的产生，双方都可以得到有效的提升与发展。

三、将社会主义核心价值观作为内容创新的重要源泉

民生新闻在内容生产方面注重对社会主义核心价值观的建构，除去将其作为重要指导思想、重点解读对象之外，还应当把社会主义核心价值观当作自己理论创新的主要灵感来源。社会主义核心价值观的形成，本身就经过了长时间的思考与探索，是经过了多次探讨与论证的理论结晶，也是凝聚了众多人智慧的宝贵成果，从理论研究的角度来看，它也具有极大的学习价值。

（一）通过学习核心价值观寻求内容创新

民生新闻与社会主义核心价值观是一种互相依存互相促进的关系，核心价值观依赖民生新闻而得以扩大影响力，同时，民生新闻也在这一过程中接触到了最先进的理论。因此，社会主义核心价值观作为一种先进的理论，应当成为民生新闻进行内容创新的重要源头，在核心价值观得以彰显的同时，民生新闻也可以取得内容上的创新突破。

在实际的创作过程中，对社会主义核心价值观的报道使得民生新闻所关注的领域得以扩大，这是其内容创新的最直接表现，但是，如果从更深一层

次来看，民生新闻所受到的影响其实是更加深刻的。通过对核心价值观的思考与呈现，民生新闻在挑选报道对象方面发生了非常大的变化，在众多的选题当中，能够直接或者间接对核心价值观进行阐释与呈现的选题必定被首先纳入考虑范围，这在报道视野上是一种极大的拓展与提升。其次，基于对核心价值观的报道经验，民生新闻在分析选题时的思路也有了极大转变，从传统的就事论事、以事件博眼球的做法转化为以事明理、深入分析的路径。在近几年间，寻求新、奇、特，以社会怪事、乱象为噱头来博取关注的新闻报道数不胜数，这也使得一些新闻工作者长期处于一种被好奇心驱使而淡化新闻专业主义精神的状态中，乐于报道各种奇闻、丑闻，对于广大受众来说，这是一种放大负面新闻的做法，不利于全社会的和谐健康发展。

因此，在社会主义核心价值观的带领下，民生新闻在内容创新方面至少要做到坚持正能量、坚持弘扬积极向上的精神，从而为整个社会带来更多的发展动力。当然，这种坚持正能量并不是只要正面报道，掩盖负面新闻，这两方面的新闻应当是相互牵制的，有恶势力的存在必然也有真善美的坚守，而且，在对负面新闻进行报道的时候，也要适当地用核心价值观的内容来对其进行解读。

（二）通过解读核心价值观寻求理论创新

对社会主义核心价值观的学习是民生新闻对其进行宣传报道的重要前提，但是，学习不应当只是停留在表层，如何将其内化升华为自己的东西，并且最终能够为我所用，这是民生新闻在今后长远发展过程中要思考的问题。通常情形下，我们对于所要学习的对象都是按部就班的、以一种固有的思维模式进行解读，但事实上，如果想要尽可能透彻地了解对象文本，就必须要进行高度的概括总结，用自己的思维方式对其进行二次甚至多次整合，最终形成一套属于自己的理论体系。

将社会主义核心价值观作为重要的理论文本进行研究，并且以一种探索式的、总结式的态度开展工作，对于民生新闻本身而言也是一个非常难得的锻炼过程。在社会主义核心价值观提出以后，我们国家各行各业都在进行学习与借鉴，但是同一套理论在与不同的对象结合之后产生的效果是各有差异的，除去行业之间的属性差异之外，影响其最终成果的还包括创作主体对理论工具的运用能力。把理论当作研究的对象、可运用的工具，将其切实地应用到民生新闻的传播实践中，这是确保其能够发挥作用的关键环节，因此，这也对理论的掌握程度提出了更高的要求。对核心价值观理论的理解与掌握是民生新闻建设自身理论体系的重要前提，无论是在理念上还是在精神上，核心价值观都是一种相对较为成熟的系统,因此,它也成为众多理论建设的范本。追本溯源,民生新闻是属于新闻学系统的,因此,它所沿用的理论与方法都与传统的新闻学一致,而且在理论的探索与发展上也与传统的新闻学采用一样的路径,这样的好处是可以一直保持本学科的本质,但缺点是不能融会贯通、拓宽视野。借助社会主义核心价值观的理念,民生新闻在理论发展上应适当地增加一些与国家、社会相关的内容,这不仅是理论发展本身的要求,而且也是民生新闻发展的必然趋势。因为民生新闻的报道内容与社会相关度非常高,所以,依照核心价值观的内容,民生新闻在素材选取、报道理念以及价值观念上都应当注重国家文明和谐、社会公平正义以及个人敬业友善等内容,这不仅应当是实际报道的重点,同时也应当是民生新闻理论发展中要增添的内容。因为只有理论得到了根本的创新,实践才能够以此为基础不断进步。

民生新闻与核心价值观的精神内核是一致的,能够从核心价值观的内容中吸收大量的养分。同时,对于民生新闻来说,核心价值观不仅是一种理论支持,更是一种理论约束,在对其进行分析学习的同时,民生新闻也可以从中意识到自己在核心价值观背景下应当有哪些注意的方面,从而可以在今后的发展过程中有效地规避误区。

(三)通过传播核心价值观寻求实践创新

对社会主义核心价值观的建构是民生新闻内容创新的力量之源,但同时我们也应当意识到,内容创新最终要靠实践创新来辅助完成,只有在具体的实践中转变思路才能够最终促进内容生产的不断进步。因此,在传播社会主义核心价值观的过程中,民生新闻也应当致力于探求实践的创新,这是保证内容创新的最基本途径。

民生新闻的实践内容与整个新闻领域是一致的,从微观的角度来看,主要包括选题、策划、写作、报道等最基本的内容,从宏观的角度来看,涵盖了人才培养、机构管理等工作领域。一些传统的民生新闻报道对自己的定位并没有一个特别清晰的认识,这也是一段时间以来各种家庭琐事、街谈巷议占领荧屏的重要原因。民生新闻确实要关注民生,但是"民生"不是琐碎与庸俗的代名词,善于从普通生活中发现有价值的内容,并且能够从较为专业、独特的角度进行切入与报道,这是民生新闻在今后的实践发展中应当追求的目标。在我们的日常经验中,站在不同的角度看同一个事件,最终产生的效果是完全不一样的,新闻传播更是如此。鉴于其强大的传播效果,我们更应当注重其所代表的立场,因此,民生新闻在具体的实践中应当在选题、策划以及具体的报道角度上投入更多的精力。

在更高一层的管理领域，民生新闻应当在人才培养和管理上进行一个全面的改革，管理运营理念的变化会直接影响到人才的发展方向，更是他们树立工作理念的风向标，由此我们看出，在依据社会主义核心价值观进行实践创新的过程中，民生新闻的管理层应当起到表率作用。在推进实践创新的过程中，宏观与微观应当紧密结合，一个主导一个配合，这样才能从根本上促进民生新闻内部体制的改革，从而给予民生新闻更加有力的支持。

第三节　节目生产设定价值观指标

大众传播是一个环环相扣的程序，从选材、策划、拍摄、剪辑再到选择媒体平台最终实现传播，这当中的每一步都需要传媒人切实地参与其中，这样才能够确保最终产生的社会影响与传播效果符合创作者预期。大众传播的特质在于，其真正的价值是在观众当中得以实现的，将其制作成可出版的、可播放的文本只是一个初级阶段，是在为整个传播作准备，确保被观众接受并产生一定的影响才是其最高价值的体现。因此，在以社会主义核心价值观为主导的社会大背景下，民生新闻在节目考核方面也应当将核心价值观的相关内容作为主要参照，设定相应的价值观指标，以保证其给受众、社会乃至整个国家带来的影响都是正面的、积极的、符合主流价值观的。

一、规范节目的前期策划环节

表面看来，决定传播效果的是节目本身，但事实上，传播效果的产生是一个非常复杂的过程，节目只是一个诱发性的因素，传播平台的选取、受众的解读都是影响最终效果的重要因素。我们必定要在节目生产的各个环节设置核心价值观指标，以确保其最终的效果是符合预期的。在这当中，我们首先要关注的就是节目的前期策划环节，因为这是影响节目效果的首要因素。因此，节目的立意与潜在的价值观导向是我们要集中关注的方面，只有确保了源头性因素的正确性，后面的一系列工作才是有效果的，否则，后期的传播效果考核也只是考核而已，没有实质性的意义。

（一）节目的核心思想是否符合核心价值观

在前期策划环节，节目本身其实并没有一个明显的框架，但是其总的思想是基本明确的，而恰恰也是这个核心思想影响着后续的一系列工作。因此，在民生新闻的前期策划阶段，我们首先要保证其核心思想的性质，进而确保后期的一系列创意与成果符合要求。

在我们日常观看电视的经验中都会有这样的感受，很多节目看起来形式是一样的，但是其内容却有很多的细微差别，出现这种情况的主要原因就是编排理念的不同而带来表现形式的差别。因此，重视核心思想的地位及作用是我们考核节目必定要做的工作。从字面意思来看，核心思想是一个非常宽泛的概念，但事实上它的影响力深入节目制作的每一个环节。以一条具体的民生新闻为例，如果节目的初衷是要探究事实、解决问题，那么它的整个制作过程就会突出理性精神，节目的风格也就相对严谨，而如果节目的目的仅仅是依靠放大事实来吸引观众的注意力，那么该档节目就会弥漫着一种浓重的猎奇心理，从而也失去了应有的专业主义精神。

节目的核心思想往大了说是创作理念、指导思想，往小了说其实就是媒体工作人员在整个工作过程中所坚持的原则，在这个一切以收视率和经济效益为主导的时代，坚持倡导社会主义核心价值观，坚持以一种纯粹的态度来对待民生新闻的工作是非常难能可贵的。说到底，迎合社会主义核心价值观的要求，在民生新闻节目策划中持有严谨的态度与理念，其实也是对新闻专业主义精神的一种呼应，只有以专业的态度来面对当下的媒体工作，才能够从精神内核上更好地与核心价值观契合起来。在这样的合作模式下，民生新闻的核心思想得到了净化，社会主义核心价值观的相关内容也得以进入民生新闻的生产环节，并得到了有效的宣传与推广。

（二）节目的预期传播效果是否符合核心价值观

在初期的策划环节，相关的创作团队肯定要对节目预期要取得的传播效果有一个大概的估计，这个预期其实就是对节目的定位，同时，该定位也是决定节目后期走向的一个重要因素。因此，我们从一个节目的预期传播效果就可以大致了解其后续的一个工作流程以及将会产生的社会影响，这是我们对其进行更深入了解的重要前提。

事实上，"定位"在当下的媒体发展中起着非常重要的作用，就拿各上星频道来说，它们面对的受众市场是一样的，但是每一个频道都不可能面面俱到地将所有观众网罗为自己的忠实受众，为了更好地分割这个庞大的市场，每个频道都依据自身的特点确立了个性鲜明的定位。比如湖南卫视，其定位的目标受众就是年轻一代，将"快乐中国"作为自己的频道发展路线，而浙江卫视则坚持"梦想中国"的理念，江苏卫视主要奏响的则是"幸福中国"的旋律，与此相应，这些频道的节目都是与它们的频道定位紧紧契合

第八章 社会主义核心价值观奠定民生新闻的发展基础

的。这样的规律也适用于民生新闻，假如一档节目的预期目标只是为了用一些街谈巷议来吸引百姓群体，那么该栏目的整体风格就是庸俗，甚至是低俗的，因为在各种家长里短的新闻当中，我们确实看不到太多有价值的内容。而如果一档节目的定位是以一种较为客观、专业的视角来呈现百姓生活，并用社会主义核心价值观的内容来对其进行分析与解读，其产生的效果则是完全不一样的，无论是从节目质量还是专业主义精神上来说，都要明显比同类型节目出色得多。

因此，在确定了节目的基本雏形后，其预期的传播效果也应当被明确提出，这是决定节目后期走向的重要指标，也是尽早规范其传播模式的重要手段。符合核心价值观要求的节目立意自然要予以支持，对于某些并没有太大意义，并且充斥着低俗内容的节目模式，肯定要限制其发展甚至将其取缔。

（三）节目的整体构想是否符合核心价值观

在确定了节目的创作思想以及预期的传播效果之后，接下来就是对其具体实施流程进行构架，这一思路也基本符合当下的节目创作程序。与之前的创作思想以及传播效果相比，这一部分内容将注意力主要放在了细节上。节目的整体构想包括了较多的方面，并且都是非常细化的内容，比如整个新闻的策划、采访、写稿、拍摄、剪辑与播出等都属于这一部分的主要内容。

在具体的操作过程中，创作团队提出的每一种设想以及实施的每一种模式都应当是符合社会主义核心价值观的要求的。比如在节目的策划模块中，就应当对后期将遇到的一系列状况有所准备，整个节目的所采所录的内容都应当在价值观允许的范围内，假如有超出这一范围的内容，就要对整个节目策划进行反思与重审。在最后的成果阶段，不同的媒体有不同的处理方式，如果是纸质媒体，在最终成稿的时候必然要考虑本媒体的特质，并将核心价值观的内容与已有的素材进行有效的结合。在这当中还有一项非常重要的内容不可以忽视，那就是稿件所采取的立场与视角，这也是直接体现了媒体的态度。而在电视媒体中，画面处于主要的地位，文字则是起到一个辅助传播的作用，在这个时候，剪辑的重要性就显现出来，同一段素材经过不同程度地截取与组合，最终承载的意义可能是完全不一样的，带给观众的感受也是千差万别的。因此，无论整个新闻最后是以文字的形式还是视频的形式呈现出来，媒体都要保证自己所持有的立场完全符合核心价值观的要求。

在前期策划环节，形成对节目的总体构想是最终目标，接下来则是具体的传播阶段，策划与传播是两个互相承继的环节，它们有着极大的相似性，但是对于二者的考核则采用完全不一样的体系。由于处于策划环节的各项内容还不完善，所以针对这一阶段只能采取宏观上规范的方式，而在传播的中期，很多的影响因素都是可以量化的，因此就可以采用审查与测评的方法进行监督。

二、整合节目的中期传播程序

对节目的前期设想与构思告一段落后，进入的是节目的中期传播环节，前期的策划是一个发散思维，类似于艺术创作的过程，而中期的传播过程则更加具有程序化、工业化的特质。也正是因为节目传播具有较为明显的流程性，我们可以用更加量化的、明了的体系来对其进行监控与评估，这些评估同时也是一种变相的监督，当然，这种监督的核心要素还是以社会主义核心价值观为主导。

（一）加大对节目播出前的审核与评估

进入中期传播环节的节目已经是最终成型的样态了，此时的审核团队就可以对其整体的模式以及主要的理念进行全面的了解与评估了，其实在这个时候，媒体自己就充当了把关人的角色。很多时候都是媒体不得不接受外来力量的"监督"与"把关"，但其实在媒体内部也存在这样的自我监督与审查，每一档节目的最终播出都要经过多重程序考核，在确定其形式与内容等都符合要求以后才可以播出。

在整个考核过程中，播出前的审阅是最重要的一项工作，因为过了这一关之后节目所产生的影响就不由媒体控制了，因此，这一关卡的设置要相对严格。在现实的操作过程中，也不乏一些节目在最后一关被枪毙而不能与观众见面，当然也有一部分是在运行了几期之后黯然下架了。这也让我们明白，前期的策划是非常重要的，如果在思想上和细节上有所偏差，会造成更大的损失，前期投入的人力、物力、财力终将白费。当然，这也显示了播出前审阅的重要性，毕竟在理论上验证合理的东西在投入实践后是会有一定出入的，而且，中途遇到的各种突发状况也会改变原有的计划，这些意外的情况都有可能造成最终的结果与预想的有所出入。因此，节目播出前的审阅应当是必须加以重视的，这也是后期展开一系列考核与评估的基础。

播出前的审阅关注的内容是综合性的，它包括了一个节目所涵盖的全部领域，这当中有主旨、框架、流程以及诸多的细节，但是值得强调的是，对于节目当中的所有元素都应当予以同等的重视，因为站在观众的角度，他们关注的内容和主创团体是不一样的。为了确保最终的传播效果，播出前应该对节目有一个全面的评估与考察，这也是在为节目后期的更好发展做准备，毕竟一档节目的成长是一个渐进的过程，民生新闻也是如此，在确保了节目播出前的一系列工作到位之后，才能够可持续地发展下去。

（二）注重对节目传播渠道的拓展

通过了播出前的审阅之后，节目正式进入传播阶段，在这一环节中影响节目传播效果的因素有很多。当今社会是一个多种媒介共存并且竞争激烈的时代，各媒介在分割市场的竞争中也进行着非常紧张的博弈。在新旧媒体交融的过程中，谁更有竞争力还尚未明确，因为传统媒体在遭受新媒体冲击的时候，也在努力地向新媒体学习，并寻求转型的路径。而新媒体虽然在传播平台与互动方式上占尽了先机，极大地改变了传统的传播模式，但是在内容上并不具有太大的优势。我们当前在新媒体平台上看到的内容有很多都是转载、复制的，并不具有太强的原创性，尤其是在音视频制作方面，传统媒体还是有着明显的优势。虽然新媒体也在努力加强这一方面的能力，但是要达到传统媒体现有的程度还需时日。综上，全面把握当今的媒介市场竞争态势，民生新闻在选择传播平台上也要采取折中的态度，尽可能地将各媒体的优势发挥出来。

依据媒体发展的时间顺序，民生新闻最早肯定是活跃于传统的广播、电视、报纸领域的，而且民生新闻也并不是一个早已有之的概念，它是我国新闻业在不断的探索发展中产生的。在社会主义核心价值观的指导下，民生新闻肩负着原有的新闻传播的重任，同时在融合了核心价值观的相关内容之后，其传播效果也直接推动着核心价值观的普及与扩散。因此，民生新闻在当下的传播过程中要注重对多种传播渠道的开发与运用，注重对节目传播渠道的拓展。传统的广播电视与报纸依然是民生新闻传播的主要阵地，但是面对新媒体强大的传播攻势，民生新闻必须要增强自己对这一领域的运用能力，比如在微博、微信平台注册官方账号定时发布民生新闻信息，并且积极地展开与受众的互动，这就是一种对新平台的开发运用。此外，传统媒体也应当在互联网上刊载自己的内容，比如开发专门的客户端，或者是建立专门的网站上传自己的原创节目，开办电子期刊、报纸等，这也是民生新闻在今后的发展中可以考虑的领域，虽然现在已经有了一些尝试，但是成果确实还不尽如人意，将来还有很大的创新空间。

（三）坚持对节目流通路径的测评

在开发了多种传播渠道之后，中期传播程序的工作并没有结束，对于这些渠道的监测与评估也很重要，这是帮助民生新闻更好地选择传播路径的指标。虽然有多种传播渠道可选是好事，但是鉴于民生新闻本身的特质，在不同的媒介上传播所取得的效果是不一样的。因此，民生新闻在每一种媒介上投入的精力是要平均分配还是各有侧重，都需要经过实际的测评才能得到答案。

在传播的中期阶段，对媒介的选择确实是一项非常重要的工作，但是在确定传播方案之后还要对其后续的传播情况有一个跟踪式的监测，在哪些媒体上取得的成绩非常好、在哪些媒体上又表现平平，这都是要予以考虑的情况。针对不同媒体的特质展开传播，这本身就是一项需要投入很多的事情。那么，如果前期大量的投入之后并没有取得预想中的效果，就要对这种传播模式进行反思。在传统的媒介评估中，我们都是采用收听率、收视率、发行量来测评一个媒体的传播成绩，而现在的新媒体，通常采用点击量、转发量、评论数量等来衡量最终的传播效果。考察这些传播媒介并为其打分并不是最终的目的，之所以要对它们展开测评主要是为了更好地掌握它们的特质，并在后面的传播中对其加以有效的利用，归根到底，所有的工作都是为传播效果服务的。

传媒发展是一个动态的过程，在媒体平台不断开发改进的情形下，其特质也在不断更新。那么，媒体人自然要随时掌握它们的特质并与时俱进地改变自己的传播理念，从而促进内容与平台的更好交融。因此，对节目流通路径的测评是一项需要长期坚持的工作，因为媒介是一个随时更新的领域，新旧交替非常频繁，这就需要媒体人能够及时地掌握最新的资讯，更新自己的知识结构，从而更好地掌握节目的传播情况，做出有效的决策。

三、关注节目的后期传播效果

节目考核设定价值观指标，其实主要针对的就是后期的传播效果，因为前期的所有准备工作以及审核考评都是为了最终的传播能够取得较好的成绩。因此，对节目传播后所产生的效果进行计算与评估是非常必要的，当然这也是各国传媒行业都在坚持做的工作，如果只是按照自己的想象埋头苦干，丝毫不考虑外界的各种影响因素并且不关心传播结果，最终的成绩肯定是不如人意的。

（一）从宏观上掌握节目的整体传播效果

民生新闻在传播之后产生的影响是综合性的，对受众的影响也是全方位的，思想观念上、行事作风上都会有一定的变化，如果要把其带来的影响做一个统计的话，肯定是无法穷尽的，那么我们就应该采取适当的方法来对其展开分层次的了解,首先应当从宏观上对节目的传播效果有一个整体的把握。

宏观与微观是一个相对的概念,这里所说的宏观其实就是在整体上对民生新闻传播效果的感知,当然,宏观不是泛泛而谈,对宏观的把握是建立在多种数据分析的基础上的。相对于微观层面的分析,宏观更多的是对全局的掌控,聚焦于对整体传播状态的描述,是一种综述性的概括。在我们目前的媒体传播中,也经常采用这种总括式的统计方法,包括各种表格、走势图等,这些都是对某一类传媒现象进行生动展示的方法,但是它们聚焦的都是一段时间内的传播效果,采集大量的数据并将其通过图示呈现出来。对民生新闻传播效果的统计也应当采用这样的方法,多个时间段的数据集中呈现对于民生新闻的传播决策有着非常重要的意义,这也是我们要从宏观上进行把握的重要原因。

宏观的传播效果统计并不是只有数据,很多时候,某一时间段社会上集中出现的评论与观点也可以从侧面反映出该阶段的传播情况,这也是我们可以参考的有效信息。当然,要从宏观上对传播效果有一个把握,就要综合多种要素,这里列举的只是比较常见的方法,宏观地把握传播效果可以参考数据,同时也有很多较为隐性的现象可以分析。在社会主义核心价值观指导下的民生新闻,其传播之后必定会在社会道德风尚建设方面发挥较为明显的倡导作用,这可以通过很多相关的新闻报道得以体现,这些报道也是我们评判民生新闻实际传播效果的重要案例。

(二)从微观上了解节目的被接受程度

前面我们提到了从宏观上对民生新闻的传播效果进行掌握,但是宏观的测评毕竟过于泛化,它主要关注的是整个民生新闻体系的传播情况,而且也主要为决策层和学术研究团体提供综合数据。但是对于民生新闻本身的每一档节目的发展还是欠缺了一点专门性的指导,民生新闻的整体发展离不开每一档、每一期节目的努力,因此,从微观上了解民生新闻的传播效果不仅可以及时地了解受众的接受情况,还可以为民生新闻本身的节目研发提供有效咨询。

从微观上了解民生新闻的传播效果,主要集中于以下几个方面。第一要关注的肯定是受众对于民生新闻内容的接受程度,第二是受众对于民生新闻传播形式的肯定程度,第三是受众对于民生新闻所倡导的精神与理念的认可程度,第四是受众对于以上理念的践行程度。由此我们可以得出,微观上对民生新闻传播效果的把控其实就是以受众为中心,节目从内容到形式上都要关注受众的感受，节目最终的成功程度也要由受众的接受程度来决定。与宏观层面的效果评估相比，微观领域的测评其实难度要更高一些，因为这当中有很多的不确定因素，而且有效信息的采集也相对困难，这些都是制约微观审核进一步深入的因素。

微观层面的效果评估对于节目自身的不断发展完善有着重要的意义，虽然在具体的信息收集上有着较大的困难，但是一旦有了足够的有效信息，对节目的发展必定有重要的借鉴意义。此外，微观层面的传播是一个循序渐进的过程，正如我们在上文所总结的四点，核心价值观指导下的民生新闻对社会的影响也是按照这几点层层递进的，从形式到内容再到理念与实践，它对受众的影响是缓慢而深入的，这也是我们要关注微观层面的重要原因。

（三）从整体上考评节目的社会效应

在多媒体时代，传播平台的不断丰富使得内容得到更加广泛的扩散，与此同时衡量传播效果的体系也应当有所改进，如果还按照传统的、较为单一的方法进行评估，最终得出的结论也是不具备太大的参考性的。近年来大数据的提法越来越热，为什么要用大数据来进行统计与估算呢？首先，其本身是一种较为科学，并且具有强大数据整合能力的模式；其次，当今社会影响传媒发展的因素实在是错综复杂，只依靠传统思维理清这些要素之间的关系是不可能的，而借助大数据的分析统计能力可以较快地帮助我们在短期内做出正确的决策。

正如前文所说，民生新闻在传播过程中也在逐渐地开发利用新平台，那么，在这些平台上所产生的传播效果必然要分别进行统计，单纯的收视率、收听率已经不能全面描述它们的传播现状了。对于民生新闻传播所产生的影响，除去用宏观、微观来阐释以外，还应当从整体上形成一个较为权威的认识，这不仅是对受众负责，更是对民生新闻本身发展的全面观照。节目考核设定价值观指标，最终的落脚点是从整体上考评节目产生的社会效应。综观我们在上文中所阐述的考核前期策划环节、审核中期传播环节，其最终目的是达到理想中的后期传播效果。因此，最后阶段的效果把握是整个节目考核流程中的重点。此外，这也是最能够集中体现节目质量的方面，在硬性的数据方面要做得足够精细，在软性的社会反映上也要搜集足够的资源来进行例证与补充，总之最终呈现出的统计结果应当是足够全面，并且极具参考价值的。

民生新闻的传播本身就会带来一定的社会效应，社会主义核心价值观的提出与宣传也是为了尽可能地提升我们国家的公民素质，形成一股强劲的向心力，增强民族凝聚力。现在将二者有效地捆绑搭载在一起，就是为了让它们可以优势互补、互相促进彼此的发展与进步，最终在建设中国特色社会主义强国的过程中贡献自己的力量。

第四节 产业经营设定价值观底线

从人才培养到内容生产，再到节目考核直至最终的产业经营，核心价值观对民生新闻的指导是一个伴随性的过程，从始至终都在监督着民生新闻发展的每一步。由此我们看出，民生新闻与核心价值观其实是一个互相迎合、相互交融的关系，核心价值观想要更好地指导民生新闻的发展，就要熟知其每一个发展阶段的特点，并且尽可能地融入进去，而民生新闻想要更好地宣传与借鉴核心价值观，就要注重自身对它的有效学习与利用。在整个传播流程中，产业经营是最接近尾声的一部分，当然，它也算得上是一个新生事物，因为在我们国家早期的事业体制下，媒体与产业、经营这两个概念是完全不沾边的。随着国家经济体制的改革，文化产业概念从最初的提出到最终被接受，媒体产业经营也逐步开始走进大众的视野，与此同时也产生了不少的乱象，那么，在社会主义核心价值观的大背景下，又应当如何对其展开监督呢？

一、坚持正确的经营理念

在我们国家的传统文化中，始终坚持全面客观地看待问题，并强调要看到事物的两面性，凡事有利即有弊，媒体产业经营概念的提出在很大程度上激发了其自身的发展潜力，虽然自负盈亏带来了一定的生存压力，但是从根本上来说还是促进了媒体生存能力的提高。内容生产与艺术创作有着同样的特性，能够维持自身的创作初衷才能够保证最终成果的欣赏价值。在市场竞争的刺激下，一些媒体的内容生产一度被贴上了浮华拜金、华而不实、缺乏内涵与原创性的标签，因此，这也是我们在社会主义核心价值观背景下想要集中解决的首要问题。

（一）正确对待长远收效与眼前利益

产业经营的目标无非就是"利益"，虽然这与媒体本身的特质不甚相符，但是在市场经济竞争的大环境下，媒体为了生存也不得不在内容生产与金钱盈利方面做出权衡与抉择。当然，说产业经营唯利是图也是不严谨的，因为产业经营不仅有资金运转的含义，还包括了人才培养、内容生产等方面的内容。在获得高收益的同时保证内容生产的质量，这是经营者始终在追求的境界，因此，产业经营的终极目标是寻求高收入与高质量的双赢。

我们国家广袤的土壤与众多的省市决定了我国的媒体竞争是激烈的。就拿电视台来举例，每个省都有电视台与上星频道，此外，各省、市、县还有下设的相关频道，这样一来央视与省级卫视形成第一层竞争关系，市级与县级电视台又形成一层竞争关系，同时，第一层级媒体也在与二级关系中的媒体争夺市场，这样庞大的数量与激烈的竞争恐怕在世界范围内也是不多见的。正是在这样的生存环境中，各媒体都在想尽办法提高收视率，争夺广告收入，只有保证了广告的收入份额，整个电视台才有继续存活的希望。实力较强的媒体可以靠内容取胜，而一些实力较弱的媒体只有通过依赖于其他行为，如通过播出虚假广告与之前屡禁不止的电视竞猜游戏等来吸引眼球，以获得生存发展的空间。这种不良风向反映在民生新闻上，就是一味地追逐奇闻逸事，满足观众的猎奇心理，个别媒体甚至不惜播出大量色情暴力内容来博取关注。

因此，在媒体以及民生新闻的产业经营中，如何对待长远收效与眼前利益是值得深思的。一味地博取眼前利益必定会失去大批的忠实观众，低俗内容出现频率的提高只会招致观众的反感，直接造成收视率的降低。而收视率的降低则又影响着广告投放量，这样一来弱势媒体就陷入一个寻求发展的死循环。只有靠内容争取观众才能促进整个产业的正常循环。

（二）正确处理品质追求与市场争夺

前面我们叙述了长远利益与眼前利益的关系，其实它和我们接下来要论述的品质追求与市场争夺是有相通之处的，牺牲长远收益来换取眼前利益，不顾及品质只追求市场，也是这样的情形。市场竞争的特质就是以市场需求为主导，隐形的杠杆在整个经济流通过程中起着重要作用，而在媒体竞争中，受众的选择偏好也在影响着媒体创作者的立场。

为什么一直以来低俗内容在媒体传播中屡禁不止，究其根本还是因为观众当中有对这些内容感兴趣的人，而这同时又能给媒体带来不菲的收入。除此之外，放弃品质迎合市场还有一个重要表现，那就是一味跟风模仿失去了自我的特质。市场竞争总是呈现出明显的阶段化特征，在某一时间段内某些内容总是非常受欢迎，这就导致当时的媒体上所传播的东西大多是换汤不换药，有的几乎一模一样。这当中不排除有些媒体是精心策划制作的，而另一部分媒体只是为了搭上这班顺风车，没有任何准备就匆忙开始了，从它们传播的内容中我们就可以明显地判断出其品质。最明显的莫过于电视节目之间的差异，有的节目制作精良，而有的却内容安排混乱、画面晃动模糊、后期剪辑也差强人意，给人的第一感觉就是忙于应付。在民生新闻领域这种现象也很常见，一些民生栏目播出的都是哭哭啼啼、家长里短的内容，例如夫妻纠纷、不赡养老人等，在整个节目中传递的是一种消极与颓然的气息，而节目能做的也只是呈现，并不能解决更多的实质性问题。

民生新闻在传播过程中要保持、提升品质，确实要依赖核心价值观的理念帮助，因为当前民生社会新闻的视野确实还是非常狭隘的，关注的多是一些看起来和民生挂钩的内容，事实上这些只是最浅层次的民生，并没有深入的理解。如何运用核心价值观的思想来诠释民生，更好地呈现民生，这是民生新闻今后要专注的路子。

（三）正确认识受众口碑与唯率是图

在较长一段时间内，衡量媒体传播效果的就是收视率、收听率、发行量等指标，这也成了我们评判一个媒体做得好与坏的主要标签，因此，这也导致了媒体自身非常看重"率"，甚至出现了唯率是图的现象。但是，在社会主义核心价值观的指导下，这种状况必须得到改变，唯率是图本身就不是一种可持续发展的模式，而且这种方式是不是真的对观众以及对媒体自己负责也是值得商榷的。

受众口碑与唯率是图之间到底是一种什么关系，是对立还是互为因果呢？按照我们一般的思路，在受众当中口碑好的节目必定是收视率高的，而收视率低的节目自然是不为受众所喜欢的，但是现在却出现了这样一种分裂的关系，口碑越差看的人越多，被骂得越多关注度越高，难道审丑时代还未结束？或者是后审丑时代已到来？到底是媒体在猎奇还是观众在猎奇？这个主被动关系很难明确，但现在的节目如果没有一波三折、惊心动魄的情节，似乎真的不会在受众当中掀起太大的波澜。一些"雷剧"的盛行可能也是出于这样的原因，与此类似，一些民生新闻类的节目也开始倾向于惊悚叙事、夸大情节，甚至故意设置莫须有的悬念，当谜底揭开时观众只能无奈地一笑，因为故事本身可能谈不上悬疑二字。时下不乏一些节目在走这种故意博眼球的路线，第一期试水，如果观众反响平平的话，从第二期开始就要加入各种矛盾冲突，将主人公之间的关系尽量复杂化，以提升观众的观看兴趣。

那么，在现有的市场竞争态势中，收视率与口碑之间的关系究竟要如何协调，部分观众的审丑与追逐次品又是一种什么心态？难道是因为当下让人眼前一亮的作品实在太少,从而导致大众不得不在劣中取优,才使得这些原本并不优秀的节目被大肆追捧?如果真是这样的话,民生新闻确实需要反思自己在节目制作中的一系列不足,并且在核心价值观的指导下努力改进,取得更好的成绩。

二、探索多元的经营路径

媒体产业经营是当下说得比较热的一个话题,随着科学技术的发展和市场的不断变化,现如今的媒体竞争与曾经大有不同。在第一条广告诞生之前,我们始终坚持的理念是"酒香不怕巷子深"。但是随着媒介和广告业的发展,这一说法也受到了极大的挑战,即使酒再香,如果巷子太深也会面临着不为人知的危险,电视节目也是如此,创作团队不仅肩负着制作节目的重任,同时也要将后期的宣传与推广运营纳入考虑。

(一)与时俱进,转变经营思路

在我们已有的发展经验中不乏这样的事例,一个取得较多成果,并且自身已经有一套固定发展模式的平台,在后期的发展中是非常容易出现排外自守的情况的。这主要表现在死守着原有的模式不放手,并将其奉为"经典",不愿改变,在新技术与新理念大量涌现的时代,逐渐走上故步自封的道路,最终在与新生力量抗衡的战斗中败下阵来,这是一种最为典型的缺乏包容性的表现。此外,还有一部分经营者也并不是不愿意学习与转型,而是在付诸实践之前有太多的时间处于保守观望的状态,导致其错失了最佳的改革时期,因此,这就涉及经营体系的弹性与灵活度的问题。转变经营思路只是一个颇具概括性的提法,这当中涵盖了多层意思,转变思路指的是一个营销平台是否能够保持与时俱进的态度,是否能够准确地辨别机遇与挑战,是否能够在第一时间找到自己的市场定位以及优势所在,是否真的能够将自己已有的能量全部爆发出来。

首先,转变思路是一个非常重要的问题,社会主义核心价值观的精髓就在于其可以与当前的时代现实接轨,用最新的提法将我们国家一贯坚持的原则进行阐述,这是一种转变思路的表现。其次,提升自己的实力也非常重要,没有实力其他一切都是没有意义的,即使有非常强大的平台与媒介,最终能够借助这些工具来发挥的还是媒体本身的能量。所以,自身强大才是利用多种经营平台的大前提。因此,民生新闻在这一阶段需要做的就是不断地增强自身实力,在此基础上学习新的经营理念,淘汰已有的陈旧模式,转变经营思路,积极采纳新的经营方式,最终在思想上与实践上都能够达到新的境界。

(二) 大胆创新，借助新媒体营销

近几年来，媒体产业经营是一个频繁被提及的概念，因为当媒体失去大量的政府补贴开始独自面对市场竞争的时候，就必然要涉及盈利与可持续发展的问题。在传统的媒体经营中，往往采取的是广告独大的模式，无论是广播电视还是报纸杂志行业，其主要的盈利模式就是依靠广告，出售时间段或版面给企业是传统媒体经营的主要手段。这样的盈利方式虽然比较稳妥，但是在形式与路径上都较为单一，尤其是在新媒体的冲击下，这种模式在无形之中限制了传统媒体的发展范围，不能够尽快地进入新的领域当中。

在这样的背景下，民生新闻的经营发展必定也要进行一番改革创新，在确保原有的经营模式稳步前行的基础上，更应当在新媒体平台的开发利用上下一番功夫。首先，在对互联网的使用上，线下媒体建立自己的专属网站已经是当下传统媒体进行新媒体转型的第一步。在这个专门建立的网站中，传统媒体可以将最新的报道或者是节目上传上来，受众可以足不出户地获得信息，最重要的是，通过网络还可以将往期的报道保存下来，这样也极大地方便了受众的信息获取。此外，这种方式在方便受众的同时还为媒体带来了额外的网络收入，吸引了更多的广告投资，可以说是一项一举多得的措施。其次，民生新闻应当巧妙地利用手机媒体平台，比如微博、微信等手机移动终端，将本媒体所拥有的信息及时地发布出去，在时效性上得到较大的提升。我们都知道，新媒体之所以给传统媒体的发展带来了极大的冲击，一个重要的原因就是新媒体具有更强的时效性，可以随时随地进行信息传播，并且这种传播方式具有良好的交互性，传者可以在互动当中迅速地了解受众的意见，从而更好地完善本媒体的发展路径。由此我们看出，开发新媒体不仅是在进行常规的信息传播，同时也是在完善媒体本身的品牌形象，在与受众的互动中不断地发现问题、解决问题，这也是媒体经营走可持续发展道路的一个重要举措。

(三) 稳步前行，完善平台多元性

探索多元的经营路径是一个循序渐进的过程，在转变经营思路的基础上发掘新的经营模式，从而尝试使用新媒体平台来扩大自己的经营领域，这是民生新闻在实际的经营操作过程中应当遵循的过程。那么，在这些准备、探索工作都已经趋于完善的时候，媒体要做的就是进一步夯实基础，将已有的基础和平台进行加固，完善平台的多元性。

当今的媒体竞争非常激烈，这种竞争表现在传媒领域的方方面面，比如频繁出现的假新闻、标题新闻、低俗新闻等，都是新闻行业恶性竞争的集中表现，这些状况在民生新闻领域出现的频率也非常高。我们可以看出，这种恶性竞争的本质就在于逞一时之快、不计后果，也不考虑受众会不会对媒体本身产生负面评价，要的就是当时的高关注度，这样的做法其实是不可持续的，依靠标题新闻博眼球的做法最终失去的是忠实受众，随之而来的也是他们对媒体品质的极大失望。在这样的教训面前，民生新闻的媒体经营要做的就是稳扎稳打，通过提升报道质量、加强可看性等来吸引受众，并且在新媒体平台上网罗更多的受众，这才是高品质的媒体应当走的经营之路。

此外，完善平台多元性指的不仅是在当前的媒介环境中完善自己的经营路子，更强调媒体在长远的发展过程中应当始终保持一种与时俱进的理念。当今社会科学技术发展迅速，传媒行业受技术发展的影响越来越大，如果不能够适应日新月异的传媒大环境，被淘汰是早晚的事情。因此，民生新闻在经营过程中更要坚持完善平台，稳步前行，以期在将来的发展过程中取得更加出色的成绩。

三、追求强大的品牌效应

虽然在最初的时候传媒行业的产业化经营与文化产业的提法并不被认可，甚至在很长一段时间内还颇受争议，但是随着我们国家经济体制的改革，这一说法不仅成为现实，而且还运行得越来越好。一提到产业与市场这两个词，我们就会联想到"品牌"二字，在当下的市场竞争中，产品的重要性仍然不可忽视，但是很明显品牌起到的作用更大，塑造品牌形象的成功度直接关系着产品的被知晓程度以及销量。这一情形也同样适用于民生新闻领域的产业经营，在确保节目质量的基础上，应重视对品牌形象的建构，由此带来的效益是非常可观并且长远的。

（一）认识品牌的强大竞争力

在追求品牌效应之前，首先要认识到品牌的强大竞争力，只有在明确了品牌的意义以及重要性之后才可以对其进行更有效的打造与策划，这是展开后续一系列工作的基础。时至今日，品牌的能量有多大，我们每个人都有切身的体会，我们日常生活中所能接触到的每一种商品都有品牌，但是能够产生品牌效应的确实还不多，因为品牌本质上只是一个用于互相区别的名号，只有一部分做得比较成功的才谈得上品牌影响力。

在传媒领域也是如此，我们现在所知道的频道有很多，看到的节目也不少，发行的刊物不计其数，网络上各种公司更是无法计量，那么，在这当中又有多少是被大众熟知的呢？哪一家电视台的频道是颇受关注的，哪一个频道的节目是备受关注的，哪一期刊物是拥有广泛读者的，而又有哪一家网络公司的作品是被频繁点击与疯狂转载的呢？如果大众在被问到以上问题的时候能够准确地说出一个品牌的名字，并且这个名字会被重复提到，那么它毫无疑问就是一个成功的品牌，甚至是一个颇具影响力的名牌。在电视领域我们经常会提到频道品牌化、栏目品牌化、节目品牌化，因为品牌栏目确实具有惊人的魔力，一档品牌栏目不仅可以保证自己的收视率，甚至会成为整个电视台的生存支柱。在民生新闻领域也是如此，包括我们前面提到的《南京零距离》等优秀栏目，都是从普通栏目变为知名栏目，不仅收视率始终保持良好的成绩，同时也为提升整个频道的地位做出了贡献，为同台其他的栏目吸引了大批的关注。

因此，品牌的力量是不容忽视的，一旦一个频道或者一档栏目成为知名品牌，其后来的收益与发展机遇都是不可估量的，就好比之前红极一时的《超级女声》《非诚勿扰》以及《中国好声音》等节目，其原版创作者在筹备初期绝对不会预料到这些节目会取得如此的成功，获得如此的影响力。但是这些节目传播之后确实以不可思议的能量回报给了电视台，这也在提醒我们，尽可能专注与认真地对待节目的策划，以一个较高的起点来激励自己，最终的成果绝对是值得期待的。

（二）追求品牌的最大效益

在认识到品牌的重要性之后，媒体必定要经历一个努力打造品牌的过程，这一程序包括品牌的确立以及很多初期的筹备工作，直到品牌发展走上正轨之后，才开始考虑如何扩大品牌影响力以及谋求利益最大化。品牌之所以有着强大的魅力，并且被各种企业和团体奉为努力的终极目标，是因为它自身有着非常强大的潜力，它是质量、品位、地位以及审美能力的综合体现。因此，只要一个品牌成功地树立了起来，并且有了一定的影响力，后面的发展几乎是自然而然水到渠成的。

正如我们在上文中所分析的，节目精品化是基础、栏目品牌化是初级阶段、频道品牌化是最终目的，那么，在这三个阶段中，无论是栏目品牌化还是频道品牌化都能够为电视台带来不菲的收入。在我们国家当下的电视领域竞争中，虽然频道数量众多，但是真的能够称得上是频道全盘品牌化的恐怕不多，甚至可以说没有，当然，这也要看我们对于频道品牌化下一个怎样的定义。在我们国家目前的频道发展总趋势下，每一个电视台都在集中精力培养一档品牌栏目，以此来带动整个频道的品牌化进程，在这一档栏目发展势头良好的情况下，连带发展一些其他品牌栏目，有的频道则干脆只用一档栏目养活一个电视台。所以，在这种现实下谈品牌化，我们确实要结合更多的实际情况，认识到品牌的重要性是一个方面，但是做出一个实际可行的方案也很重要。

对于民生新闻来说，开发品牌的最大效益自然是要从自身的特色出发，在媒体产业经营方面，民生新闻与其他的节目类型还不太一样，比如综艺节目就可以作为赚取收视率、争夺广告市场的主力军，但是民生新闻还承担着信息传播、理念传达的作用。所以，民生新闻的品牌效益最大化不仅包括金钱方面的收益，还包括内容传播能力的提升。

（三）拓展品牌的辐射能力

无论在哪个行业，创立品牌的初衷都是为了帮助商品更好地被大众熟知，借助品牌的承载能力来传达自己的经营理念，从而让市场能够以最快的速度选择自己想要推销的东西。这在我们日常生活中也非常常见，但凡是知名品牌，它所具有的美誉度一定是极高的，这个美誉度后面就已经默认了其是优质的、高品位的、超值的，在这一前提下，消费者会自动地相信大众的判断，而省略烦琐的自我鉴定过程。因此，品牌是在借力已有的受众群体来感染更广大的潜在市场，这样一层层地扩大自己的辐射范围。

在媒体当中，这样的情形更是非常普遍，一档栏目、一部电视剧，只要有人对其进行评论与推荐，就会有人自然而然地认为它是一部值得观看的作品，从而加入到贡献收视率的大军当中。因此，简单来说这就是一种慕名前来的效应，普通观众对于其他"普通观众"的意见必定是较为信任的，这比节目本身的自吹自擂要管用得多，这就是口碑的效应。当然，发展到今天，不仅创作团体在变化，市场也在变化，受众不再是盲目追随的无意识、无主张的群体了，随着受教育程度的提升与网络媒介的普及，受众自己的判断力也在提升，一个人人都夸的东西对于他们来说也是要经过辨别的。所以，这也在提醒我们，自身的质量是发展品牌的基础。

在拓展品牌的辐射能力方面，民生新闻首先要做的还是保证每一期节目的质量，在此基础上发展精品栏目、品牌栏目，直至最终带动整个频道的品牌化。民生新闻的品牌辐射力除了注重品牌，还应当打出"品牌文化"这张牌，这或许是它与其他节目相比所具有的优势，因为民生新闻的节目定位就是充满人文关怀与文化内涵的，这也正是民生新闻的竞争优势所在。

第九章　社会主义核心价值观引领民生新闻采编的职业规范

法国社会学家涂尔干在论述职业伦理道德时认为,"任何能够在整体社会中占据一席之地的活动方式,要想不陷入混乱无序的状态,就不能脱离所有明确的道德规定"[①]。民生新闻机构及其从业人员在对民生新闻概念的理解、实践操作、角色定位等方面存在着一定误区,这也是造成角色错位、虚假新闻、媒体审判、侵犯隐私、新闻炒作、人文关怀缺失等一系列媒介失范现象的原因。这些行为违背了新闻专业主义,削弱了传媒公信力,对民生新闻的持续健康发展极为不利。因此深入分析和研究民生新闻采编职业规范尤为重要,具有重大的学术价值和现实意义,它将为民生新闻健康有序发展提供重要的保障和支撑。

本章从民生新闻从业人员的身份认同和新闻专业主义建构入手,分析了自媒体等新媒体环境下,民生新闻的传播行为,希望通过社会主义核心价值观,指导民生新闻的职业规范。

第一节　传者身份认同和新闻专业主义建构

《南京零距离》的成功创办,其意义不仅在于对栏目内容、题材、时段等方面的创新,更为重要的是这种全新的新闻理念所引发的传媒人关于"我是谁""我能做什么""我为谁服务"的身份追问和重新定位。民生新闻从业人员站在百姓的角度播发新闻,坚持用平民的视角和眼光关注社会热点。民生新闻概念的提出与认同,引发了民生新闻从业者的角色期待、自我认同等

---

① [法]爱弥儿·涂尔干:《职业伦理与公民道德》,渠东等译,上海:上海人民出版社,2001年版,第13页。

身份问题的讨论。

本节从历史角度观察、整理民生新闻机构及其从业人员的角色定位、身份认同等方面的转换轨迹。重点分析了民生新闻机构及其从业人员的身份认同和角色冲突问题。希望通过对新闻专业主义内涵的全新认识,完成民生新闻机构及其从业人员身份的重新建构。最后讨论了在社会主义核心价值观的引领下,民生新闻专业主义的发展态势。

一、民生新闻传播者身份的认同以及重建

"在后现代社会中,随着现代社会的步伐扩展和复杂化的加速,认同性变得越来越脆弱与不稳定,认同主体也处于不断地分裂、破碎与游牧式的消散状态,许多崭新的身份与认同形式出现。"① 我们的社会群体和个人身份也呈现出多样性、复杂化、变幻性和流动性等趋势与特点。民生新闻的出现,被称作中国电视新闻史上的第三次革命,而革命的代价就是民生新闻机构及从业人员(下文简称"民生新闻传播者")原有的统一身份被打破,自我认同和社会认同发生改变,出现身份危机。民生新闻传播者坚持正确的舆论导向,为大众发声,在政府与社会大众之间创造了一个比较平等的"交流与对话"的空间。民生新闻传播者也由原来单一的宣传员身份向信息传播者、舆论引导者、服务者、社会监督者等多重身份转换,体现了国家权力、市场主体和新闻职业规范间的相互影响和作用,也导致了民生新闻传播者身份的多样性和复杂性。

(一)民生新闻传播者身份的复杂性

"在中国传媒改革历程中,中国文人'先天下之忧而忧'的历史使命感、党的宣传的工作要求以及西方的新闻专业理念和商海的诱惑,构成了中国新闻从业者内部错综复杂的内心冲动。"② 不同的新闻媒体,具有不同的角色定位。作为传媒生态系统中的一员,民生新闻传播者对自身角色的认知也开始呈现多样化,并以其独特的优势发挥巨大的社会作用,具体表现为以下三种主要角色:

---

① [美]道格拉斯·凯尔纳:《媒体文化——介于现代与后现代之间的文化研究、认同性与政治》,丁宁译,北京:商务印书馆,2004年版,第396~397页。
② 陆晔、潘忠党:《成名的想象:中国社会转型过程中新闻从业者的专业主义话语建构》,《新闻学研究》,2002年第71期,第23页。

第九章 社会主义核心价值观引领民生新闻采编的职业规范

1. 政治保障——党和人民的喉舌

改革开放后,为适应经济发展和人民群众需求,我国新闻业在业务、经营和管理等方面做出了重大改革。但是新闻单位充当党和人民"喉舌"的使命一直没有改变。新闻主管部门也多次重申了"五不变"的原则,即党的领导、党管舆论的方针不能变;坚持社会效益第一、坚持正确的舆论导向不能变;政治家办报的原则不能变;弘扬主旋律的要求不能变;党和人民"喉舌"的功能不能变。①

不论民生新闻传播者的身份如何变化,坚持党性原则不能变,应积极宣传党和政府的方针政策、国家的法律法规,传播社会主义先进文化和核心价值理念,不断鼓舞人民群众团结奋进。2016年2月19日,习近平总书记在人民大会堂主持召开了党的新闻舆论工作座谈会,期间提出了党的新闻舆论的职责和使命的48个字,即"高举旗帜、引领导向,围绕中心、服务大局,团结人民、鼓舞士气,成风化人、凝心聚力,澄清谬误、明辨是非,联接中外、沟通世界",再次强调了新闻媒介应该坚持党性原则、坚持马克思主义新闻观、坚持正确舆论导向、坚持正面宣传为主,从党的工作全局出发把握党的新闻舆论工作,做到思想上高度重视、工作上精准有力。党性原则强调的"二为方针""三贴近原则""走转改"作风,也体现了民生新闻反映民生、倾听民意、服务百姓的宗旨。做好党和人民的喉舌是民生新闻传播者的重要任务,也是区别于一般社会新闻传播者的重要标志。

2. 本质属性——信息传播者

"需要是同满足需要的手段一同发展的,并且是依靠这些手段发展的。"② 尽管新闻传播的速度、质量和手段不断发生变化,但是新闻传播最基本的功能依然是提供信息,这也是传媒机构存在的根本。随着百姓对信息需求量的不断加大,信息传播者在现代社会中越来越重要。

民生新闻在传播信息方面坚持民生内容、民众视角、民众立场,关注人民大众的衣食住行,特别关心弱势群体和苦难群众的生活与生计,敢于直面社会的热点、难点问题,受到了民众的认可与欢迎,回归了新闻的本质属性。民生新闻栏目开设"社会新闻""生活资讯""现场连线""今日头条"等版块,打造全新的"新闻杂志",超长的新闻时间、丰富的节目类型,满

---

① 刘劲松:《论转型期我国媒体角色规范的特点》,《浙江传媒学院学报》,2013年第3期,第32页。

② 马克思:《资本论》第1卷(下),北京:人民出版社,1975年版,第559页。

足了民众广泛的信息需求，尊重了民众的知情权和表达权。

3. 特殊定位——服务者

民生新闻的关键点简而言之便是为人民服务，传媒要将以人为本落到实处，牢固树立以观众为中心的新闻传播观念，充分尊重公民的知情权，这正是民生新闻努力的目标。[①] 在社会主义市场经济中，新闻传播机构的市场主体身份得到重新确认，是市场经济的重要组成部分。新闻传播机构通过生产，交易和消费精神产品赚取利润，以"市场导向"和"满足读者需要"的文化产品创造了巨大的市场价值。改革开放以来，中国经济高速发展，社会逐步进入转型期，与百姓生活密切相关的一系列问题，诸如通货膨胀、收入差距、社会公平以及消费、教育、住房、就业、医疗、社保、交通等，开始引起人民关注。这就要求民生新闻栏目和记者需要具备强烈的服务意识和良好的服务心态，善于观察生活、体会生活；以专业的眼光和视角寻找报道方向，以百姓利益为价值取向，做政府和百姓沟通的桥梁；及时向党和政府反映群众心声，准确传播党和政府的路线、方针、政策，促进问题解决。

民生新闻传播者在社会生活中的角色是多方面的，上文从"喉舌论、传播者、服务人民者"三个最基本、最重要的角色分析，了解了各角色间存在的差异，为民生新闻传播者身份认同打下基础。

(二) 民生新闻传播者身份冲突与重建

民生新闻传播者对角色的期待和领悟表现出茫然失措，既要借鉴国内外现有经验，又要结合自身特色开辟新的道路，分化的角色出现不一致性和冲突性，导致角色之间出现了种种矛盾，主要表现在以下方面：

第一，喉舌论与传播者之间的冲突。喉舌论认为媒体是党和政府的重要宣传工具，应及时宣传和反映党和政府的路线、方针、政策，追求最大化的政治效果和社会效益，维护社会和谐稳定；传播者则要求新闻机构和从业人员坚持真实、客观、公正的新闻基本原则，站在中立的立场上，最大限度地满足公众的信息需求。两种身份在报道对象、报道时机和报道内容方面容易产生分歧，党和政府考虑宏观大局和长远利益，信息传播者追求的则是尽快向公众告知事实真相，赢得受众支持。第二，喉舌论与服务者之间的冲突。党和政府要求新闻传播者坚持把社会效益放在首位，传达党和政府的声音，反映群众心声。而服务者追求经济利益最大化，甚至某些新闻媒体把过多的精力和报道内容放在满足部分读者新奇、娱乐甚至低俗的信息需求上，在满

---

① 朱寿桐：《民生新闻概论》，北京：中国社会科学出版社，2006年版，第94~95页。

足受众虚假需求的同时消解了新闻公共性,新闻传播者未承担应有的社会责任。第三,传播者与服务者之间的冲突。表面上两者的目标是一致的,即追求最大数量的受众,满足受众的信息需求。但是在对待受众的方式上,二者存在严重分歧。传播者服务社会,看重公众利益;服务者吸引受众注意,利用受众消费行为,将受众的注意力二次转卖给广告商,实现盈利。其中,发行量、收视率、点击率是服务者最为看中的部分。

民生新闻不同角色间的冲突,给民生新闻传播者带来一定的负面影响,表现为对自身角色的模糊认识和迷茫状态,产生媒体焦虑综合征。但是,民生新闻传播者的身份危机同时也是一种转机,需要我们把握机会,重新建构适应社会发展的媒体角色。正是在此背景下,学界和业界希望通过引入新闻专业主义理念,整合民生新闻传播者不同角色,构建一个更加和谐、合理和理想的身份整体。

二、民生新闻与新闻专业主义的多维度对比

"专业精神的欠缺是民生新闻目前面临的最大挑战,许多媒体及其从业人员既不明确新闻媒体的职能,也缺乏独立于政治和经济权力之外的品格,对民生新闻发展极为不利。"[1] 新闻专业主义对构建新闻传播机构及从业人员的功能与角色,促进行业健康发展,具有指引性和前瞻性作用。虽然新闻专业主义理念和基本要素如此重要,但是国内外对其含义一直未达成统一认识。有学者认为"新闻专业主义是一种职业意识或话语策略"[2],有些人强调新闻专业主义的核心价值为"客观性""追求真理",也有学者认为新闻专业主义的基本内容为客观公正、自由独立、服务公众。综合学界各种意见和看法,结合国内新闻业实际情况,我们将新闻专业主义基本理念概括为"自由独立、客观公正、公共服务",并以此为依据,从报道视角、身份地位、服务对象等三个方面,将新闻专业主义的内涵、民生新闻的特点与表现形式进行分析和对比,为民生新闻传播者建设特色的专业主义打好基础。

(一)报道视角——客观报道与民本取向

客观性起源于科学研究,是指通过严格的科学研究发现真相,后被引入新闻实践中,成为新闻专业主义的重要组成部分。它既是一种道德理想,又

---

[1] 朱寿桐:《民生新闻概论》,北京:中国社会科学出版社,2006年版,第269页。
[2] 陆晔、潘忠党:《成名的想象:中国社会转型过程中新闻从业者的专业主义话语建构》,《新闻学研究》,2002年第71期,第46页。

是一整套的新闻实践规范。客观性要求新闻从业者将事实与观点分离，避免个人主观偏见，站在中立者的立场，以科学的方法采访和报道新闻事件。我国颁布的《中国新闻工作者职业道德准则》第三条规定，报道须做到真实、准确、全面、客观。客观性不仅是一种外在操作规则，更是一种内在职业规范、职业理想和职业道德精神，而且已经成为深受社会公众信赖的理念。随着新闻事业和外部环境的改变，客观性也受到挑战。有人认为客观性只是一种理想模式，事实上根本无法做到。因为新闻传播者受到社会各方面的制约和监督，比如政府、公众和其他社会组织。而且从认知学角度看，新闻报道是难以做到客观的。但是新闻专业主义者依然坚信和捍卫新闻的客观性，因为它是新闻专业主义中的核心理念之一，是受众对新闻行业认同的重要参考要素。

民生新闻体现了新闻的民众视角，以普通人的眼光观察和记录每一个报道对象。民生新闻传播者坚持以民为先、以人为本，无论是在新闻内容、传播形式还是报道视角上，都始终致力于为百姓提供喜闻乐见的新闻产品。

（二）身份地位——自由独立与平民底色

新闻自由是新闻专业主义的核心理念。什么是新闻自由？学界和业界一直充满争议。李良荣教授将新闻自由的主要内涵归结为以下几点："不受批准自由出版报刊，在政治上和经济上不受限制，人人拥有出版权；不受任何形式的事先审查，可以发布任何新闻和发表任何意见；不受限制地自由接近新闻源。简单地说，新闻自由就是新闻媒介拥有出版权、采访权和发布权。"[①] 自由与责任始终是相生相伴的，新闻媒体在追求新闻自由过程中必须承担相应的社会责任。

民生新闻传播者对自身的定位主要体现在平民情怀和平民底色两个方面。一方面民生新闻传播者贴近平民，体恤百姓、为民做主，以平等的姿态与民众"零距离"接触。比如民生新闻主持人孟非，他虽不符合传统的新闻主播标准，然而，大众却喜欢这个另类光头形象的"平民"主播，孟非还被称作"南京人的儿子"，完全是市民的代言人。另一方面，民生新闻传播者通过热线电话、百姓服务台、网络留言等多种方式积极创造公共空间，鼓励普通大众参与节目，加强双方互动交流。

（三）服务对象——公共利益与普通百姓

新闻专业主义认为新闻传播者是公共利益的守护者。在国外，新闻传播

---

① 李良荣：《当代西方新闻媒体》，上海：复旦大学出版社，2011年版，第68页。

第九章　社会主义核心价值观引领民生新闻采编的职业规范

者有"瞭望者"和"无冕之王"的美誉,在国内则被塑造为"铁肩担道义,辣笔著文章"的崇高形象。新闻职业道德准则确定了新闻传播者全心全意为人民服务的根本宗旨,要求新闻传播者密切联系群众,为人民群众提供政治、经济、文化等不同方面的信息。

多数情况下,公共利益和百姓利益是一致的、相吻合的。但是公共利益并不能代表百姓利益,两者之间既有区别也有联系。当公共利益与百姓利益发生冲突时,也是在考验民生新闻传播者处理问题的能力。虽然民生新闻传播者以人为本,维护百姓利益,但一些民生新闻的"唯平民化"倾向十分显著,比如播发迎合部分民众低级趣味的庸俗、低俗的新闻,在采访报道中出现越权和越位现象等,甚至可能演变成媒介审判,干涉司法公正。

通过对民生新闻与新闻专业主义的三大要素的比较,我们可以发现,民生新闻传播者是百姓的代言人,坚定地站在民众立场,报道普通百姓的身边事。而新闻专业主义则作为社会公共利益的捍卫者,奉行独立自主、客观公正的原则,传播真实、真相与真理,两者既有区别也有联系。应通过相互融合、渗透与借鉴,构建具有民生新闻特色的专业主义,以此促进和完善民生新闻传播者的职业规范。

三、社会主义核心价值观指引民生新闻专业主义的构建

民生新闻经过10多年的发展壮大,已取得不少成就,但依然面临着困境与挑战。在收视率和市场压力下,部分民生新闻出现了娱乐化和低俗化倾向,依靠制造"噱头"吸引百姓关注;在绩效考核和播出压力下,一些民生新闻过度关注社会突发事件、负面新闻、奇闻逸事、社会丑陋现象等,造成新闻的同质化。因此民生新闻亟须构建自身的新闻规范体系和倡导专业主义精神。随着中国传媒产业蓬勃发展,不同媒体与从业者因价值观念、从业实践、所处环境的不同,必然构建出不同的新闻专业主义。"党的新闻事业"和"专业主义新闻"这两大范式在中国新闻从业者中并存,所以建构新闻专业主义也受到党和政府、市场主体不同方式的影响。

社会主义核心价值观具有导向、规范以及凝聚人心等多重功能。深入学习、倡导、践行社会主义核心价值观,可为构建民生新闻专业主义提供理论支持和政治保障。我们将民生新闻专业主义的主体分为社会责任、职业道德、个人认同三个方面,希望通过社会主义核心价值观,推动民生新闻专业主义的形成。

（一）以民主、和谐观念引领民生新闻传播功能

新闻改革促使传媒界开始由过去的单一功能向多元功能转变，即从单一的政治宣传变为告知、宣传、沟通、监督、服务等。民生新闻颠覆了传统新闻的形式，适应了时代发展需求，由"传者本位"向"观众本位"转变，把普通民众作为自己的服务对象，力求满足民众信息需求、成为民众代言人。但是，民生新闻进入市场运作时，常常受到经济利益的诱惑，容易导致新闻专业主义出现变异。此种环境下，一些民生新闻由于缺乏深度报道和理性的分析，容易造成新闻内容的同质化、肤浅化，出现"唯收视率"的现象。

社会主义核心价值观民主、和谐的理念指出，"要充分创造条件，激发人民群众的积极性、创造性、主动性，真正实现人民当家做主"，这与民生新闻传播理念是一致的。服务百姓、构建和谐社会，也是民生新闻应该继续发扬的优势与特色。在价值观、个体利益多元化的今天，全面构建和谐社会显得相当重要。和谐价值引导人们用和谐的思维认识周围事物、用和谐的态度对待问题、用和谐的方式处理矛盾。我们要积极构建社会主义和谐社会，引导民生新闻传播者正确处理经济效益与社会效益之间、群众利益与公共利益之间的关系，发挥民生新闻的独特功能。

（二）以公正、法治观念规范民生新闻职业道德

新闻职业道德，是指新闻从业人员在新闻实践过程中必须履行的相关职责，以及必须遵循的职业规范和道德准则。它的主要内容包括职业技能、职业理想、职业态度、职业纪律等方面。作为大众新闻传播系统中的一员，民生新闻传播者必然会受到新闻职业道德的影响和制约。首先是自律方面，民生新闻传播者要重视道德的力量，强化自我监督、自我管理、自我协调，正确认识自身的使命和责任，以职业道德规范约束自己。其次是他律方面，新闻政策中具体规定了新闻报道的界限，什么能报道、什么不能报道，报道的重点是什么，都具有引导和制约作用。法律对新闻媒体的监管主要体现在精神和行动两方面，精神层面是对言论、出版自由的保护和限制；行动层面则涉及国家利益、社会发展、公民权利等问题。

自由、平等、公正、法治体现了中国特色社会主义的基本社会属性。公正是贯穿社会主义核心价值观的灵魂，公正的社会制度能够凝聚人心，激发人民群众的创造性；法治是社会治理的普遍范式，也是社会成员所共同接受的信仰和价值观念。在公正与法治观念的指引下，民生新闻传播者需建立一套完整的职业道德体系：一是清晰而明确的道德准则，二是组织监督机构，

第九章　社会主义核心价值观引领民生新闻采编的职业规范

三是社会监督机构。三者相互配合，相互协调，自律与他律结合，才能有效提升新闻传播者的职业道德水平。

（三）以敬业、友善观念践行民生新闻自我认同

吴飞在《新闻专业主义研究》中做出预测："新闻专业主义将不是少数人的职业追求，而应该变成公民的基本素养，引领每一个人对自己传播的信息、知识、观点有一种高度的责任感，我们将可能像爱护自己的名誉一样，珍惜新闻专业主义所孜孜以求的理想。"[1] 随着受众参与新闻报道的热情不断高涨，民生新闻传播者范围的不断扩大，每个人都可以采集、编辑、发布和评论信息。传统媒体面对自媒体出现的网络失范、网络暴力和信息泛滥等问题，应担负起责任，以主流价值和专业性新闻予以引导。新闻传播者的身份认同将向意见领袖和信息管家方面转变，为普通民众提供专业信息，进行权威的解读和周到服务，重塑职业形象。新闻价值评价标准更加注重高品质、全时代和互动性。新闻报道真实、全面、客观和不偏不倚的理性和责任，将转向"事实"和"人文关怀"的并重。[2]

社会主义核心价值观的敬业、友善理念，从个人层面体现了职业道德、个人品德两方面，强调作为社会主义社会的公民，应当具有的核心道德观念。同时要求民生新闻传播者爱岗敬业、忠于职守，努力提升专业技能，适应民生新闻不断发展的趋势与要求，善待他人、真诚守信，乐于助人。在新闻实践中，民生新闻传播者应积极、热情地对待参访对象、新闻当事人、同行和受众，同时要尊重他人，学会换位思考，不断进行调整适应时代发展需要，构建和谐的人际关系与社会关系。

第二节　采编自律与职业道德修养条例规制

随着信息技术的日臻完善，信息服务水平的迅速提高，新闻传播业务逐渐融入人们的日常生活，新闻媒体扮演了传播者、引导者、教育者等不同的角色，不仅是党和政府的喉舌，而且也是人民群众的社会公仆，由此采编自律和新闻职业道德显得尤为重要。中国特色社会主义核心价值观的提出，使

---

[1]　吴飞：《新闻专业主义研究》，北京：中国人民大学出版社，2009年版，第425页。
[2]　刘丹凌：《困境中的重构：新媒体语境下新闻专业主义的转向》，《南京社会科学》，2012年第2期，第115页。

新闻规制对新闻传播行为的保障、规范、引导、服务有了新的内涵，促进了我国民生新闻业务的健康发展。

一、采编自律是民生新闻的必要素养

什么是自律？自律在很多行业和领域里是指通过对自身行为的管理，发展和实施制度，同时以提升对消费者、权利者的服务为最终目的，在媒介领域即为公众提供更好的服务。自律不仅要建立起标准，还要得到与媒介自律机制有关的人和组织机构认同。要得以实施，首先是要被认同。①

（一）采编自律的发展概述

采编自律是指新闻工作者及新闻媒介机构对信息采编活动进行的自我限制或自我约束，其发展历程即新闻业道德意识和责任感不断受到重视和加强的过程。党的十八大报告提出倡导富强、民主、文明、和谐，倡导自由、平等、公正、法治，倡导爱国、敬业、诚信、友善，积极培育社会主义核心价值观，这不仅与我国新闻业长期追求的自律规范相适应，也与国际新闻界的自律思想有着很多共通之处。

第二次世界大战前，迫于社会对新闻业的指责，报业对自身行为进行了简单纠正和自我约束，由此形成最初的自律思想。1947年美国新闻自由委员会（Commission on Freedom of the Press）发表《一个自由而负责的新闻业》（"A Free and Responsible Press"），成为现代报业自律思想的理论基础，20世纪后期，美国新闻业出现了以媒介批评为基础的专业自律方式。同时，英国全国记者同盟制定了《英国报人道德规范》，促进了新闻从业者自律思想的全面发展。

英美新闻业的自律规范，为我国制定、修改和完善新闻自律规范提供了借鉴。1991年1月，中国记协第四届理事会第一次全体会议正式通过了《中国新闻工作者职业道德准则》，随后我国陆续出台了一系列相关法律法规文件。但我国在新闻自律和职业规范的监督上仍缺乏理论性、系统性的指导。党的十八大召开后，具有中国特色的社会主义核心价值观逐渐成为新闻界的理论引导，我国开始形成一套具有中国特色的社会主义新闻业的自律规范。

---

① 陈力丹：《自由与责任：国际社会新闻自律研究》，开封：河南大学出版社，2006年版，第10页。

第九章　社会主义核心价值观引领民生新闻采编的职业规范

(二) 采编自律影响民生新闻的定性

民生新闻涵盖了民众的诸多基本问题，包括生活状态、发展机会、发展能力和权益保护，突出表现在教育、就业、医疗、收入分配、社会保障、安全生产、社会治安等诸多方面。每个问题都集中反映了民众的根本利益，同时也容易产生各种社会矛盾与冲突。① 民生新闻工作者在面对涉及民众切实利益的问题时，应该自觉维护人民群众的根本利益，为人民服务，为社会主义服务，这也是新闻媒体的必备素养。

为人民服务，不仅是社会主义道德观的集中反映，也是社会主义核心价值观的根本所在。具体体现在尊重公民的人格尊严，维护公民的姓名权、肖像权、名誉权、荣誉权和隐私权。还要注重保护公民在医疗、教育、养老等社会方面的权利。当然，不能只为了满足受众需求，迎合部分受众趣味，增加收视率和点击率，而制造客观上的庸俗话题，损害绝大多数受众的利益。民生新闻传播者只有在喧哗之中保持清醒，在名利面前坚守品格，坚持正确方向，加强自我约束，才能认清民生新闻的本质，做好民生新闻的把关者。

当下，民生新闻创造了更多的机会让人人都有一定话语权，民生新闻工作者的行为也受到百姓的监督。

(三) 采编自律确定民生新闻的走向

在科技迅速发展的时代，采编自律将成为新闻事业的重中之重。未来的民生新闻采编人员，应该拥有更强的责任意识和大局意识，引领新闻界关注民生动态，创建和谐社会，同时对涉及人民利益的违法违纪案件的报道应该更加谨慎，克服负面影响，坚持正确舆论导向，并将人民利益放在经济效果和社会效果的首位，确保新闻报道真实全面、客观公正。

首先，采编自律永远以为人民服务为根本出发点。人民是社会的主体，也是民生新闻的主角。将人民的利益放在第一位是民生新闻的历史性要求，深刻体现出社会主义核心价值观中党的宗旨。其次，采编自律将有助于社会主义核心价值观涵养的普及。"涵养"一词首次出现在社会主义核心价值观指导下的报告文件中，是党和国家领导人重要讲话里的正式概念。习近平总书记说："使中华优秀传统文化成为涵养社会主义核心价值观的重要源泉。"最后，采编自律要立足于弘扬中华民族传统文化。新闻工作者要积极学习并践行传统文化，牢记人民的主体地位，不忘历史和责任，为传承

---

① 邓庄：《以互动性强化传媒的社会整合功能》，《新闻爱好者》，2011年第13期，第85页。

和弘扬中华优秀文化搭建平台，带领我国社会全体人民对发展中的社会主义核心价值观进行新的探索和实践。

应鼓励新闻工作者在遵循采编自律的原则下，创作更多服务于民的民生新闻。例如北京电视台《第七日》的"心疼老百姓，为老百姓说话"栏目，安徽卫视《第一时间》的"寻常巷陌新闻，绘声绘色讲述"栏目，湖南经视《都市一时间》的"民生视角，本色表达"栏目等，其新闻理念表达出栏目的定位和宗旨，这样的节目更便于传达民意，营造公共空间。① 这样的表达渠道和互动机会正是当下弱势群体所需要的，不仅可以化解利益冲突，也是促进社会融合的重要方法。媒体应该做好这方面的工作，为弱势群体提供表达的机会和平台。

二、民生新闻中的职业道德

新闻职业道德是新闻工作者在长期的新闻实践活动中形成的调整人们相互关系的新闻规范和准则，是社会道德对新闻记者这一职业所提出的特殊要求。② 职业道德规范是所有新闻从业者应当遵守的基本行为准则，是社会道德的基本组成部分，是社会主义核心价值观的内在体现。

（一）我国新闻职业道德的发展脉络

新闻职业道德最先在以美国为代表的西方新闻事业中产生和完善，其发展路径主要有三个阶段。最初由个别新闻组织、协会自行制定的一些新闻职业道德规范，并未得到其他新闻媒体和从业人员的认同。随后，媒体为了自身发展和获取公众信任，制定了新闻行业普遍认同的专业规范。最后在社会各界的共同作用下，确立了整个新闻业职业道德规范体系。因受到不同的政治制度、文化传统、价值观念的影响，每个国家新闻职业道德理念与发展路径也是各不相同的。

我国出现新闻记者职业已经 100 多年了，最初记者地位卑微，并没有被社会当作职业看待。随着媒体社会影响力的不断提高，新闻记者越来越受到社会的认可与接受，我国新闻从业者也开始注重职业化和专业化。徐宝璜出版的国内首部新闻学著作《新闻学》，专门列出了"访员应守之金科玉律"，戈公振 1927 年最早提出我国新闻记者的职业化问题，在新闻学教材和新闻

---

① 邓庄：《以互动性强化传媒的社会整合功能》，《新闻爱好者》，2011 年第 13 期，第 85 页。
② 段京肃、陈堂发：《新闻职业道德形成和发展的基本线索》，《当代传播》，2012 年第 1 期，第 12 页。

媒体的论述中也相继出现了一些有关新闻职业道德的内容,这些都是我国新闻职业规范的雏形。1942年出台的《中国新闻记者信条》是我国最早的新闻职业道德规范文件。新中国成立后,特别是改革开放以来,我国新闻从业者的职业道德问题日益突出。1981年由中宣部新闻局和中央新闻单位共同发布了《记者守则(试行草案)》;1991年中华全国新闻工作者协会制定了《中国新闻工作者职业道德准则》,规定和反映了社会主义新闻职业道德的内容,并要求我国新闻从业者深入理解、严格执行。除了国家层面出台的职业道德规范,我国新闻业职业道德还包括行业协会的信条、地方新闻团体的自律公约,以及各新闻单位根据本部门实际情况制定的规章守则。

随着时代的变迁,新闻职业道德的内容不断丰富变化,逐渐选择并保存符合社会主义核心价值观的规范,沉淀并形成一套稳固的道德规范体系。它是社会人士和新闻媒介做人、做新闻的约束条例,从外界和自身两方面齐驱并进,既对新闻工作者实施硬性的约束,同时教育和引导他们在正确的道路上前进。

(二) 新闻职业道德与采编自律的关系

新闻职业道德是所有新闻从业人员必须遵守的基本行为原则,而采编自律属于新闻职业道德规范的范畴,它是新闻机构及其从业人员在新闻传播活动中进行的自我限制和自我约束,加强新闻采编自律可以提升新闻从业人员的综合素质,让他们遵守新闻道德,更好地开展新闻工作。新闻事业作为党和政府的喉舌,其新闻职业道德与新闻采编自律在社会主义核心价值观的引领下相辅相成,是一个不可分割的整体,共同促使新闻工作者理性客观地整合新闻信息、引导社会舆论,为社会主义国家繁荣发展而服务。

1. 采编自律是新闻职业道德的前提

近代哲学家们按照道德的发展轨迹,分为服从的道德、自治的道德、自律的道德。这说明自律是道德的前提,是衡量一个人是否有道德的必要条件。

首先,采编自律要求新闻工作者内省,这是新闻工作者形成良好品德和独立人格的最快途径。其次,采编自律是新闻工作者的必要素养,使其恪守真实、客观、公正、平衡等新闻标准,塑造稳固的媒介形象。最后,采编自律是社会和新闻媒介人士求生存、求发展的必备手段,是促进社会安定和谐的有效措施。

2. 采编自律是衡量新闻从业者的道德指标

人类的尊严和价值并非来自对强大约束力的屈服,而是来自灵魂深处的自律。作为现代化高素质人才的新闻工作者，要培养高尚的道德情操、良好的心灵品质，必须注重自身的修养，严格自律，改正不足，完善自己。

采编自律促使新闻工作者严于律己、以身作则。传播媒介除了受到新闻法、新闻职业道德规范、新闻工作纪律的约束和限制之外，还应该进行自我约束和自我限制。采编自律的缺失会导致媒体公信力下降、声誉受损、可信度降低。内在的约束行为能够让新闻工作者在其位，谋其政，不私不卖，公正廉洁，共同促进我国新闻媒体事业健康发展。

(三) 新闻职业道德规范与社会主义核心价值观的关系

新闻职业道德规范是社会文明发展的产物，代表了社会主义先进文化的前进方向。随着社会主义事业的发展和进步，中国新闻事业不断壮大，新闻职业道德发展迅速。在马克思主义、毛泽东思想、邓小平理论、"三个代表"重要思想、科学发展观，以及习近平新时代中国特色社会主义思想的指引下，新闻职业道德的变化见证了我国社会主义先进文化的历史变迁。

1. 核心价值观规定道德规范

核心价值观规定和制约着主体的行为和活动，协调着人际关系，规范着社会个体、行业的权利与义务。新闻职业道德虽未被从业者和社会普遍认可，但它也离不开阶级道德和社会道德体系。社会主义核心价值观始终影响和制约着新闻职业道德，它们之间存在着一般与特殊、共性与个性的关系。新闻职业道德受到社会主义核心价值观的支配和制约，同时也是社会核心价值观的具体引申与展开。社会主义核心价值观是新闻职业道德的根本依据和指导思想，引导着新闻从业人员，让他们明白能够做什么、应该做什么以及不能做什么，为日常新闻活动提供了规范、标准与模式。

2. 核心价值观引领道德规范

社会主义核心价值观是社会主义价值观中最基础、最核心的部分，是中华民族共同的道德认识，是社会、群体或组织的黏合剂，具有一种感召力和凝聚力，指引着社会主义事业不断在实践中发展，为人们提供了价值目标、道德理想和价值选择标准。同样，社会主义核心价值观是民生新闻采编的道德指向和行为准则，引领着民生新闻道德规范的发展和前进。我国正处于社会转型期，传统的新闻道德观念面临改变。核心价值观既从良心道德层面谴责违反新闻工作职业道德规范的传播者，又时刻约束着破坏新闻职业道德平衡的人员，是软硬兼施的利器。

3. 道德规范体现核心价值观

社会主义核心价值观立足以人为本，强调公平正义，实现共同富裕。道德规范既是个人的道德，也是社会的道德，其崇善惩恶，倡导安定，坚守和谐主义社会原则，坚持为人民服务的价值观，体现了社会主义核心价值观的中心思想和根本理念。并且，道德既不是纯粹的利益获取，也不是纯粹的牺牲精神，而是共同进步、共同富裕，体现了社会主义核心价值观的最终目的。

任何一个社会、团体和组织的发展，都必须发扬、维护好社会的主流价值观念。我国新闻工作者道德规范倡导诚信、友善，不报虚假新闻，不做夸张报道，不收受贿赂，尊重他人名誉权、肖像权、话语权等，要与当代社会主义核心价值观的重要精神和精髓相符。

三、民生新闻中的道德失范现象

当前我国新闻界道德失范现象严重，庸俗信息泛滥，炒作现象频出，虚假信息横行，有偿新闻、片面报道不断。尤其是在民生新闻的采编报道中，损害老百姓利益的新闻事件比比皆是。究其原因，不难发现，这与其超强的商业属性密切相关。科学技术的飞速发展促成了媒体受商业利益影响竞相角逐，加速了新闻行业发展。但由于媒介人员结构复杂，一些新闻从业人员的素质跟不上行业发展，民生新闻中道德失范现象的防范治理便成为一个亟待解决的难题。

（一）道德失范现象日益突出

媒体竞争日益激烈，民生新闻的道德失范现象更加突出，具体表现为导向不明、作品虚构、报道低俗、新闻炒作、"媒体审判"、人文关怀缺失等。

1. 新闻失实损害百姓利益

真实是新闻的生命，一旦有违真实性，新闻就丧失了存在的意义，虚假新闻是民生新闻的天敌。民生新闻反映了百姓生活的方方面面，关系到百姓切身利益。其中社会新闻、生活资讯、百姓投诉等栏目，更应坚持新闻的真实性。一些媒体打着"民生"的幌子传播虚假新闻，引起社会关注，加速虚假信息的传播，造成严重的不良后果。虚假的民生新闻背离了民生新闻的要求和初衷，我们要高度关注此类失实报道，切忌在"民生"的虚幻中损害百姓利益。比如，2007年7月8日北京电视台生活频道民生新闻栏目播出虚假新闻《纸做的包子》后，引起舆论广泛关注，造成了恶劣影响，由此引发新闻业界对新闻职业道德问题的大讨论。

2. 有偿新闻降低传媒公信力

有偿新闻一直是新闻业界屡禁不止的现象，分为有偿报道和有偿不报两种。有偿新闻不仅严重损害了主流媒体代表社会良知、追求客观公正的诚信形象,而且损害了老百姓的利益,违背了为人民服务的社会主义核心价值观。典型事件如郗永丰担任中国经济时报社河南记者站副站长以来,利用工作之便和记者身份,与多名相关人员一起,多次利用新闻采访报道活动进行变相敲诈,收取了大量不当钱财。另有消息称,2009年7月,河北省蔚县李家洼煤矿发生"7·14"矿难后,先后共计9名记者向矿主索要封口费,矿主压缩了本应赔偿给死难者家属的慰问金,共支付给这些记者260多万元,上演了一出"有偿不报"的丑剧。

3. 低俗新闻妨碍社会和谐

默多克曾说过,如果报纸的格调低一点,读者数量就会多一些。因此,一些民生新闻传播者为追求自身利益,一味地迎合受众,造成新闻的低俗化。主要表现为情色新闻泛滥、炒作过度、窥探明星隐私、审丑事件层出不穷等。这类民生新闻不利于社会的和谐发展,违背了社会主义核心价值观的最终目的。

此外,一些记者和编辑还运用违背社会良知和人性的方法对灾难中的受害者及其家人进行采访,获得新闻和图片,并在新闻文本、版面或栏目中表现出来,或出于某种目的恶炒百姓隐私、侵害他人合法权利。[①]

(二) 新闻失范事件违背社会主义核心价值观

社会主义核心价值观"坚持以人为本,尊重群众主体地位,关注人们的利益诉求和价值愿望,促进人的全面发展"。新闻工作者要立足人民、为民服务,弘扬中华民族优秀传统文化,不断完善自身,促进社会和谐发展,促进国家经济繁荣。

核心价值观是人们评价一个事物好坏的标准,是全体人民的共同需求。通过核心价值观,我们能够判断新闻是否属实、是否侵权、是否低俗;是否存在有偿报道和有偿不报的情况;新闻工作者是否过度追求商业化利益而忽视了道德意义上新闻报道的本质。

首先,部分媒体在利益的诱惑和竞争的压力下,一味取悦、迎合大众,使用夸大、恶炒、过度渲染等不妥手段报道血腥色情的社会新闻,忽略了自身的导向作用和社会责任,误导了无辜的受众。其次,编造假新闻是对受众的另一种不敬。一些新闻从业者用文化杜撰、臆想等手段,编造新闻,希望

---

① 朱爱敏、陈力丹:《我国新闻中人性冷漠现象的伦理分析》,《当代传播》,2008年第2期,第4页。

引起受众关注,从而增加收视率和阅读量、点击率,为自身创造更多的收益。整体而言,媒体的种种失范行为都是忽略了自我价值与社会价值的辩证统一,只注重自我价值而忽视社会价值,把社会核心价值虚化,完全割裂了个人与集团、组织与社会的关系,严重违背了社会主义核心价值观理念,给大众带来了许多不良影响。

部分新闻报道失真,欺骗受众,反映出一些新闻从业人员道德素质修养的低下,给社会经济带来了不可估量的损失。道德失范现象不仅让媒介失去了原有的公信力,还让政府失信于民,丢掉了原有的精神品质,违背了党和政府的初衷,阻碍了社会的和谐发展。

四、核心价值观视域下民生新闻职业道德规范的建设

目前,我国新闻从业者普遍缺乏职业精神,因此社会主义核心价值观的引导作用就显得尤为重要。

(一)努力提高新闻工作者的道德修养

新闻媒体是社会大众的精神武器,新闻工作者应谨记历史使命,高举民生大旗,在社会主义核心价值观的引导下,为人类的发展做出贡献。

1. 宣扬社会主义核心价值观,提升整个民族的道德修养

社会主义核心价值体系是构建中国特色社会主义不可或缺的方面,也是提升民族道德修养的前提。其具体表现为发展物质文化建设的同时发展精神文化建设,进一步加强新闻工作者进行新闻采编和新闻报道时的自律行为。中国记协发布了《新闻工作者践行社会主义核心价值观倡议书》,向全国新闻工作者倡议:学习和领悟社会主义核心价值观的内涵、宣传社会主义核心价值观内容,积极报道和反映社会主义核心价值观的先进典型、优秀事迹,亲自践行社会主义核心价值观,做社会主义核心价值观建设的先行者。

2. 加强人文主义教育,培养新闻工作者的责任心

人文主义的价值取向和精神追求是以人为本,重视人的价值,把人作为衡量一切事物的标准。我国自古以来就崇尚人文教育,有礼仪之邦的美称。在各种诱惑横行的时代,发扬人文主义精神和传统,学习传统文化的精髓是指导我国新闻事业健康发展的重要手段。随着时代的发展,越来越多的新闻工作者接受了人文主义的理念,民生新闻机构和从业人员更是以关注民生、服务百姓为宗旨,维护民众的生命权、财产权和人格尊严权,满足民众的精神需求。在新闻实践中,民生新闻工作者的个人品质也得到锻炼,提升了精神境界,最终促进社会的全面发展。

3. 结合他律，增加硬性规范条例

他律能够促进新闻工作者增加自律精神。市场经济背景下，仅依靠伦理道德自律无法满足新闻工作者为人民服务的要求。因此，新闻媒体需要加强相配套的他律约束，在媒介他律的引导下，让媒介自律变为一件顺理成章的事情。他律监督下的互律是关键。政府和法律的监管力度有限，社会各阶层人士的互律行为能更好地弥补政府机构实行他律的不足，互相监督、共同进步。

（二）制定职业道德规范贯彻核心价值观内容

制定职业道德修养条例不是出台一个空文件，也不是一个封闭的改造运动，而应该与由政治体制、经济模式、社会文化等相关因素构成的时代大背景紧密相连，并且要符合社会主义核心价值体系，充分体现社会主义核心价值观。媒体工作者要以身作则，按照新闻道德规范自觉地约束、限制自身行为，结合自律与他律，遵循社会主义核心价值观，更好地服务受众，服务社会，同时也是服务自身。政府应出台相应的法律法规、道德规范，彻底整治新闻行为中的违法乱纪现象，维护社会安定，促进社会在核心价值观的指导下健康发展。同时维护群众利益，鼓励并保护勇敢监督媒介失范行为的群体，发挥政府、媒体与公众监督的协同效应。

1. 规范条例紧随社会主义核心价值观内涵

新闻职业道德规范条例是在社会主义核心价值观指引下制定的，是服务大众的先进条例。规范条例应当首先表现为为人民服务，由此体现社会主义道德建设的核心和根本标志。其次，规范条例的建设要本着坚持爱国主义、集体主义、社会主义的基本道德原则，加强社会公德、职业道德、家庭美德的建设。引导大众坚持中国特色社会主义的共同理想、树立正确的人生观、世界观、价值观。同时，规范条例里不仅要有对失范现象的惩罚规定，还应该尝试出台相关规定，对拥有优秀新闻采编实例、采取积极新闻导向行为的从业者予以相应的奖励，以此提高公众舆论监督新闻失范的积极性。

2. 道德与法律共促新闻职业道德规范的建设

道德与法律的关系，一直以来都是一个颇具争议的话题。在当代中国法理学界中有一个通论，即道德是法律的基础，法律是最低限度的道德。在不同的地方，法律会以不同的形式表现出来，但是从本质上来说，法律都是大家共同赞成的、支持的并以强有力手段来维护的一种道德的最基本的表现形式。道德是法律的延伸，它填补了一些法律力所不及的缝隙，两者相辅相成，共同促进我国新闻事业的发展与进步。

（三）各媒体、各地方对采编行为的实施准则和道德规范条例

2013年11月6日，山西广播电视台刊发《关于遵守新闻纪律恪守职业道德的公开承诺》，承诺坚持党性原则，坚持"三贴近"，坚守媒体责任，恪守职业道德。2014年3月27日，中央九部门联合印发《中共中央宣传部等关于深入开展打击新闻敲诈和假新闻专项行动的通知》，根据通知精神，国家新闻出版广电总局在全国范围内开展了打击新闻敲诈和假新闻的专项行动。重庆市紧随其后，结合实际情况，在全国专项行动框架内，深入开展打击新闻敲诈和虚假新闻专项行动电话会议，强力打击新闻从业队伍中职业道德缺失、法律意识淡薄的人员。2014年4月28日，四川省新闻道德委员会在成都成立，这是一个加强新闻职业道德建设的自律机构，其设立了举报中心，接受社会各界对虚假报道、有偿新闻、新闻敲诈等方面的投诉并进行处理，在加强新闻机构和新闻从业人员职业道德建设方面发挥着重要作用。

总体来说，我国一部分地方媒体在民生新闻采编自律的道路上，已大致做到自觉维护社会主义核心价值观，坚持以人为本，贴近生活，加强自身约束能力。在社会主义核心价值观的指引下，越来越多的媒体也开始更多地关注社会物价、人民就业、环保等问题，自觉发挥"议程设置"的功能，引领正确的舆论导向，构建社会共识。

第三节 公民新闻与群众自媒体传播规范

一方面，信息技术和媒介技术不断发展更新，为公民参与新闻传播活动提供了必要的物质基础；另一方面，社会文明程度不断提高，公民意识不断觉醒，为公民新闻的产生提供了精神动力。在一系列重大社会事件中，公民新闻先于传统媒体发声，及时传递事件现场的第一手信息，让我们一次次见证了其强大的影响力。不仅如此，公民新闻改变了公民信息接受者的角色，颠覆了大众媒体信息传播的传统形式，对新闻的真实性、客观性发起挑战。公民新闻的蓬勃发展是否与群众自媒体的日益革新存在必然联系，二者在具体实践中又会遭遇何种困境，是本节欲探寻的议题。

一、社会主义核心价值观引领下的公民新闻

近年来，伴随着微博的快速兴起和公民记者的出现，公民新闻逐渐成为以美国为代表的西方新闻界的关注对象，较之美、韩的繁荣趋势，我国的公

民新闻也正在积极实践中不断发展。

(一) 追踪溯源：从民生新闻到公民新闻

1. 民生新闻与公民新闻的关系

回顾民生新闻的发展历程，我们可以发现民生新闻在报道内容、报道视角和价值取向方面孕育着"公民新闻"的一些因素。首先，公民新闻为民生新闻提供了有效的新闻资源，成为民意表达的重要平台和场所，是民生新闻报道的有效补充。其次，公民新闻积极开拓报道领域，揭露和批评传统媒体的弊端，发出不同的声音。公民新闻与传统民生新闻形成竞争状态，两者共同发展壮大、服务社会。

从发展阶段看，民生新闻已在国内获得广泛认同，公民新闻则代表了一种方向与趋势。一是公民新闻报道视角更加平等。民生新闻坚持百姓视角，平等对待受众，运用群众喜闻乐见的形式播报新闻，新闻叙述追求故事化和平民化。而公民新闻在报道视角上直接实现了某种形式的平等，受众掌握主动权，运用手机、DV、相机等各种渠道传递信息，充当记者，由信息的消费者变成了制作者。二是公民新闻表达平台更加宽广。民生新闻通过开通热线电话、互联网论坛等方式，让受众参与到节目中来，将自己的所思、所惑、所获表达出来。但由于这种平台受到资源和时间的限制，所以无法满足每个人表达意见的需求。随着互联网和网络技术的迅速发展，公民表达的平台越来越广阔，如新闻网站、网络论坛、社交网络都成为信息发布和表达意见的平台。三是公民新闻内容更加丰富贴切。民生新闻主要关注民生事件，但是由于采编精力有限、表达舞台的不足，最终呈现出来的内容是有限的、大众化的，公民新闻却恰好相反，其信息量远远超过传统媒体，更加具有个性化、地方化和服务化的特色。

公民新闻的兴起对民生新闻的可持续发展具有巨大的促进作用，它要求民生新闻更加开放、务实，加强与民众的交流、互动，提供公平交流的平台。传统的民生新闻机构和从业人员要倾听民众的呼声，反映民众的心声。目前，我国正处于转型时期，过分倡导公民新闻是不合适的，但是公民新闻的出现有一定的历史背景和必然趋势，也为民生新闻发展与转型提供了一种方向与可能。

2. 公民新闻的概念界定

范东升 2006 年 1 月发表《公民新闻的兴起与启示》一文，其中将"citizen journalism"翻译为公民新闻，这是国内首次出现公民新闻概念。

何为公民新闻？目前国内外学界对此尚无定论，但是众学者对公民新闻概念的核心要素认识一致。首先，公民新闻的主体是普通公民，尤指没有经过专业训练的一般民众。其次，就公民新闻的传播渠道而言，多借助微博、博客、播客等自媒体平台。故而，我们认为："公民新闻是指公民个体或群体（尤指非新闻从业人员）借助门户网站、非制度化的自媒体平台等传播渠道，积极主动地采集、制作、传播新闻或信息的社会活动。"

新媒体语境下，我国公民新闻的快速发展不但革新了新闻报道方式，而且大大拓展了民生类新闻的报道范围。

（二）个性显著：平民、开放、多样

公民新闻作为媒介技术不断革新、公民意识日益增强、社会民主逐步开放背景下的新兴产物，较之传统的新闻报道，显现出众多不同之处。

1. 传播主体的平民性

传播主体的平民性是自媒体时代公民新闻的显著特点之一。在"人人都是麦克风"的自媒体时代，公众化身传播主体积极参与新闻传播活动，实现了从受者到传者的转变。普通公民的话语空间不断扩大。这在某种程度上推动了公民新闻的发展，其影响也在一些重大事件中得以体现。如2017年九寨沟发生地震时，人们在第一时间通过微博、手机等即时通信工具对外传递灾区信息。此外，在2017年10月美国拉斯维加斯发生的枪击案事件中，当地的人们也纷纷利用推特（Twitter）、脸书（Facebook）对外报道枪击案的最新动向。

2. 传播内容的开放性

较之传统的新闻报道，公民新闻所传播的是自己感兴趣的、涉及公众利益的信息，甚至一些因某种原因主流媒体集体"失语"的重大新闻事件也会成为公民新闻报道的对象。

3. 传播载体的多样性

"媒介即讯息"是麦克卢汉媒介学说的三大论断之一。新闻传播的发展总是伴随着媒介技术的革新。公民新闻时代，微博、播客等自媒体工具以及专业化公民新闻网站成为重要传播载体。智能手机、照相机的流行为普通大众随时记录身边事件提供了可能。微博、播客等低门槛甚至无门槛平台为受众制作新闻、传递信息提供了便捷。因此有人说，公民新闻是自媒体时代互联网技术不断革新的产物。

（三）本土实践：民主自由与虚假泛滥并存

在我国新闻发展史上，我们可以发现一些公民新闻的萌芽思想，比如提出"全党办报、群众办报"的办报路线,提倡"人人都来写新闻"的办报理念。在互联网普及之前,我国传统媒体已经出现了一些具有公民新闻传播者要素和素养的通讯员、自由撰稿人、新闻报料者等群体。互联网时代,人们通过博客、微博、微信、网络论坛、社交媒体等平台进行信息交流,不再满足于仅仅参与讨论,不甘心做沉默的大众,主要参与新闻采集、制作和传播过程。"每个公民都可以成为记者"是公民新闻的核心理念。以此为基础,公民开始由信息接受者逐渐向信息制作者、发布者转变,其知情权也在不断扩大。公民新闻的开放性决定了公民选择信息的自由性,传播信息的主动性,由此其话语空间不断扩大。正是基于知情权、话语权的提升,公民新闻实现了公众舆论监督主体地位的回归,同时也实现了舆论监督公共性的回归。

任何新生事物的发展从来都不是一帆风顺的,公民新闻在推动社会快速发展的同时也给传媒环境带来了一些负面的影响。自媒体平台的低门槛、松管理,个人素养的参差不齐等特征,为虚假信息、"人肉搜索"提供了温床,不仅污染了自由、平等的网络空间,还在一定程度上侵犯了公民的隐私权。我国目前尚没有专门的公民新闻网站,公民新闻的发布平台也大多集中在一些新闻评论区、社区论坛以及博客上,这就对公民新闻管理造成了影响,一些网民甚至利用发布平台的缺陷发布不负责言论,散布虚假信息,制造网络谣言。而社会主义核心价值观的提出,无疑给公民新闻的健康发展指明了道路。诚实友善的价值理念约束了受众的传播行为,平等法治的社会理念塑造了和谐自由的传播环境,民主和谐的全局战略推动了相关制度的不断完善。在社会主义核心价值观的指引下,应建立有效的公民新闻报道机制,充分创造条件让每位公民都有机会参与到新闻事件的报道中来,切实维护公民言论表达自由权利。

二、群众自媒体的发展概说

当今社会,代表着互联网未来发展方向的自媒体,以其"民治民享"(by the people, for the people)①的特性在媒介传播中日益凸显,不仅挑战了传统媒体格局,扩大了普通民众的话语空间,而且其影响力也逐渐被大众所认可。

---

① "by the people, for the people"是吉尔莫 2004 年出版的专著 *We the Media*:*Grassroots Journalism by the people, for the people* 的副标题当中的提法。

（一）群众自媒体的定义

"自媒体"这一概念最早见于丹·吉尔莫 2003 年 1 月发表的文章《下一时代的新闻：自媒体来临》（"News for the Next Generation: Here Comes 'We Media'"）。同年 7 月，美国新闻协会的媒体中心出版了由谢因·波曼与克里斯·威理斯联合撰写的《自媒体：受众如何影响未来的新闻和信息》（"We Media: How Audiences are Shaping the Future of News and Information"），此报告指出"自媒体（We Media）是普通大众经由数字科技强化、与全球知识体系相连之后，一种开始理解普通大众如何提供与分享他们本身的事实、新闻的途径"（Shayne Bowman and Chris Willis, 2003: 7）。此观点得到了学界的普遍认可。因此，笔者在此概念的基础之上对群众自媒体这一概念进行了界定："群众自媒体是对'自媒体'的另一种诠释，它强调了自媒体的使用主体是一般大众，而非专业新闻工作者或新闻组织。"

（二）群众自媒体的主要形式

网络技术的不断革新给自媒体平台的发展带来了无尽的可能，博客、掘客、播客以其独有的特性满足了大众的新闻需求，这不仅挖掘了自媒体时代公民新闻的发展潜力，还进一步丰富了群众自媒体的形式与内容。

1. 网络日志：博客

博客是最常见且使用最广泛的一种群众自媒体形式。博客在 20 世纪 90 年代诞生于美国，2002 年推广到中国。博客（Blog 或 Weblog），又称为网络日志、部落格等，是一种以计算机网络为载体，方便快捷地发布个人心得，及时有效地与他人沟通交流，集丰富多彩的个性化展示于一体的综合性虚拟平台。其出现打破了传统新闻点对面的传播模式，实现了点对点、点对面传播方式的完美融合。

此外，博客传播以个人为主体，以相对清晰的身份定义面向他人，依托独立的个人主页空间展开交往互动，并借住链接和引用通告等技术特质建立文本关联和社区人际关系，这种同时具备大众传播、人际传播和群体传播性质的独特传播方式，必将深刻地改变网络空间的信息传播格局，给虚拟空间的社会交往带来深远影响。[①]

2. 随手拍：播客

播客是以音频和视频信息为主要内容，以 Web 2.0 技术为基础的一种

[①] 刘津：《博客传播》，北京：清华大学出版社，2008 年版，前言。

数字广播技术。网友自由选择收听方式和收听时间，自制节目上传网络，与他人分享。播客这种自主制作、定制的运营模式使"人人皆为（广播）播者"成为可能，在某种程度上也实现了广播制作、传播、接收的"任何时间、任何地方、任何内容"这一理想。目前，我国主要的播客网站有优酷网、播客中国、中国播客网等。

播客的独特在于，普通用户可根据自身兴趣、由下而上地发出民间的真实声音，使每个声音都有被倾听的权利。正因这种平民化、自主化的特色，播客得到了众多网民的热烈追捧。

3. 采编自主：掘客

掘客网站结合了书签、博客、RSS以及无等级的评论控制，实际上是一个文章投票、评论站点，其特点是没有专业的网站编辑，而是将编辑权下放给用户。用户可以随时上传文档，然后由阅读者评论上传资料是否有用，收藏的用户人数越多，说明该文档越热门。如果用户认为某个文档特别不错，就"dig"一下，当"dig"数达到一定数量，该文档就会出现在首页或者其他重要页面。因此，我们也把掘客类网站注册的用户称之为掘客（Digg）。全民供稿、集体编辑是掘客的核心理念。目前，我国较为流行的掘客类网站有至酷掘客、掘客网、一起掘客等。

（三）群众自媒体的发展现状

群众自媒体的快速发展、推陈出新，为普通公民提供了越来越多针对性极强的参与平台。博客、播客、掘客各有所长，特别是博客实现了点对点、点对面的交互性、自主性的个性对话，给予了受众更多的发声机会。群众自媒体能在整个网络中脱颖而出，与其突出的个性化风格、差异化的观点呈现、第一时间的现场消息、当事人或者目击者的独家讲述等特点是分不开的。

但自媒体报道也存在一定局限性，自媒体的低门槛降低了对使用主体媒介素养的要求，从而导致自媒体作品良莠不齐。这不仅加大了受众的阅读量，降低了公民新闻的公信力，还不利于自媒体的进一步发展和壮大。此外，把关人缺失，导致一些虚假信息、低俗信息横出。如2008年10月3日美国电视新闻网旗下网站iReport报道了关于苹果公司CEO乔布斯心脏病严重发作的新闻。此新闻一出，苹果公司的股价迅速暴跌9个百分点。这不仅严重影响了企业的正常运作，而且在一定程度上暴露出自媒体存在的不足。

三、自媒体时代下公民新闻发展的困境

近年来,自媒体技术的不断革新为我国公民新闻的进一步发展提供了有力的平台支持。但是在公民新闻的繁荣背后,一些失范现象不断产生,特别是突发事件中一些公民记者的自发报道出现了夸大其词、假新闻、煽动舆论等情况。

(一)自媒体时代下公民新闻失范的表现

我国公民新闻的发展尚处于起步阶段,种种优势不断显现的同时,其负面效应也逐步出现,一些报道之中充斥着谣言,公民新闻公信力受到质疑。网络暴力、新闻炒作不时涌现,更是给传媒环境的健康发展带来了一些负面效应。

1. 虚假信息层出不穷

真实性是困扰公民新闻发展的一个核心问题。虚假信息与公民新闻的发展相生相伴,公民由于自身条件有限,缺乏专业媒介素养,不受新闻职业道德约束,为网络谣言、虚假信息的滋生与传播提供了土壤。如"华南虎事件"中"挺虎派"和"打虎派"之间针锋相对,实际上就是对新闻真实性的争论。但出于博眼球的目的,此类假新闻层出不穷。2010年4月19日,一个名为"@虎小哈"的博主在其微博上发布了一篇关于一只搜救犬牺牲的消息,后在天涯论坛、新浪微博引起了相当大的关注,4月22日晚,中央电视台新闻频道又以《一只救了32条人命的搜救犬牺牲了》为标题进行了报道,并配有图片。但后来查明,此消息是假新闻,这样的事件确实发生过,但是发生时间是在2008年的汶川大地震灾后营救期间。这一个案暴露了公民记者的非专业性、草根性。此类虚假消息一般由公民爆出,然后个别媒体不加甄别地转载,从而破坏了整个新闻传播环境,大大削弱了新闻的公信力。

2. "人肉搜索"界限不明

"人肉搜索"是指以网络为平台,以网民为资源,逐步获取某个人或某些人的信息,然后整理分析这些信息,最后找出并确认这个人或这些人的信息的过程。[①]从某种层面上说,"人肉搜索"给予了每个网民充当"福尔摩斯"的机会,是一种极具中国特色的网络行为。不管是起初的陈自瑶事件,

---

① 陈晓航、李锦域:《试析互联网中的"人肉搜索"现象》,《重庆邮电大学学报》(社会科学版),2009年3月第21卷第2期,第35页。

还是后来的虐猫事件、华南虎事件，以至近几年的"表叔"事件、"房姐"事件，人肉搜索都以其特有的形式参与其中，网民也以调查记者的身份为事件的发展推波助澜，不断地挖掘、呈现事实。但是这种信息挖掘行为一直游走在网络暴力、侵犯他人隐私的边缘。在死亡博客事件中，死者姜某的丈夫王某就惨遭网民集体无意识的语言暴力，随着事件影响的不断扩大，网友不再满足于对王某及其第三者的谩骂，甚至在其家门口写出"逼死贤妻、血债血还"的大字，给当事人及其家庭带来极大的困扰。当道德谴责演变为倾诉宣泄，当舆论监督演变为网络暴力，我们不禁要思考"人肉搜索"的尺度何在？

3. 网络推手大行其道

网络推手是指借助网络媒介进行策划、实施并推广特定对象，使之产生影响力和知名度的个人，推广对象包括企业、品牌、事件以及个人。虽然网络推手在"我爸是李刚"事件、小悦悦事件中起到了积极作用，他们通过对相关事件的策划，引起社会大众对道德、人性的关注，进而推动社会的进步与和谐，但更多时候，网络推手与新闻炒作密不可分，这无疑揭露了网络推手为获取利益刻意制造新闻事件的丑恶面目。2011年3月发生的"跪行妈妈"事件就是如此。这类性质的网络推手现象是一种歪曲使用自媒体话语权的网络行为，以网民的身份炒作虚假信息，不仅严重损害了公民新闻的公信力，而且影响了公民新闻的健康发展。

(二) 自媒体时代下公民新闻失范的原因

普通大众为主体，自媒体平台为媒介是公民新闻最显著的特征，也正是由于这两方面的不尽完善造成了自媒体时代公民新闻失范的种种不良现象。

1. 媒介素养良莠不齐

媒介素养最早由美国媒介素养研究中心提出，即"人们面对各种信息时的选择能力、理解能力、质疑能力、评估能力、创造和生产能力以及思辨的反应能力"[1]。而公民新闻"每个人都能成为记者"的核心理念直接造成了公民记者媒介素养的良莠不齐。由于普通大众并未受过专业的新闻教育，有的甚至对新闻传播知之甚少，因此他们在报道事件、传递信息的时候基本上依靠个人兴趣，主观色彩浓重。另外，由于知识素养不够，他们在面对一些虚假信息时表现出较低的判断能力，这样就间接地加速了假新闻的传播。

---

[1] 邱沛篁、蒋晓丽：《媒介素养教育论集》，四川大学出版社，2004年版，第45页。

2. 把关人角色缺失

在大众传播时代，专业媒介组织对新闻信息的采集、制作并不是随心所欲的，而是必须遵循国家相关法规和行业内部的规章制度，然后再结合媒介组织自身的定位和立场，对新闻信息进行层层筛选，最后呈现给广大受众。这个反复过滤信息、挑选信息的过程就是传统媒体的把关过程。然而，公民新闻的制作和传播往往没有统一的标准，全凭作者自身的兴趣、态度、倾向。网络自媒体在给予普通大众更多话语空间的同时，其匿名性也使得个人在发布新闻信息时往往会忽略社会责任。而各大自媒体平台依靠用户自检确保传递信息的质量，并无把关人对其内容进行事先审查，这就给虚假信息的散布提供了便利。

3. 商业利益的侵蚀

一些公民新闻从业者在取得巨大成功的同时，也在探索如何实现盈利，构建公民新闻的良性循环。在利益的驱动和诱惑下，公民新闻失范现象层出不穷。某些公民新闻从业者甘当网络写手、职业策划人、网络推手，为各种商业活动提供营销和代言，甚至恶意炒作。在一些新闻热点事件中，部分公民新闻从业者为了一己私利制造虚假信息，传播谣言，增加曝光度，损害新闻的真实性、客观性。某些公民新闻从业者刻意迎合部分网民的低级需求，故意采集、制作和传播各种淫秽、色情、暴力、低俗的信息，污染了网络健康的生态环境，甚至触犯了法律。

4. 新闻法规不完善

目前，公民新闻的传播行为并非无法可依、无章可循。公民新闻传播中出现的问题都可以在现行法律中找到相关条款和规定，比如我国的《宪法》《民法通则》《互联网新闻信息服务管理规定》等。国家也相继出台了不少司法解释，对打击违法行为做了明确、细致的规定，但是这些法律法规比较松散、可操作性不强。公民新闻正在迅速发展，不断出现新情况、新问题，原有的法律法规建设并未跟上步伐。由此可见，我国在自媒体管理方面还存在漏洞和不完善之处，迫切需要专门和明确的法律法规，规范自媒体时代公民新闻传播行为。

四、群众自媒体传播规范的建构

博客、微博、播客作为当前主要的群众自媒体传播形态，其独有的媒介特性满足了受众信息传播的需求，扩大了普通大众的话语空间。然而，在信息传播方式不断更新，传播形态不断演进的同时，由于缺乏有力的引导与建构，群众自媒体潜在的多重负面问题也日益凸显。因此，建构科学合理的群众自媒体传播规范是促进其健康发展的核心议题。

（一）自身建构：自我完善，积极贯彻社会主义核心价值观

当前，人民群众通过积极践行"爱国、敬业、诚信、友善"的价值理念来提升媒介素养，实现自我完善，完成群众自媒体传播规范的建构，具体需要做到以下几点。

1. 严于律己：恪守自媒体传播的道德底线

微博、博客、播客是当下主流的群众自媒体传播形态，其开放性、交互性、实时性给予了普通大众前所未有的媒介体验，让"人人都是麦克风"的理念成为现实。但是较之传统的媒介传播生态，群众自媒体的传播环境更为复杂，各种非主流、非理性的观点言论充斥自媒体舆论场域，出现了网络暴力、网络炒作等道德失范行为。面对此种状况，受众必须坚持社会主义核心价值观的精神引导，提升自身的媒介素养和道德修养。在面对纷繁复杂的海量信息和前所未有的话语空间时，应牢记自己作为自媒体传播核心群体应肩负的社会责任与义务。"先发表、后过滤"的自媒体传播机制虽给予了公民记者更多自由，但并不意味着可以没有底线地肆意妄为。坚守道德底线，提升媒介素养是每个公民记者履行义务、享受权利的重要保障。

2. 提升自我：遏制谣言、传递真实

群众自媒体使普通大众可以通过个人完成信息的采集、加工与传播，被称为"全民 DIY"。互联网上的信息复杂多样，因此要求公民具有信息判断力，即能够鉴别不同来源的信息的可信性与可靠性，切勿误信谣言，被人利用，散布不实信息，扰乱舆论导向。此外，还要求公民增强使用信息的能力，可以根据具体环境，抓住事件关键细节，并对其中有价值的信息进行采集和再加工，即对信息具有去伪存真、去粗取精的能力。此过程不仅是个人过滤信息、传递真实的重要环节，而且还是社会公民践行"爱国、敬业、诚信、友善"这一社会核心价值理念的现实之举。

（二）媒介建构：严格把关，倡导健康文明的传播行为

新闻选择是"把关人"理论的核心内容，而公民新闻则强调普通大众的自采自写，无形中忽视了把关人的重要作用。因此建构群众自媒体传播规范，必须强化"把关人"的角色，明确自媒体传播规范，倡导健康文明的传播行为。

1. 明确自媒体传播规范

合理、明确的规章制度是群众自媒体得以健康发展的重要保障。如新浪网为加强对微博的规范化管理，在 2012 年出台《新浪微博社区管理规定（试行）》；各大门户网站也纷纷倡行"扫黄打非"活动。这些举措一定程度上缓解了自媒体的不良现状，但是与快速发展的现实环境相比，其相关标准和规范还需不断改进、完善。

2. 借助先进技术实现信息过滤

群众自媒体的发展正是得益于互联网技术的革新，因此对自媒体传播的规制也需要一定技术手段的支持：其一，使用信息过滤软件对色情、暴力等信息内容进行屏蔽。同时，还可设定默认程序对屡次发布传播色情、暴力信息的用户进行封号惩戒。其二，利用记录软件。自媒体平台可以运用此类软件对新闻的发布时间、内容、IP 等进行记录，一旦发现虚假信息可以通过相关记录找到发布传播者，从根本上保障信息的安全性和真实性，规避用户的不良行径，从而达到倡导健康文明的群众自媒体传播行为的现实目的。

（三）政府建构：政策支持，营造和谐民主的传播环境

政府强有力的支持是建构群众自媒体规范的关键举措，具体需要相关部门做到以下几点。

1. 加强信息公开，构筑畅通的传播渠道

政府及时公开信息可以有效地改善群众自媒体平台上的虚假信息状况，特别是在重大突发性新闻事件中，大众媒体更应及时向社会公众通报事件最新进展，尽可能做到公开、透明、翔实，为实现群众与政府的有效沟通奠定事实基础。"流言止于公开，谣言止于透明"，加大信息公开力度，完善新闻发布机制，不仅可以避免政府和主流媒体报道滞后导致的被动局面，而且有助于自媒体平台上信息的进一步净化，实现信息传播的上通下达，构筑畅通的群众自媒体传播渠道。

2. 完善法制建设，营造和谐的传播环境

近年来，我国政府先后出台《中华人民共和国互联网管理条例》《互联网新闻信息服务管理规定》《互联网信息服务管理办法》《互联网上网服务营业场所管理条例》《加强微博客管理实施意见》等一系列法规，约束互联网站和网民的行为，但实际效果并不理想，虚假信息依旧"大行其道"。究其主要原因是没有对失范行为进行严格、明确的责任划分和有效的法律制裁。法律的强制力不容置疑，只有将相关规范、规定上升到法律层面，才能切实有效地对群众自媒体的传播行为进行约束，从而为营造和谐民主的群众自媒

体传播环境提供法律依据。

  总之，当群众自媒体、公民新闻的发展遇到波折和障碍时，蜂拥而上的捧贬是不可取的，一刀切的盖棺定论亦不可行。应该在迥然不同的社会背景下冷静观察、思考、辨别，以正确的心态对待其发展，在扬其利的前提下，尽量地弃其弊，使其更好地为践行社会核心价值观服务，为人民大众服务，为我国的传播事业服务。

第十章　社会主义核心价值观引领民生新闻发展的效果研究

在核心价值观的不断宣传与发展过程中,民生新闻所受到的影响是不容忽视的,当然,前文已经详细论证过,核心价值观与民生新闻其实是一个互相依赖、互相促进的关系,但是,不得不承认的是,核心价值观对民生新闻的发展起到了非常重要的导向作用。既然核心价值观对民生新闻的发展有着重大的引导作用,我们又如何来证明这种影响是真实存在的呢,或者说,这种影响的蛛丝马迹又可以具体表现在哪些方面呢?这就是本章所要解决的问题,通过民生新闻发展已有的表象对其进行效果性的研究,从而探求核心价值观对民生新闻的发展产生了哪些实质性的影响,今后民生新闻的发展又该从这些影响和变化中借鉴哪些经验,以期获得更好的发展。

第一节　受众对时政新闻民生化的接受状况

在我们国家的新闻行业中,关注民生、体察民生并不是一个新近诞生的词语,纵观近几年的新闻宣传改革,无论是"三贴近"还是"走转改",都较为明确地强调了关注当下社会,体察百姓生活的内涵。那么,我们今天所要探讨的"核心价值观与民生新闻"更是明确地将我们国家的重大方针政策与新闻发展结合在一起,并实施了相关的新闻报道改革。由此可见,我们当前的新闻改革其实是一个一脉相承的体系,虽然它们有各自的标语和宣传语,但是它们的内核是不变的。无论是哪一个时期的新闻改革,都对"民生"给予了极大的关注,比如说"三贴近",最终还是要贴近百姓生活,而"走转改"的目的则更加明确,"走基层、转作风、改文风",与普通百姓息息相关,因此,新闻行业关注"民生"绝对是一门必修课。那么,在这样的发展背景下,不仅民生新闻本身发生了较大的变化,甚至其他相关的报道领域也有了类似的转机，比如说时政新闻的民生化。

一、时政新闻民生化的发展趋势

时政新闻民生化并不是一个新近出现的概念，虽然按照发展的时间顺序来看，时政新闻比民生新闻出现的阶段要早很多，关注的内容也广泛得多，但是，民生新闻的出现却着实引发了一段热潮，也为新闻领域的发展注入了一股全新的力量。在我们国家的政治、经济、文化建设逐步走上正轨之后，无论是政府层面还是媒体层面都把关注点从宏观层面转移到了微观层面，一些重大的问题需要考虑，但是同时百姓的生活也需要深入了解与关注，因此，时政新闻与民生新闻便结合在一起。

（一）时政新闻民生化的内涵解析

时政新闻民生化究竟是怎样的一个概念，在这一对词组中，时政新闻和民生新闻是怎样的一种相互关系，而对于民生化我们又应当做出何种解释呢？查阅相关的文献资料我们发现时政新闻民生化是一个被提及频率较高的概念，那么，时政新闻民生化中的主体到底是谁，是时政新闻吸纳民生元素，还是民生新闻借鉴时政，理清这一主被动关系是帮助我们更好地理解这一现象的关键。

时政新闻简单来说，就是对党和政府机关、领导层的一些会议、活动、讲话，包括做出的决定，出台的文件、政策等的新闻报道。[①] 从字面意思来看就是时事与政治的结合。与其他类型的新闻报道一样，时政新闻也有着属于自己的特色，但这同时也是制约其更好地发展的短板。例如，时政新闻无论从内容还是形式上始终都保持着严肃、一板一眼的形象，这确实可以有效地传达出政治的威严与严谨，但是从观众的角度来看，这种较为刻板、单一的方式未免过于单调。时政新闻常常变成照本宣科地朗读会议纪要以及会议章程，侧重于对整个会议的内容以及参会人士做出详尽的介绍。事实上，观众可能会对会议感兴趣，但是在这当中铺陈太多的细节是没有意义的，反而会导致受众的审美疲劳与反感。因此，传统的时政新闻确实应当实施适当的改革，从内容到形式都做出一定的改变，这对于民生新闻发挥自己的作用、更好地为受众服务有着重要的意义。

而反观民生新闻，它身上恰恰有着时政新闻所欠缺的亲和力与接地气，所以这也是时政新闻要走民生化道路的重要原因，由此，我们也逐渐明确了

---

① 刘添：《对电视时政新闻民生视角的几点思考》，《视听》，2010年第5期，第18页。

时政新闻民生化这一词组中的相互关系。时政新闻民生化的主体必然是时政新闻本身,它是需要改变自己的主动方,民生化是其对民生新闻报道内容以及形式进行学习和靠近的一个过程,时政的本质和内核是不变的,但是其在表现形式上肯定要有一个明显的改观,而这些变化的源头就是民生新闻。

(二)时政新闻民生化的意义所在

时政新闻民生化是一个长期的过程,这当中还要付出很多的努力与汗水。虽然其还处于发展阶段,但是时政新闻民生化实践,无论是在改善时政新闻的传播效果方面还是在弘扬民生新闻理念方面,都有着其特殊的价值。

首先,时政新闻民生化为自身发展开辟了新的天地。坦白说,如果时政新闻还按照一贯的一板一眼的方式发展下去,在未来也是要被迫改革的,因为时至今日,受众已经对各种信息填塞式的节目产生了厌倦。这也是很多传统节目的共有问题,它们几乎都把受众当成等待填满的信箱,是毫无意识的群体,但事实上受众是活跃的接受群体,他们对于很多节目内容都有自己的思考。因此,时政新闻民生化的主要意义就是为时政新闻更好的发展提供了有力的支撑,在内容及形式上都有了全新的改观。

其次,时政新闻民生化体现了对受众的人文关怀。民生的一个突出特点就是关注百姓本身,民生新闻不仅要报道与百姓有关的事件,同时也会将很多看似与之没有直接联系的事件进行关联性的分析,用合理的思维对其进行阐释。在时政新闻领域,这是必不可少的,因为"时政"看起来是遥不可及的"大事",但其实与百姓生活息息相关,至于如何联系起来,这就是考验创作者思想能力的时候了,因为任何新闻的切入点都是多层次、多角度的。时政新闻民生化从根本上体现了新闻从业者对受众的人文关怀,一改以往高高在上的宣读文件的姿态,转为颇具亲和力的互动交流,这是获得受众青睐的重要因素。

最后,时政新闻民生化是时政新闻在全媒体背景下进行转型的试水之举。全媒体不仅代表着传播方式的改变,同时也是传播理念的变革,受众不再是单一的接受者,同时也是活跃的传播者,这是全媒体背景下的一个重要转变。而时政新闻吸收了民生新闻的理念之后,不仅内容报道上有了很大改观,而且也在传播互动形式上有了一定的进步,在进行报道的同时,在内容当中加入了一定量的实地采访,让受众表达他们的真实想法,并在线上线下增加了多种形式的互动,这为其将来的媒体转型之路打下了一定的基础。

二、受众对时政新闻民生化的认识

大众传播的最终对象还是受众,受众对一项传播活动的认知和评价可以说关系着整个传播的成败,从媒体从业者的角度来看,他们改革的目的必然是更好地达到传播效果,但是,受众所持有的立场和观看的目标未必和创作者完全一致。那么,这个看起来圆满的革新计划在受众眼中究竟是怎样的呢?这就是我们进行效果研究的意义所在,通过实际分析受众在接触到相关的媒介宣传之后的各种表现,对整个改革方案进行一个较为全面的感知与评估。

(一)受众对时政新闻内容民生化的态度

在前面我们分析过,时政新闻民生化的一个重要途径就是内容选取的民生化,在这一领域中,受众的感受应该是十分明确的,单一的会议新闻报道逐渐减少,取而代之的是与民生相关的事件与视角,受众自然觉得媒体离自己更近了。在寻找具体案例的过程中,我们发现了这样的现象,以民生视角进行解读与分析的时政新闻必定是具有多层次性的,其本身就包含了非常丰富的内容,而且是较容易与民生话题进行契合的。据笔者调查,虽然大部分民众收看电视民生新闻的主要目的在于获取生活资讯与休闲娱乐,但部分民众还有着了解时事动态的迫切需求。他们既希望了解国家大事、国际大事,还希望能够从民生新闻中了解到更多与自己利益直接相关的地方时政。民众对于时政的关注,为时政新闻的民生化发展提供了现实土壤与发展契机。

时政新闻是最不缺报道素材的,尤其是我们中国——世界上最大的发展中国家,拥有最大的人口规模,正进入全面深化改革的重要时期,改革中遇到的种种问题、矛盾,都可以成为时政新闻的报道对象。但是,现在要从民生新闻的视角出发来对其进行解读,恐怕这并不是一个简单的转型。因为在传统的时政新闻领域当中,更多的是简单的信息传递,而现在要加入民生视角的话必然要投入更多的解读与分析,还要将其与百姓生活进行关联性的阐释,这都预示着比以往更大的工作量。因此,在内容的改革上,信息的筛选与解读都是非常重要的一关,最明显的例子莫过于,曾经的时政新闻关注的都是"世界要闻"与"国家大事",而如今的时政新闻则需要把这些"要闻"中与民生有关的、与普通老百姓生活挂钩的筛选出来,对其进行重点解读,以便普通受众能够从中找寻到对自己生活有影响的内容。

在这当中,最为典型的案例就是每年两会期间的报道。两会肯定是时政新闻重点关注的新闻点。从严格的意义上来说,两会是典型的政治盛会,如

第十章 社会主义核心价值观引领民生新闻发展的效果研究

果按照传统的思维对其进行报道的话，报纸和荧屏充斥的几乎全是会议议程以及领导讲话，但是我们发现近几年的两会报道有了明显的变化。近年的两会报道依然有传统的会议内容报道，但不同的是媒体拿出了更多的时间和精力对两会当中与民生相关的内容进行了解读与呈现，在对代表们的采访中也开始询问更多与民生相关的问题。当然，这里值得一提的规律是，国家是一个共同发展的整体，在国家安定繁盛之时关注民生自然就成为各行各业开展工作的重中之重，如果是在国家成立之初，各项会议讨论的内容肯定都是关于国家安全事务、工业生产以及经济建设等方面的话题。因此，两会作为一个重要的风向标也向我们证实了走民生化道路的重要性和正确性。

以新华网对2014年两会的报道为例，首先，该网站做了两会报道的专题网页。其次，在报道内容中以较大的篇幅强调了民生在此次会议当中被提及的频率，网页在版面的核心位置安放了"聚焦"版块，这当中就有《"以百姓之心为心"——李克强总理会见中外记者》的报道（如图10-1所示）。在整个网页当中，新华网还将会议所涉及的重点进行了分门别类的排列，并以生动的图标进行了展示，在这有限的版面空间当中，我们可以看到"民生"多次出现（如图10-2所示）。在第二幅截图当中我们看到，新华网将会议当中被多次提及的重点问题进行了展示，而在这当中大部分内容都与民生有关。例如，"房价——统筹做好保障和改善民生工作""三农——三农问题是全部工作的重中之重""民生——保障和改善民生促进社会主义公平正义""就业——就业是民生之本""教育——加强教育、卫生、文化等社会建设"等。在这简短的几个表格中，"民生"占据了主体，这极大地体现了时政新闻在走民生化道路中所作出的努力。

图10-1　新华网2014年两会报道首页截图

图 10-2　新华网 2014 年两会报道分栏主题截图

那么，对于这样明显的转型，受众又是怎样的看法呢？我们在网页下面的互动留言中看到了不少网友的留言，这些民生话题很成功地吸引了他们的注意，在关注自己生活的变化的同时，他们也"顺带"地关心起了国家大事，可谓一次一举多得的改变。虽然网友不能够代表我们国家最广大的受众群体，但他们的言论与意见也是有典型性的，至少我们看到他们对于这样具有亲和力的报道是认可的，而且还从中感受到国家和政府对普通百姓的关爱。

（二）受众对时政新闻形式民生化的态度

在上面的内容中我们调查并分析了受众对时政新闻内容民生化的认可程度，并结合相关的案例展开了分析。这种时政内容上的民生化不仅具有亲和力，还给受众带来了当家做主、成为国家主人翁的自豪感，接下来我们将就时政新闻形式民生化的相关内容展开分析。时政新闻形式民生化，这里主要包含两方面的内容：一是时政新闻表述方式的民生化，二是时政新闻制作环节的民生化。

在具体的新闻报道方面，根据我们的日常生活经验可以总结出每一类新闻在语言运用方面的显著特点。就拿时政新闻来说，由于它所关注的大都是会议政策方面的内容，所以报道的一贯风格都是严谨、简练的，但同时也少了很多人情味；民生新闻关注的内容与普通受众的生活关联度较高，所以在用词方面一般挑选的都是较为生活化的、能够引起受众共鸣的词语；至于娱乐新闻等，我们从其夸张的噱头和词汇堆砌方面都可以轻松地对其进行辨别。根据笔者对受众的深度访谈，实际上他们并不排斥时政新闻，相反，他们很想了解时政方面的内容，但他们对当前播出的时政新闻的评价多是"空

第十章　社会主义核心价值观引领民生新闻发展的效果研究

洞、乏味、单调、冗长、枯燥"，他们真正想收看的时政新闻是"实在、接地气、有实质内容"的，在形式上是更为生活化、活泼的。而民生新闻亲民的、聊天式的播报方式，往往是吸引他们观看的重要因素，如果时政新闻形式更加新颖，报道的是身边事，更具有服务性和指导性，他们也愿意收看。

在时政新闻民生化的过程中，表述方式的变化是必须要提及的。我们在学术网站一搜，立刻就会有大量关于在这一议题的文章涌现出来。因此，时政新闻在语言表达上的变化非常明显。就拿央视的《新闻联播》来说，其改革不仅从主持人年龄以及外形上入手，更对它们的语言有了新的要求，最有影响力的莫过于 2014 年 1 月 1 日《新闻联播》在结束时所采用的大胆突破形式，在观众当中引起了非常大的反响，好评如潮。"新浪网"有一篇博客对当天的节目形式以及观众的反应都有相应的记录：画面播放了一组温馨和谐的日出画面，同时，播音员康辉轻松地总结道："人们说 2013 就是爱你一生，2014 是爱你一世，《新闻联播》和你一起，传承一生一世的爱和正能量！"同时博客当中也记录了观众对此的反应："《新闻联播》居然酱紫结尾，实在是太有爱了。"还有网友称新闻联播"越来越有人文气息了"，"更高端大气上档次了"。[①]

从上面的记录中我们可以明确地感知到观众对于这种语言方式的改变持赞许的态度，而且还伴随着惊喜与不可思议的情绪，这也从侧面反映了时政新闻长期以来在观众当中形成的印象是多么刻板。此外，新闻联播在后面的节目中还采取了多种互动手段，在节目结束时还会宣传自己的微博账户，让观众能够在多媒体平台上随时获得最新消息，同时也加强了节目组与观众的互动，走进普通观众当中。

除去语言运用方面的变化，时政新闻在节目素材摄录方面也有自己的一套，近期影响最大的莫过于对街头采访的运用，而一句"你幸福吗"霎时间也是红遍了大街小巷。央视的街头采访其实并不少见，很多时政新闻当中都会穿插一些对普通观众的采访片段，被采访者可以说一些对于当前的某些政策实施的意见与建议。长期以来，一些时政新闻的随机采访被质疑是"摆拍的随机"，因为被采访者说的很多话语都是官方的、像排练过的一样。而"你幸福吗"的采访不仅在提问上有了巨大的改变，节目组对于被采访者的回答也几乎是全盘呈现，没有经过刻意的剪辑与筛选。首先，这一提问方式在采访上就是一个重大突破，可以说是央视在关注民生方面做出的最贴心的

---

① 三峡在线：《〈新闻联播〉结束语卖萌有亲和力"接地气"》，新浪博客，2014 年 1 月 3 日。

一次举动。其次，观众的回答也被大方地按照原样搬上屏幕，这绝对是不常见的，比如说很多答非所问的恶搞式的语言也能够被播出，这在过去是绝对不可能的。最出名的当然是一个中年男子被问到"你幸福吗"的时候，他竟然回答"我姓曾"，按照常理，这一次采访基本算是失败的，可出人意料的是它竟然被播出了，而且瞬间就受到了极大的关注。

对于"我姓曾"这样的回答，其实背后是有很多隐含意义的，被采访者并不是没有听清记者的提问，他是故意回避了原本的问题，而采用了这样搞怪的回答，这当中或许反映出，他对于这个问题没有太大的好感。而街头采访就是为了得知普通百姓的心声，所以，这一段并不成功的采访被播出，反而体现了媒体的气节与磊落，也是央视在时政新闻民生化的道路上一次有趣的尝试，同时也改变了其在观众当中的固有形象，是一次成功的尝试。

三、时政新闻民生化所面临的问题

时政新闻民生化是一个层层递进的过程，也是一个较为艰难的推进过程，因为时政新闻本身的特质就是官方性的、严肃的，现在突然要其向接地气、平民化的方向转变，这当中肯定是有阻碍的，而且这种转变还不能是表面化的，应当是一种由内而外的气质变化。从我们目前搜集的信息来看，时政新闻民生化存在的问题不仅应当从其自身出发来考量，而且也要从受众的角度来进行分析，新闻传播的最终目的还是让受众满意。因此，时政新闻民生化在发现问题、解决问题方面也要尝试站在受众的角度进行思考。

（一）警惕泛民生化现象

时政新闻民生化确实是一个较为彻底的变革，牵涉的范围也相对较广，因此，整个新闻系统当中对这一项工作还是给予了较大的期望，从我们前面提到的央视新闻改革就可以看出其决心与行动力。在这样的政策支持下，确实可以在很大程度上加快其民生化进程，但同时也带来了相应的问题，在这样的大力倡导之下，某些新闻报道有着泛民生化的趋势。因此，从时政新闻自身发展的角度来说，为了确保其原有的特质，在向民生化发展的道路上应当有所选择，坚定立场。

我们前面在分析时政新闻内容民生化的时候就提到过，时政新闻的民生化并不是全盘变为民生新闻，而是在传统的时政新闻报道当中加入民生新闻的元素，在整体上给受众以全新的体验。因此，很多可以从民生角度进行剖析的新闻，其本身就是兼具时政与民生的特质的，比如说教育政策的改革、单独二胎政策的出台、房价调控、医保改革等，这些政策的变化与人民日常生活息息相关，从生到活再到养，哪一项不是普通百姓关注的内容呢？所以，这些内容是具有天然的改造优势的，但是我们同时也要承认，有一部分新闻内容是不适宜做民生化解读的，在这种情形下，我们就应当让其以本来的面貌和特质出现在观众面前，而不是生搬硬套地对其进行民生化的改造，最终变得两边都不搭，以一种奇怪的形式被传播出去。这种失败的改变不仅对新闻分类产生了负面影响，更重要的是它给时政新闻民生化的进程带来了阻碍，不利于该项工作的整体推进。

因此，在民生化的过程中，切记要因时、因地制宜，将时政和民生和谐地融会在一起，而不是为了民生而民生，给观者造成接受上的困难。并且，这也给媒体从业员的工作带来了不利影响，因为他们不能够以惯有的新闻思维去做新闻，而是要以"民生为主"，然后才是正常的新闻思维，这其实是非常不利于时政新闻的发展的，所以我们要对泛民生化的现象给予重视，并应当尽量避免出现这种现象。

（二）兼顾可看性与实用性

新闻是有类别的，其下分为时政新闻、民生新闻、社会新闻、娱乐新闻等，主要目的还是满足不同受众的阅读需求，因此，时政新闻即使走了民生化的道路，也应当在信息传递上坚持向自己的领域靠近。时政新闻民生化的目的主要有两个：一个是为了更好地与我们国家关注民生、体察民情的大方向贴近；另一个则是为了推进时政新闻更好发展，以民生的视角对时政新闻进行报道与解读，极大地开拓了时政新闻的发展空间，增加了亲和力。当然，在民生化的过程中，时政新闻也应当注意兼顾可看性与实用性，经历了民生化的改革之后，时政新闻确实在可看性上有了很大的提升，那么在实用性上是否又真的有所改善呢？这是时政新闻在今后的发展过程中应当注重的一组相互关系。因为在受众眼中，民生化后的时政新闻似乎失去了自己的特色，与民生新闻、社会新闻的界限也越来越模糊。

一直以来，时政新闻在信息传递上都有着得天独厚的优势，因为时政消息确实是一座等待开采的富矿，其他领域新闻的报道都要付出很多努力，才能获得自己领域的新闻线索，而时政新闻在这方面却要轻松得多。时政新闻在采用民生视角之后，对于普通大众来说确实极大地提升了可看性，但是这时候又出现了新的问题：迫切地与民生新闻结合之后，时政新闻的实用性有没有相应的提升呢？关注民生并不是字面意思上的将百姓生活呈现出来就可以，其内部还有很丰富的内容，包括如何艺术地报道民生，不将民生等同于低俗琐碎，如何更好地为百姓解决实质性的问题等，那么，时政新闻在与民生新闻结合时必然也要考虑类似的问题。与传统的民生新闻相比，时政新闻必定是更接近决策层的，而且其报道的内容也更加容易被管理者注意到。因此，时政新闻应当有效地利用自己的这一优势，将百姓生活当中所遇到的亟待解决的问题呈现出来，让整个社会更加广泛地关注到这些问题，甚至推动解决方案的出台。

正如前文所说，时政新闻利用自己的定位优势报道问题，并呈现解决方案，是其注重实用性的一个方面。时政新闻在长期的报道实践中已经培养了一批具有专业素养的、优秀的媒体人，他们在发现话题、挖掘素材以及深度分析方面具有很强的能力。那么，在以民生视角展开报道时是否也可以借助已有的新闻经验进行深入的、专业的分析呢？一直以来民生新闻的报道都是干瘪的事实呈现，或者是乏味的噱头宣传，只有少部分媒体能够以专业主义精神来对其进行剖析。因此，这种专业化的报道是民生新闻行业一直以来都缺乏的，现在时政新闻能够带着自己的优秀班底加入到这一行列中来，对双方的发展都是有好处的。

时政新闻民生化一直处于不断摸索之中，现在看来，这种尝试必然是有益的，但是要达到真正的成功还需克服较多的困难，所面临的难题也不止上面所提及的两点，这都是时政新闻在将来的发展中要做好思想准备去克服的。

（三）避免故事化与煽情化

时政新闻民生化主要表现在内容和形式上的转变，其原则就是在坚持时政新闻本质特点的同时在这两个方面进行相应的重塑。在这种情形下，新的问题也就随之产生了，作为信息接受一方的受众必然会觉得这种报道方式是故事化的、感情化的，在某种程度上失去了新闻的专业性。我们都知道，新闻报道的特点就是要以客观、中立的态度对事实进行呈现，尤其是对于时政新闻这一领域来说，惯常的风格都是非常严肃、严谨的，在采取了民生化的报道方式以后，不少受众都对其内容表达上的故事化和煽情化产生了质疑。

由此我们产生疑问：时政新闻民生化是不是必须要采用"故事化"与"煽情化"的报道风格？从根本上来说，这是由民生新闻的特质决定的，因为民生新闻在报道的题材与方式上都采用了一种极具亲和力的方式，这就导致其报道当中必定要融汇非常多的百姓情怀与平民故事，而时政新闻要走类似的报道路子，必然会受到影响。那么，问题的关键就在于此，时政新闻在进行民生化改革的时候确实可以有选择性地添加此类元素，但是一定要注意其所占比重与产生的影响。就眼下的情况来看，既然受众已经对时政新闻当中出现的故事化、感情化现象产生了质疑，这就说明媒体应当对这一情形加以重视，在借鉴的同时更应当把握好度，否则又何谈"民生化"一说。

所以，无论是从时政新闻自身发展的角度出发，还是从受众的满意度出发，时政新闻民生化一定要注意对情感与艺术性手法的运用，这样才能做到真正意义上的有益融合。

第二节 受众对公共新闻沟通平台构建的评价

纵观全书，我们此次研究的主要对象是社会主义核心价值观与民生新闻，当然，在正式进入研究之前，我们必须要弄清楚核心价值观的内涵、作用以及民生新闻的概念和特点。在整个研究过程中我们都需要明确一点，那就是本书研究的重点在于梳理清楚两者之间的关系，而不是简单地搞清楚它们的内涵就算完结。那么，为什么在这一节当中我们却谈到了公共新闻这一名词，并且还要对其在构建新闻沟通平台方面所取得的实践成果进行测评研究呢？在接下来的内容当中，我们将就其与本书的关系进行梳理，并对已经取得的成果展开分析。

一、公共新闻平台构建的现状及意义分析

与民生新闻相比，公共新闻在沟通平台的建构上有着明显的优势，这主要是由于这二者坚持的理念有所不同。与民生新闻相比，公共新闻的理念更加先进与科学，并且从目前的发展情况来看，公共新闻更加符合新闻传播的发展趋势。当然，在我国有不少学者持有这一观点，因此也有了"民生新闻公共化"这一说法。那么，民生新闻与公共新闻究竟是怎样的一种关系呢？接下来我们将对二者之间的区别与联系进行一个概述，并阐释我们在此次研究当中要涉及公共新闻的原因。

（一）民生新闻与公共新闻之关系阐释

民生新闻是我们国家新闻体系在不断地发展与探索过程中所产生的一种新闻类别。当然，对于民生新闻的理解也是多种多样的，有价值取向说、新闻体裁说以及新闻类别说，因为发展至今，民生新闻并没有一个完全定性的概念，而且本身也在以流动的状态不断地变化与发展，所以，现有的很多关于民生新闻的学说都是描述性质的。而公共新闻是一个不折不扣的舶来品，是由美国新闻界在 20 世纪 90 年代所提出的新闻理念，在 21 世纪初被蔡雯

等学者翻译引入我国，对公共新闻的内涵和特点进行了介绍，对其所坚持的原则进行了介绍。在这一方面蔡雯本人也有多篇具代表性的文章。比如在2004年发表在学术期刊《国际新闻界》的《公共新闻：发展中的理论与探索中的实践——探析美国公共新闻及其研究》①，同年《新闻战线》也发表了题为《美国新闻界关于公共新闻的实践与争论》②的文章，这也成为我们国家早期接触和学习公共新闻的重要参考资料。

民生新闻植根于我们国家的传统新闻土壤之中，因此它的很多理念与之前已有的提法基本一致，所以民生新闻在本质上还是以播报和通知为主要形式的。虽然我们国家的新闻传播理念在后来的发展过程中有了很大的改变，开始逐渐抛弃一贯的生硬面孔，但是在互动交流、改变传播姿态方面确实还比较欠缺。所以，民生新闻本身还是在以传统的新闻理念运行，只是在关注的领域以及细节方面有所改进，着重于呈现百姓生活以及他们所遇到的问题，在解决问题以及反映"民声"方面和公共新闻还有较大差距。而公共新闻与民生新闻的差异正是在反映在"民声"上，鉴于其本身的定位特性，它所关注的领域与民生新闻是基本相似的，但是在具体的操作层面有着很大的差异。

公共新闻对普通大众社会生活的呈现只是一个铺垫，目的是在后面的节目中更好地展开话题，进行深入的交流，了解大众的真实想法，通过这一有效的交流达到最终解决问题的目的。正如蔡雯在文中所提到的，《维吉利亚导报》的编辑们在一次研讨会上说，他们是通过在编辑部中改变新闻文化来做公共新闻的，并且这样总结：第一，让新闻报道揭示出公众带给这些新闻事件的价值，而不是仅仅向公众描述冲突；第二，普通公众对事件的认识与专家们对事件的认识是同样有价值的，应该同等看待；第三，在报道谁、什么事、为什么、什么时间和在哪里的同时，要力图向公众解释这个新闻事实为什么值得他们去关注；第四，记者应该着力挖掘关于人们是如何解决问题的相关事实，并尽可能提供建议，这样新闻媒介才有可能帮助社会公众参与到公共生活中去。③ 这段话向我们清晰地解释了公共新闻的理念与目标，并且让我们对大众在公共新闻中所处的重要地位有了明确的认知。

---

① 蔡雯：《公共新闻：发展中的理论与探索中的实践——探析美国公共新闻及其研究》，《国际新闻界》，2004年第1期，第30~34页。

② 蔡雯：《美国新闻界关于公共新闻的实践与争论》，《新闻战线》，2004年第4期，第78~80页。

③ 蔡雯：《公共新闻：发展中的理论与探索中的实践——探析美国公共新闻及其研究》，《国际新闻界》，2004年第1期，第30~34页。

可以说，民生新闻还是将自己放在主导地位，向受众传递信息，而公共新闻则是将受众作为整个新闻活动的核心，围绕他们的心理需求进行报道，同时强调受众在事件发展进程中所起到的重要作用，在整个传播活动中二者的地位是完全平等的，甚至是媒体在为大众服务，围着自己的报道对象转。抓住这一点应该是我们理解公共新闻的重要线索，也是我们在后期的研究当中所要遵循的根基，更是我们了解其构建沟通平台原理的重要背景。

（二）公共新闻在我国的发展现状

公共新闻萌芽于国外，被引入我国之后，本身也产生了一定的变化，不断与本土国情相结合。事实上，公共新闻在中国的发展和在国外是有较大差异的。

前面我们曾提到"民生新闻公共化"这一说法，也就是说我们国家的民生新闻其实是在发展中不断借鉴公共新闻的优点，将其因地制宜地融合到自己的创作过程中，才会逐渐具有公共新闻的特质。因为民生新闻诞生于本土，而公共新闻萌芽在国外，所以抛开细节上的差异，二者很有可能是同一个概念，只是由于国情的不同而拥有了各自的特色。这也导致了公共新闻的概念初到我国的时候引起了多方的讨论，有的学者认为它与民生新闻有着本质的差异，有的学者则认为它就是民生新闻，只不过是进化到更高一个阶段的民生新闻。其实结论很明显，无论它们是不是同一个事物，它们之间所具有的共性是无法掩藏的。此外，公共新闻比民生新闻更民主、更尊重受众、更能够取得实际的效应，它确实比民生新闻发展得更科学，也更符合当今的互动传播理念，所以，无论怎样，民生新闻是要向公共新闻学习的。那么既然这样，我们争论民生新闻是具有公共新闻特质还是变成公共新闻又有什么意义呢？总之，使民生新闻取得更好的发展是学术界和业界不断探索与追求的最终目标。

民生新闻向公共新闻学习和靠近不仅是其自身发展进步的需要，也是我们国家和社会所呼唤的精神。仔细研读社会主义核心价值观的内容，将其放在对民生新闻的要求上其实就是公共新闻现在已经具备的某些理念。核心价值观本身就体现了对民生、民情的高度关注，这也是其能够与民生新闻发展相契合的地方，而民生新闻要在核心价值观的指导下不断发展与完善，必然要与公共新闻接轨，学习它以人为本、关注人本的创作理念。公共新闻这种注重大众心声、致力于打造沟通平台，体察百姓生活并且尝试解决实质问题、改善百姓生活的作风恰恰是民生新闻要追求的最终目的，同时也与社会主义核心价值观对民生新闻的发展要求相契合。长期以来，公共新闻在我们国家的发展还处于探索、实验阶段。那么,在如此丰富多样的媒介环境中,到底哪一类媒体、哪一档栏目或者节目可以算作是严格意义上的公共新闻呢?因为我们国家的报纸、新闻期刊和杂志等一直都有着较强的与读者交流互动、自查自纠的举措,包括来信选登、书友会、笔友联盟等,这都是在关注受众的意见和建议,但是比照公共新闻的一些细节,这些活动确实算不上是公共新闻的案例,只能说是公众对于媒介发展的一种支持与监督。

在众多与公共新闻研究相关的学术著作中,江苏卫视的《1860新闻眼》被认为是明确提出公共新闻理念并且遵循执行的一档栏目,几乎所有研究公共新闻的专家学者都要将其作为重要的解析对象,而该栏目中的内容也经常被当成典型案例进行剖析。《1860新闻眼》栏目始创于2003年10月28日,2004年10月23日,《1860新闻眼》正式打出公共新闻的旗号。这档栏目在学习与践行公共新闻理念上确实是迈出了关键性的一步,在我们国家有着开拓者的意义。但是该栏目在播出5年之后悄然离去,2008年12月5日停播,更名为《新闻夜宴》,于江苏城市频道晚间22:20—23:00播出。这当中有着什么样的现实因素导致这样一档开始轰轰烈烈的栏目最终却选择黯然离开呢?在后面的效果研究当中我们将对该档节目进行案例式的分析,因为无论从哪个角度来看,《1860新闻眼》都可以成为公共新闻在我们国家发展的典型模式,其最终的低调落幕也是我们应当进行反思和学习的重点。

当然,我们上面谈到的《1860新闻眼》只是众多尝试公共新闻理念的栏目中的一员,也是影响较大、取得成果较为丰富的一员。在同一时期的广播电视、报纸领域都有此类实验性的举措,甚至在后期的网络互动中也有不少的成功案例。同时我们也注意到,很多时候地方媒体和地面频道在发展公共新闻方面有着天然的优势,因为它们最靠近群众、最接地气,能够第一时间了解民众的所思所想以及需求。

(三)大力发展公共新闻的意义

如果把公共新闻当成一个完全意义上的新事物或新理念,那么我们国家将其引进并且发展的意义又在哪里呢?它能给我国的新闻发展注入哪些新鲜的血液,又能给我们的社会进步增添怎样的力量呢?这都是我们对其进行深入的学习与分析的前提,只有知道其所具有的内涵才能够更好地对它进行开发运用。

首先,公共新闻带来了理念上的创新。通过前文对公共新闻的分析,我们已经清楚地意识到,作为一种新闻类别,公共新闻的很多内容是与传统的新闻报道有交叉的,但是它的独特之处就在于理念上的先进性。如果要把公

第十章 社会主义核心价值观引领民生新闻发展的效果研究

共新闻所拥有的特质进行一个简单的排序,那么排在第一位的必定是其将受众作为中心的这一特色,无论是新闻学还是传播学,在其最初的发展过程中都没有给予传播对象太大的重视,他们重视的都是自身,"魔弹论"的产生就是最典型的代表,大众是无知觉的、等待被灌输的群体。相比之下,公共新闻在这一点上有了明显的不同,它开始走更加具有人性化特质的路线,不仅改变了对受众无意识的定位,并且还将他们的所思所感纳入自己重点考虑的范畴中,让受众觉得自己在整个传播活动中是活跃的、有价值的,自己的意见是可以产生一定的影响的。我国的新闻传播在长时期的实践过程中,媒体从业者逐渐注意到受众的重要性,而且随着大众传播媒介的发展,受众的地位一再提高,甚至一度影响了媒体的发展路径。但是,这种碎片化的注意和感知最终是否形成了理念,这是有待商榷的,至少在目前来看,率先将其系统化、理论化、理念化并付诸实践的是国外的媒体和学者,这确实为我们国家的公共新闻发展提供了可借鉴的已有成果。

其次,公共新闻带来了实践上的改革。理念是一个全局性的、宏观性的概念,它可以站在一个较高的立场上来俯视后期的一系列工作程序,总之,它起的是一个全面总揽的作用。那么,如何把理念渗透到具体的实践当中,这是一个值得深究的问题,因为理念是普遍性的、概括性的,它不会细化地要求每一个细节要达到怎样的地步。所以,如果想要将理念切实地运用到实践中,就要求奋战在媒体一线的工作者们用心地对理念进行消化和吸收,再将其添加到相应的工作环节中。新闻工作也是一个复合性的过程,从选题到策划、再到拍摄剪辑直至最终的顺利播出,当中的每一步都需要工作人员进行细致的思考与揣摩,因为大众传播的特点就在于其只有在创作过程中才是被传播者所掌控的,一旦进入实际的传播环节,会产生何种影响是无法预测的。所以,在公共新闻的理念指导之下,我们国家的新闻传播在具体的实践过程中也有了很大的改观。一是体现在新闻报道的选材上,无论是民生新闻还是公共新闻,两者关注的都是百姓生活,在选材领域的确定上是毋庸置疑的。但是二者的区别在于,传统的民生新闻停留在播报与阐述的层面,而公共新闻更注重话题性。所以,公共新闻在选择报道对象的时候会更加深入地思考其所具有的话题性以及预测在播出后将会产生何种社会效应。二是在节目的策划环节,要想将受众作为整个节目的中心来呈现,那么首先在策划环节就应当确定受众在节目中应占有的比重,在节目的每一个进程中都为他们留下相应的可发挥空间,以凸显他们的重要地位。此外,在策划中还应当对哪一个环节由受众主导以及哪一个环节是传受双方的互动有一个明确的安排，这样才可以确保整个传播过程能够顺畅又合格地进行。三是针对电视公共新闻，传统的电视新闻主持人以播报为主，而公共新闻强调互动交流，这对主持人提出了新的要求，不能再以传统的以自我为主导的方式进行主持，而是应当将自己放在一个话题引导者的位置来构建整个节目的流程。在这一形式中，主持人的定位发生了极大的转变，从引领变为承接和契合，这也是对传统的主持人模式以及理念发出的挑战。

最后，公共新闻有助于我们构建公共领域，维护公众话语权，提升媒体公信力。公共领域在哈贝马斯的著作《公共领域的结构转型》当中得以概念化，从此以后这个词组就成了欧洲主流政治话语的一部分，并且相关的研究著作也层出不穷。公共领域指的是介于国家和社会之间的一个领域，是与私人领域相对的概念，公民可以在当中自由参与公共事务而不受干涉。具体来说，公共领域就是属于公众的一个发挥空间，公民可以在这当中自由地发表自己的言论，并间接性地参与一些公共事务。在我们国家发展公共新闻，就是对公共领域理论的一种践行，公共新闻从关注受众做起，在保护他们言论自由的同时也可以开辟一个言论相对自由的领地，让他们能够加入到公共事务当中来。此外，新闻传播媒体能够逐步改变一直以来的刻板印象，将公民意见纳入考虑也是提升自身公信力的一个重要途径，一味地宣读播报只会让受众觉得自己没有任何自主权，现在可以借助公共新闻带来的正面力量赢取受众的信赖。可以说，发展公共新闻带来的实际效益是多重的，对于改变我们传统的社会沟通方式也有积极的作用，在增强大众参与度、提升媒体公信力方面也带来了很大的助力。

二、受众对公共新闻沟通平台的态度探析——以《1860 新闻眼》为例

受众是公共新闻所关注的主旨，也是我们进行效果研究重点关注的群体，因为他们作为整个传播活动的最终目的地，是衡量一种传播模式甚至是细化到一次传播活动是否成功的重要参照，所以我们必须对他们的意见和建议进行整合。这是了解我们当前媒介发展现状的重要线索，也是我们对公共新闻传播效果进行研究的主要依据，当然，在众多的传播媒介以及节目类型当中，我们肯定要选取具有代表性的案例进行分析，这样得出的结果才更具有说服力和普遍性。综合参阅与公共新闻相关的著作以及书籍，我们可以明显地感受到，《1860 新闻眼》出现的频率是比较高的，一是因为它具有较强的开创性意义，二是电视这种媒介的特点也为它更好地发挥互动交流功能提

供了极大便利,因此,本书也将该栏目作为重点分析对象。

(一)《1860新闻眼》对公共新闻理念的践行

在前文中我们对《1860新闻眼》开播的时间以及基本情况都有提及,而且相关的文章资料都对这一档节目给予了极高的评价,由此我们也可以看出,无论是在学界还是在业界,这档栏目的开播都得到了较高的评价。那么,以搭建公共沟通平台为主要目的公共新闻在实践当中是如何具体操作的呢?受众又给予它怎样的评价呢?接下来我们将结合节目本身及其在受众当中引起的反响进行分析。

《1860新闻眼》在播出时间的选择上颇具个性,节目在下午的18:00播出,《新闻联播》播出的前一小时一般都被认为是非黄金时段,而且受众的关注度也都很低,一般都是留给儿童看动画片的,所以有的电视台也把这一时间段用来播放本地新闻。而《1860新闻眼》作为一档体察民情的、调查式的栏目,放在这一时间段颇有点大材小用的意思,因为这样的栏目在前期的制作过程中要花费较大的精力,在播出时间上完全可以有一个更好的安排。但令人意外的是,栏目播出之后不仅取得了很好的反响,而且将"非黄金时段"变成了"黄金时段"。《1860新闻眼》在栏目内容的安排上分成了几个版块,每个版块都有一些富有特色的子栏目,如"绝对关注",从观众普遍关注的话题引出,由观众来表达自己的意见;"今日聚焦",充分发挥新闻媒体舆论监督的功能,揭露批判社会的阴暗面;"法眼无边",剖析大案要案,阐释法理人情等。此外,直播也是《1860新闻眼》的一大特色,内容丰富,体裁多样。[①] 以上是对该栏目的总体介绍,那么,在践行公共新闻职能方面,栏目又采取了怎样的措施呢?它又是怎样实现自己构建沟通平台的目标的呢?

首先,在报道内容的选取上,《1860新闻眼》报道的领域都是社会大众较为关心的、存在问题的、迫切需要被解决的,也有一部分内容是在社会范围内引起热议,但暂时难以下定论的公共问题。具有标志性意义的事件莫过于2004年9月27日,《1860新闻眼》对发改委副主任的选举进行了卫星直播。直播之前,栏目为5位候选人分别制作了电视短片,为选举造势,直播采用现场报道和直播间分析相结合的形式,全程呈现了候选人的答辩和竞职演讲(如图10—3所示)。这一举措在当时可以说是较为先进的,政府工作人员的选举和换届通过电视直播来进行,此前并不多,这可以说是《1860

[①] 《江苏广播电视总台新闻栏目〈1860新闻眼〉简介》,新浪网,2005年6月28日。

新闻眼》在正式打出公共新闻口号之前的一次试水，这无疑是一次成功的尝试。

图 10-3 《公推公选省发改委主任》节目截图

其次，在节目的制作手法上，《1860 新闻眼》也是采取了带有纪实性质的、暗访的方式来呈现事件，让观众对其真实性以及公正性给予了更多的信任。从网上现有的视频资料当中，我们可以看到之前的部分节目。就拿《深度调查：幼儿园门前的美女街》这一期为例，有观众向节目组反映，自己所居住的街道有从事不正当服务的门店，且多家这样的门店就开在幼儿园旁边，在教师公寓的楼下，对于这种败坏社会风气、影响儿童成长的现象，当地公安部门在日常巡逻工作中居然"视而不见"。由此，节目组策划了一次暗访活动。2007 年 4 月 29 日晚，记者来到苏州娄葑镇东振路，被举报的店铺紧邻苏州大学娄葑实验小学附属幼儿园，三十几家美容按摩店明目张胆地营业着，而此时出现的巡逻警车竟然熟视无睹地绕了一圈就绝尘而去。

第二天，记者先是走访了当地的公安局，警察说这种情况不归他们管，这些店铺有营业执照，这是工商局的责任，只有证据确凿地超出经营范围他们才可以介入。但是记者到了工商局又被以同样的理由搪塞过去，工商局表示这样的情况归警察局管。在整个录制过程中，记者都以针孔摄像头拍摄了对话过程，而且自己也伪装了身份，从而打探到了更多的实际情况。随后，记者一行又对当地居民以及学生家长进行了采访,被采访者都对这种情况表示厌恶,但又苦于没有人管制。节目在呈现情况的同时也援引了相关的法律法规,类似这种休闲娱乐行业应当远离学校,所以,这种门店开在幼儿园旁边绝对是违法的,但是为什么却没有人来管?这背后又藏着怎样的内幕?观众与节目组必定是想通过曝光来引起当地政府部门的关注,进而从根本上改善这种情况。当然,上文所举的案例只是其中一个,如果我们系统地对《1860新闻眼》所报道过的题材进行梳理的话,就会明显发现当中的很多话题都是非常关注时事的,包括关爱留守儿童、拯救网瘾少年、对闯红灯问题的探讨等,这些都是符合当时的社会发展趋势的。

(二)受众对《1860新闻眼》的关注度分析

那么,我们从哪些方面可以证明《1860新闻眼》在观众当中是具有较大影响力与较高美誉度的呢?首先,从当时的收视率的统计上,我们可以看出该栏目取得了较好的成绩,每周在南京地区AC尼尔森的平均收视率均在2.5%以上,是原来同时段的4倍,最高收视率摸高到6.8%,刷新了全国省级卫视媒体同时段收视率的多项纪录。[①] 据央视-索福瑞统计,《1860新闻眼》在全省的收视率也一直处于领先地位,播出后也一度受到国家广电总局的表扬,在业界同行当中成为被学习和探讨的热门对象。其次,作为一个公共的新闻沟通平台,受众的参与度肯定要纳入考虑,这也是从一个侧面反映其收视率的重要指标。短信互动交流平台是最常见的一种方式,每期播出的时候,屏幕下方都有观众发表的有关内容,使得栏目组能够及时有效地了解到观众的想法,当然这只是最普遍最简单的一种参与方式。最重要的是,《1860新闻眼》播出之后与观众取得了切实的联系,但凡在生活中发现有不公平的事情,观众都会第一时间想到与栏目组联系,寻求帮助,这才是一个交流平台真正成功的地方,在社会大众有问题需要解决的时候能够成为他们的第一选择才可以证明这个平台在受众心目中的地位。这一点我们在网络上可以找到很多的"证据",我们在搜索引擎中输入栏目关键词,在与《1860新闻眼》有关的视频网站或者网络社区中,总有用户在询问:如何联系到栏目组?栏目的电话是多少呢?甚至有网友直接在留言中回复了自己想要投诉的对象和举报的问题,由此我们可以看出这档栏目当时在受众心中必定是颇有地位的。此外,为了加强与观众的联系,栏目组不仅积极地开展了一系列的常规互动环节,更是在线下积极地与观众互动,走进社区、走进百姓生

---

① 《江苏广播电视总台新闻栏目〈1860新闻眼〉简介》,新浪网,2005年6月28日。

活，成为他们周围真正的知心人。

图10-4 《1860新闻眼》栏目组开展送温暖活动的报道截图

三、公共新闻发展中面临的问题及对策解析

通过前面的分析我们可以看出，虽然公共新闻是从国外引入的概念，但是它也并不是一个完全意义上的新生事物，因为它与民生新闻有着太多的相似之处，所以，在我们国家发展公共新闻是有实践和理论基础的。但是，我国国情和一直以来的新闻理念都与国外有着较大的差异，媒介环境相比之下也有着更多的限制，所以，全面发展公共新闻还是欠缺大环境上的支持。因此，我们应当尝试去理清当前公共新闻发展面临的一些具体问题，并且尽力去解决，因为在核心价值观的背景下，关注民生是重点课题，那么通过公共新闻所搭建的沟通平台来了解百姓的实际想法也是重要途径，所以发展公共新闻有它的意义所在。

（一）公共新闻本身的实践难度较大

通过前面的分析，我们可以明显感受到公共新闻与民生新闻之间的差异，虽然二者在关注的内容上有着很大的相似性与重合之处，但是在主要的创作理念上还是有区别的。民生新闻延续了一直以来的播报式新闻理念，在很多时候对于事件的前因后果分析得并不够透彻，对于受众的关注度也不高，所以导致其在连接社会大众与媒体、政府之间的关系方面并没有太突出的作用，当然我们不能否认民生新闻也有不少深度报道，而且在上传下达方面确实有着自己的作用。而公共新闻的优势则在于在最基本的创作理念中就强调了关注受众与构建公共领域、公共沟通平台这一系列有着较强创新性的内容，这当中的有些内容甚至是民生新闻在未来的发展过程中才会逐渐形成的，因此，也有人说公共新闻是民生新闻的"进化版"。

当前发展公共新闻确实存在着较多问题，包括理念践行得不够彻底、没有达到预期中的传播目的等。虽然说媒体本身也有一定的责任，但我们不可否认，公共新闻本身就带有挑战性，无论是话题的发掘还是深度报道，以及沟通平台的构建，都不是容易达到的目标。我们传统的新闻报道侧重于通报新闻、告知事实，对于原因以及最终的结果关注较少，很多新闻事件只在发生的时候被关注，后续的发展情况则较少被提及。所以，想要完全践行公共新闻的相关理念与实现新闻理想并不是容易的事，而且这要求媒体要付出更多的时间、金钱与人力，而且这是一个长期的过程。

因此，媒体必定要在人才培养与工作考核方面采用更多的新措施，鼓励媒体工作者发挥自己的天赋与创意，使得每个人都能够在当中找到属于自己的发力点与兴趣点，这样才能取得更好的效果。如果还用以往的完全制度化的管理方式对待记者，恐怕不会有太多人能够坚持下去，而且也不会产生太多出彩的作品，因为把公共新闻做好需要大胆的突破与全新的创意。

(二) 受众综合素养的健全与提升

也许有人会问：发展公共新闻不是媒体自己的事情吗？为什么还要提到受众的素养问题？公共新闻明确地提出了要关注百姓、打造公共沟通平台，这当中必定需要受众的支持与参与。所以，这是一个共建共享的工程，如果没有受众的支持，又何谈"沟通平台"呢？没有了平台另一边的受众，媒体只能实现传输而不能够做到沟通，所以，提升受众的综合素养也是对公共新闻发展以及构建和谐社会的一种支持。

综合素养是一个非常宽泛的概念，往大了说它几乎包括了一个社会人应当注意的方方面面，学习能力、受教育程度、工作能力、道德水平以及情商、智商等所有我们能够想到的内容都可以归纳进去。因此，提升综合素养不仅是媒介发展的需要，也是社会进步的前提。综合素养的提升关系着沟通平台的建构，因为一个人的素养决定了他的信息获取能力、看待事物的角度以及表达意见与建议的方法，这都是沟通平台当中要涉及的内容。

在当前的社会大背景下，综合素养当中最重要的就是媒介素养，当前是一个信息社会，也是一个被传播媒介所串联的社会，传统的生活习惯以及人际关系已经慢慢被媒介渗透，所以，媒介素养其实直接关系着一个人的社会生活能力。此外，最关键的是，媒介素养是受众参与社会公共事务、通过沟通平台有效表达自我的重要能力，所以，对于媒介素养的培育是未来发展沟通平台的重要助力。在当前的发展形势中，部分受众只是借助沟通平台来一味地曝光自己所愤慨的事情，却不能从新闻报道当中汲取有效信息，改变思维方式，增强参与意识、正确行使话语权，通过更丰富的途径来解决事情。因此，对综合素养以及媒介素养的提升是今后应当予以重视的领域。

（三）推进政府工作的公开透明度

在前面对《1860新闻眼》进行分析的时候，我们提到过一些案例，当中的很多话题都与政府工作紧密相关，虽然这些新闻由头看起来是典型的民生话题，可是我们不能否认即使是再小的事情都与政府工作有着直接或间接的关系。因此，这也从另一个方面向我们证实了政府关注民生、改善民生这一决策的正确性。

公共新闻致力于帮助百姓曝光问题只是最基本的阶段，只有解决问题才能取得效果，如果只是简单地将其陈述出来，根本起不到什么作用，还浪费了媒体工作人员前期付出的心血。最终问题的有效落实还是要政府出面才行。所以，推进政府部门工作透明化，建立健全相关的机制非常重要，这关系着整个社会的风气与人民对政府的信任度。

政治文明的程度关系着一个国家、一个民族、一个社会发展的方方面面。因此，即使不能够做到尽善尽美也要始终保持前进的姿态。在民生新闻的发展过程中，媒体其实是处于普通大众与政府之间的，因此，它的处境是最为微妙的，要协调好二者之间的关系还要尽可能地取得大众的信任，这是一个需要花时间去维护的天平。所以，如果政府能够在这方面给予一定的支持的话，公共新闻必定会取得更好的成绩。

第三节　受众对参与式传播的态度

顾名思义，参与式传播是站在受众的角度上来说的，因为从传播媒介诞生的那一刻起，传播者就是参与其中的，没有他们就没有当下所有的传播活动，而受众在很长一段时间内都充当的是被动的倾听者。参与式传播其实就是基于当下传播媒介飞速发展的现状而提出的，传播媒介的发展不仅标志着技术的进步，也带来了传播理念与传播模式的革新，它极大地冲击了传统的传播形态,扭转了长期以来固有的传者与受者的关系。参与式传播的提出就是受众地位提高的一个典型表现,受众不再是一味地等待与接受,他们变成了活跃的主体,开始介入到传播活动中来,在某些特定的时刻甚至成为信息的来源,并且在信息的传播与扩散方面拥有自己的独特优势。

一、参与式传播的发展情况概述

在传统的新闻传播研究当中,媒介本身一直占据着较为重要的地位,但其表现的形象一般都是工具性的、辅助性的,而在参与式传播当中,媒介与传者、受者几乎有着同样重要的功用、占据着相同的比重,媒介甚至可以在整个参与式传播活动当中担任主角一职。在众多的传播学现象与理论当中,参与式传播对于技术和工具的依赖性相对较大,而且没有技术的支持,甚至"参与"二字都无从谈起。因此,我们首先要对参与式传播的内涵进行解读,并对当中涉及的关键词之间的关系进行分析。

(一)参与式传播的内涵解读

对参与式传播最简单的解读就是普通民众可以借助媒介平台参与到传播活动当中来,大胆地表达自己的意见。事实上在目前的研究当中对于参与式传播并没有一个特别严谨的定义,相关的提法倒是有很多。"参与式新闻"这一概念源起于美国,英文名为"Participatory Journalism","Participatory"的含义是"提供参与的机会、供人分享的",参与式新闻即指普通公众可以借助现代数码和网络技术主动地加入到传播活动中,又被称为"公民新闻""草根报道"[①]。

在丹·吉尔默的著作 *We the Media* 一书中,他把参与式新闻定义为:"一个或一群公民,搜集、报道、分析、散播新闻和信息的积极行动,目的在于提供民主所需的独立的、可信的、准确的、广泛的、切合需求的信息。"[②] 当然,参与式传播在概念范畴上要比参与式新闻宽泛得多,但是它们在整体的特点上是基本一致的,参与式新闻所具有的个性必然也是参与式传播所包含的内容。在丹·吉尔默的定义当中,我们可以明显地看出,参与式新闻并不是简单地指受众对信息进行的传播与扩散,受众甚至可以进行搜集、报道和分析,这都是对传统媒体传播权威的挑战。

由传统的传播模式向参与式传播过渡是必然的,这是一个内因与外因同

---

① 牛光夏:《参与式新闻浅析》,《青年记者》,2006年第22期,第68~69页。
② Dan Gillmor: *We the Media*, O'Reilly Media, 2005, p.3.

时作用产生的结果。首先,从传媒本身发展的需求上来说,一直以来死板的宣读式的、告知式的、以一种居高临下的姿态对待受众的方法已经完全不能适应当前的受众市场需求。其次,社会大环境的变化也使得传媒发展必须跟上时代的步伐积极转型,公民经济能力的提升、受教育水平的提高、媒介技术的发展以及传媒平台的不断开放,民众言论自由度的不断扩大都决定了传媒应当让自己逐步适应这种新的发展环境,满足受众想要表现自己、表达自己的需求。而民生新闻的特质也决定了其必须要与受众"打成一片",因为它是典型的将信息"取之于民,用之于民",只有与受众有了一定程度的互动与交流,才能够更加了解受众,从而做出能够表达受众诉求和利益的新闻报道。因此,在多种因素的作用下,媒体走上了参与式传播的道路,民生新闻也在这一领域开发出了一条属于自己的路径,这可以说是一次消解权威、下放话语权的重要转型。

(二)参与式传播的具体实现路径分析

从目前的分析来看,参与式传播的实现路径是比较丰富多元的,因为可以借助的工具有很多,无论是在平台上还是在设备上,都有较大的选择空间,所以,在现实的层面上来说受到的限制较少。因此,参与式传播在具体目标的实现上有着较大的优势,而且成功率也颇高。最重要的是,受众作为新近的传播参与者,他们在心理上得到了极大的满足,同时也促进了传统传播效果的提升。

在分析参与式传播实现的路径之前,我们首先要明确的大前提是,参与式传播大都借助的是网络媒体和移动终端,当然,传统的互动参与方式依然在起着作用,但是相对于最新的技术来说,传统方式所起到的效果要小得多。从媒介特性上来说,网络社区赋予网民的言论自由度更大,网民几乎可以参与并发起所有类型的话题讨论,也可以采用网络当中所涵盖的各种社区群组,包括贴吧、qq群、微博、微信以及网络视频、广播等各种方式。因此我们可以看出,参与式传播的本质其实就是将网络本身所具有的传播特性和优势融入传统的传播程序中,从而达到更好的传播效果。而移动终端其实就是缩小版的网络媒体,也可以说是便携式的网络承载者,它们之间的相似性很多,但不同的是,移动终端在即时传播当中所起到的作用是更加明显的,而且具备更强劲的优势。

民生新闻在利用新技术进行转型方面可谓是具有得天独厚的优势,同时也有着较强的超前意识。首先,民生新闻的报道题材和形式都非常符合普通百姓的审美取向,所以它一直都有着非常强大的普通受众群。其次,民生新闻虽然是新闻的报道和传播过程，但是从另一个角度来说，也是一次意见的交流与转换，是媒体和政府通过报道来了解民意的一个重要渠道。由此我们不难发现，民生新闻在采用参与式传播模式上受益颇多，通过发起话题来了解受众意见是非常便捷的。对"北京地铁涨价听证会"的报道就是一个典型的案例。其在网上所引起的大讨论，不仅是将受众纳入参与式传播的一个举措，同时也是广泛收集民意的绝佳时机。正是因为类似的新闻取得了非常好的传播效果，使得同一领域的媒体也开始逐渐重视对参与式传播的运用，类似的官方微博与网页也涌现了出来，这也是本书在后面的案例分析当中要涉及的内容。

在参与式传播当中，受众真正实现参与是通过哪些形式呢？第一，以传统的媒介传播形式为主导，在发起传播活动之后，通过网络互动、交流的方式将受众纳入传播过程，这是一种较为初级的参与方式，因为在这种模式中还是传统的传播媒介在占据引导的地位，在牵动着整个传播的发展方向。第二，信息的传播报道完全是以网络为开端的，而且是网民自己获取了第一手信息并对其进行的传播与扩散，在这一过程当中完全没有正规媒体的参与，都是网民在推动整个进程的发展，而且新闻当中涉及的文字、图片、视频等都是来自网民自己的编辑加工。第三，传统媒体没有将自己的传媒阵地作为展开传播的基础，而是将整个传播活动搬到网络上来，在这里进行实时报道并且与受众展开即时互动，这可以说是传统媒体在参与式传播背景下进行的一次大转型。

以上是我们对展开参与式传播的路径进行的一个简单分析，首先要明确平台的重要性，其次是对几种模式进行归类，当然，在实际的传播过程中肯定还会有更丰富的内容出现，这里我们主要选取比较有代表性的几种进行了介绍。

（三）发展参与式传播的意义

与传统的传播模式相比，参与式传播带来了很多的创新，产生了许多新的传播现象，这些都是对传统做法的冲击与颠覆，而且目前随着科学技术的发展，传播平台不断演进，参与式传播还在进一步的发展中。如果我们想要将参与式传播发展到一个更高的程度，除了要了解其内涵意义、运行机制外，还应当对其所带来的意义和所产生的影响有一个清晰的掌握。

首先，参与式传播消解了传统媒介的权威，实现了话语权的下放。传统传播媒介在很长一段时间之内都掌握着社会的话语权，这不仅是由于我们国家的传媒是党和国家的喉舌，更是因为他们自身在信息传播上占据着非常大的优势。在所有的传播媒介中,纸媒出现的时间是最早的,在信息获取以及分析方面有着很强的实力,最重要的是纸质传播媒体在长时间的探索与发展中已经培养起一支非常成熟的人才队伍,这是其他媒介所不能比拟的。而广播电视与纸媒相比是后起之秀,能够实现跨越时间与空间的信息传播是这一类媒介的最大优势,并且伴以惟妙惟肖的声音与图像辅助,往往能够达到让受众身临其境的传播效果。综上,报纸、广播、电视在我国甚至世界范围内占据传播主导地位都是有自身的原因的,但是网络媒体的出现极大地冲击了这种媒介分布状况,并且在极短的时间内找到了自己的优势所在,确立了自己的领地。以网络媒体为主要阵地的参与式传播正是利用了网媒的这种优势,将话语权与表达自由权赋予网民,让他们为这种全新的交流方式而痴迷,在与传统的传播模式进行对比与感知的过程中更加体会到参与式传播给予自己的尊重与地位。

其次,参与式传播模糊了传统的传受角色,促进了媒介的平台化。在传统的传播模式当中,媒体与受众之间的主被动关系非常明显,"传者"与"受者"的角色分配非常严格,二者之间有着明确的界限。传者可以对信息进行获取、筛选、加工、剪辑、传播,而受者则是处于一种几乎没有任何自主选择权的位置上被动接受信息,长期以来这种关系都没有得到改变。一是由于当时的媒介环境确实没有更多的选择,还有一个原因就是当时整个社会的政治、经济、文化环境还没有达到现在的水平,受众进行自我表达与参与传播的欲望还没有这么强烈。所以说,参与式传播在当下社会中产生是有其必然性的,无论是在社会发展的需要、媒介发展的需要还是受众需求方面都有原因。参与式传播模糊了传者与受者的关系,一方面,受众开始借助网络传播信息,掌握了信息传播的主动权,成为传播者;另一方面,受众在网络传播过程中也一直在经历着"传"与"受"之间的角色变化,因为在网络的即时交流模式中,上一秒还在传播的一方在下一秒很可能就变成了传播对象。

最后,民生新闻采用参与式传播模式有效地实现了上传下达,沟通了民意,提升了媒体的公信力。之所以要在民生新闻的论述性著作中专门提到"参与式传播模式",是因为参与式传播模式与民生新闻在特质上相当地契合。"民生"是国家和政府非常关注的领域,提高人民生活水平、改善人民生活质量是政府工作的重中之重,而民生新闻在对此类事件进行报道的同时也从侧面起到了一个监督的作用,并且也在随时了解着百姓对于各类民生事件的态度。因此,民生新闻采用参与式传播的模式,不仅更好地完成了自己的本职工作，同时也兼顾了其他各项职能，做到了信息通传、公开透明，提升了媒体的公信力。

二、受众对现有参与式传播模式的态度解析

大众传播的特性就在于它不是由传者一方就能够完成的任务，而是传受双方共同努力最终达到目的的一项活动。因此，我们常说的传播活动其实包含了传者对第一手资料的加工，同时也涵盖了受众对所接触到的信息进行的二次加工。因此，衡量一次传播活动是否成功，我们必定要考虑到受众的意见。参与式传播的发展也是如此，现有的参与式传播的发展模式在受众当中引起了怎样的反响？受众如何评价？这些都关系着参与式传播未来的发展情况。在民生新闻领域，伴随着参与式传播发展的大潮，这种能够做到即时有效互动的传播方式自然要得到重点的开发与运用，那么，民生新闻对这种方式的利用在受众当中又产生了怎样的效果呢？

（一）传统媒体借助网络展开的参与式传播效果研究

互联网在发展的最初时期，产生的影响并没有这么广泛，但是随着其实力的不断壮大，竟然产生了与传统媒体两分天下的态势，年轻人在网络上花费的时间越来越多，网络上出现了一些针对报纸、广播、电视等传统媒体的批判性言论。在最开始的时候，这些批评并没有引起重视，但是随着网络用户的不断增多，网民素质的不断提升，他们提出的很多意见与观点开始越来越有价值和参考意义，传统媒体工作人员无法再忽视这些言论了，他们的态度从最开始的轻蔑、不以为然转变为后来的重视、借鉴。民生新闻作为新闻传播系统中的重要内容，借助参与式传播发展的大潮开启了运用新媒体交流平台的旅程，并且在这一过程中获得了诸多没有预想到的效果。无论是在信息传播上还是在动态交流上，都发挥了民生新闻的作用，在解决很多社会问题、民生问题上都引发了有益的全民大讨论，为与民生有关的政策制定与执行带来了有力参考。

传统的民生新闻传播在获取信息方面都是依靠记者到一线去挖掘新闻，获取第一手资料之后再开始后续的工作，但是随着媒介平台的不断升级，一般情况下当地发生的新闻很快就有网友发布到网络上，媒体工作人员的速度再快也无法与之媲美。由此，当记者从一种专门的职业变成全民都拥有的素质之后，传统媒体的发展遭遇了更大的挑战，单纯地比速度、抢现场肯定是不明智的，那么，只有转变思路，从"抢"变为"协商、借鉴"。所以，传统媒体在民生新闻报道方面采用参与式传播方法的最明显变化就体现在新闻

的来源上，传统媒体在意识到网友的强大力量之后，许多报道都开始引用网友发布的新闻线索，广播、电视、报纸当中都有很多类似的案例。曾经的广播、电视新闻报道永远都是"来自前方记者的消息……"现在我们经常听到的是"一位名为××的网友，发布了这样一条消息……经记者确认，确实是……"而且电视新闻报道当中也会经常出现网友发布信息的网络截图，而在报纸当中，这种转变所占的比例其实更大。我们都知道，报纸的版面是非常紧张的，在薄薄的几页纸当中，报纸要分门别类地呈现各种信息，而现在有的报纸在改版之后专门设置了网友言论、网络互动等板块，这在很大程度上彰显了报纸改革的决心。因此，传统媒体在采用参与式传播方法的时候，最先体现在信息来源的转变上，个体在网络上发布的信息被传统媒体引用的频率越来越高，网友的言论被转述的次数也在逐渐提升。对民生新闻来说，参与式传播带来的便利要远远高于其他新闻类型，因为真正的民生新闻都是来自百姓生活的。在以往的传播模式中，记者还要亲自深入到现场去采寻这类新闻，而有了参与式传播的平台，每一个受众都可以变成新闻线索的来源。从这个角度来说，民生新闻对参与式传播的利用是非常符合自身特质的选择。

同时，传统的民生新闻报道除了在自己原有的报道基础上添加参与式传播的元素外，还积极地与网络媒体进行融合，在互联网当中开辟自己的阵地，为发展参与式传播提供切实的保障。正如我们现在所知道的，几大传统主流媒体都设置了专门的网页，在各种互动产品例如微博、微信中都注册了账号，最大限度地保持自己与受众的互动频率。人民网、新华网以及央视网都做得非常正规而且内容非常丰富，历经多年的探索与完善，这些网页现在的专业程度并不比门户网站差多少。在微博方面，几大媒体的官方微博也都做得很不错，他们在发布新闻消息方面依然专业，但与此同时还不忘与受众的互动传播，每天的早安、晚安都以非常励志而又富含哲理的短语作为主题，使得粉丝数量急速增长。人民网开通微博两年来，已经发布微博四万四千三百多条，拥有一千六百多万粉丝（如图10－5所示），新华网开通微博两年来共发布微博两万五千多条，拥有五百多万粉丝（如图10－6所示），这都是非常成功的营销案例，也是其在互动传播当中取得成功的一个有力证明。

第十章 社会主义核心价值观引领民生新闻发展的效果研究

图 10-5 人民网官方微博截图

图 10-6 新华网官方微博截图

以上所提到的案例都是传统媒体借助网络媒体展开互动传播,其实它们同时也在积极地展开探索,尝试开发独立的互动营销软件,做出属于自己的客户端,这方面也取得了相应的成果,比如说人民日报的新闻客户端以及央视的客户端等(如图 10-7 所示)。

图 10-7 人民日报客户端下载页面截图

从以上的分析当中我们可以看到传统媒体在寻求发展互动传播过程中所做出的努力，而他们在打造互动传播平台时所获得的青睐也可以从侧面说明受众对他们的评价是极高的，包括人民网、新华网以及很多没有被我们单独提到的知名官方微博，他们的粉丝数量以及互动频率都是非常可观的。由此我们可以看出，受众对于传统媒体这种放下姿态走进普通大众的做法是非常认可的。

（二）民生新闻借助网络媒体发展参与式传播

传统主流媒体寻求与网络对接是自己生存发展的需要，也是不断尝试拓宽发展路径的一次重要突破，但事实上，网络平台也在积极利用自己的优势展开参与式传播，并且在新闻传播方面也有很多成果。参与式新闻在网络当中得到发展是非常自然的一件事情，因为最能够为参与式传播发展提供肥沃土壤的就是网络空间，网络兼容并包的特性使得其自身得到了更好的发展，既可以理解为"媒介的平台化"，也可以理解为"平台的媒介化"。发展到今天，我们已经很难清楚地解释，互联网是推进了媒介的平台化，还是首先实现了平台的媒介化。从参与式传播发展的路径来看，其实网络是一个"从平台走向媒介的过程"，因为在最开始人们使用网络完全是因为它可以实现虚拟空间当中的交流，在网络用户逐渐增多的过程中，信息也开始不断累积，最终形成了一个信息爆炸的新闻平台。

图 10-8　搜狐民生经济板块的网友评论截图

第十章　社会主义核心价值观引领民生新闻发展的效果研究

民生新闻借助网络媒体展开参与式传播的例子不少，例如 2014 年关于"北京地铁涨价听证会"的新闻。百姓生活离不开"衣食住行"，地铁又是现代城市的交通大动脉，北京地铁涨价的新闻一出，立刻引起了众多网友的关注。原因之一是有很多在北京上班的人关注这个问题；二是北京地铁在多年之内一直都以"超低价"运营，此次涨价也可以说是破天荒的第一次。由此，这次涨价活动就成了一次讨论风潮。我们可以从互联网新闻以及微博平台的报道当中看到很多网友对这件事的态度。《北京地铁涨价详细方案出炉 28 日将举行听证》①是搜狐的一则报道，这则新闻详细地列出了北京地铁的涨价方案，仅仅在这一则新闻下面网友就发布了 500 多条留言，都是关于此次涨价方案的意见以及建议（如图 10-8 所示）。

与此同时，微博客户端也出现了专门的"♯北京地铁涨价♯"话题讨论，参与讨论的微博用户有 3 万多，而且我们需要明确的是这仅仅是点击这个话题进行讨论与阅读的人群，还有很多网友自发地发布了相关的微博内容，对这一事件发表了自己的观点（如图 10-9 所示）。

图 10-9　微博关于"♯北京地铁涨价♯"的话题讨论主页截图

从民生新闻报道的角度来说，这绝对是一次成功的传播。从受众的角度来看，他们不仅在第一时间获得了最新消息，而且还可以参与讨论，发表自己的观点；从管理者的角度来看，针对这一事件发布的每一条言论都是非常宝贵的可参照意见。在通常情况下，管理者想要获得大众的意见都要经历复杂的过程，而且以政府的角色进行调研取得的成效往往不太令人满意，因为受众感觉自己是被动的，是来配合工作的，而在这样的参与式传播中则不一样，受众是自发的，这种言论带来的价值也是最高的。

---

① 《北京地铁涨价详细方案出炉 28 日将举行听证》，搜狐财经，2014 年 10 月 13 日。

网络参与式新闻其实就是一个广播与互播同时进行的过程，在这一关系链中每一个人都是广播者，每一个人都是被广播者，人气和点击量就是在互播的过程中实现的。一条新闻被发布，它所面对的就是所有的受众，有一个既定的大的传播范围，但是这一过程对于传播效果以及所能到达的对象都是没有精确预期的，所以这个时候就处于广播阶段。而当新闻到达一个又一个个体的时候，如果这条新闻符合他们的认识与价值观，他们就会想到要将这条新闻转发给自己周围的人，让他们也接触到，由此就实现了范围更小的互播过程。参与式新闻推动了网络新闻的不断扩张，最终完成一次成功的传播。

至于网络参与式新闻发展的现状与受众的评价方面，我们也可以感觉到其蕴藏的巨大潜力，而受众对这种传播方式给予了极大的肯定，因而有了今天这样发展繁盛的网络景象。上文分析的案例已经从侧面证实了网络参与式新闻传播在受众当中的口碑，受众从中获得了极大的尊重与自由，他们对于这种发展方式持赞许的态度，当然，其中还有很多需要规范的地方，下文将对其进行分析。

三、参与式传播发展面临的困境

参与式传播在传播理念与技术上都有其先进性，但是我们也不可否认，在其发展过程中确实出现了一些问题，并且有的问题不是在短期内就能够得到解决的。那么，理清这些困境并提出相应的解决办法是保证参与式传播获得长远发展的重要途径。正如我们在前面所分析的，参与式传播涉及的领域是多元的，除去传播学自身的问题，还与技术发展与平台建构方面有所联系。

首先，民生新闻采用参与式传播究竟是从根本上的理念转变还是做表面文章？参与式传播作为一个新生事物，在广泛获得受众拥戴的同时也对民生新闻的发展产生了冲击，民生新闻从最开始的被动"应战"到现在的主动融合，这是一个难得的转变。那么，我们不禁要问，民生新闻采用参与式传播究竟能否触及根本，做到真正意义上的让受众参与？还是说参与式传播只是适当添加的"调味剂"，民生新闻仍然按照一贯的模式前行？反观现在发展参与式传播取得较好成绩的一些媒体，它们的普遍特点是"传统"与"现代"两张皮，也就是民生新闻的体质与运行机制并没有大的改变，所谓的参与式传播只是其在原有的名义下重新建设的机构，甚至是一个外包的与原来的机构没有太多牵连的运营团队。在这样的情况下，民生新闻的参与式传播又应该怎样定性呢？其是否已具备进行参与式传播的认识？我们的研究又应当以哪个为样本来进行呢？所以，明确性质、看清本质是我们理清当前参与式传播发展现状的一个重要方面。

其次，民生新闻的本质还是新闻传播，对参与式传播的运用会不会是对其严谨性的一种消解？参与式传播解放了话语权，人人都可以是信息的发布、传播者，那么如何确保权力不被滥用与维护健康的传播氛围呢？在这个问题当中涉及的就不仅是传播学的内容了，同时还要关注网络社区文明的建设。参与式传播的特性就在于受众被赋予了相应的自由表达权，在网络当中他们受到的约束非常少，这样的传播模式确实极大地解放了他们的天性，但同时也带来了一系列问题，如何打造健康的网络平台，创造优良的传播环境成为新的难题。由于网民整体素质的参差不齐以及网络相关法律法规的不健全，导致当前网络言论不规范的情况时有发生。当然，从信息传播影响程度大小的方面来说，网络信息传播当中包含的低素质、"三俗"内容确实不利于网络的高水平发展，但是我们也应当注意，虚假言论带来的危害更应当防范。网络信息传播成病毒式扩散，一条消息的传播速度远超我们的想象，同时，在安定的社会环境下，包含预警内容的消息容易引起大面积恐慌，在这方面是有先例的。网络上传播的虚假地震消息、食物中毒事件、有毒水果事件等，都在不同程度上造成了食物哄抢以及部分产品大量滞销的后果，因此，大面积传播的虚假消息会在不同程度上造成社会混乱以及经济损失。这也为我们敲响了警钟，发展参与式传播不仅要克服自身的困难，在传播平台的构建上甚至要花费更大的精力。

以上是我们对参与式传播发展过程中所面临的问题进行的列举式分析。参与式传播的发展与网络有着密切的关系，这也暗示了其将要克服更多的、更复杂的问题才能够取得更好的成绩。

第四节 受众期待视野的正向报道及传播效果

大众传播与传统的文学艺术传播有着非常相似的地方，文学与艺术在价值实现方面通常需要读者的高度参与，作者在完成最初的文本创作之后就已经结束了自己的使命，后续的被传播与被解读都不再受作者的束缚。因此，从某种意义上来说，创作者的使命就是最大限度地将自己的所思所想融合到作品当中，为读者提供丰富的解读文本，而在接下来的一系列流通过程中会产生什么样的影响与评价，都是读者的事情了。新闻传播作为大众传播的重要组成部分，它的传播流程也符合这一规律，报道者在选取报道角度的时候各有差别，受众在理解事件的时候也都持有自己的立场。为了更好地控制传播效果的走向，我们必然要在新闻报道的源头上下功夫，了解受众期待视野中的报道题材指向，更好地达到预期的传播效果。

一、现有的正向报道发展情况分析

本节研究的是受众期待视野中的正向报道，为什么要在研究正向报到的时候谈到"受众期待视野"呢？我们在提到民生新闻的时候，必然要涉及对其传播效果的研究，很多时候传播效果的产生是一个多重关系共同作用的结果，最终的效果与评价是在受众的解读当中形成的。随着传播学的发展，我们已经逐渐认识到受众的能动性，他们不再是等待被灌输信息的"机器"，而是有着自己的主观意志的鲜活的个体，因此，了解受众的期待，掌握他们的喜好是我们在开展传播活动之前就应当做好的工作。

（一）对受众期待视野的解读

"受众期待视野"其实并不是一个完全意义上的传播学词汇，这当中既包含了人类学与心理学的内容，又兼容了社会学的概念，所以说，它是一个内涵丰富的合成型词汇，这个词汇的产生极大地方便了我们的传播效果研究。但在另一方面，正是由于它本身包含了太多的要点，导致对受众期待视野的研究也要尽可能全面地涉及各方面的影响因子。

首先，受众期待视野的产生有着复杂的社会背景。对受众期待视野的分析，简单来说就是在探究观众想看什么，什么样的东西传播出去才是符合他们的心理期待的。那么，决定这个心理期待的又有哪些要素呢？一个人的成长环境、家庭条件决定了他拥有怎样的性格，而后天的受教育程度、工作环境以及朋友圈子又决定了他们有怎样的社会地位，以上的种种都决定了每个人在物质、精神方面的发展程度是不一样的。所以，针对不同年龄不同阶层的受众，我们应当有不同的传播策略。当然，大众传播是一个波及范围极广的活动，很多时候我们都不能具体到个人。所以，了解某一阶段、某一社会大背景当中受众的整体发展情况是最简单的办法，因为很多时候大环境决定了小环境的发展高度。因此，在某一个特定的发展阶段，我们的媒体报道也有着鲜明的时代特征，比如在改革开放初期，我们的传播媒介都在报道经济发展与人民生活水平的变化；在经济稳定了以后，对教育事业改革的关注又在不断升温；而在社会老龄化的发展背景下，又围绕养老保证金以及养老院

第十章 社会主义核心价值观引领民生新闻发展的效果研究

的建设展开了讨论。

其次,受众期待视野既包含了内容又暗示了导向。研究受众的期待视野可以最直接地了解到他们想看到的内容,还可以总结出他们所期待的媒体报道导向,这里的导向指的是受众对于报道内容的立场与性质方面的要求。媒体之间跟风模仿、雷同的情况时有发生,这就导致了一段时间之内大众传播领域弥漫着同一种氛围与基调,积极的时候大家一起积极,消极的时候大家一起消极。总之,传播行业内部刮的是一阵风。但是站在受众的角度来说,长时间的报喜不报忧和长期被负面情绪笼罩,都不是理想的状态,了解他们的内心需求并且进行有效的转变与应对才是最终获得受众青睐的正确途径。但同时我们也应当注意到,新闻事件的发生是不受人为控制的,一段时期内新闻事件以怎样的情形涌现都是不可预测的,因此,这也是对媒体工作者策划能力和应对能力的一种考验。

(二) 对正向报道的解析

一般情况下,新闻报道当中是存在一定的导向的,这种导向性有时候是明确提出的,有时候又暗藏在报道内容当中,单纯从新闻信息本身的特性来说,在众多的新闻素材当中肯定有正向与负向之分。我们在这一节当中所涉及的正向与负向均是指报道题材与手法的正面性与负面性,简单来说就是正面新闻与负面新闻的区别。当然,我们可以发现,有的时候新闻事件本身的性质并不能决定报道的性质,即使是负面新闻,如果采用不同的切入角度和手法进行解读的话,依然可以带来正面的影响。因此,正向报道和负面新闻正向处理都是在追求正面的社会效果。

如果单纯按照性质来分,新闻报道当中最明显的无非两类:一是正向报道,二是负向报道。当然也不排除有大量的报道是没有明显立场的,它们只是保持中立客观的态度来陈述事实。正向报道一般都具有以下特征:在对事件进行剖析与阐释的时候所采用的立场是积极的,整个报道所强调的精神都是正面的、有利于推动社会发展的。在整个新闻大类当中,我们可以看到不少的正面报道,比如兴修铁路完善交通网、经济增长、房价调控、改善养老保证金制度等,在民生新闻领域类似的新闻更加常见,比如养老助老的社区感人事迹、助学捐赠活动、关爱留守儿童等。以上我们列举的都是弘扬真善美、强调人性美好的正面题材、正面报道,但是也有很多报道是坚持从负面事件当中提取正面能量的,相关的案例也非常多,最明显的莫过于当我们的国家和民族遭受巨大灾难的时候,整个新闻报道领域都笼罩在一片阴云里,可是在这当中依然可以发掘很多的人间真爱、大爱。在 2008 年的 5·12 汶川大地震中，四川遭遇巨大灾难，同胞伤亡惨重，全国上下充满哀伤，可是我们的新闻报道在实时通报救助情况的同时也在刻画人民解放军的英勇无畏，他们甚至可以为了同胞的生命牺牲自己的生命，他们可以几天几夜不间断地工作在一线。与此同时，普通民众也通过捐款、捐物贡献出自己的力量，在天灾面前，我们的人民通过顽强的毅力用自己的力量与困难做斗争，全国上下呈现出一片众志成城的团结景象。

通过以上的分析和举例我们可以得出，正向报道是一个涵盖面较广的概念，其中既包括对正面题材的正向报道，又包括对负面题材的正向处理。因此，从整体上来说，正向报道其实是一个从效果层面出发来进行界定的概念，无论事件本身的性质如何，如果报道本身呈现的内容是积极的、带来的社会影响是良性的，它就可以归入正向报道的行列。

（三）发展正向报道的意义

任何报道都具有一定的导向性，很多时候这种导向性是可以因人为的力量而转移的，因为在进行报道的时候，媒体工作者及其背后的媒体机构都是基于一定的立场，这就直接决定了报道的基调。

首先，坚持正向报道可以营造良好的社会氛围。媒体本身就具有聚焦和放大的作用，无论事情本身是大是小，一旦被媒体搬上荧幕就会被无限放大，随之带来的影响也会成倍增长，因此，媒体在选取报道题材和报道方法的时候一定要谨慎。当然，在竞争激烈的情形下，不排除有媒体会为了博眼球而专门将目光集中在一些较为超出常规的事件上，这直接导致了奇特、血腥、暴力事件对传播空间的占领。从新闻报道的本职方面来说，报道负面新闻是没有错的，因为这是其正常的工作内容，但是从受众的角度来说，整天接触此类事件必定会产生一定的恐慌与不安，会造成一种危险无处不在的错觉。因此，坚持正面报道对于构建良好的社会环境有着非常积极的作用，对于弘扬美好的品质与善良的人性有着积极的作用。

其次，坚持正向报道有利于激发民智，启发受众认识。正如前文所说，正向报道并没有局限于对正面题材的解读，同时也包含了对负面题材的呈现，能够将正向报道做好其实就是对逻辑思维能力的一种考验。对于同一件事情能够采用不同的立场进行解读，还能够从负面事件中挖掘出有益的内容，这本身就是一种能力，受众经常接触这样的报道方式必然可以拓宽思维，学会从多角度来看待事件。同时，对于负面事件的正向处理也可以帮助受众拓宽视野，能够对事件产生更加全面的理解。因此，正向报道在提升受众理解能力、分析能力与整体素质方面有着自己的优势。

二、受众期待视野的正向报道案例分析

大众传播学当中一个重要的研究领域就是对传播效果的分析，无论我们关注的是哪一类媒体、哪一类内容，最终都要落到对其效果的关注上，进一步来说，传播效果其实指的就是受众对传播活动的看法与评价。此外，为了提升大众传播媒介的质量，在得知受众的综合评价之后，我们还应当做出相应的改进，了解他们的喜好与期待，这样才能够最终促成一次成功的传播活动。在民生新闻的日常传播活动当中也同样存在正向报道之说，那么在这些正向报道当中，受众的反响如何呢？媒体的立场与出发点是否符合他们的期待呢？在他们看来，今后的正向报道又应当注意哪些方面呢？

（一）对正面题材的报道

前面已经谈到过，正向报道分为两种情况：一是对正面题材的报道，二是对负面题材的正向处理。这两种报道的手法有着明显的差异，在切入角度与用语上都有着自己的一套准则。而在受众当中，这两种报道形式所带来的影响也是完全不一样的，下面我们将主要对正面题材报道进行举例研究。

在民生新闻的报道内容当中，正面题材可供分析的案例非常多，最突出的一种就是对"平民英雄"的塑造，将关注点瞄准普通人是民生新闻报道的本质特征，而对芸芸众生中的英雄人物进行刻画必定是一种充满正能量的呈现。通常我们所说的英雄人物都是充满民族主义色彩的、肩负着拯救国家和民族大义的人物，而平民英雄则是在和平年代最能够被人传颂的角色。下面这则新闻就是典型的平民英雄报道。

2014年的7月15日下午，涞源县王安镇一带遭受强对流天气，导致大雨夹杂着冰雹倾盆而下。由于坡陡雨急，京原铁路王安镇至塔崖驿区间遭受了严重的泥石流灾害。其中一股巨大的泥石流直接冲到了二道河一号和二号涵洞之间，短短几分钟就淹没了铁轨。

在京原铁路二道河一号涵洞附近，当时正在放羊的卢伟，被突如其来的暴雨困在山上。远处火车的一声长鸣，让卢伟突然意识到，"糟了，要出大事了！"情急之下卢伟抛下自家羊群，顶着核桃大小的冰雹，冒着被泥石流卷走的危险，顺着山坡连滚带爬地向铁路跑去……①

报道一出，网络上一片赞扬之声，各大门户网站的互动留言区都是对卢伟的支持与称赞，网友们称赞他是一位大英雄，拯救了一列车人的生命，虽

---

① 《河北冒死拦火车农民被授道德模范称号获奖25万》，手机凤凰网，2014年8月15日。

然新闻当中只是描述了卢伟挺身而出的情景，并模拟还原了他当时的心理活动，但是网友还是非常公正地指出：他是冒着生命危险在做好事。在随后的跟踪报道中，卢伟获得铁路部门给予的一万元奖励以及锦旗，没想到网友的评论瞬间风向一转，纷纷指责铁路部门"太抠门"，网友们表示卢伟在关键时刻挺身而出，损失了20多只羊，一万元的奖励根本不能弥补他的损失。这个损失不是一万元就能弥补的，根本没有达到奖励的效果。更有网友说，铁路部门又不缺钱，这样的好人只给这么点奖励，今后谁还会做好人好事，总体上来看，网友对卢伟的支持热度居高不下，并且对他的个人受损也是"牢牢记挂"，虽然卢伟在后续的过程中还得到了河北省的几笔奖金，但是网友对铁路部门的"抠门"却还是"念念不忘"。

从上面的分析中我们可以强烈地感受到，正面题材报道确实是一件暖人心的事，它可以极大地激发受众的正义感与同情心，对于平民英雄的赞赏与维护是这类报道的共同特点。据笔者调查，多数民众认为当地的电视民生新闻栏目会经常报道当地的英雄模范或者优秀劳动者的事迹，而这些平民化的先进模范确实能够激发自己内心的认同与钦佩之感，他们离自己并不遥远，也非常真实，他们的行为与精神是值得尊敬与学习的。并且，作为普通人当中的一员，受众觉得能够有这样优秀、高尚的人出现是对大众高素质、有爱心的品质的集中体现，是所有人的自豪。因此，这类平民英雄报道也是对受众的一种肯定与激励，相信今后他们遇到类似的事件也会毫不犹豫地伸出援手，贡献自己的力量。并且，正面题材报道对于彰显社会主义核心价值观善举的阐扬，也能起到激发民众道德向善的作用。据笔者访谈，民生新闻对当地好人好事的报道，确实能够启迪民众思想、影响民众行为。此外，民生新闻需要加强、深化正面思想道德的传播，才能发挥在思想道德领域对大众的引领作用。

（二）对负面题材的正向处理

正向报道当中的另一个类别就是对负面题材的正向处理。在一些特殊的时间节点中，由于负面新闻的引导，导致社会大众处于一种悲观失望的情绪当中，例如2011年的"小悦悦"事件。2011年10月13日下午5点30分，一广州佛山女童在马路上前后被两辆车碾压，不到10分钟内，先后有18名路人经过，却无人对她实施救助，这一事件在当时引发了非常强烈的讨论，包括对法律制度以及人性道德的质疑与反思。随后各地纷纷发起针对该女童的爱心募捐活动，遗憾的是，她在21日凌晨因抢救无效而离开了人世，这一事件的热度在当年一直居高不下，受众在惋惜小生命的同时，也对人性的冷漠进行了深思。先不谈报道技巧等一系列外在原因，就事件本身来说，这绝对是负面新闻，那么多的人经过却无一伸出援手，这是何等冷漠，那么，媒体在处理类似事件的时候应该怎么做呢？

首先，必须呈现事件原貌，这是新闻报道本身要遵守的基本原则。但是，对于这样的事件，在将基本的事实告知受众以后，是否可以转变一个角度对其进行思考呢？媒体在这个时候应该从更深刻的层面对事件进行剖析，而不是一味地强调小女孩的离开，一味地惋惜。媒体的"放大镜"作用是非常强大的，将这种悲伤的情绪进行大面积的扩散显然是不太明智的，这个时候，媒体应当以一种理智、权威的态度将话题转向为什么会发生这样的事件，无人救助是社会道德体系的软肋，而肇事车辆逃逸又是谁的责任呢？道路交通法规的不完善以及执行力度不够都是造成事件的辅助原因，那么为了避免类似的事件再发生，政府机构要做什么？普通民众又应该做出什么努力？总之，在受众已经认识到事件的真相并且开始反思的时候，媒体应当发挥自己强大的能力，对事件进行深入的分析和解读，并及时地提出应对的方法，而不是一味地在情绪上做文章。

当然，上面所举的例子是有一些特殊性的，毕竟一个年幼生命的离开不是谁都可以承受的，人们有悲痛之情在所难免，所以，在引导话题方面确实有一定的难度。但是这也从侧面向我们证实了媒体对负面新闻进行正向处理的重要性。当然，负面新闻正向处理并不是报喜不报忧、只说好的不说坏的、把黑的说成白的，这里的正向处理是借助负面事件的影响力将话题引导到更加有意义的方向上，而不是一味地纠结于事情本身。在这一方面有一个经典的案例，那就是发生在 2008 年的《救助"燕子"大型媒体策划活动》。这是一个背景交错复杂的新闻事件，19 岁的湖北女孩燕子结识了 27 岁的男友，在得知男友是杀人在逃嫌犯后，被其棒击至生命垂危。这是一个极其负面的事件，因为男子不仅是杀人嫌犯，而且还死性不改差点又犯下杀人罪行，燕子被击打至颅骨损伤、重度昏迷，虽然经抢救生还，却无力支付医药费。当时，《武汉晚报》却从另一个角度对事件进行了分析。燕子本身也是受害人无疑，在她面对困境的时候，媒体以及社会应帮她一把，《武汉晚报》陆续刊发 20 多篇报道，为燕子筹集了十几万元善款，使得她最终能够康复出院。[①] 这应当是一则较为典型的将负面新闻变为正面报道的案例，不仅帮

---

① 毕竟、赵越：《把负面新闻做出正面效果——〈武汉晚报〉救助"燕子"大型媒体活动策划》，《今传媒》，2008 年第 12 期，第 9~11 页。

助了受害者，而且也唤起了全社会的关注与爱心，从某种程度上来说，这是一次非常成功的报道尝试。

将负面新闻进行正向处理报道的案例非常多，民生新闻本身有很多类似的情况。据笔者调查，大部分民众认为，对于当地发生的一些较为负面且关注度较高的社会事件，当地民生新闻大多会较为及时地跟进报道，当地新闻媒体的快速反应能力值得赞许，不回避社会问题的态度也值得称道。但是，他们认为民生新闻栏目在涉及负面新闻的报道时，更多专注于展现负面事件，而缺乏更为深入细致的评论与讨论。一些访谈对象表示，他们不仅仅想知道这些负面事件"是什么"，更想了解负面事件发生的原因、影响，以及社会各方对于这些事件的种种评价。"为什么""怎么样""怎样选择""怎样对待"的问题对于民众而言更加重要。因此，民生新闻不应停留于负面事件的简单呈现，而应该注重深入的分析与正面的引领，这样民生新闻才能发挥对于民众实际思想、行为的引领作用，让民众在面对类似现象时能够做出正确选择。总之，对负面新闻进行正向报道是媒体引导社会舆论能力的一种体现，同时也可以得到受众的极大认可，在构建和谐社会方面也有着非常重要的作用，是媒体应当不断加强的一项技能。

三、坚持正向报道应当注意的问题

无论是正向报道还是对负面新闻进行正向处理，都是新闻报道在发展过程中需要完善的地方，虽然说这两种报道方式对受众和社会产生了积极、正面的影响，获得的评价也都很高，但是我们不得不承认，其在发展过程中仍然存在亟待改进的问题。

首先，正面报道必须要坚持真实性、客观性。真实是新闻的生命，只有在坚持真实性的基础上谈正面或是负面才是有意义的，否则，我们的研究都是围绕"虚假新闻"展开的，得出的结论又有什么意义呢？我们推崇正向报道就是为了弘扬真善美的一面，尽量不将丑恶的事实放大，使得负面的事件最终也能够给整个社会带来良性的、积极的影响。那么此时就必定要涉及一个难题，即如何在呈现事件本来面目的同时还能够将其做成正向的报道，并且带来有益的影响。在面对这一情形的时候，难免会有媒体故意隐藏一部分信息，将对自身有用的信息保留下来展开报道，最终形成一个"大联欢"局面。殊不知，这种片面的真实其实已经背离了新闻真实性的原则，后续的报道是没有意义的。所以，在全面呈现了事件背景之后，还能将其成功地做成正向报道，这才是真正有实力的媒体应当做的工作。

其次，正向报道要学会用辩证的眼光看待事物，不要将报道做得太过表面化、简单化。一说到正向报道，难免会有人将其理解成全盘的正面素材、彻底地抛弃反面，甚至在整个行文过程中都是一派的"祥和欢乐"景象，刻意不去提及相反的内容，让受众从头到尾都在怀疑这是"虚假报道"。凡事都具有两面性，一件值得媒体报道的事情必定是多面的，有一定争议性，所以，媒体应当以一种客观的态度对其进行报道，而不是将其全盘完美化处理。而且从读者的角度来说，一味地营造美好图景会让人觉得太过虚伪。因此，媒体应尝试着不要将报道做得太过表面化、简单化，而要以一种辩证的态度进行理性分析，相信受众也是有智慧的，他们可以体会到媒体的用心良苦。只有在尽可能全面的背景信息当中，受众才能够分辨出媒体真正想要传递的价值观与理念，否则的话，只能给人以空洞、匮乏之感。

一则新闻报道很难用正向、正面、负面等词语来简单地形容，因为每个人都有自己的立场和评价标准，所以，我们能做的就是以一种尽可能接近大众评判标准的眼光来对问题进行分析与报道，这也是正向报道在其发展过程中要始终着力探讨和解决的问题。

结　语

当社会主义核心价值观通过民生新闻的浸润与濡染，深深渗入民众日常生活中时，它本身也会对民生新闻的发展产生极为深远的影响：它不仅指引着民生新闻的前进方向，而且还推动着民生新闻的自身发展，并使之日益完善，更促进了民生新闻的变革与创新。

在价值定位方面，社会主义核心价值观打破了新闻界对于新闻价值要素的传统界定，将社会主义核心价值观的价值理念作为民生新闻选择新闻事实和生产民生新闻的价值要素，大大拓展和丰富了新闻价值的社会、文化与道德内涵。在"时新性、重要性、显著性、趣味性、刺激性"等传统价值理念的基础上，民生新闻时刻挖掘民众日常生活中蕴含的社会主义核心价值理念，是马克思主义政治观、经济观、文化观、社会观在中国具体语境和时代背景下的创新发展，也是价值观、民众观、舆论观、责任观、自由观等马克思主义新闻观中国化、民间化与实践化的具体体现。

在马克思主义和马克思主义新闻观的指导下，民生新闻将会以先进的社会主义核心价值观作为指导思想，将民众浅表的、自在的日常生活世界与更为深层的、自为的文化精神世界紧密联系起来，通过新闻生产与新闻传播使社会主义核心价值观内化为民众的精神信仰，使社会主义核心价值观成为民众社会交往与日常行动的价值导向与价值准则。在社会主义核心价值观的引领下，民生新闻力图改造民众的日常思维与思想观念，激发民众自身的文化转型与全面发展，促进普通民众向理性公众的全面蜕变。民生新闻将拓展报道视野，超越简单记录、总结、褒扬体现社会主义核心价值观事件与人物及其思想的"浅描"阶段，而真正深入到发掘并建构社会记忆与文化记忆、承继并阐扬城市文化与城市精神、引领并规范公民行动、促进公民意识觉醒与形成公民精神的"深描"阶段。此外，新闻人也会自觉将社会主义核心价值观理念作为自身的价值目标与价值理想，在新闻实践的磨砺中对社会主义核心价值观进行文化深描与意义建构，从而创新马克思主义新闻观的价值观、民众观、舆论观、责任观与自由观，以适应时代的发展与社会的变革。在社会主义核心价值观的引领下，民生新闻在价值定位、报道内容、报道方式、传播功效等层面都会得到创新性的发展。

社会主义核心价值观蕴含了丰富的"公共性"特质：它将民众所关注的私人生活、私人领域与集体的公共生活、公共领域相融合，以公共领域作为基础；它将民众个体价值观与公共价值观进行聚合，让公共价值观统摄、引领个体价值观，具有公共价值的内核；它鼓励民众个体超越个人主义与私人身份，自觉参与到公共事务之中，激发民众努力维护公共利益、尽力承担公共责任，以个体的力量参与到国家治理之中，包含了"公共善"与"公共理性"的公共精神价值追求。这些"公共性"价值将进一步促进民生新闻向公共新闻与公共参与式新闻的转型与蜕变。

为了突破民生新闻存在的琐碎化、同质化的发展瓶颈与低俗化、煽情化、娱乐化的发展弊病，新闻学界提出了民生新闻向公共新闻转型的思路，各地方电视台也开始将民生新闻与公共理念相结合，推出了大量具有公共新闻性质的民生新闻栏目。这些民生新闻栏目兼有民生新闻与公共新闻的部分特质，将民众的视野由日常生活拓展到公共生活，实现了"报道和指导公共事务、交流和引导公共意见"的初级目标。

在社会主义核心价值观的"公共性"价值引领下，民生新闻将更加注重构建媒体公共领域与现实公共领域，培育民众的公共伦理与公共精神，在报道上突出本土性、故事化、仪式化、人性化与公共性，找到"民生"与"国计"之间、"个体"与"公共"之间的最佳契合点，实现民生新闻向公共新闻的层级提升与深层转型。

国家治理的现代化、社会化急需有序化、理性化的公民参与，而新媒体技术的变革与全媒体的传播促进了民众自主利用新闻生产与传播以实现其公民参与，这为公共新闻向公共参与式新闻的转变奠定了基础。当公共新闻通过公共领域与公共事务的商讨，培育了足够数量并真正具有公共情怀、公共责任与公共精神的公民群体，社会主义核心价值观将进一步促进并推动公共新闻向公共参与式新闻的转型与发展，以回应时代发展、媒体发展与民众需求。

社会主义核心价值观的所有价值理念紧紧围绕人民，蕴含着"以人民为中心"的价值内核：国家的强盛、民族的复兴与社会的进步，都是以人民的幸福与福祉、人民的全面发展为最终旨归。"以民为本"同样是民生新闻的价值内核与价值追求。伴随民众文化素养的逐步提升和利用新媒体接受新闻的现实需求，需要民生新闻突破传统的平台与载体，打破传统以报纸、广播、电视、网络为区分的形式，形成相互融合并适应新媒体传播的融合传播态势。因此，在践行社会主义核心价值观"以人民为中心"的核心精神下，民生新闻会充分利用新媒体的发展技术，在形态上自然也会发生相应的变革。

当前，民生新闻对于大数据的积极运用催生了"大数据"与"民生"相结合的"数据民生新闻"形态。央视的《据说过年》《据说春运》《据说春节》《据说两会》《据说五一》，以及地方电视台的数据新闻都是对"数据民生新闻"的积极探索；深圳电视台甚至创办了固定电视栏目《新闻大数据》，人民网、新华网等都推出了以旅游、教育、天气等为主题的数据民生新闻。在社会主义核心价值观"以民为本"的价值内核引领下，民生新闻与大数据的结合将会更加深入，报道主题将会更加丰富多样，报道内容将更加科学深入，报道方式更注重视觉化、互动化与智能化，数据民生新闻让民生新闻从真实、全面、客观报道到做出判断、分析因果、预测趋势，从记录反映民众生活转向深度介入并实际指导民众生活。此外，手机已经代替电视、网络而成为民众接触最为频繁的私人媒体，新闻接受的移动化时代已经来临。在社会主义核心价值观"以民为本"的价值内核引领下，民生新闻将会顺应民众移动化、个人化的信息接受需求，结合大数据所分析的个人新闻接受习惯对新闻内容与形式进行智能化推送，实现民生新闻的新媒体化变革。

后 记

本书以社会主义核心价值观与民生新闻的关系作为研究的重点，论证民生新闻是连接民众与社会主义核心价值观的重要载体，指出民生新闻中的核心价值观的表征与建构，进而从宏观层面论述社会主义核心价值观将引领民生新闻的价值走向、发展路径与品质提升。在此基础上，分析了民生新闻实现服务民生解疑释惑、表达和沟通多元诉求、对价值失范监测预警等传媒守望、传媒整合、传媒检测等传播功效。书中还全面分析了社会主义核心价值观对民生新闻的科学定位、生态定位、价值重构、报道创新、制度保障、职业规范、功效研究等方面的具体引导，这对于民生新闻的改革发展有着十分重要的意义。2013年被立项为国家重点课题，历时三年，课题组人员不分节假日地辛勤工作，投入了大量精力，最终得到课题评审专家的充分认可。在研究过程中，李朗、彭华新、徐明卿、谭筱玲、冉明仙、张雯雯、郝飞婷、曾娅妮、黄晓波、李城等参与了其中工作。

在研究和撰写过程中，我们还参阅了大量相关文献，特别是一些有关社会主义价值观和民生新闻的论文和专著，在此一并表示感谢。

欧阳宏生
2018年12月于川大花园